中 国 文 物 收 藏 与 鉴 赏 书 系

中国文物收藏

主编 段国强

山东美术出版社

青铜器卷

图书在版编目（CIP）数据

中国文物收藏百科全书. 青铜器卷 ／ 段国强主编.
—— 济南 ：山东美术出版社，2016.7
（中国文物收藏与鉴赏书系）
ISBN 978-7-5330-5626-1

Ⅰ. ①中… Ⅱ. ①段… Ⅲ. ①文物–收藏–中国②青
铜器（考古）–收藏–中国 Ⅳ. ①G894

中国版本图书馆CIP数据核字（2015）第115166号

主编单位： 中国文物学会专家委员会
策　　划： 王　恺
责任编辑： 翟宁宁
装帧设计： 王海涛

主管单位： 山东出版传媒股份有限公司
出版发行： 山东美术出版社
　　　　　济南市胜利大街39号（邮编：250001）
　　　　　http：//www.sdmspub.com
　　　　　E-mail：sdmscbs@163.com
　　　　　电话：（0531）82098268　传真：（0531）82066185
　　　　　山东美术出版社发行部
　　　　　济南市胜利大街39号（邮编：250001）
　　　　　电话：（0531）86193019　86193028
制版印刷： 山东新华印务有限责任公司
开　　本： 787mm×1092mm　　16开　　20.75印张
版　　次： 2016年7月第1版　2016年7月第1次印刷
定　　价： 195.00元

目录

青铜酒器	鼎	镈
爵	镬鼎	钟
斝	升鼎	龢钟
盉	设食鼎	歌钟
角	正鼎	行钟
觚	羞鼎	编钟
尊	陪鼎	钮钟
圆尊	圆鼎	甬钟
方形尊	方鼎	镎于
筒形尊	扁足鼎	句鑃
鸟兽尊	鬲鼎	铜鼓
牺尊	鬲	诸葛鼓
卣	甗	铎
壶	簋	青铜兵器
圆壶	圈足簋	戈
扁壶	方座簋	镞
汲壶	豆	矛
饮壶	铺	戟
罍	盂	钺
瓵	盨	镦
方彝	盆	胄
钫	簠	盔
钾	敦	兜鍪
觯	鏊	刀
瓿	釜	剑
杯	匕	弩机
耳杯	俎	铍
勺	青铜水器	匕首
枓	盘	殳
禁	匜	青铜农具
罐	鉴	镬
缶	洗	锸
尊缶	龙洗	锚
盥缶	青铜乐器	铲
樽	铃	耨
钟	铙	耒
铷	编铙	锄
青铜食器	钲	镰

铚　　　　　　　菱形纹镜　　　　　水心镜
鎒　　　　　　　饕餮纹镜　　　　　建康镜
犁铧　　　　　　羽鳞纹镜　　　　　成都镜
青铜工具　　　　蟠龙凤纹镜　　　　湖州镜
锛　　　　　　　金银错纹镜　　　　饶州镜
凿　　　　　　　透雕纹镜　　　　　饰牌
刻镂刀　　　　　描漆纹镜　　　　　镶嵌绿松石牌饰
削　　　　　　　连弧纹镜　　　　　青铜度量衡器
锥　　　　　　　规矩纹镜　　　　　尺
斧　　　　　　　星云纹镜　　　　　量
锯　　　　　　　草叶纹镜　　　　　衡
锉　　　　　　　夔凤纹镜　　　　　权
钻　　　　　　　神兽纹镜　　　　　玺印
斤　　　　　　　人物、车马画像镜　符
钓钩　　　　　　位至三公镜　　　　虎符
青铜车马器　　　佛像鸾凤纹镜　　　节
车軎　　　　　　四兽纹镜　　　　　带钩
车轴饰　　　　　四神十二生肖纹镜　熏炉
车踵饰　　　　　宝相花纹镜　　　　宣德炉
车舆饰　　　　　鹦鹉衔绶纹镜　　　燎炉
辖　　　　　　　鸾鸟衔绶镜　　　　炭箕
毂饰　　　　　　鸾凤镜　　　　　　青铜灯
辕首饰　　　　　孔雀纹镜　　　　　豆形灯
軏　　　　　　　螺钿镜　　　　　　人俑灯
衡饰　　　　　　贴金贴银镀金镜　　连枝灯
车铃　　　　　　龟纹镜　　　　　　熨斗
銮铃　　　　　　方丈镜　　　　　　贮贝器
軛饰　　　　　　雀绕花枝纹镜　　　铺首
衔　　　　　　　葡萄禽兽纹镜　　　鐎斗
镳　　　　　　　云龙纹镜　　　　　漏壶
当卢　　　　　　飞仙纹镜
马冠　　　　　　童子攀枝纹镜
铜泡　　　　　　"卍"纹镜
节约　　　　　　八卦纹镜
铜镜　　　　　　仙人龟鹤纹镜
照子　　　　　　缠枝花纹镜
铜鉴　　　　　　钟形铜镜
齐家文化铜镜　　鼎形镜
羽状纹镜　　　　瓶形镜
山字纹镜　　　　扬州镜
四叶纹镜　　　　江心镜

器形

口沿	柱足	戈阑
直口	扁足	戈穿
侈口	蹄足	翼
敛口	提梁	銎
折沿	耳	矛骹
颈	鋬	矛身
束颈	流	镞前锋
肩	棱脊	镞末
折肩	扉棱	镞关
圆肩	扉牙	镞本
宽肩	剑锋	镞铤
斜肩	剑从	镞后锋
腹	剑锷	舞
鼓腹	脊	钲
垂腹	剑腊	枚
直腹	剑格	篆
底	剑镡	鼓
平底	剑茎	于
圜底	剑首	铣
足	剑缑	甬
圈足	戈援	衡
假圈足	戈柲	旋
袋足	戈胡	干
锥足	戈内	

代表器

乳钉纹平底爵	徙斝	螭梁盉
素面爵	妇好方斝	父乙角
夔纹单柱爵	册方斝	晨肇宁角
妇㜅爵	折斝	封口有流觚
索谌爵	雷纹盉	旅父乙觚
凤纹爵	卫盉	兽面纹尊
伯公父爵	长由盉	龙虎尊
钮形柱斝	它盉	龙首兽面纹尊
兽面纹袋足斝	螭首盉	友尊

四羊首尊

四羊方尊

妇好鸮尊

豕尊

象尊

何尊

强季尊

复尊

鲤鱼尊

龙耳尊

鸟尊

凤纹尊

牺尊

蛇纹尊

蚕纹尊

曾侯乙铜尊盘

错金银云纹犀尊

兽面纹卣

戈卣

古父己卣

兽面纹鸮卣

虎食人卣

父戊方卣

兽面纹十字孔方卣

四祀邲其卣

直纹卣

叔卣

强季卣

公卣

丰卣

龙兽蛇纹卣

鸟钮盖卣

司弜母方壶

兽面纹三足卵形壶

三年痶壶

曾中斿父方壶

莲鹤方壶

莲盖方壶

公孙瘩壶

镶嵌几何纹高柄方壶

中山王𰯼圆壶

中山王𰯼方壶

宴乐渔猎水陆攻战纹壶

铜丝网套错金银镶嵌铜壶

镶嵌羽纹扁壶

错银立鸟壶

曲颈蒜头壶

鎏金嵌琉璃乳钉纹壶

鸟篆文壶

伯戔饮壶

冟仲饮壶

鸟纹方罍

兽面纹方罍

象首耳卷体夔纹罍

兽面纹方罍

夔龙纹罍

蟠龙纹罍

络纹罍

司母辛觥

龙纹兕觥

折觥

鸟纹牺觥

妇好偶方彝

令彝

师遽方彝

刻纹宴乐画像椭杯

朱雀衔环杯

兔纹觯

戈觯

父庚觯

目雷纹有柄勺

镶嵌透雕龙纹勺

竹节形长柄勺

蛙首兽面纹枓

虎逐羊枓

夔纹禁

蟠螭纹铜禁

立鸟盖罐

三羊首瓿

兽面纹瓿

镶嵌兽面纹方缶

栾书缶

曾侯乙盥缶

丽山园缶

镶嵌斜方格云纹钫

晋阳钫

镶嵌龙凤纹樽

河平三年鎏金酒樽

蔡太史钟

蟠虺纹筒形器

漆画竹节形提筒

网络纹青铜鼎

兽面纹鼎

兽面乳钉纹方鼎

杜岭方鼎

亚弜鼎

戍嗣子鼎

后母戊鼎

司母辛鼎

小臣缶方鼎

禺方鼎

卧虎立耳扁足鼎

牛首兽面纹鼎

大盂鼎

师旂鼎

𣄸鼎

太保鼎

厚趠方鼎

德方鼎

戜方鼎

戜方鼎

师奎父鼎

大克鼎

禹鼎

颂鼎

毛公鼎

费敏父鼎

兽首流有盖鼎

王子午鼎

夔龙纹鼎

牺鼎

中山王𰯼鼎

嵌金银卷云四瓣纹鼎

四联鼎　　　　　　　蟠螭纹盨　　　　　　虢季编钟
铸客鼎　　　　　　　虢国太子龙纹盆　　　克钟
熊足鼎　　　　　　　飞鹰中柱盆　　　　　立虎枭首钟
四蛙纹盘口鼎　　　　医工盆　　　　　　　邵钟
伯矩鬲　　　　　　　夔纹簠　　　　　　　曾侯乙编钟
师趛鬲　　　　　　　薛子仲安簠　　　　　错金云纹编钟
刖刑奴隶守门方鼎　　虺纹簠　　　　　　　乐府钟
刖刑奴隶守门鬲　　　龙纹高足敦　　　　　羊角状钮编钟
荐鬲　　　　　　　　镶嵌三角云纹敦　　　人面纹錞于
妇好三联甗　　　　　鎏金盨　　　　　　　龙钮錞于
妇好甗　　　　　　　镶嵌云纹盒　　　　　龙纹句鑃
叔硕父方甗　　　　　蟠蛇纹盏　　　　　　兽面纹双面铜鼓
鲁仲齐甗　　　　　　牛虎铜俎　　　　　　雷纹鼓
集眬甗　　　　　　　虢季子白盘　　　　　曾侯乙蟠龙鼓座
兽面纹双耳簋　　　　史墙盘　　　　　　　五铢钱纹鼓
癸再簋　　　　　　　散氏盘　　　　　　　翔鹭纹铜鼓
乳钉纹三耳簋　　　　夨人盘　　　　　　　立牛葫芦笙
天亡簋　　　　　　　双兽三轮盘　　　　　镶嵌鸟纹玉援戈
大丰簋　　　　　　　龟鱼蟠螭纹长方盘　　大祖日己戈
朕簋　　　　　　　　牺座立人擎盘　　　　太保戈
利簋　　　　　　　　漆绘铜盘　　　　　　铁援铜戈
㝬簋　　　　　　　　僎匜　　　　　　　　虎纹戈
班簋　　　　　　　　齐侯匜　　　　　　　北单矛
追簋　　　　　　　　兽形匜　　　　　　　吴王夫差矛
格伯簋　　　　　　　线刻狩猎纹匜　　　　缚俘矛
佣生簋　　　　　　　夆叔匜　　　　　　　三戈戟
㝬簋　　　　　　　　牺首匜　　　　　　　夔纹钺
颂簋　　　　　　　　吴王夫差鉴　　　　　酗亚钺
秦公簋　　　　　　　吴王光鉴　　　　　　竞渡纹钺
莲瓣龙耳方座簋　　　曾侯乙冰鉴　　　　　几何纹钺
公簋　　　　　　　　共罐　　　　　　　　人物纹靴形钺
曾侯乙簋　　　　　　带翼青铜铃　　　　　兽面纹胄
兽面纹豆　　　　　　鎏金五钴铃　　　　　马首曲柄刀
镶嵌狩猎画像豆　　　雷纹铙　　　　　　　羊首曲柄短剑
镶嵌蟠兽纹盖豆　　　亚弜编铙　　　　　　越王勾践剑
镶嵌云纹方豆　　　　立象兽面纹铙　　　　人形茎短剑
透雕环带纹铺　　　　克镈　　　　　　　　越王丌北古剑
鲁大司徒厚氏元铺　　秦公镈　　　　　　　十七年相邦春平侯铍
永盂　　　　　　　　黻镈　　　　　　　　圆锥形镦
匽侯盂　　　　　　　楚王酓章镈　　　　　蟠虺纹人形镦
鲁伯愈盨　　　　　　兽面牛首纹钟　　　　鎏金嵌琉璃鸟形镦

中国文物收藏百科全书－青铜器卷

曾侯郕之用殳　　　　　　子禾子釜　　　　　　　青铜神兽

动物纹臂甲　　　　　　　王字衡杆　　　　　　　错金鹿角立鹤

杜虎符　　　　　　　　　空首尖足布　　　　　　虎噬鹿器座

阳陵虎符　　　　　　　　圜阳新化小直刀　　　　镶嵌鸟纹双翼兽

王命传龙节　　　　　　　子坴子锄铜玺　　　　　鎏金铜马

鄂君启节　　　　　　　　会平市玺铜玺　　　　　马踏飞燕

人形车饰　　　　　　　　汉匈奴栗借温禺鞮铜玺　鎏金铜卧牛

跽坐人车辖　　　　　　　孟赣子母铜套印　　　　镶嵌绿松石兽面纹铜牌饰

鳕鱼形马饰　　　　　　　魏率善胡仟长驼钮铜印　錾花鎏金鸟纹带钩

镶嵌卷云纹兽首形辕饰　　曹氏六面铜印　　　　　镶嵌四神纹带钩

鎏金当卢　　　　　　　　晋率善羌邑长铜印　　　鎏金乐舞扣饰

鎏金车軎　　　　　　　　契丹节度使印铜印　　　鎏金获俘扣饰

刖人守囿铜挽车　　　　　西夏文首领铜印　　　　摇钱树

秦陵1号铜车马　　　　　八思巴文国公之印铜印　鸠柱房屋模型

秦陵2号铜车　　　　　　多笼僧纲司印铜印　　　中山王𨷖兆域图版

七角星纹镜　　　　　　　银首人俑铜灯　　　　　镂空楼阙形方饰

竖线弦纹镜　　　　　　　十五连枝灯　　　　　　立凤蟠龙铺首

六山纹镜　　　　　　　　鼎形灯　　　　　　　　镶黄玉鎏金铺首

透雕钮龙纹镜　　　　　　雁鱼灯　　　　　　　　斗拱形建筑构件

透雕龙凤纹镜　　　　　　雁足灯　　　　　　　　山字形器

车马人物彩绘镜　　　　　长信宫灯　　　　　　　虎鸟蟠虺纹阳燧

见日之光透光镜　　　　　错银铜牛灯　　　　　　立鸟杖首及人形杖镦

鎏金中国大宁博局纹镜　　人托盘吊灯　　　　　　错金银四龙四凤方案

龙纹多钮长方镜　　　　　鎏金银竹节熏炉　　　　鎏金卧兽铜砚盒

张氏车骑鸟兽神人画像镜　错金博山炉　　　　　　秦廿六年两诏版

大吉利龘凤纹镜　　　　　力士骑兽博山炉　　　　大业二年鎏金函

青盖鸟兽纹镜　　　　　　祭祀贮贝器

十二支四神镜　　　　　　四牛骑士筒形贮贝器

嵌螺钿人物花鸟纹镜　　　纺织鼓形贮贝器

打马毬铜镜　　　　　　　圆雕立像

四鸾海石榴纹菱花镜　　　戴冠饰簪人头像

狩猎纹镜　　　　　　　　纵目大耳铜面具

金银平脱鸾鸟衔绶纹镜　　双面人面形神器

瑞兽葡萄镜　　　　　　　延兴五年释迦牟尼像

雀绕花枝镜　　　　　　　董钦造阿弥陀佛

傀儡戏画像镜　　　　　　阿弥陀佛造像

填漆迦陵频伽纹镜　　　　思维菩萨造像

鎏金唐王游月宫画像菱花　鎏金观音造像
镜　　　　　　　　　　　鎏金地藏菩萨造像

右伯君权　　　　　　　　鎏金吉祥天母造像

商鞅方升　　　　　　　　立鸟双尾卧虎

工艺

陶模　　　　　拍印法　　　　　黄涂
陶范　　　　　印模法　　　　　花镀
范线　　　　　叠铸技术　　　　镀锡
石范　　　　　块模单植法　　　线刻工艺
阴干　　　　　复合金属技术　　刻镂
焙烧　　　　　嵌错法　　　　　浮雕
坩埚　　　　　红铜镶嵌　　　　高浮雕
将军盔　　　　纯铜镶嵌　　　　浅浮雕
炼铜竖炉　　　红铜嵌错法　　　薄浮雕
青铜淬火　　　红铜铸镶法　　　圆雕
母模压印　　　绿松石镶嵌　　　半圆雕
铜铁合铸　　　错石　　　　　　透雕
陶质块范法　　碧错　　　　　　平雕
失蜡法　　　　黑色涂料镶嵌　　线雕
熔模法　　　　错金银　　　　　六剂
走腊法　　　　包金与贴金工艺　仿古铜器剥蜡法
分铸法　　　　表面合金化技术　漆地磨光
铸铆　　　　　鎏金　　　　　　点土喷锈
铸焊　　　　　火镀金
浑铸法　　　　金涂

纹饰

青铜器纹饰　　饕餮纹　　　　　虎头形兽面纹
主纹　　　　　独立兽面纹　　　熊头形兽面纹
地纹　　　　　歧尾兽面纹　　　龙纹
底纹　　　　　连体兽面纹　　　夔纹
平纹　　　　　分解兽面纹　　　夔龙纹
二层花纹　　　变形兽面纹　　　长冠龙纹
三层花纹　　　环柱角形兽面纹　卷体龙纹
刻画纹　　　　牛角形兽面纹　　蟠龙纹
单独纹样　　　内卷角形兽面纹　纠结龙纹
适合纹样　　　外卷角形兽面纹　蟠螭纹
二方连续　　　羊角形兽面纹　　蟠蛇纹
四方连续　　　曲折角形兽面纹　一首双体龙纹
菱形纹　　　　双龙角形兽面纹　双尾龙纹
兽面纹　　　　长颈鹿角形兽面纹　两头龙纹

两头兽纹	蝌蚪纹	钩连雷纹
顾首龙纹	蛇纹	三角雷纹
虬龙纹	蛇兽纹	菱形雷纹
三角夔纹	蟠虺纹	目雷纹
羽翅纹	蝉纹	菱格花纹
羽纹	三角蝉纹	花瓣纹
凤鸟纹	蚕纹	网纹
凤纹	兽纹	V形相交纹
夔凤纹	蟠兽纹	兽体变形纹
多齿冠凤纹	兽带纹	鸟兽合体纹
长冠凤纹	两头兽纹	窃曲纹
花冠凤纹	垂叶形兽头纹	窃曲目纹
鸟纹	长鼻兽纹	三角窃曲纹
弯角鸟纹	几何纹	目纹
长颈鹿角鸟纹	圆圈纹	斜角目纹
尖角鸟纹	圈带纹	四瓣花纹
长尾鸟纹	圈点纹	环带纹
垂尾鸟纹	乳钉纹	波带纹
分尾鸟纹	斜方格点纹	波线纹
长喙鸟纹	贝纹	鳞纹
弯鸟纹	绚纹	垂鳞纹
立鸟纹	绳纹	重环纹
团鸟纹	绳络纹	蕉叶纹
鸟兽纹	浪花纹	鱼翅纹
鸱鸮纹	粟纹	圆涡纹
鸷鸟纹	弦纹	冏纹
鸮纹	直线纹	涡纹
雁纹	直条纹	太阳纹
翔鹭纹	瓦纹	人面形纹
动物纹	沟纹	人物画像纹
虎纹	平行线纹	弋射画像纹
虎食人首纹	人字形弦纹	宴射画像纹
象纹	云雷纹	攻战画像纹
象首纹	云纹	狩猎画像纹
象鼻纹	雷纹	宴饮歌舞画像纹
垂叶形象鼻纹	回纹	采桑画像纹
牛纹	流云纹	搏斗画像纹
鹿纹	卷云纹	攻城画像纹
兔纹	云气纹	水战画像纹
蜗身兽纹	三角云纹	建筑画像纹
鱼纹	斜方格乳钉纹	竞渡画像纹
龟纹	乳钉雷纹	羽人舞蹈画像纹
蟾蜍纹	曲折雷纹	

大井古铜矿遗址

铜绿山古矿冶遗址

铜岭古铜矿遗址

麻阳古矿井遗址

铜陵古铜矿遗址

木鱼山古矿冶遗址

万迎山古矿冶遗址

罗家村冶铜遗址（大炼渣）

金牛洞古采矿遗址

大工山古矿冶遗址

铜井山古采冶铜遗址

奴拉赛古铜矿遗址

偃师二里头铸铜遗址

郑州商代铸铜遗址

安阳殷墟苗圃铸铜遗址

孝民屯铸铜遗址

薛家庄铸铜遗址

小屯东北地铸铜遗址

周公庙铸铜作坊遗址

洛阳西周铸铜作坊遗址

周原李家西周铸铜作坊遗址

侯马铸铜遗址

郑韩故城铸铜遗址

江陵陈家台铸铜遗址

东坪汉代冶铸遗址

扬州铸铜遗址

齐家文化青铜器

二里头文化青铜器

二里头遗址青铜器

东下冯遗址青铜器

二里岗文化青铜器

台西遗址青铜器

盘龙城遗址青铜器

小双桥遗址青铜器

安阳殷墟青铜器

大辛庄遗址青铜器

吴城遗址青铜器

周原遗址青铜器

丰镐遗址青铜器

毛家嘴遗址青铜器

天马—曲村晋国遗址青铜器

琉璃河遗址青铜器

郑韩故城遗址青铜器

新郑祭祀遗址青铜器

侯马晋国遗址青铜器

燕下都遗址青铜器

罗家坝遗址青铜器

云阳李家坝遗址青铜器

郑州商代窖藏

郑州张寨南街窖藏

郑州向阳回族食品厂窖藏

郑州南顺成街窖藏

陕西绥德窖藏

三星堆祭祀坑

城固窖藏

陕西周原窖藏

任家村窖藏

上康村窖藏

齐家村窖藏

强家村窖藏

董家村窖藏

庄白村窖藏

眉县杨家村窖藏

长安窖藏

新郑铜兵器坑

辽宁喀左窖藏

湖北蕲春窖藏

湖北阳新窖藏

江苏丹阳窖藏

宁乡青铜器群

浑源彝器

小南张商代青铜器群

黄州下窑嘴商墓青铜器

殷墟西北岗王陵大墓青铜器

武官村大墓青铜器

妇好墓青铜器

殷墟郭家庄 160 号墓青铜器

殷墟花园庄东地 54 号墓青铜器

河南伊川商墓青铜器

琉璃阁商墓青铜器

刘家河商墓青铜器

苏埠屯商墓青铜器

定州商墓青铜器

新干商代大墓青铜器

石楼青铜器群

罗山天湖墓地青铜器

长子口大墓青铜器

滕州前掌大墓地青铜器

白草坡西周墓青铜器

屯溪西周墓青铜器

北窑墓地青铜器

庞家沟墓地青铜器

张家坡墓地青铜器

白浮西周墓青铜器

斗鸡台墓地青铜器

琉璃河燕国墓地青铜器

茹家庄西周墓青铜器

曲沃晋侯墓地青铜器

辛村卫国墓地青铜器

平顶山应国墓地青铜器

仙人台墓地青铜器

李家楼大墓青铜器

新郑彝器

光山黄君孟夫妇墓青铜器

固始侯古堆大墓青铜器

三门峡虢国墓地青铜器

三门峡虢季墓青铜器

三门峡虢仲墓青铜器

三门峡太子墓青铜器

三门峡梁姬墓青铜器

寿县蔡侯墓青铜器

程桥东周墓青铜器

淅川楚墓群青铜器

下寺楚墓青铜器 四川茂县石棺墓青铜器 贵县汉墓群青铜器
和尚岭墓地青铜器 桃红巴拉墓地青铜器 合浦汉墓青铜器
徐家岭楚墓青铜器 大波那墓葬青铜器 晋宁石寨山滇墓青铜器
江陵楚墓青铜器 万家坝墓葬青铜器 羊甫头墓地青铜器
长沙楚墓青铜器 泌阳秦墓青铜器 江川李家山墓地青铜器
长台关楚墓群青铜器 宁夏固原战国青铜器 贵州西部汉墓群青铜器
曾侯乙墓青铜器 江陵扬家山墓地青铜器 南越王墓青铜器
平山中山王墓青铜器 秦始皇陵铜车马 西丰西岔沟墓地青铜器
枣阳九连墩楚墓青铜器 徐州后楼山汉墓青铜器 扎赉诺尔墓地青铜器
金村古墓青铜器 满城汉墓青铜器 赫章可乐夜郎墓地青铜器
洛阳中州路东周墓青铜器 烧沟汉墓群青铜器 北票喇嘛洞鲜卑贵族墓地
山彪镇魏国墓地青铜器 长沙汉墓青铜器 青铜器
大黑汀战国墓青铜器 雷台汉墓青铜器

著录

《集古录》 《两罍轩》 《宝蕴楼彝器图录》
《考古图》 《攀古楼彝器款识》 《宝蕴楼》
《续考古图》 《恒轩所见所藏吉金录》 《新郑古器图录》
《宣和博古图》 《缀遗斋彝器款识考释》 《贞松堂集古遗文》
《金石录》 《说文古籀补》 《濬县彝器》
《历代钟鼎彝器款识法帖》 《从古堂款识学》 《欧米蒐储支那古铜精华》
《啸堂集古录》 《攈古录金文》 《白鹤吉金录》
《西清古鉴》 《奇觚室吉金文述》 《武英殿彝器图录》
《宁寿鉴古》 《陶斋吉金录》 《澂秋馆吉金图》
《西清续鉴甲编》 《陶斋》 《秦汉金文录》
《续鉴》 《周金文存》 《殷周青铜器铭文研究》
《西清续鉴乙编》 《殷文存》 《金文丛考》
《续乙》 《续殷文存》 《金文馀释之馀》
西清四鉴 《梦郼草堂吉金图》 《两周金文辞大系图录考释》
《十六长乐堂古器款识考》 《国朝金文著录表》 《大系》
《积古斋钟鼎彝器款识》 《三代秦汉金文著录表》 《颂斋吉金图录》
《金石萃编》 《古籀拾遗》 《吉金文录》
《金石索》 《簠斋吉金录》 《双剑誃吉金图录》
《怀米山房吉金图》 《古籀余论》 《善斋吉金录》
《怀米》 《愙斋集古录》 《小校经阁金文拓本》
《筠清馆金文》 《泉屋清赏》 《小校》
《长安获古编》 《金文篇》 《海外吉金图录》
《两罍轩彝器图释》 《梦坡室获古丛编》 《十二家吉金图录》

《邺中片羽初集》　《故宫铜器图录》　《论周昭王时代的青铜器铭刻》

《邺中片羽二集》　《金文编》

《邺中片羽三集》　《殷周青铜器通论》　《河南出土商周青铜器》

《贞松堂吉金图》　《上村岭虢国墓地》　《商周青铜器群综合研究》

《贞松堂》　《山彪镇与琉璃阁》　《中国古代青铜器》

《楚器图释》　《盂鼎克鼎》　《商周金文集成》

《善斋彝器图录》　《青铜器图释》　《商周青铜器纹饰》

《尊古斋所见吉金图》　《扶风齐家村青铜器群》　《殷周金文集录》

《新郑彝器》　《美帝国主义劫掠的我国　《中国美术全集·青铜器》

《三代吉金文存》　殷周铜器集录》　《中国青铜器》

《西清彝器拾遗》　《上海博物馆藏青铜器》　《中国古代青铜器简说》

《商周彝器通考》　《长安张家坡西周铜器群》　《步入青铜艺术宫殿》

《岩窟吉金图录》　《金文诂林》　《青铜器鉴定》

《海外中国铜器图录·第　《中国古青铜器选》　《中国文物精华大全·青

一集》　《中日欧美澳纽所见所拓　铜卷》

《积微居金文说》　所摹金文汇编》　《中国青铜器发展史》

《西周铜器断代》　《陕西出土商周青铜器》　《古代青铜器》

《寿县蔡侯墓出土遗物》　《殷墟妇好墓》　《吉金文字与青铜文化论集》

《古器物研究专刊》　《中国古代青铜器小辞典》

《商周金文录遗》　《随县曾侯乙墓》

人物

吕大临	潘祖荫	石叟
赵明诚	方濬益	甘文堂
薛尚功	吴大澂	周文甫
郭宗昌	孙诒让	胡文明
王昶	端方	徐守素
钱坫	罗振玉	李云生
武亿	王国维	歪嘴于
阮元	汤姆森，C.J.	张泰恩
吴荣光	柴尔德，V.G.	张文普
刘喜海	蒙特柳斯，O.	张书林
吴云	斯皮勤，A.A.	古铜张
张鲁盦	戈罗佐夫，B.A.	小古铜张
邹安	吴邦佐	王德山
吴式芬	张鸣岐	
陈介祺	王凤江	

综 述

Z O N G S H U

▎自然铜 ▎

成分为 Cu。自然界天然生成的铜元素的各种集合体。自然铜在地表氧化还原生成树枝状的硫化物，是人类最早认识和利用的金属。硬度低，伸展性好，有金属光泽，可加工成小型工具和饰物。世界上许多地区都有漫长的使用自然铜的历史。（图1）

▎红铜 ▎

成分为 Cu。属铜硫化物矿床氧化带的次生矿物，与自然铜共生，是人类最早开发和利用的金属。距今约六千年前的陕西西安半坡和临潼姜寨的仰韶文化遗址出土了一些质地不纯的红铜片，是迄今所知最早的利用自然铜加工的器物残片，但它们质地较软，只适宜作小型工具或装饰品。通过锻打和冶炼红铜，人类逐步认识和掌握了金属的特点与性能，为青铜的发明奠定了基础。参见【自然铜】。（图2）

图1 自然铜

▎纯铜 ▎

即红铜。参见【自然铜】。

▎黄铜 ▎

铜、锌或铜、锌、铅合金，也是中国最早开发和利用的金属。距今五千年的山东胶州市三里河龙山文化遗址出土两件黄铜片。经科学实验表明，这一地区存在铜锌铅共生矿，用捶打和冶炼的简易方法，即能产生黄铜。（图3）

图2 梯形穿孔红铜片

▎青铜 ▎

中国古代称"金"或"吉金"。它是红铜与锡、铅等其他金属的合金，因呈青灰色，统称"青铜"。最早出现于距今四千年前的甘肃、青海一带的齐家文化遗址中。青铜与红铜相比，有熔点低、硬度大、耐腐蚀的优点，适宜制造生产工具、兵器、生活用具及雕塑艺术品。由此构筑了青铜时代的物质基础，人类逐步由石器时代进入到青铜时代。

图3 黄铜矿

青铜根据合金比例的不同,可分为铅青铜、锡青铜、铅锡青铜等种类,不同青铜的硬度、韧性、光泽也发生变化。二里头文化后期已经流行高铅含量的铅锡青铜合金铸造。商周时期的青铜,主要是锡青铜。

吉金

青铜的别称。参见【青铜】。

丹阳铜

丹阳,指西汉吴国所辖的丹阳郡,是西汉唯一设铜官的郡。范围包括现在的安徽铜陵、马鞍山,以及江苏南京等地。该地盛产铜,且铜质优良。在汉代铜镜的铭文上,常常有"汉有善铜出丹阳,和以银锡清且明""新有嘉铜出丹阳"之类的铭文,说明"丹阳铜"在汉、新代名声卓著。

砷铜

指含有砷的铜。砷铜在古代的西亚、中亚以及欧亚草原地带广为流行。砷铜铸件的机械性能并不比纯铜铸件好多少,但在锻造方面,铜、砷合金在加热情况下能更快地硬化,硬度也稍高于红铜,具有比红铜更好地适应锻造的性能。

铅青铜

指铜与铅的合金。铅不能熔于铜,只能在铜液中均匀地分布作滴状。在铜中加铅,可以加强铜液的流畅性,改善浇铸性能,这就为铸造花纹更繁缛、器壁更薄的容器提供了技术保证。

锡青铜

指铜与锡的合金。纯铜熔点很高,加锡可降低熔点,而且加锡的合金具有较高的硬度和金属光泽。

铅锡青铜

指铜与铅、锡的合金。中国商周时期的青铜,主要是锡青铜和铅锡青铜。

孔雀石

成分为 $Cu_2(OH)_2CO_3$。俗称石绿。生成于铜的硫化物矿床地表部分。因色泽美丽犹如孔雀的尾羽而得名。可作为找寻原生矿床的标志。花纹美丽,可用于观赏,亦可制成颜料,是最好的绿色颜料。中国主要产地在广

图 4 孔雀石

东、湖北等省。（图4）

▎绿松石▎

成分为 $CuAl_6(PO_4)_4(OH)_8 \cdot 5H_2O$。名贵玉石。颜色有天蓝、海蓝、粉蓝、深绿、翠绿等。硬度大，质地细腻，温润洁美，质感强烈。可制成各种装饰品，亦可制成颜料。先秦时期常用来作为装饰品镶嵌于青铜器上。中国主要产区在湖北、陕西、河南等省。（图5）

图5 绿松石

▎红铜器▎

将天然存在的红铜锻打或熔铸成的器物。大汶口文化、龙山文化和齐家文化遗存均发现少数红铜器，多为刀、凿、指环等小型工具或饰物。

▎青铜器▎

简称铜器。指用青铜制造的器物，包括食器、酒器、水器、乐器、车马器、铜镜、兵器、货币、玺印、符节、工具、度量衡器和杂器等。青铜硬度大，铸造性能好，耐腐蚀，适于制作工具、武器、日用器及雕塑艺术品，是人类最先广泛使用的金属原料，在人类历史上促成了继石器时代、铜石并用时代之后的青铜时代。据考古发现，中国已知最早的青铜器，是甘肃出土的马家窑文化的青铜小刀，据测定，年代约为公元前3000年。商周时期青铜器大量出现，并且成为这一时期生产力发展的代表。中国古代青铜器不仅造型庄重，而且表面大多铸或刻有精美的纹饰，具有极高的艺术价值。商代及西周初期主要饰兽面纹、龙纹、夔纹及凤鸟纹等，繁缛神秘。西周中期以后盛行窃曲纹、环带纹及鳞纹等。春秋中期以后盛行蟠螭纹及蟠虺纹等。春秋晚期以后出现的反映宴乐、狩猎、陆战及水战等古代社会生活、战争场面的纹饰，开汉代画像艺术的先河，在中国美术史上占有重要的地位。许多青铜器有铭文，保存了大量有关古代政治、军事、经济及文化的珍贵史料。

▎铜器▎

青铜器的简称。参见【青铜器】。

▎金石并用时代▎

考古发掘证实，中国青铜时代的孕育时期存在着金石并用时代，即铜制工具与石木工具并存的时代。在黄河上游以甘肃、青海地区为中心的新石器时代晚期齐家文化遗址中，出土有小件红铜或青铜的工具、饰件和铜镜，应用冶铸或冷锻工艺，器物小，器形简单，出现了艺术装饰的萌芽，例如七角星纹镜。这些器物的出土证实新石器时代晚期已出现小规模的青铜手工业，同时石器在社会生产活动中仍占主体。齐家文化反映了远古时代的先民从新石器时代走向金石并用时代的历程。

| 铜石并用时代 |

又称金石并用时代。参见【金石并用时代】。

| 青铜时代 |

在人类技术发展史上，普及铜兵器和铜工具的时代，称为青铜时代。"青铜时代"一词系由西方输入，为丹麦人汤姆森，C.J.（Thomsen, Christian Jürgensen）在《北方古物指南》中最先使用。他称"青铜时代是以红铜或青铜制成武器和切割器的时代"。英国人柴尔德，V.G.（Childe, Vere Gordon）将青铜时代分为三段模式。第一段模式中，兵器和装饰品用红铜与青铜的合金制作，专用的铜工具很少，石器制作精细。第二段模式中，红铜和青铜是手工业中常用的工具，但不用于农畜业和粗重作业。第三段模式中，青铜工具成为农业和繁重劳动的常用工具。以上主要是欧洲青铜时代的特征。中国的青铜时代，则以大量使用青铜生产工具、兵器和礼器为特征。中国进入青铜时代之前，经历了金石并用时代。中国的青铜时代从公元前2000年形成，经夏、商、西周和春秋时代，大约经历了15个世纪。商代晚期和西周，青铜冶铸业作为生产力发展的标志而达到高峰。春秋晚期进入铁器时代以后，冶铁工业的突飞猛进，使青铜器的铸造技术又有新发展。战国晚期高水平的青铜铸造业结束了青铜时代的历史使命。秦汉两代的青铜铸造工艺，仍然呈现出美丽的余晖。

| 凤纹时代 |

西周早期到穆王、共王时代，青铜器纹饰中凤鸟纹大量出现。有人称这一时期为凤纹时代。

| 青铜礼器 |

简称"礼器"，或称"彝器"。礼，是商周奴隶主贵族政治生活和社会生活的准则及其有关制度和仪式的综合概念。由于礼制的加强，一些使用于礼仪场合、具有标志性意义的器物，被赋予特殊的意义，成为礼制的体现，这就是所谓"藏礼于器"。青铜礼器是商周社会等级制度的产物，并作为统治权威的象征在这一社会背景下获得高度发展。其造型和装饰形成了独特的艺术体系，

图6 周原遗址出土的成组青铜礼器

各个朝代又体现了不同的风格和理念。夏商时期天道观既是礼的支配思想，也是艺术的支配思想，人们通过礼器上的各种纹饰对鬼神、祖先表达意愿，从来不直接描绘人们自身的活动，使青铜礼器显现出宗教崇拜观念和艺术相结合的明显特征。这是青铜器艺术一个非常突出的现象。祭祀和征伐，是古代社会基本的宗教和政治生活内容，夏商礼器已逐渐显示出这一时代使命，西周礼器中蕴涵的礼制内容更加深刻而广泛。先秦时期除了祭祀礼器以外，还铸造了许多作战用的兵器，其中包括与战争仪式有关的礼仪兵器。春秋战国时期，"礼崩乐坏"，青铜礼器逐渐衰微。（图6）

▏夏代青铜器 ▏

夏代是中国历史上第一个奴隶制国家。迄今发现的夏人的活动范围主要在河南西部和山西南部一带，以伊水洛水地区为中心的河南偃师二里头文化为代表。二里头遗址是夏代政治中心，尤其突出的是青铜工业，出土的青铜器有礼器、兵器、工具和牌饰等，证实夏代已进入冶铸青铜器的时代，与史书记载夏第一位国王禹铸九鼎和其子启采矿冶铜的记载相符。夏代青铜器的特征：（一）青铜容器受陶器的影响，尤其爵、斝、盉等明显仿效陶器；（二）少数青铜礼器制作精巧，具有创造性的设计，式样新颖，器壁较薄，工艺娴熟，其铸造技巧在商代早期青铜器上得到普遍的推广；（三）青铜礼器多素面，无装饰，传世和出土的多件镶嵌绿松石牌饰，其纹饰为商代青铜器纹饰的滥觞；（四）夏代青铜礼器有爵、斝、盉、鼎等，以酒器为主体，表明饮酒的仪式在礼仪中占据突出地位，中国青铜礼器体制的雏形始于此。

▏商代早期青铜器 ▏

商代早期青铜文化分布范围很广，包括黄河中下游地区的河南全省、山东大部、安徽西南部、河北中南部、陕西中部，以及长江中游的湖北黄陂、江西西北部等，以河南郑州二里岗商城遗址发现的青铜器最为集中、最具代表性。酒器、食器、水器均已出现，以酒器为中心的青铜礼器组合全面建立。酒器品种大增，反映商族嗜酒习俗和祭祀鬼神的盛行。食器有方鼎、圆鼎、扁足鼎、簋和甗，酒器有爵、觚、斝、提梁壶、小口壶、盉、提梁盉、大口尊等，水器有盘等等。此外，兵器数量很大，有戈、钺、斧等。青铜器一般都比较匀薄，这体现了当时陶质块范的合范技巧有较高水平，并且努力追求器壁匀薄。很多爵和鼎、鬲的口缘往往有一圈加厚层，显然是为了防止器壁过薄产生破裂。这个现象也可能和铜料的来源有一定关系，就是说开矿提供的铜料不够需求，只能采用省料做出薄壁器物的办法。早期青铜器铸作水准较高的另一个表现是纹饰的线条边缘极其清晰峻深，有的甚至相当劲利。这反映了当时的制范技术甚为成熟，有着很好的镂刻控制能力。青铜器含铅量高的器物外观呈现的效果很好，已经出现分铸的技术，卣和盉的提梁，能够随意摆动。从浑然一体的合范铸造，到能掌握分铸技术，从而生产比较复杂的器形，无疑是一大显著的进步。商代早期青铜器普遍有纹饰，和夏代的器物多数不施纹饰形成了对比。纹饰通常为对称兽面纹和横向连续动物纹，线条可简可繁，设计者可以自由发挥想象力，总体呈现粗犷刚健之风。（图7）

图 7 郑州商城遗址出土的商代早期青铜爵　　　　图 8 殷墟出土的妇好鸮尊

商代中期青铜器

商代中期青铜文化分布范围没有系统的发现，大都散见于河北藁城台西村、北京平谷刘家河、河南郑州、陕西洋县、安徽阜南等地。青铜器器物特征:（一）器体比早期厚重，尤其是口部。（二）品类增加，出现四足鬲、扁体提梁卣、广肩敛口罍、小口长颈空锥足提梁卣等。（三）斝和爵的柱发达，圆筒体的圜底爵出现，形体不稳定的扁体平底爵退出礼器行列；宽体觚流行的同时，出现细长体喇叭状觚。（四）加强装饰性，具有时代特征的阔线条兽面纹勾勒精工，兽面额角扩展，显现威严感；尊、罍等肩上装饰各种浮雕兽首。这些新造型和新器形的出现，说明青铜礼器更趋成熟。

商代晚期青铜器

盘庚迁殷至商代灭亡属商代晚期，长达 200 余年。这一时期的青铜文化覆盖面相当广，除以殷墟为中心的畿内地区，北至河北、山西及陕中一带，东至山东半岛，西至横断山脉以东，南到长江流域。这些地区多为商朝方国,除商族同姓外,更多是异姓。这一时期青铜器的特点:（一）巨大型器出现，大批新器形涌现，如酒器中鸟兽觥、鸟兽尊、鸟兽卣、罍和方彝的出现，食器中槽形方鼎和鬲的出现，彻底改变了青铜礼器的旧体制，在艺术装饰方面进入了商代的最高境界。（二）装饰中大量塑造代表大自然力的各种怪诞的神怪，反映了人对这些崇拜对象的敬畏心理；兽面纹仍为主体纹饰，尤其突出兽目，炯炯有神，以加强威慑力和神秘意味。（三）以兽鸟为基本造型的酒器，融雕塑与容器于一体，在青铜礼器中最富艺术价值，使商代的青铜器大放异彩。商朝在迁都于殷之后，作为入主中原号令诸侯的强雄的地位显示出来。商殷王族们获得前所未有的特权后，必定要有特定的礼制作保证。殷墟时期青铜礼器所出现的盛况，正是当时奴隶制

经济和政治所达到的发展高度的反映。青铜器的变化也反映青铜艺术进入繁荣阶段。（图 8）

┃ 西周青铜器 ┃

西周政治秩序和礼乐制度完全成熟，周穆王时期青铜器出现急遽变化，在器类、形制、铭文、纹饰乃至铸造工艺上都出现了新气象，实质是青铜器的文化内涵转变成以周文化为核心。基于周朝政权统治的形式是以嫡长子为中心的祖先崇拜，有严格的尊卑等级制度，以及为实行这些观念和制度所采取的方法和特定仪式，西周青铜器艺术，就成为维护、体现周礼的礼器。其特点：（一）周王室礼器占据主流，礼器的特性通过铭文内容的记叙，而受到了非凡的重视，铭文记录的是器主家族得到周天子和王室赋予的恩宠和殊荣，于是青铜器就成了贵族们引以为骄傲的宗庙和宫室中最高贵的陈设品；（二）酒器逐渐淡出，食器增大，新的食器和酒器组合出现；（三）青铜器是等级和地位的标志，器物组合和数量都有严格的规定，受到尊重，出现列鼎制度，这是周朝贵族的生活方式直接与社会政治地位相联系的特殊礼制；（四）金文中以大量铭文为代表的廷礼册命形式的定型化，显示出西周官制的确立，特别是西周晚期的铭文多长篇巨制，如毛公鼎、散氏盘、禹鼎、颂鼎等都是国之重器，书法风格出现新的变化；（五）纹饰出现革命性变化，商代流行的威严而狰狞的兽面纹退出主宰地位，环带纹、重环纹等几何形的线条纹饰占据主流，显示出活泼的时代风貌。

┃ 春秋青铜器 ┃

春秋时代周王室衰败，大国诸侯兴起，发生社会大变革。各国的通都大邑经济文化都相当繁荣，有足够的经济条件建立起各自的手工业，包括青铜铸造业，而小国则成为他们的附庸。青铜礼器艺术在各国迅速发展。春秋时期，即公元前 771 年以后的近百年之内，遗存的青铜器属于大小 30 余国的诸侯，包括淮水流域北部诸国、江汉地区的楚国和其他小国以及北方燕、晋等国。礼器发展最集中的是中原地区和山东、山西地区诸国。青铜器的特点：（一）诸侯和卿大夫阶层制作的青铜器占据主流，任职洛邑的王臣之器极为罕见，反映了王室礼制的衰退和诸侯国青铜礼器艺术的繁盛。（二）春秋中晚期的青铜器纹饰，表现宗教的气息非常淡薄，艺术意趣加强，艺术与宗教的作用基本分离了。（三）铁器的普及，使青铜器质量获得极大的提高，艺术装饰益臻精美华贵，使青铜铸造工艺进入了一个全新的阶段。（四）春秋中期以后，青铜器铭文的字体有相当大的变化。黄河流域诸国多数仍采用传统字体，长江流域诸国铭文发展为美术字，一般都偏于修长，并有鸟虫书出现。（五）春秋晚期青铜时代走向终结，代之而起的是铁器时代。青铜器逐渐失去礼制的意义，约束涣散，被列入商品的范畴，更多地成为显示仪礼排场的道具。

┃ 滇族青铜器 ┃

滇族是战国至秦汉时期，西南地区云南滇池周围地带杂居的各民族的泛称。滇族青铜器的特点：（一）器类上兵器和农具数量多，腰扣、头饰、手镯等青铜装饰品较为奇异，其中铜鼓、

图 9 西汉祭祀贮贝器

图 10 汉驼虎争斗纹铜带扣

贮贝器，以及各种人物、动物形镂孔扣饰等是最具特点的器物；（二）装饰上多采用鎏金镀锡、线刻、立体雕塑及镶嵌等工艺，大多刻画牛、蛇等形象，也有的刻画人物形象，描绘战争场面，广泛地表现了当时生产、生活和其他社会景象，表现手法较写实。滇族青铜器是我国西南地区各少数民族的物质文化遗存，是我国青铜文化的重要组成部分。（图 9）

▌鄂尔多斯式青铜器▐

又称绥远式青铜器、北方式青铜器等。鄂尔多斯是蒙古古部名。作为一个地理概念，包括今天的内蒙古自治区鄂尔多斯市全部，以及与之相邻的巴彦淖尔市的后套和宁夏、陕北的一部分地区，秦汉时称"河南地""新秦中"，明代以后称为"河套"。鄂尔多斯式青铜器滥觞于早商时期，春秋晚期达到鼎盛阶段，战国晚期渐趋衰落，延续到东汉或更晚时期。鄂尔多斯式青铜器具有以下特征：（一）都是便于携带的小型实用器；（二）以大量的动物纹为装饰题材；（三）有许多鎏金银制品，器类有装饰品、车马具、兵器、生产工具、生活用具等，其中以动物纹样为主体图案的装饰品、游牧生产生活用具、铜短剑、铜戈、铜镞等最具北方游牧民族特色。鄂尔多斯青铜器图案构思复杂巧妙，艺术风格独特，造型优美。部分形制复杂的器物，采用了代表当时冶金铸造业最高发展水平的"失蜡法"铸造技术制作而成。它是我国北方地区早期游牧民族的物质文化遗存，是我国青铜文化的重要组成部分。（图 10）

▌绥远式青铜器▐

又称鄂尔多斯式青铜器。参见【鄂尔多斯式青铜器】。

▌北方式青铜器▐

又称鄂尔多斯式青铜器。参见【鄂尔多斯式青铜器】。

宋代仿古作伪青铜器

北宋中期始，复古之风兴盛，宋徽宗赵佶尤崇古好古，因此宫廷大量仿制古铜器。都城开封是宋代仿古的重要基地。基本特点是：（一）器物种类繁多，多以商周时代真器做模型，器形、纹饰等仿造得相当逼真，形体较大，但缺乏原器的韵味；（二）一般模仿范痕和垫片；（三）有耳器，器耳外形发圆，泥膛小，没有红、灰范土，即使伪造有范土，也不如经过铸烧的范土坚硬；（四）器体厚重，但铜质粗糙发暗，无亮地子，有硬锈也仅是一层，显得浮薄；（五）圈足及口沿均圆滑齐整，尤其是圈足底部没有向内的扉茬；（六）纹饰仿得很逼真，但地纹都较模糊；（七）铭文铸刻相当细致，但字比商周器铭浅；（八）用松石沫浇上或作上红、蓝锈，或经过作旧，伪造成熟坑器；（九）仿镶嵌金银片、松石的器物比春秋战国时的真器水平低。（图11）

图 11 宋仿商簋

元代仿古作伪青铜器

元代对古器物的注意及仿造不及宋代。元代仿造有商周器，汉代的簋、炉及唐代的玉壶春瓶等，质量上远比宋代仿器低劣。基本特点：（一）往往成组地仿商周器，作为祭器置于寺庙内，形体笨重，做工粗糙；（二）一般为红铜质，铜质发黄，地子发乌，无光泽；（三）花纹模糊不清，纹饰自相矛盾，违反时代规律；（四）铭文始用楷体，字体不工整，软弱无力；（五）常有本朝年款，器形、纹饰等或多或少带有本朝代的特征。（图12）

图 12 元仿西周盨

明代仿古作伪青铜器

明代崇古风气较为淡泊，文人学士对古铜器的研究也远逊于宋代，仿古青铜器质量低于宋代。明间仿古青铜器制作以江南为中心，嘉兴、松江、苏州等地是仿古铜集中之地。基本特点：（一）仿制种类多，大小器皆有，较元代仿古面广。（二）仿器无铸痕和垫片。（三）宫廷仿器质量尚佳，民间仿器则粗糙。（四）一些仿器纹饰繁缛，添枝加叶，不伦不类。（五）民间

图 13 明仿古敦

仿器分量过重，有压手感；色泽黄中闪白，显不出黑地子，即使做出黑地子也偏黄。（六）器形、铭文失真，器足一般为实足。（图13）

清代仿古作伪青铜器

清代仿器比明代精细，而且数量多。尤其是乾隆年间，宫廷设立了内务府造办处，仿制铜器有专人负责。宫廷仿器质量较高，民间仿器很低劣。特点：（一）采用分铸法，先将各部分分别铸出，然后焊接。焊接前多将各部分的铸痕加以磨砺，因此无铸痕，而有焊接痕迹。无垫片，但有补痕。（二）铜质泛黄，与黄金色相近，分量过重。常上黑地子后打蜡，冒充熟坑器，这样可迷惑人。（三）宫廷仿器多有古器摹本作依据，整体造型大致与原器相似。（四）宫廷仿器常添枝加叶，意欲锦上添花，实际却流于不伦不类。（五）宫廷仿器上的兽面纹常变形，呈蝴蝶状。（六）镶嵌、鎏金器比宋代精湛，但镶嵌繁杂，金、银、玉、石往往同在一器。（图14）

图14 清仿古带钩

民国时期仿古作伪青铜器

民国时期古器物材料空前积累，有关著录及图片等越来越多，技术设备较过去先进，作伪手法日趋精湛，外国人大肆收购中国文物。此时仿古作伪之风达到高潮，作伪作坊遍及全国。特点：（一）主要仿夏、商、周三代彝器；（二）造型、纹饰仿得极精；（三）铸及錾刻的花纹、铭文均软弱无力；（四）锈斑松散浮薄，而且仅有一层，显得不自然，色调单一，不似商周器上的坚硬。（图15）

苏州民间仿古作伪青铜器

苏州是近代仿古作伪的重要基地之一，伪造青铜器的历史早于北京。晚清至民国期间，苏州仿古铜名匠有周梅谷、刘俊卿、蒋圣宝、骆奇月、金润生。特点：（一）多仿河南安阳殷墟的商代器物，仿得精致、逼真；（二）胎质的合金成分与北京不同，

图15 民国仿商觯

冶铜时一般都加入银圆或银元宝，因此铜质好，生成的地子亮，闪白，皮色用大漆加颜色做出；（三）分铸组装时铸痕不打磨掉，无垫片，器身常出现砂眼；（四）伪器与真器大小不一致；（五）花纹流畅、利落；（六）铭文錾刻得较深，而且规整；（七）器物的口沿、扉棱的边缘及棱角发硬，缺少圆润柔媚之感。总之，苏州的仿古伪作青铜器在铜料、皮色、锈斑、铭文等方面都有独到之处，铸造技巧较潍县的精细，仿熟坑器比北京的好，但伪造的生坑器有的不如北京的。

潍县民间仿古作伪青铜器

山东潍县仿古铜器约始于四百年前。著名仿古铜名匠有范寿轩、王荩臣、王海等十几位。特点：（一）多按《西清古鉴》图录仿造，造型、纹饰多不符合商周铜器特征；（二）采用组装法，耳、足、身等分铸，再用焊锡将其组装成器，焊接处不失范痕，即使作上假锈，将锈去掉也便露出锡；（三）有的用蜡模翻铸，铸出的器物壁厚体重，有砂眼；（四）作锈方法是先用盐酸浸泡，埋入黄土中，再盖上湿麻袋，让器表生出地子和锈；（五）王荩臣、王海父子伪刻铜器铭文极为逼真。

西安民间仿古作伪青铜器

西安是仿古作伪较早的地区，在真器上錾刻伪铭始于西安。近代西安仿古作伪青铜器的特点：（一）仿造度量衡器居多；（二）作锈方法是将伪器埋入地下若干年，使得生成的锈与真器的锈近似，与酸咬、堆积成的锈不同；（三）铭文錾刻方面非常突出，有"凤眼张"、苏亿年、苏兆年等錾字作伪巧匠，多在诏版、量器上刻伪字。

北京民间仿古作伪青铜器

北京是近代民间仿古作伪的重要基地。所造伪器华丽、精巧，形制奇异，地子、锈斑也很逼真。著名的伪作匠师有张泰恩、张文普、张书林、王德山、张子英等。特点：（一）伪作的商周重器和鎏金器最多；（二）发明多种作锈方法，如张文普研究出使用酒精浸泡漆皮，再调和颜色的方法作假锈，王德山发明作假地子、假锈的新技术，即"漆地磨光"和"点土喷锈"；（三）伪作的"黑漆古""绿漆古"其他地区不可比，所作"黑漆古"地子可几十年不变色；（四）仿刻商周铜器花纹十分熟练，但纹笔呆滞不畅，缺乏商周花纹的韵味；（五）采用石膏修复、制作铜器的方法。（图16）

图16 王德山伪作卣

青铜器艺术

青铜器是中国文化遗产的重要组成部分，其造型、绘画、图案、雕刻艺术，反映了中国奴隶社会和封建社会初期物质文化的面貌。青铜器艺术形成于夏代至商代早期，即约公元前21世纪至公元前13世纪，以后经历了商代晚期、西周、春秋、战国及秦汉，时间跨越约1500年。高度繁荣的青铜器艺术，在工艺美术史上有着显赫地位。根据科学的考古发掘、古器物的形态考察和系统的铭文研究，青铜艺术发展的历史划分为五个时期：萌芽期，即夏代至商代早期，是青铜器艺术形成时期；鼎盛期，包括商代晚期至西周康昭之间，是青铜器艺术蓬勃发展时期；发展转变期，包括西周穆共至春秋早期，诸侯列国的铜器大量出现，从器形纹饰到铭文书体都出现显著的变革；繁荣期，包括春秋中晚期、战国及秦代，由于经济大发展，特别是社会性质改变后新兴地主阶级需要的刺激,使青铜器艺术出现了新高涨;更新衰退期,由于汉代漆器、青瓷和釉陶的广泛普及,青铜艺术逐渐走向衰落。

▎青铜艺术萌芽期▎

夏代至商代早期,即盘庚迁殷以前(公元前21世纪至公元前13世纪),是青铜器艺术萌芽和开始发展的时期。以河南省郑州二里岗商代都城遗址出土的青铜器为典型代表,此时已经具备了食器、酒器、水器、兵器等各大器类,但器形和数量并不多,艺术装饰比较单调和朴拙,证实采矿工业和冶铸生产的规模还不大。此时的青铜器以神秘谲奇的兽面纹为主体纹饰,已具有明显的时代特征,由此开创了青铜器象征性和夸张的艺术风格。(图17)

图 17 夏代网络纹青铜鼎

▎青铜艺术鼎盛期▎

商代晚期至西周早期(公元前13世纪至公元前11世纪),青铜器艺术第一次进入蓬勃发展时期。商代晚期和西周早期的青铜器虽然各有特点,但却具有更多的共同点。最突出的艺术成就表现在器物的造型设计上,例如卣、觥、尊等,器形本身已成为一件完整的立体雕塑。这种造型艺术与实用性相结合的风格,一直延续到青铜艺术的衰退期。艺术装饰趋于复杂化。在庄严而瑰异纷繁的纹饰中,最能概括时代风格的,是常见的采用夸张艺术手法的兽面纹。它的要素是巨目、裂口,额鼻部分成直线突起,多有一对利爪,两旁有对称地张开的身躯,这些都形成定式,而角的形状最富于变化,通常所见有内卷角、外卷角、平置角、曲折角、分枝角等。艺术装饰的另一特点,则是在一个图案单位上除了主体纹饰以外,常以各种动物形象作为陪衬,一器少则两三种,多者可达七八种,有的甚至更多,使器上无空隙处。纹饰的物象形态狰狞可畏,既庄严神秘,又富有生气,形成独特的时代风格。这种物象构成了我国古代礼器装饰的传统特点。鼎盛期铭文书体是我国书法艺术发展中的重要阶段。书体结构尚未脱尽图形文字的形态,笔画中常以细笔和粗笔相间,证明书写者已注意行款章法的联系。铭文中载有许多氏族的徽记,则是研究当时氏族方国志的重要资料。此时的铭文不仅是记录思想和语言的工具,而且已成为青铜器独特的艺术形式。

▎青铜艺术发展转变期▎

西周穆王以后至春秋早期(公元前11世纪末至公元前7世纪上半叶)。由于奴隶社会经济逐渐衰退,周王朝政治权力旁落,诸侯国家的经济进入蓬勃发展阶段。从穆王开始,青铜器艺术出现了一系列与西周早期的青铜器显著分界的强烈变革,说明已经进入成熟阶段。重要的青铜器都有诸多改革,如鼎、簋、壶等大类出现新器形,代表作如大克鼎、颂鼎、颂簋、颂壶等;

创造诸多新器类，如簠、盨、匜、镈等；立体鸟兽形尊有新发展，如盠驹尊；创造全新的礼器组合，如成套的列鼎、盘匜、编钟及武器等。

图 18　西周晚期颂簋

转变期的纹饰与鼎盛期相比要简单得多，鸟纹、雷纹逐渐退化，立体的动物附饰也不发达，大致是龙虎之类的形状。而环带纹、简化和变形窃曲纹、变形兽面纹、鳞纹等成为新时代的主流。绝大部分动物图案愈来愈抽象，甚至完全失去了原来的面貌。纹饰不以工细凝重见长，但刻画粗壮有力和流转舒畅为其优势，在许多宏伟的青铜作品中，特别明显地具有朴实浑厚的美感。

转变期的铭文书体向书写便捷的方向发展，其格局和气度虽未似鼎盛期的谨严精到，但结构之豪迈奔放和浑柔圆熟却是前所未有的。笔势的和谐浑厚及行列的对称相应，是这一时期铭文中一些伟大篇章的共同特点。大克鼎铭、颂鼎铭、师虎簋铭等是西周晚期铭文中最有代表性的。同时也出现了一种粗率涣散和文字随意减笔的现象，说明了西周中晚期的礼制和贵族阶级生活风尚与西周早期相比较发生了重大变革。（图 18）

┃青铜艺术繁荣期┃

春秋中期至战国、秦代。青铜器的艺术装饰种类之纷繁多彩，纹饰之精细富丽，超越以前任何一个时期。纹饰特征之一是蟠螭纹、蟠虺纹、蟠龙纹成为装饰主流，这种纹饰以极小的盘曲形兽体组成，在一个器上通常有千百个龙蛇之类的小兽，缠绕交结，组成极为细腻精丽的图案。鸟纹的种类在此期表现得特别复杂，华丽的凤鸟仍然在鸟纹中占有重要地位，其他凫、鸭等水禽，鹤、雁、天鹅等飞禽纹样都是装饰青铜器的主题，有浓厚神话意味的鸟蛇搏斗纹也是常见的图案。最具创造性的是刻铸或镶嵌工艺的各种画像，以忠实、精细入微的手法描绘了当时贵族阶层战斗、宴乐生活的宏大场面，在布局结构上充分体现了绘画的特色。战国青铜器上的画像可视为汉代画像艺术的先驱。

生产技术的发展，冶炼术的精纯，使得青铜器质量获得极大的提高。轻巧、质薄而均匀，是此时青铜器铸造的显著优点。无论是巨大的或小巧的器形，都遵循极其严格的工艺要求铸造。印模块范拼合法的发明，简化了复杂的制范工艺，加速了青铜器的规模化生产。错金银技术的进步，使得青铜器的艺术装饰益臻精美华贵，玉、石、琉璃等，都是镶嵌的材料。更为重要的是鎏金术的发明，不仅标志着人们对理化科学的掌握，而且使青铜铸造工艺进入了一个全新的阶段。

春秋晚期和战国前期铭文多范铸，战国中晚期由于青铜器商品化的加强，铭文多刀刻，很少有长篇巨制，大都物勒工名，或仅有作器的简略记载，战国楚器刻铭是典型范例。更新期的铭文书法艺术极具时代风格。由于各诸侯国文化的急剧发展，青铜器铭文的书体和文字的变异达到

图 19 秦公簋铭文

了激烈的程度。西部秦国改进宗周的书体，秦景公时的秦公簋铭文，是大篆成熟期的优美典型；齐鲁的书体清新规矩，具有一种革新精神；南方长江和淮河流域徐、楚、吴、越诸国，则着重以字体的装饰性为要素，流行一种流利修长而富于变化的书体。春秋后期这种字体进一步加强装饰性，出现了以鸟虫形为文字结构的书体，即所谓鸟篆、鸟虫书；北方晋地的铭文，则出现各区域交融的现象。战国时期异体字和繁体字猛增，使各国文字呈现极其复杂的局面，甚至影响到文字通行的实用意义。最终秦始皇统一六国后，在全国统一文字，推行小篆，由此中国书法艺术走向新的阶段。（图 19 ）

青铜艺术更新衰退期

两汉时期是青铜器的衰退期。由于实力强盛，国家进入文化发展的全盛时期。漆器、陶瓷工艺的崛然兴起，使青铜器制作走向衰退。在兵器方面，钢铁制品几乎排斥并最终完全代替了铜兵器的位置。但铜镜制作异彩纷呈，方兴未艾。青铜器流行纹饰有四类：第一类是几何图案，如菱纹、叠瓣纹和三角纹，这些图案常配置在一器上。第二类是云气、四灵等纹饰，四灵即青龙、白虎、朱雀、玄武，是汉人崇拜的星宿之象；有的饰以山川、羽人、神仙等纹样，东王公、西王母等也是汉代最流行的神仙纹样。第三类为历史故事画像，因青铜器的局限性，故此类画像不多见，常见的有画像铜镜，如伍子胥等历史人物故事。第四类是吉瑞隐喻图像，如羊喻吉祥、鱼喻丰穰等。汉代青铜器的装饰，除铜镜、洗、锅、炉等器外，极少模制，而多为刻纹。但其刻画技术纯熟精湛，表现题材广泛。而铜镜的范铸技术和鲜明的装饰题材与风格，也取得了新的成就。青铜器中鎏金银纹饰，显示了富丽的效果。汉代青铜镶嵌工艺是战国的延续。当汉代青铜器作为一个重要的艺术门类已失去昔日的统治地位，重要性日渐下降时，周边的少数民族青铜器制作却有很高的成就，如北方草原民族以斗兽为特征的青铜饰物，自战国以来一直蓬勃发展；云南滇国青铜器，其高度的写实手法和优美的造型，具有独创的地方性和民族风格，与中原任何一期青铜艺术品相比较，毫不逊色。

列鼎制度

鼎是青铜礼器中的主要食器，在古代社会中，它被当作"明上下，别等列"，即统治阶级等级制度和权力的标志。商代用鼎制度，中、小型墓陪葬的一般是一件或两件，无论是殷墟或殷墟以外地区大都如此。但是王室的陵墓则悬殊甚大，商晚期殷墟妇好墓出土方鼎两件、扁足

图 20　虢季墓出土的列鼎

方鼎两件，大小不同的圆鼎三十二件，还有少数残破的碎片，可见中、小型墓和王室墓等级差别的森严。表现等级秩序明显的，是西周的列鼎制度。贵族等级越高，使用鼎数越多，就是说享受肉食品亦越丰富。据礼书记载，西周时天子用九鼎，称为太牢：第一鼎盛牛，以下为羊、豕、鱼、腊、肠胃、肤、鲜鱼、鲜腊。诸侯一般用七鼎，称大牢，减少鲜肉、鲜腊二味，但东周时期诸侯宴卿大夫也可用九鼎。卿大夫用五鼎，称少牢，盛羊、豕、鱼、腊、肤。士用三鼎，盛豕、鱼、腊；也有用一鼎的，盛豕。出土九鼎的西周墓还没有发现。湖北京山宋河坝春秋初期的曾侯墓出土九鼎，传世的西周中期克鼎以七鼎成列，河南上村岭虢季墓亦七鼎成列，宝鸡茹家庄 1号墓甲以五鼎成列，长安普渡村西周中期墓以三鼎成列，葬一鼎的墓葬较为常见。东周晚期社会改革剧烈，列鼎制度不复存在。（图 20）

铸鼎象物

相传夏禹曾收九牧之贡金铸造九鼎，以象百物，使民知神奸。《左传·宣公三年》记载："昔夏之方有德也，远方图物，贡金九牧，铸鼎象物，百物为之备，使民知神奸；故民入川泽山林，不逢不若，魑魅魍魉，莫能逢之。用能协于上下，以承天休。"意指夏朝道德兴盛时，铸造了鼎，上面有花纹，以象征鬼神，各种鬼神怪物都很完备，使得一般百姓能辨明善神和恶鬼的形状，因此人们渡过河川和进入山林中去，就不会遇到不吉的事，山魈鬼怪不致加害，因此能使上下和谐太平，承受上天所赐的福分。据目前研究证实，如果夏代确有铸鼎技术，其铸造技术尚未达到能铸百物的程度。

禹铸九鼎

传说夏禹曾铸九鼎，作为传国重器，象征天下九州皆归其所有，并被夏、商、周三代奉为传国之宝。商汤灭夏，"鼎迁于商"；周克商后"鼎迁于周"；成王"定鼎郏鄏"，"郏鄏"就是成周洛邑的王城；秦灭周时九鼎散失。古代以鼎为立国之重器，九鼎为传国的象征。

编钟制度

编钟是西周时代祭祀、朝聘、宴享、歌伎的主要和声乐器，尤其适于伴奏，富有中国古乐的独特风貌。西周建立后，经过近百年的征讨平叛、分封行赏，到穆王时期逐渐形成一套完备而定型的礼乐制度。乐与礼相辅相成，共同维护西周宗法等级制度。在统治阶级的倡导、音乐自身发展水平的提高和铸造冶炼技术的进步等因素的共同作用下，作为"众乐之首"的编钟在这一时期得到快速发展，每肆钟数由原来的三件，经四件、五件、六件、七件到西周晚期而成

图 21 三门峡虢季墓出土的一套编钟

八件的定式，并形成了严格按照名位等级制定的编钟制度，即天子宫悬（四面悬钟）、诸侯轩悬（三面悬钟）、卿大夫判悬（两面悬钟）、士特悬（一面悬钟）。完整的一套编钟称为一肆。《周礼·春官·小胥》："凡悬钟磬，半为堵，全为肆。"西周早、中期编钟承袭商制已是三件一肆，陕西长安普渡村西周中期长由墓及宝鸡茹家庄强伯墓都出土有三件一组的编钟，西周晚期的仲义钟和柞钟都以八件成编。东周时期王室力量衰微，西周时期严格的礼乐制度逐渐遭到破坏，编钟的数量由原来的一肆八件、九件扩展到十一件、十三件、十四件。信阳长台关楚墓出土有一组十四件的编钟。随县曾侯乙编钟共六十四枚，分三层悬挂在曲尺形的钟虡上，分组最多的钟数为十二枚，也有十一枚和十枚的，这是迄今为止最完整的钟的组合。（图 21）

明器

又称冥器。古代专为陪葬而制作的器物。最初的明器是死者生前所用的器物，后常模仿各种礼器或日用器皿、工具、兵器的形状，还有人、家畜及鸟兽的形象，以及车船、家具、建筑物等模型。质料以陶、瓷、木、石最常见，青铜质的明器较为少见，宋代以后流行纸制明器。（图 22）

图 22 武威汉墓随葬的铜骑马俑

冥器

又称明器。参见【明器】。

媵器

媵，古时指随嫁，也指随嫁的人。《仪礼·士昏礼》："媵御馂。"郑玄注："古者嫁女必侄娣从，谓之媵。侄，兄之子；娣，女弟也。"故古代随嫁之奴仆或婢女称之为媵侍或媵婢，陪嫁之器具称为媵器。西周晚期到春秋战国各诸侯国为谋求政治联盟，盛行政治联姻，常用青

铜器作为陪嫁的媵器。如费敏父鼎就是费敏父为其女婚嫁所作媵器。（图23）

图23 春秋早期媵器费敏父鼎

生坑器

指曾埋入地下的铜器。锈经历千年自然生成，颜色及层次很复杂，但为自然杂列，色沉厚而入骨，不浮。附着地子的一般为红锈层，其上为绿锈层和亮锈层。锈很坚硬，指甲抠不动，即使用刀或锤剔敲，脱落的也是锈斑块，而不是锈末。

熟坑器

指未曾埋入地下的铜器，是传世器物。地子、锈斑自然生成。外表多打过蜡，将器物的锈层、地子全覆盖在里面。

黑漆古

铜器表面呈黑色，犹如烤黑漆般光亮，称为"黑漆古"。这样的铜器含锡、铅较高，硬度强，不发薄锈。

绿漆古

铜器表面呈绿色，犹如翡翠，自然蕴亮，称为"绿漆古"。这样的铜器极少有薄锈。

尚方

亦作上方。秦汉时设置的官署，隶属少府。设职官尚方令、尚方丞，掌管制造精美的工艺品、宫廷用器以及刀剑等兵器，专供御用，并负责中央的铜器制造业。迄今发现的大量的铜镜上都铸有"尚方"铭。

考工

秦汉时设置的官署，隶属少府。设职官考工令、考工丞，掌管铸造普通兵器及器用，兼作青铜器、漆器以及织绶。

上林三官

武帝元鼎二年（前115）置水衡都尉，管理上林苑，同尚方、考工一样负责中央的铜器制造业。属官有主铸货币的钟官令丞、技巧令丞和负责辨铜成色的辨铜令丞。此三属官称为"上林三官"。从近年发现的一些铜器看，上林三官不但铸钱币，而且还负责制作宫廷贵族所用的部分铜器。如1961年在西安三桥镇高窑村出土的一批计22件窖藏铜器，计有5鼎、5钟、10鉴、铜钫和铜锅各1。从大部分铜器上的铭文内容看，这批器物应属上林苑皇家宫馆所有，有的是由上林苑制作的。

青铜器铭文

又称金文、钟鼎文。青铜器铭文的字体主要为篆书，多铸刻在青铜器的内底、盖内。铭文始见于商代早期；商代中晚期逐步增多，但文字篇幅均较短，最短者仅一二字，最长者也不超过50字。内容大多较为简单，主要为所有者的族名、祭祀对象、作器者名、用途等，但已经具备结构、章法和用笔这三个构成书法艺术的要素。西周是铭文发展的鼎盛期，铸铭青铜器大量出现，铭文字数大幅度增多，铸于器物

图24 西周中期史墙盘

的腹部、肩部等显著位置。铭文内容颇为广泛，多与王室事务相关，涉及分封、赏赐、册命、征伐、法律诉讼、土地转让等多方面，具有书史的作用。书体风格多样，在中国古代书法艺术史上占有最辉煌的一页。春秋青铜器铭文表现出随意性，铭文内容多为夸耀祖先、联谊婚媾等。错金铭文的出现，使文字更为华贵优美。战国青铜器铭文书史作用淡化，刻铸工艺不如西周，但错金铭文工艺大发展，书体多变，流行鸟虫书等艺术字体，具有浓郁的地方特色和丰富多样的作风。秦汉铁器兴起，青铜器减少，铸刻铭文的青铜器衰落。但书体从大篆向小篆过渡、隶书臻于成熟的演变过程在铭文上得到印证。秦汉以后，青铜器使用范围缩小，铭文主要反映在青铜印玺与钱币上。青铜器铭文内容具有很高的史料价值，是文字学和训诂学的珍贵资料。铭文书法是中国书法艺术的源头之一，是中国古代书法艺术的杰出代表，对书法艺术的研究具有重要意义。（图24）

金文

青铜器铭文的别称，又称钟鼎文。古代称铜为金，因而青铜器铭文称为金文。金文出现于商代，与甲骨文并称为中国最早的文字。迄今所知商周至秦汉有铭文的青铜器约6000件，有3000多单字，形声字比甲骨文多，结构比甲骨文简单。参见【青铜器铭文】、【钟鼎文】。

钟鼎文

青铜器铭文的别称，又称金文。历代青铜器以钟、鼎为重器，视为礼器的代表，制作数量多。且西周以至秦汉的钟、鼎多有铭文，故以钟鼎文作为青铜器铭文的别称。参见【青铜器铭文】、【金文】。

铭文书体

书体，即文字的书写形态。汉字书体主要有篆书、隶书、楷书、行书、草书五种。篆书包括大篆、

小篆。大篆流行于商代至秦始皇统一中国之前，长达 2000 年之久。青铜器是中国古代文字的重要载体，铭文以商周为众，故大篆是青铜器铭文的主要书体。铭文大篆多为圆笔，突出流动的曲线美，使文字与青铜器的造型、装饰浑然一体，是文字书体中自觉追求艺术形式之美的开端。各时代、各地区又具有不同的书体艺术风格。铭文书体被视为汉字书法的初步形式阶段。

商代铭文书体

　　商代铭文多铸在器物的錾阴及外底等隐蔽处，商代前期铭文极为罕见。商代铭文字数较少，迄今所知商代晚期有 10 字以下铭文者数百件，最长不超过 50 字。书体特点为笔画首尾出锋，中间较为肥厚，笔道雄劲遒美，行气疏密有致，结体严谨，情势凝重，各篇都有自己的风韵。总体有三种风格：一种形象性强、有图画意味的铭文，如大多数族徽或人名；一种笔势雄健，形体丰腴，笔画的起止多显锋芒，间用肥笔，以后母戊鼎铭文为典型代表；一种运笔有力，形体瘦筋，笔画多挺直，不露或少露锋芒，肥笔甚少，书体显得遒美挺拔，以戍嗣子鼎铭文为典型代表。商代晚期的四祀邲其卣铭文行气雄劲，体势凝重，行款疏密有致，是商代铭文书体的经典之作，得到周人的继承和发扬。商代铭文已具备用笔、结体、章法等书法艺术必备的三大要素，证实书法初步形成。（图 25）

图 25 后母戊鼎铭文

西周铭文书体

　　西周铭文在周礼体制下大发展，留存于世的铭文数量十分可观，数十字以上的铭文约千件，最长者达四五百字。西周铭文均为大篆，书体总体风格典雅、庄重，具有早、中、晚三期不同的时代风貌。参见【西周早期铭文书体】、【西周中期铭文书体】、【西周晚期铭文书体】。

西周早期铭文书体

　　西周早期铭文书体继承商代遗风，总体清秀隽美，笔道首尾出锋，有明显的波磔。其结构严谨精列，行款渐趋齐整，章法显见自如。可分为三种不同的风格。第一种风格是瑰异凝重，书法凝练奇古，雄伟挺拔，结体使用肥笔，起止不露锋芒，字体大小因势而施，更显得体，以何尊铭文和大盂鼎铭文为典型代表。第二种风格是雄奇恣放，书法雄峻恣肆，有的遒劲中略带华丽，行气比较自由；有的则书写随意，打破通常严谨的书法之道的格局束缚，波磔现象突出。后者是继承商代晚期的书体

图 26 何尊铭文

风格发展而成的，富于创造性，以保卣铭文、召卣铭文为典型代表。第三种风格是质朴平实，书体平易古朴，结体不用肥笔，不露或少露锋芒。这种书体在西周早期为数不多，但行气凝重，书写便捷，代表了书法演变的方向，以利簋铭文最富代表性。（图26）

西周中期铭文书体

西周中期大量长篇铭文出现，书写向便捷方向发展。形体结构和运笔情势逐渐脱去早期拘谨端严的作风，表现出舒展、柔润和质朴的风格。笔画少波磔，粗细划一，字形趋向简化和线条化。书体风格可以分为五类：第一类最流行，笔画均匀而圆润，形体极为工整，以静簋铭文为典型代表。第二类形体仍有西周早期的特点，但瑰异、恣放、雄奇的风格已消失，运笔显得疏松，依稀有肥笔现象，以夨方鼎铭文为典型代表。第三类字迹端正、质朴，笔画均匀而遒健，虽然行款疏密不同，但笔势相似。这类金文书写便捷，一直使用到西周后期和春秋早期，以卫盉铭文、大克鼎铭文为典型代表。第四类笔势纯熟圆润，形体遒丽，行款纵横疏密得当，这类铭文往往刻意求工，彰显书写者的个性，史墙盘铭文、永盂铭文等是此类中的卓越者。第五类字迹草率散漫，行款疏放，有书体风格转变过程中的印迹，以十五年趞曹鼎铭文为典型代表。（图27）

图27 静簋铭文；十五年趞曹鼎铭文

西周晚期铭文书体

西周晚期铭文书体趋于规范，融入早、中期的风格，具有奇异堂皇、雄劲恣肆、圆润优美等特点，创造出笔法端严奇丽，结构完美和谐，行款疏朗宏伟的新风格，将金文艺术推向顶峰。书体可分为三类：第一类字迹优美，书写便捷，笔道圆润，结构和谐，是大篆最成熟的形态。以鼓簋铭文、毛公鼎铭文最为典型，可视为周王室使用的标准书体。第二类书法刚劲，笔势匀称，纵横成行，有意求工，风格新颖，以虢季子白盘铭文为代表。第三类继承西周中期第五类书体风格发展而来，间架松散，书写草率，以此鼎、此簋铭文为代表。（图28）

图28 此簋铭文

21

春秋铭文书体

春秋青铜器铭文较简短，书体风格多变，各国"文字异形"，呈现多姿多彩的局面。郭沫若认为把文字艺术化或装饰化，即文字进入有意识向书法发展的新阶段，应始于春秋末年。归纳起来大体上有几种不同的类型。第一类凝重瘦筋，代表了秦人对西周文化的继承。这类书体在保留西周晚期风格的前提下，字体略呈方正，运笔多变化，以秦公簋的铭文为典型代表。第二类质朴细长，铭文结体不拘陈规，笔道清新秀丽，别有风韵，以䣄铸铭文为典型代表。第三类华丽圆润，以栾书缶为典型代表。第四类字体长方工整，偏于修长，纵横成行，笔法挺健，以蔡侯盘为典型代表。书体风格还有地域差别：黄河流域诸国多属传统字体；长江流域的楚、吴、越、蔡等国流行字体修长的美术字，追求图案效果，如鸟书、虫书；晋国流行的蝌蚪文，也是具有图案效果的代表性书体。（图29）

图29 蔡侯盘铭文

战国铭文书体

战国时期青铜器铭文的书体大体与春秋晚期相似，出现更为俊秀奇异、飘逸轻柔、绚丽烂漫的风格。特别是错金铭文的发展和铁器刻铭的出现，使这种风格越显突出，与西周时期雄劲瑰异、浑厚壮美的风格有了很大差异，以鄂君启节错金铭文、曾侯乙编钟错金铭文等为典型代表。铁器的推广和广泛应用，使铁器出现镌刻铭文。刻铭笔画均匀、劲健，是金文书法的又一大特色。（图30）

图30 战国中期鄂君启节

秦代铭文书体

秦汉时期铭文的书体在经历了秦始皇统一六国文字、颁行小篆后，有较大的演变和发展。小篆讲究法度，书体较大篆规整，形体偏长，结构匀称，笔画瘦筋，转折处多呈方正，笔道圆润典雅，舒展俊逸，以阳陵虎符错金铭文为典型代表。也有一些铭文虽不属标准小篆，但其结构用笔仍是小篆意味，以秦诏版铭文为

图31 秦阳陵虎符

典型代表。（图 31）

汉代铭文书体

汉代铭文书体以篆书为主，纵横成行，形体疏朗，笔画纤瘦，横画上弧，竖笔垂长，方折工细，上紧下松，以新莽嘉量铭文为典型代表。从大篆到小篆的流行，隶书的发展，草书的成熟，楷书的萌芽等，在汉代铭文中都得到印证。（图 32）

图 32 新莽嘉量铭文

铭文内容

商代晚期青铜器铭文字数少，内容单一，主要为所有者的族名、作器者名以及用途等，反映商代奴隶主贵族赏赐和祭典内容的极为少见。西周铭文字数大增，内容广泛，涉及社会生活的诸多方面，以祭祀、征伐、赏赐、册命、训诰、功勋、盟誓契约、土地转让和法律诉讼为主。因西周青铜器多属王臣之器，铭文还多与王室重大事件、重要人物相关，具有丰富而珍贵的书史作用，也产生了周王室公文程式的规范体裁。春秋战国青铜器多属诸侯、卿大夫之器，铭文内容多为夸耀祖先、联谊婚媾等，书史作用淡化。秦汉青铜器多属官营和私营产品，铭文常记器主名以及制造时间、地点、各级工序、工匠、监造官吏等，反映青铜器从商周礼器向商品化的演变。

徽记铭文

最早的青铜器铭文是徽记，出现于商代早期。多为图形文字，保留着象形或会意等较为原始的因素。其作用是标识器主。有繁简两式：简式多见于商代，仅有做器者的族徽，或做器者的族名、官名、私名等，如"妇好""天""史"

图 33 各种族氏名号或族徽

等。这种格式周初也有发现。繁式出现于商代晚期，流行于西周至春秋早期。除有作器者名外，还标明器名、用途、存放地点等，如"伯作鼎""吏从作壶""吴王夫差择厥吉金，自作御监"等，还有期望传遗子孙后代的吉语。（图 33）

祭祀铭文

古人视祭祀与征伐为国家大事。祭祀包括祭神和祀祖，反映了古代社会人们的天命观。青铜器铭文大量涉及祭祀，如商代晚期的四祀邲其卣铭文，记载了邲其随商王祭祀祖先帝乙的史实，是青铜器最早的祭祖铭文之一。西周早期大盂鼎铭文，记载了盂为祭祖南公而作鼎；同一时期的德方鼎铭文记载周成王亲自主持祭祀大典。

追孝铭文

商周奴隶主贵族重视祭祀祖先，常通过青铜器铭文夸耀祖先的业绩，吹嘘祖先的美德，以行孝道。西周至春秋早期追孝铭文很多，大多都是在册命、获赏作器铭文之后连缀一段追孝辞和祈福辞；也有单独为追孝而作器的追孝铭文，如史墙盘铭文，前半部分颂扬周朝诸先王和当代天子的功德，后半部记述其祖的业绩，为追孝辞的经典之作。（图34）

图34 子子孙孙永宝用

征伐铭文

征伐是古代的国家大事之一。商代戎事由于青铜器铭文简略，资料不多。西周青铜器铭文记载征伐的资料很多，如西周早期的利簋记载了武王伐商时的牧野之战，西周中期的班簋记载了周穆王命毛公伐东国事，西周晚期的禹鼎记载了禹受命征伐鄂侯驭方的史实。春秋战国时期的青铜器上也有记载征伐的内容，如战国中山王響鼎记载了燕相邦司马赒在燕国内乱时伐燕的史事。

赏赐铭文

商周国王或诸侯赏赐是礼制的重要内容，常与分封制度紧密相连。尤其西周时期各级分封，都有赏赐仪式。周王赏赐的对象包括诸侯、贵族和征战有功的属下，赏赐内容包括鬯酒、弓矢、土地、庶人、奴隶、俘虏以及其他一些物品，其中以赏赐土地为多。青铜器铭文大量记载赏赐内容，如商代晚期戌嗣子鼎记载商王赏戌嗣子贝二十朋；西周早期大盂鼎记载周康王赏赐盂车、马、酒、衣及一千七百多名奴隶；西周晚期大克鼎记载了周王赏赐克礼服、土地、奴隶和一批乐官，其中所赐土地相当广阔。

册命铭文

册命是古代帝王祝告天地宗庙，册立

图35 颂鼎铭文

后妃、诸王、大臣的一种文书。册命是礼制的重要内容，始于西周早期。西周册命铭文有规范化的格式，主要由时间、地点、受册命者、册命辞、称扬辞、作器、祝愿辞等部分组成。西周后期的册命还有赏赐的内容。青铜器铭文中有多篇册命铭文，以西周晚期颂鼎铭文为典型代表。该铭文长达151字，属内容最多、格式最完备的册命铭文之一。（图35）

约剂铭文

《周礼·秋官·司约》："凡大约剂书于宗彝，小约剂书于丹图。"约剂铭文有"治民之约"和"治地之约"。治民之约，即有关税收、买卖、诉讼等内容；治地之约，即有关土地使用、分配和转移等内容。约剂铭文有规范化的格式，主要包括法律诉讼、土地转让和律令三部分。参见【诉讼铭文】、【土地转让铭文】、【律令铭文】。

土地转让铭文

约剂铭文的一种。商周时期土地归国家所有，受田者赋税属国家制度。西周中期一些趋于衰弱的贵族出于生计，征得国家许可，将一部分土地转让给新贵族，并在政府官员监督下履行严格的转让手续。西周中后期青铜器铭文中有大量关于土地转让的内容。以西周中期格伯簋为典型代表，铭文记载佣生转让土地的全部法律过程；卫盉铭文记载西周共王时矩伯用田三百亩向裘卫换取玉璋、玉饰和礼服的史实，是研究西周奴隶制社会土地制度变化的重要史料。

诉讼铭文

约剂铭文的一种。西周青铜器铭文对王室、诸侯、贵族之间的法律诉讼事件多有记载，如西周早期师旂鼎铭文，记载师旂管辖的士兵因不服从周王征伐方国而受到判决和惩罚；西周晚期的 ️匜铭文是一篇诉讼判决词，是研究奴隶制社会法律的珍贵史料。

律令铭文

约剂铭文的一种，是政府颁布的法律条令。如子禾子釜铭文、商鞅方升铭文等记载了国家有关度量衡制度和量值的法令。

媵辞

媵器多铸有铭文，称为媵辞。文体格式简单，一般由时间、某人为某人作媵器及祝愿辞三部分组成。如费敏父鼎铭文记费嫁女于邾，费敏父为其女婚嫁作媵器，为典型的媵辞。

物勒工名

"物勒工名，以考其诚"是战国、秦汉时期青铜器铭文的特点。物勒工名的铭文格式一般包括器主，铸造作坊的职官、工师、工匠，有的还有器物的置放地点、容量和重量等，反映了青铜制造业商品化的趋势。如战国晚期集粘甗铭文记器为楚国工官所造。

大篆

又名籀书，或称古篆。商周青铜器铭文的主要书体。因受周王室的喜爱，成为王室青铜器铭文的标准字体。流行于商代至秦始皇统一中国之前，通行时间达两千年。战国时期秦国文字与大篆一脉相承，后演变为小篆。秦代统一后，秦始皇在全国范围推行小篆，大篆逐渐衰落。（图36）

图36 大篆的典范——大克鼎铭文

籀书

传西周宣王时史籀所作《史籀篇》，为儿童教学课本，书上的文字称为籀书，也即大篆。有学者认为，籀书是史籀经过对宣王以前通行的文字进行厘正和变革的新字体，是金文已臻成熟的产物。这种新字体受到王室的喜爱，成为王室青铜器铭文的标准字体，其流风所及深刻影响到秦始皇统一文字时颁行小篆体为标准体。至于籀书是否为史籀所著，史学界至今仍有争议。参见【大篆】。

小篆

《说文解字》："篆，引书也。"即画线之意。古人也把青铜钟等器物上的纹饰称为"篆"，寓意贵重或庄重。秦人把官方推行的标准文字命名为"篆"，此种篆体因以大篆为基础演变而来，故称小篆。秦朝统一中国后，秦始皇采纳李斯建议，废除六国文字，在全国推行小篆，故称"秦篆"。秦朝青铜器铭文也为小篆。其特点是构字简化，象形、会意文字减少，异体字减少，是古文字的一大进步。此种书体讲究法度和规范化，形体更加偏长，结构均匀，笔画瘦筋，转折处圆润，但颇显刻板。代表作品为阳陵虎符铭文、秦公簋铭文。

图37 春秋中期栾书缶

秦篆

又称小篆。参见【小篆】。

错金铭文

春秋中晚期青铜器上出现以错金工艺装饰的纹饰和铭文。传世的栾书缶是目前所见最早的错金铭文。战国至秦汉错金铭文大发展，在诸侯国君、军事首领或贵族使用的符节和礼器重器的明显部位上，常使用错金铭文，以示珍重。错金铭文有大篆、鸟虫书等书体，不仅完好保留了书体的运笔特点，还具有强烈的装饰性，以鄂君启节铭文、曾侯乙编钟铭文为典型代表。（图37）

玉箸体

青铜器铭文的一种书体，西周中期出现。箸，即筷子。玉箸体的特点是规整雍容，均衡疏朗，笔画无波捺，转折处柔和平缓，中无肥厚笔意，起止笔不再露锋而平钝，形似圆箸，以史墙盘铭文、卫盉铭文最具代表性。（图38）

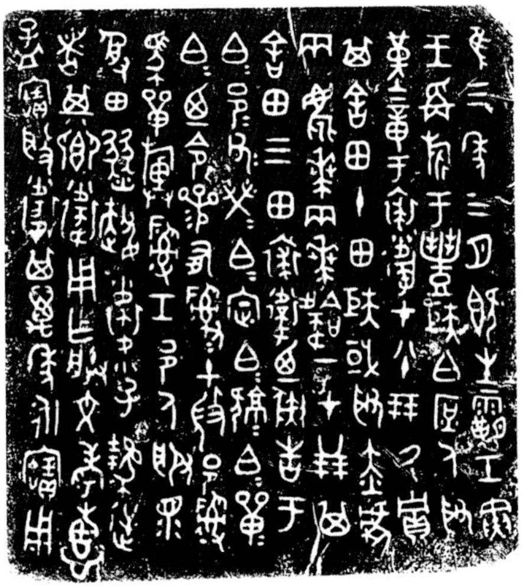

鸟虫书

又称鸟篆文。青铜器铭文书体之一。春秋中期以后在长江流域楚、吴、越等国的青铜器上流行。铭文追求图案的艺术效果，文字的笔画与鸟兽形体相结合，统称为"鸟虫书"。笔画仿自鸟形者最常见，称为"鸟书"；笔画仿自龙形、兽形者，称为"虫书"。此类铭文藻饰华丽，多用错金银工艺，施于礼器或兵器上。因字体难以辨识，无法通行。战国较少见，秦统一文字以后，此类铭文衰落。鸟虫书铭文参见春秋晚期宋公䜌戈。（图39）

鸟篆文

又称鸟虫书。参见【鸟虫书】。

蝌蚪文

青铜器铭文书体之一。笔画美化：中间圆鼓，尾端尖长，形如蝌蚪，故名。见于春秋时期北方晋国青铜器上的铭文。

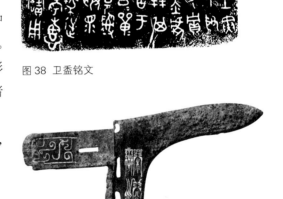

图38 卫盉铭文

图39 春秋晚期宋公䜌戈

27

器 类

Q I L E I

| 青铜酒器 |

古人容酒、饮酒的工具。按用途不同，可分为容酒器、饮酒器和挹酒器三类。其中容酒器有罍、盉、尊、卣、壶、罍、觥、方彝、钫、瓿、缶、罐、钟、钾等，一般器腹较大，以增大容酒量；饮酒器有爵、角、觚、饮壶、觯、杯等，一般有流，便于饮用；挹酒器有枓、勺，一般有长柄，便于持拿。中国自夏代始兴起崇尚饮酒之风，出土的青铜酒器有爵、斝。商代饮酒之风远胜于夏，青铜酒器不仅数量大增，而且种类增多，出土的青铜酒器已有爵、盉、斝、角、觚、尊、罍、卣等。

| 爵 |

饮酒器。夏代出现。《说文·鬯部》："爵，礼器也，象爵之形，中有鬯酒，又持之也，所以饮器象爵者，取其鸣节节足足也。"其命名始于宋人，是取爵的形状似雀和雀鸣之义。爵的一般形制，前有流，后有尖锐状尾，中为杯，一侧有鋬，下有三足，流与杯口之际有两柱，也有少数爵为单柱或无柱，还出土过罕见的方腹爵。河南偃师二里头夏代遗址出土最早的青铜爵，器形仿自陶爵。商前期的爵为平底，二柱很短，并紧靠流折；器形较薄，器表粗糙，无铭文，通体表面偶尔有简略圈带纹。商后期和西周爵多为凸底，柱离流折较远。器壁大

图40 二里头夏代遗址出土的青铜爵

多增厚，器口的唇边消失。柱爵普遍发达，有的菌形发展成为平顶的柱帽，足部均为粗实而尖棱的刀状足，或三角锥形。柱、鋬及器身多作装饰。西周早期是爵的最后生存期，柱立于口沿，离流折从稍远到较远。鋬手渐缩，缩至难容二指。三角形足也从等边三角形演变为等腰三角形。西周早期出现了两种独特的形制，一是双流爵；一是四足爵，如索谌爵，两种器目前均是独一无二者。爵是目前所知最早出现的饮酒器，是最早的青铜容器和青铜礼器，也是商周青铜礼器组合中数量最多、流行时间最长的礼器。唐宋直至明清仍为宫廷礼器，或以金银、玉、漆、瓷等制作，形制多仿自商周青铜爵。（图40）

| 斝 |

始于夏代，初为容酒器，商至西周早期盛行，演变为盛酒行裸礼之器，兼具温酒功能，以后少见。《礼记·明堂位》："灌尊，夏后氏以鸡彝，殷以斝，周以黄目。"《礼记·礼器》："贵者献以爵，贱者献以散。"散即斝。河南偃师二里头夏代遗址出土最早的青铜斝，器形应仿自陶器。

其形制与爵、角不同，虽也有鋬、柱和足，但突出的特征是无流、无尾，且形体一般较爵、角大。夏代铜斝总的形制特点是，通高在 20 厘米以上，侈口、束腰、鼓腹、平底或圜底、三棱或圆锥形足、带鋬、双立柱。根据其腹底形制可分为两种类型：平底式斝和圜底式斝。商代青铜斝明显变化，器身整体偏大，双柱渐趋增高，且向器口沿两侧移位，颈部与腹部之间形成折腰，腹部多饰兽纹，最具有时代特征。还出现一种袋足斝，实属罕见。实用功能逐渐减弱，艺术装饰功能逐渐增强。西周早期袋腹形斝为主要形式；而方形斝在级别较高的墓葬中有少量出土，数量已经大大减少。（图41）

图41　商早期袋足斝

┃盉┃

容酒器，一说为古人调和酒水的器皿。《说文·四部》："盉，调味也。"王国维《说盉》："盉之为用，在受尊中之酒与玄酒而和之，而注之于爵。"盉最早出现于夏代晚期，盛行于商晚期至西周。有自铭的"盉"多出现于西周，西周中期"盉"的别名为鎣。商代早期形制仍然为夏代时旧制，即顶流袋足式，通高在 25～35 厘米左右。商代晚期器形较多变化，一般是深腹、圆口、有盖，前有流，后有鋬，下立三足或四足，盖和鋬之间有链相连接。从器腹部的不同造型区分，有圜底罐形盉、鬲形盉、壶形盉、深腹形盉等；从流口的形式区分，有顶流盉、器流盉；从足部区分，有四足盉、三足盉、圈足盉。此时出现的人面龙纹盉是青铜礼器中少见的怪异夸张的造型。西周早期继承商代晚期的传统，整体器形较高，以三足罐形盉、四足鬲形盉和三足袋腹盉为主。西周中期盉的功能发生了变化，开始与盘相配，作为一套盥洗用的水器加入青铜礼器的组合之中。西周中晚期的盉和春秋早期的盉也

图42　商代兽面纹盉

一反前期盉圆腹长流柱足的单一形式，造型趋于精美奇异。春秋中晚期至战国盉已经衰落，较为少见，器形变化不大：器腹一般为扁球体，流往往作短曲颈的兽首形或鸟头形，三蹄足；弓形提梁，饰龙或兽形；有盖，盖多有活链与提梁相连。（图42）

┃角┃

饮酒器。《礼记·礼器》："宗庙之祭……尊者举觯，卑者举角。"郑玄注："四升为角。"盛行于商代晚期和西周早期，西周中期衰落。定名始于宋代的金石家。器形应仿自陶器。角与爵形制相似，所不同的是没有注和流，在口沿两端铸有尾，其规格大小也与爵相仿。有的带盖，盖顶带提手。角的出土和传世数量远少于爵，大多是商代和西周初期器。目前所知最早的青铜

角是二里头文化异形管流角。

┃觚┃

饮酒器，相当于现代的酒杯。初见于商代早期，商代盛行，西周趋向衰落。器名沿用宋人旧说，通称为"觚"。商代早期觚的器形略显粗矮，高度在 15 ～ 30 厘米左右。商代晚期觚的形制出现明显变化，腰部收细，喇叭口有扩张的趋势，口部弧度较小，略呈平坦状，圈足渐高，形制更加挺拔。原先觚圈足上的十字孔或方孔在这一时期内基本消失，最精美的取代形式是圈足部的纹饰呈镂空状。从殷墟中期开始，有的觚体上出现扉棱装饰，开始从圈足做到中段，后上延至口部，更趋精美。觚的形体大多数为圆形，但在高级墓葬中往往出现显示高贵等级的随葬品方觚。西周早期的觚已较少见，形制基本沿袭商代晚期的旧制，其间出现的细腰觚，中腰直径只有一二厘米，为西周早期的新式样，也是觚器的最后绝唱。西周中期以后觚基本退出历史舞台。宋代直至明清又复为宫廷礼器，或以金银、玉、漆、瓷等制作，形制多仿自商周青铜觚。（图43）

图 43 西周早期旅父乙觚

┃尊┃

容酒器。商代早期出现。尊原为青铜礼器的共名，或作专名。金文中将尊、彝两字连用，用于祭祀的诸凡酒器、食器统称尊彝。北宋始将大型或中型广口有肩圆形或方形容酒器称为尊，沿用至今。尊是礼器组合中的重器，有圆尊、方形尊、筒形尊和鸟兽尊四类。商代早中期仅有圆尊，其他三类在商代晚期才出现。商代早期圆尊有三种形式，一般通高在 25 ～ 50 厘米左右。其他方形尊、觚形尊和鸟兽尊三类都

图 44 商晚期龙首兽面纹尊

是在商代后期才大量涌现出来。西周早期，圆尊衰落，觚形尊、方形尊、鸟兽形尊继续发展。西周中期以后，觚形尊逐渐消失。春秋早期，尊在中原地区已基本销声匿迹，但在南方异军突起，其形制和纹饰既有中原文化的风格，更有鲜明的地方特色。春秋战国时期北方中原地区多鸟兽形尊；南方长江流域一带，又开始有少量小口尊出现，且带有明显的地区特点。宋代直至明清又复为宫廷礼器，或以金银、玉、漆、瓷等制作，形制多仿自周代青铜尊。

┃圆尊┃

容酒器。又称大口有肩尊。商代早期尊的唯一形式。仿自陶尊或原始青瓷尊。喇叭形上口直径增大，外侈较甚，口径大大超过肩径。这种器形还有大型器，例如 1967 年湖南华容出土的

图 45 西周早期何尊

图 46 商晚期象尊

图 47 商晚期父戊方卣

龙首兽面纹尊，高达73.2厘米，比一般青铜尊大一倍以上，为青铜尊之最。商晚期逐渐消失，西周已不见这种形式。（图44）

方形尊

容酒器。商代晚期出现的尊的新形式之一，造型魁伟，具有威严的震慑力，属青铜礼器组合中的重器。最具代表性的是四羊方尊、酗亚方尊。西周器形有变化，腹部外鼓，例如故宫博物院所藏的酗亚方尊。

筒形尊

容酒器。商代晚期出现的尊的新形式之一。肩部消失，口径缩小，可以视为小型化的大口有肩尊。西周较少见，与商代晚期的器形变化不大，但装饰上更加突出立体感和多层次，例如西周早期的何尊。（图45）

鸟兽尊

容酒器。又称牺尊。商代晚期出现的尊的新形式之一，有鸱鸮、禽、虎、象、犀、牛、马、羊等动物造型，可称为鸮尊、象尊、牛尊、羊尊等。其造型具有雕塑特点，即使属同类器，形状也并不一致。在充满神秘怪诞气氛的青铜礼器群中，异军突起，颇具自然而生动的特色，富于装饰性。最著名的有1976年河南安阳殷墟妇好墓出土的妇好鸮尊、1975年湖南醴陵出土的象尊等。西周鸟兽形尊依然流行，有鸭尊、凤鸟尊、兔尊等，器身少有铭文。2000年于山西曲沃晋侯墓地114号墓出土的凤鸟形尊，是鸟兽形尊的佼佼者。战国末期此类器衰落。（图46）

牺尊

容酒器。又称鸟兽尊。参见【鸟兽尊】。

| 卣 |

容酒器。出现于商代早期，盛行于商代晚期和西周早期，到西周中期开始退出青铜器序列；春秋中期以后，又有少量出现在南方的土墩墓中。卣作为器名始见于甲骨文，卣虽是商周一种酒器名，但传世遗器中至今尚无一件自铭为卣。现在一般按宋以来的约定俗成，习称之卣。延续时间较长、器形较多，有扁圆体卣、圆体卣、椭圆体卣、筒形卣、方体卣和鸟兽形卣诸类。商代早期有扁圆体和圆体卣两种。商代晚期较常见的有扁圆体提梁卣和方腹体卣，还出现鸟兽形卣。西周早期卣承商代形制而有所变化，主要样式为扁圆体罐形卣，器身弇口，腹均下垂，提梁两端多有兽头。还出现直筒形卣，有圈形捉手，提梁两端有兽首。西周中期是卣流行的最后时期，卣仍然属于重要的容酒器。器形大小不一，数量已经不多，但颇有特色。此时卣的整体趋势是较为低矮，有敦实感。盖的形状较为丰满，多呈浑圆的帽状，盖两侧的角多有退化。器身多有铭文，有的还具有很高的历史价值。（图47）

| 壶 |

大型容酒器。商代晚期出现，春秋战国盛行，沿用至汉魏时期。行用时间较长，变化形式复杂。商代后期至西周长颈圆壶的器形为口沿外侈，束颈，鼓腹下垂，贯耳，圈足，有盖。扁壶、鼓腹壶、椭方壶、方壶、瓠形壶等也较为常见。河南新郑出土的莲鹤方壶最为著名。也有汲水、注水用的壶，多自铭汲壶，有系环或提链。

图48 战国中期中山王䜌圆壶

| 圆壶 |

容酒器。壶的主要器形。春秋中晚期圆壶盖往往设计为侈张的莲瓣形，耳多做成回首的虎形或龙形，圈足下多承接双龙或双虎作为支撑，属于壶类中最豪华、最有气魄的器形，常陪葬在大型墓葬中。（图48）

| 扁壶 |

容酒器。始见于战国晚期，两汉盛行。汉时有可能为了区别于同时盛行的钟（圆壶）和钫（方壶），而将铜扁壶改称为"钾"。

| 汲壶 |

用于汲水、注水的青铜壶。参见【壶】。

图49 西周中期伯䍧饮壶

饮壶

饮酒器。商代晚期已出现。西周中晚期出现自铭"饮壶"器，如伯戏饮壶和曩仲饮壶，以后此类器消失。因有自铭而自成一类。基本形式为椭方体，下有圈足，或有盖。饮壶无流，饮用时很不方便，或根本无法饮用。又因制作均精美，故后从实用器中分离而成为纯粹的礼仪用器。（图49）

罍

大型容酒器，兼作水器。始见于商代晚期，流行至春秋中期。宋《博古图录》将带双兽首半环耳自铭为罍者和一种无耳、折肩器都称为罍。铜器中也有自铭"罍"者，如凌方罍、父乙罍和邳伯罍等。今一般通称为罍者，均依《博古图录》，并归纳为折肩圆腹罍、圆肩圆腹双兽耳罍、圆肩方腹双兽耳罍三种类型。其共同特征：小侈口或直口，直颈或微斜颈，折肩或圆肩，腹较深，最大径在肩腹之际，腹壁斜下收缩成矮圈足或平底。

图50 西周早期兽面纹方罍

第一类出现于商代早期，后两类自商代晚期出现后一直延续到春秋中期。商代晚期罍往往有器盖，有圆体和方体两大类。方体罍在商代早期没有出现，到商代晚期很常见，例如陕西城固出土的一对鸟纹方罍。西周早期，罍在中原的数量偏少，且纹饰转向粗犷。而在北方辽宁等地却出现了颇具地方特色的圆体罍和方体罍，如1973年辽宁喀左北洞二号窖藏出土的蜗身兽纹罍，属于圆体罍的典型器；1980年北京房山出土兽面纹方罍，属于方体罍的典型器。西周中晚期和春秋早期，罍不多见，且形制一如从前，但所出均在大墓之中，凸显其当时的地位之高。春秋早期的罍逐步走向质朴简约，是春秋早期的青铜器由端庄厚重走向质朴简约的典型代表。（图50）

觥

容酒器或饮酒器。出现于商代晚期，西周中期逐渐消失。觥，以前通称为匜。王国维《说觥》一文将之定名为觥，一直沿用至今。觥的一般形制作椭圆形腹，前有短流，后有半环状鋬，皆有盖，盖作有角兽首形，器盖之合处为一曲线。根据足部的不同形式可分为圈足觥和四足觥。山西省石楼县出土了一件商代晚期的异形觥，整体似兽角，为罕见之作。西周早期多为圈足觥，可分为椭圆形圈足觥和方形圈足觥。方形

图51 商晚期异形觥

圈足觚在商代几难看到，相对多见于西周早期。西周中期的天觚方腹、方圈足，独具个性。觚沿用时间不长，出土数量不多。（图51）

方彝

容酒器。出现于商代晚期，西周早期延续，西周中期已不多见，春秋早期不再出现。"彝"本为青铜礼器的共名，宋人将一种器腹侧面与横截面皆为长方形，四隅有扉棱，下有方圈足之器称为"彝"。近人将之归为一类，名"方彝"，学者从之至今。典型的方彝为长方形口，下腹略收；有盖，作四阿尖攒屋形顶，盖钮亦似屋顶；长方形圈足；体、足和盖的四角各有一条扉棱，有的中部亦有扉棱。方彝的表面全部装饰有花纹。通高在 15 ~ 40 厘米左右。商代妇好长方彝因形似两方彝之并合器，故又名"偶方彝"，为方彝中的特殊形制。西周中期以后的方彝，体两侧常饰两耳，下腹亦鼓起。（图52）

图 52 西周中期师遽方彝

钫

容酒器，或作量器。战国已出现，盛行于战国末期至西汉初期，东汉少见。西汉有器自铭"钫"，如河北满城中山靖王刘胜墓出土的方壶，颈部镌刻有"中山内府铜钫一"等铭文。《说文》也称："钫，方钟也。"仅有长沙马王堆一号汉墓方壶自铭为"钫"。为方体壶，口外侈，直颈较长，斜肩，鼓腹下敛，圈足，多有盖。发现此类器数量不多。（图53）

图 53 战国晚期镶嵌斜方格云纹钫

钾

容酒器。即通称的铜扁壶。商周以来的壶形器，多盛行圆形或方形壶；自战国晚期才始见扁形壶；两汉时更多使用。汉时有可能为了区别于同时盛行的钟（圆壶）和钫（方壶）而将铜扁壶改称为"钾"。江西省博物馆收藏有一件西汉扁壶，就自铭为"钾"。

觯

饮酒器。又称鱓，同音通假字。出现于商代晚期，流行于西周早中期，西周晚期极少见，春秋早期未见著录，但春

图 54 西周早期父庚觯

图 55 商晚期兽面纹瓿

图 56 商晚期兽面纹高足杯

秋晚期在徐国又一度出现。《说文·角部》记："觯，乡饮酒角也。"形体较小，通高一般在 10 ～ 20 厘米。觯有扁体和圆体两类，商代晚期和西周早期皆有，圆体沿用至春秋。扁体觯为椭扁体，侈口，束颈，深腹，有圈足，不少有盖。圆体觯形似侈口的小壶。（图 54）

瓿

大型盛酒或盛水器，一说为食器，功用与盂相似。出现于商代晚期，西周早期罍流行后，此器消失。一般为敛口，短颈或无颈，鼓腹，圈足。器肩部多装饰浮雕兽首。形制主要有小口圆肩和大口折肩宽体两种，纹饰均较精细。有的器有盖，盖上有菌形钮。1976 年河南安阳殷墟妇好墓出土兽面纹瓿，属于小口圆肩式。（图 55）

杯

饮酒或饮水器。本作桮。通行于商周至春秋战国。有两种形式：一为商、西周圆体执杯，二为无耳杯。（图 56）

耳杯

饮酒器。又称羽觞。战国晚期出现，盛行于秦汉至魏晋。青铜制较少见，多数为漆器。形制为椭圆形，口沿两侧各附一半月形的耳。有的耳杯与执炉成组出土。

勺

挹酒器。流行于商代晚期至西周早期。多与觥、壶、罍等容酒器相配。《说文》："勺，枓也，所以挹取也。"

图 57 战国镶嵌透雕龙纹勺

图 58 商晚期蛙首兽面纹枓

勺和枓作用相似，其形有区别，直柄为勺。（图 57）

┃枓┃

挹酒或挹水器。流行于商周。本作斗，因有别于量器之斗，故取枓字。徐锴《说文解字系传》："枓，勺也，从木斗声。臣锴按，字书枓，斗有柄，所以斟水。"勺和枓作用相似，其形有区别，曲柄为枓。（图 58）

┃禁┃

承放酒器的器座，属于等级高贵的礼器。《仪礼·士冠礼》记："两甒有禁"，郑玄注："禁，承尊之器也。"禁在青铜器中十分罕见，目前仅见的有三件，两件为西周早期，一件为春秋晚期，至今尚未见商代晚期禁。其形制均为长方形案几形。1926 年陕西宝鸡斗鸡台出土扁平长方体器和数件青铜器，长方体器的平面上尚存有放置一尊、二卣的痕迹，可知同出土的尊、卣原本是放置在这件大型器座上的。

┃罍┃

容酒器。西周晚期出现，沿用至春秋晚期，战国中期以后消失。有铭文自称"罍"，罍的器形是由罍演变而来。当罍逐渐消失之时，正是罍流行之时，此消彼长。西周罍的基本形制一般为小口广肩，高体，有盖，并有与其他酒器区别明显的假圈足，如西周中期的仲义父罍为假圈足。春秋罍的器体一般偏矮，器径则较宽，腹部内收，底径较小，有折肩与圆肩两种形式。春秋早期在中原腹地以外地区出土的罍，形制为短颈，光肩，折腹，小平底，肩部两侧附兽首衔环耳，器身饰瓦纹，圆盖饰鸟形钮。这类器则显示出诸侯礼器的风格趋于质朴和简洁，如山东沂水出土的罍。战国中期以后，罍已基本不见。（图 59）

图 59 春秋早期立鸟盖罍

┃缶┃

盛酒或盛水器。《说文》："缶，瓦器，所以盛酒浆，秦人鼓之以节謌，象形。"盛行于春秋战国。古人用缶多是陶质，青铜缶的祖形当是陶缶，考古证实仅在少数大墓中才随葬青铜缶。缶之确认由于自铭，蔡侯缶以及栾书缶等皆有自铭。一般器形为圆腹、有盖、环耳；也有方形缶。

┃尊缶┃

容酒器。春秋中期出现，至秦汉开始衰落。形似罍或罍，为敛口，广肩，鼓腹，圈足。尊缶在战国还很盛行，器形变化不大，肩部多置环钮，或置兽首环耳。

▎盥缶▎

又称浴缶。大型盛水器。盛行于春秋战国，汉代少见。高约 35 ~ 50 厘米，器形变化不大，器身似罍，有隆盖，盖顶多有圈形把手或环形钮，敛口，圆肩，鼓腹，下腹内敛，短圈足。肩部两侧常置链式衔环耳，便于提携。1954 年在山东泰山脚下发现了 6 件作为祭器的盥缶，其中右征君盥缶、楚高盥缶均有铭文。（图 60）

▎樽▎

温酒或容酒器。出现于战国，盛于汉代，沿用至魏晋，以后消失。过去多称此类器为奁，后有学者根据山西右玉县大川村出土的两件有"中陵胡傅铜温酒樽"和"剧阳阴城胡傅铜酒樽"铭文的樽器，考证实应定名为酒器"樽"，而非妆奁之"奁"器。温酒樽多为圆形，直壁，有盖，深腹，置兽首衔环耳，下置三足。盛酒樽器形与温酒樽略有不同，多为鼓腹，圜底，下置三足。汉代铜樽形制，有直桶腹和弧腹两种，其三短蹄（或兽）足、衔环铺首、有盖和承盘（承旋）则是共有的特征。（图 61）

▎钟▎

容酒器。《说文解字》："钟，酒器也。"两汉流行。由先秦的圆形铜壶演变而来，汉时多自铭为"钟"。器形多呈圆鼓腹，短颈，有衔环铺首。东汉常增有链式提梁。

▎铏▎

容酒器。流行于春秋战国。形似敛口椭圆形或椭方形罐，平底，一侧有錾。战国时齐国量器左关铏有自铭，形体作半球形。（图 62）

▎青铜食器▎

古人烹饪、盛放食物的器皿或工具。按用途不同，可分为炊食器、盛食器和挹食器三种。炊食器主要用于烹鱼肉、煮稻粱熟食，有鼎、鬲、甗、鏊、釜几类。盛食器主要用于盛放黍、稷、稻、粱等熟食，有簋、盂、盨、豆、敦、铺、簠等类。器多有盖，以便保温，盖又可以翻转过来放置，

图 60 战国早期曾侯乙盥缶

图 61 战国中期镶嵌龙凤纹樽

图 62 春秋晚期蔡太史铏

以便盛食物进餐。挹食器主要用于挹取食物，仅有匕一种。

鼎

炊食或盛食器。有烹煮肉食、实牲祭祀和燕享等各种用途，按用途不同可分为镬鼎、升鼎、羞鼎三类。始于二里头文化时期，历经商、西周、春秋、战国乃至两汉魏晋时期，是青铜器中使用时间最长的一种器类。迄今所知最早的铜鼎，出土于河南偃师二里头遗址，仿自新石器时代陶鼎。商代发现的鼎数量较多，器形丰富，除圆鼎外，还有柱足方鼎、扁足鼎和鬲鼎等。器形与纹饰向显示威严与震慑力的礼器功能过渡，原始的实用性大大消退。西周中期，鼎腹变浅而体形增宽，垂腹，流行柱足和蹄足。西周晚期鼎的铭文极其规整，且内容多涉及重要人物和事件。春秋中期以后，鼎多平唇，扁腹或深腹，柱足鼎减少，瓦状兽蹄足出现，附耳鼎增多，有盖鼎流行。秦汉鼎仍是常见的饪食器，大型鼎减少，东汉更少见。西汉鼎的造型，一般为圆形，敛口，附耳，多带盖，短蹄足或熊足。战国后期出现的四鼎联体，即"联鼎"，到汉代依然流行。鼎是重要礼器之一。商代用鼎制度，中、小型墓陪葬的一般是一鼎或二鼎。西周产生列鼎制度，表现等级制度，而且常与簋形成组合。据记载，天子用九鼎八簋，诸侯七鼎六簋，大夫五鼎四簋，元士三鼎二簋。

图 63 后母戊鼎

镬鼎

鼎按用途不同可分为镬鼎、升鼎、羞鼎三类。镬鼎指贵族祭祀、燕享时用以烹煮牲及鱼、腊的大鼎，一般底有烟炱痕。著名的后母戊鼎是镬鼎的代表。（图63）

升鼎

又称设食鼎、正鼎。升鼎的主要功能是盛放镬鼎煮熟的肉食，用于祭祀，或燕享陈设牲肉、鱼腊。《周礼·天官·亨人》："掌共鼎镬，以给水火之齐。"郑玄注："镬所以煮肉及鱼、腊之器，既熟，乃脀于鼎，齐多少之量。"脀即将牲体放入正鼎之意。1955年安徽寿县蔡侯墓出土有自铭的升鼎。

设食鼎

又称升鼎、正鼎。参见【升鼎】。

正鼎

又称升鼎、设食鼎。参见【升鼎】。

图 64 商晚期亚弜鼎

图 65 商晚期卧虎立耳扁足鼎

图 66 商晚期兽面纹鬲鼎

┃羞鼎┃

又称陪鼎。羞鼎用以盛放调味品。《周礼·天官·庖人》云："与其荐羞之物。"郑玄注："备品物曰荐，致滋味乃为羞。"简言之，羞就是滋味鲜美的调味羹。镬肉及盛到升鼎内的肉没有滋味，食用时需要以羞鼎内的调味品调和裹汁。

┃陪鼎┃

又称羞鼎。参见【羞鼎】。

┃圆鼎┃

迄今所知最早的圆鼎始于夏代，出土于河南偃师二里头遗址，仿自新石器时代陶鼎。圆鼎是先秦最常见的一种鼎，考古出土数量最多。体作圆形（主要在商代晚期）或作桃形（主要在西周早期），双立耳，三足有柱形、亚腰形、蹄形和兽鸟形扁足等多种。商代晚期以河南安阳殷墟妇好墓出土的亚弜鼎为典型代表，西周以陕西淳化史家塬出土的兽面龙纹大鼎为典型代表。（图 64）

┃方鼎┃

始见于商代早期，盛行于商代晚期和西周早期，西周中期渐少，西周晚期几乎不见。带铭方鼎有自称为鼎的，也有自称为鼎的。体作长方形槽状，多柱足，有少量扁体兽鸟形足。多双立耳，少附耳。据考古发现和研究证实，凡随葬方鼎的墓主人均属身份较高的贵族，如商代晚期的司母辛方鼎，是商王配偶妇好的用器；著名的后母戊鼎是商王室的重器；西周早期太保方鼎的主人是召公奭，地位仅次于周王。

┃扁足鼎┃

始见于商代早期，迄今所知最早的扁足鼎出土于河南郑州二里岗商代早期遗址。商代后期至西周早期流行，西周中期以后不再出现。此类鼎一般较小，高度为 15～30 厘米，有方、圆两种，又有浅腹、深腹之分，扁足有龙、鸟、虎等形。因属礼器中的重器，数量较少，均随葬于高级贵族墓中。1989 年江西新干大洋洲大墓随葬扁足鼎数量最多，共出土

9件，其中一件卧虎立耳扁足鼎通高64厘米，为迄今发现最大的扁足鼎。（图65）

鬲鼎

也称分档鼎。最早出现于商代中期，流行于商代晚期和西周早期，以后极少见。鬲鼎是一种具有鼎、鬲特征的特殊器形。器身的底部似鬲的分档，三足为柱形，与一般鬲的款足迥然有别。湖南省博物馆所藏的兽面纹鬲鼎是商代晚期的典型代表，其形制、纹饰颇为罕见。（图66）

鬲

炊食器。出现于商代早期，仿自陶鬲。其传世和出土的带铭文的铜鬲，多自铭为鬲，也有的自铭为"鼎""齎""齎鼎"等。形制为大口，袋形腹且多分档，以后演变为联档；锥形足，较短，往往腹足难分。根据鬲档的不同形状，可分为分档鬲和联档鬲（即三足接档处相联，无明显分界）两种。商代和西周早期最多见的是分档鬲，即档部三分，腹部如袋形。这种袋形腹器的主要功用是可以扩大受热面积，较快地煮熟食物。商代晚期分档鬲的显著特征是有三个较短的锥形足，到西周早期演变为柱形足。西周早期分档袋腹逐渐退化，联档鬲备受青睐，制作更加精美。西周中期以后青铜鬲十分盛行，器形较之以前有显著变化，常成组随葬，同组鬲的形制、大小、纹饰、铭文基本相同。到春秋中期时还维持了自西周晚期开始增多的趋势，但总体出土量已经大大减少。体形继续向低档发展。春秋晚期以后，鬲不再是人们所经常使用的器具，很多墓中不再出现。战国晚期鬲从祭祀和生活器的行列中消失。（图67）

图67 西周早期伯矩鬲

甗

炊食器，其功能相当于现代的蒸锅。出现于商代早期。铭文中作膚或甗。《说文解字》："膚，鬲属。"又"甗，甑也，一曰穿也。"宋《宣和博古图》记："甗之为器，上若甑而足以炊物，下若鬲而足以饪物，盖兼二器而有之。"全器分为上下两部分，上体用以盛米，称为甑；下为鬲，用以煮水；中间的箅通气以蒸于甑。有甑鬲联体式、甑鬲分体式、三联式三种。西周时期出现了方体甗。目前发现最早的甗仅有1件，湖北黄陂盘龙城李家嘴1号墓出土，为甑鬲联体式。商代晚期数量增多，西周末至春秋初盛行，属殉葬礼器墓中必有之器。春秋早期以后行用分体式。（图68）

图68 西周晚期叔硕父方甗

| 簋 |

盛食器，相当于现在的大碗。本字作"殷"。始见于商代早期，商代晚期数量增多，西周时期尤为盛行。形制一般为圆腹、侈口、圈足。耳部有无耳、双耳、三耳、四耳，足部有圈足、方座、三足、高圈足等。商代簋多无盖，无耳或双耳。西周早期，簋的地位显著，方座簋极为流行。西周中期除方座簋外，还流行新式样，敛口扁圆体、环耳、圈足下有三柱状足，多作平行横条纹。西周中晚期方座簋多配盖，使簋的整体造型完整，形体更加魁伟庄重。春秋

图 69 商早期兽面纹双耳簋

中期以后簋的形式趋向简化和粗犷，在礼器中地位下降。中原地区的簋退出了礼器序列，而南方地区的簋数量较多，并具有地域特点。簋是商周重要礼器之一，特别是在西周时代，它和列鼎制度一样，在祭祀和宴飨时以偶数组合与奇数的列鼎配合使用。据记载，天子用九鼎八簋，诸侯七鼎六簋，大夫五鼎四簋，元士三鼎二簋。（图 69）

| 圈足簋 |

簋中最多见、延续时间最长的器形。侈口，深腹，圈足，耳部装点丰富，成为簋器的一大特色。器形可分为无耳、双耳、三耳、四耳和方座簋等五种式样。

| 方座簋 |

出现于西周早期。在圈足簋下连接一个方座，由具有放置器座功能的禁演变而来，即容器与禁的联体。分为双耳、四耳两种式样。1976 年陕西临潼西段村窖藏出土的利簋为双耳方座簋的典型代表。1954 年江苏丹徒烟墩山 1 号墓出土的宜侯夨簋，为兽首形四耳簋的典型代表。（图 70）

图 70 西周早期利簋

图 71 商晚期兽面纹豆

| 豆 |

盛食器，食礼器之一，出现在商代晚期。"豆"字像其形体，其用途见于《周礼·天官·醢人》："醢人掌四豆之实。"四豆即朝事之豆、馈食之豆、加豆和馐豆，为放置各种肉酱、肉汁、酱菜和调味品等的菜盘。其组合常以偶数相配。商代豆较少见，形制仿自陶豆，纹饰简洁。以江西新干大洋洲出土兽面纹豆为经典作品。西周早期出现变化，如现藏山西博物院的康生豆，盘直壁方唇，圈足较高，下部做喇叭状。西周中晚期豆出现了新样式，有假腹豆、兽形豆、有盖豆等。春秋战国更为盛行，一般上为有盖、钵深的豆盘；下有细柄、侈圈足。秦汉豆这种食器衰落。（图71）

| 铺 |

盛食器。初见于西周早期，流行于西周中晚期和春秋早期，以后衰落。与豆属于同类器，自铭为"铺""匍"。形制和功能与豆相似，只是铺的盘边窄而底平，圈足粗矮，多为镂空。总体上发现数量极少。

| 盂 |

大型盛饭器，兼可盛水盛冰。有的自铭"饲盂""飤盂"，可知其用途是盛放熟食。商代晚期出现，西周中晚期和春秋早期流行。盂常与簋相配组合，簋中之食取自盂。盂的体形较大，形似今天的大碗，圆形，侈口，口沿宽而外侈；方唇，深腹，腹壁斜直，平底，下接圈足，有兽首环耳或附耳。西周中晚期以弯形附耳较多见。1976年河南安阳殷墟妇好墓出土商代晚期中柱盂，形制奇特，仅发现一例。西周早期的典型器有匽侯盂，是北燕国统治者匽侯盛饭的食具。（图72）

43

| 盨 |

盛食器。出现于西周中期早段，流行于西周晚期，春秋早期消失。盨是从弇口圈足簋发展

图72 西周早期匽侯盂

图73 西周晚期鲁伯愈盨

而来，原与簠混淆，清末始把簠和盨分开。体呈长方形圆角，敛口，鼓腹，双耳，圈足，盖卸置可盛物。盖和器身均饰横条沟纹，盖上有四曲尺形钮，圈足四边有缺。一般为偶数组合。器形变化不大，在同期中仅在耳、足、盖等部件上有所变化。西周中期盨的圈足往往为圈形平实者，而西周晚期盨的圈足往往四边均有缺口。（图73）

盆

盛食兼盛水器。出现于西周中期，盛行于西周晚期和春秋早期。其功用与盂相近，但器形较盂小。春秋青铜器中有自铭为盆者。有两种形制，一种器体长瘦；一种器身扁宽，如黄太子伯克盆。春秋多见，器形一般为大口折肩平底式，多有盖，两侧有兽首环耳。战国中山国出土一件形制独特的鸟柱盆，形似豆，盆内有一鳖，鳖背上立一飞鸟擒蛇，颇具草原民族特色。

簠

盛食器。应出现于西周早期，流行于西周晚期和春秋，战国趋于消失。形制较单一，均为长方体，棱角突折，壁直，方圈足或矩形圈足。盖、器形状相同，各有一对环耳，上下合则为一体，分则为两器。春秋中晚期器形出现变化：由长方体演变为方体；簠的直沿加宽，高度由器身的一半演变为器身的三分之二；斜腹变陡。簠与盨的形制相近，山东曲阜鲁国西周中期墓中有盨与簠的组合。（图74）

敦

盛食器。春秋中期出现，春秋晚期和战国流行。初为盖、器扣合，呈圆球形，器盖不完全对称；后为卵形敦，上下对称，器盖各有两耳、三足。北从燕国、南至楚国均行用卵形敦。

鍪

炊食器。战国时期秦人使用，沿用到西汉早期。敛口束颈，口有唇缘，鼓腹圜底，口径小，

图 74 春秋早期薛子仲安簠

图 75 三国黄武元年釜

肩部有环形耳。战国行用一耳；秦汉行用两耳，往往一耳大，一耳小。

釜

炊器。盛行于汉代。敛口，圆底，或有两耳，无足。置于灶，上置甑以蒸煮。《诗·召南·采蘋》："于以湘之，维锜及釜。"毛传："湘，烹也。有足曰锜，无足曰釜。"（图75）

匕

挹食器。专门挹取饭食和牲肉的匙子。考古发现的匕常常与食器鼎、鬲同出，是礼器中的重要配置。商代匕，体呈桃叶形，后有装木柄的銎。新干大洋洲商代大墓出土10件匕，皆长柄长匙形，柄直，作长条形，匙长椭，端部收尖。西周匕，有扁条柄，柄尾弯折。春秋战国匕甚少见。传世匕，体呈椭圆形，柄扁平而细长。（图76）

俎

古代祭祀时盛放牛羊的礼器，也可作切肉的案子。出现在商代晚期。为两端有足的长方形平板，有的板面微凹，有的板面上有十字形孔。已发现的俎有商代和春秋战国时的，数量极少。（图77）

青铜水器

古人盛水的器皿。水器中绝大部分用于盥洗，故又称之为盥器。大致可分为承水器、注水器、盛水器和挹水器四种，包括盘、匜、鉴、盥缶、洗等。此外作为酒器的盉，西周中期时功能发生了变化，开始与盘相配，作为一套盥洗用的水器加入青铜礼器的组合之中。

盘

盛水或盥洗器。商代早期出现，流行于商代晚期至战国。商代盘均为大侈口，浅圆腹，圈足，无耳。西周早期盘径增大，圈足略微增高，出现双附耳，双耳的高度与盘口沿齐平。西周中期盘腹变浅，一般均有双耳、宽流和鋬手，有的在圈足下另加附足。盘是体现周礼的重要礼

图76 商晚期鱼纹匕　　　　　图77 西汉牛虎铜俎

器之一。西周中期与盘组合的礼器主要是
盉，之后主要是匜。盘常以重大历史事件
载体的形式出现，铭文都极为重要，如史
墙盘有284字，记载了西周早、中期的史
事。春秋晚期至战国盘流传和出土的数量
较多，大体与西周晚期和春秋早期的相似，
并出现长方形盘。（图78）

图78 春秋晚期龟鱼蟠螭纹长方盘

｜ 匜 ｜

盥洗器。西周中期出现，流行于西周晚期
和春秋时期。匜是体现周礼的重要礼器之一，常
与盘组合。形似瓢，瓢颈为流；下有四足较多见，
四足有兽腿形、兽形、人形等；后端设龙形鋬，
有龙首探出匜口，龙首上有三种类型的角：螺旋
形、曲枝、长颈鹿角，龙尾作小钩形。有盖匜十
分少见。春秋时有三足和无足的匜。春秋中期以
后形制基本无变化，只是逐渐由侈口流改为合口
流，且多为虎首或兽首形。战国时期多为无足匜。
（图79）

图79 西周晚期齐侯匜

｜ 鉴 ｜

大型盛水器，兼或用于储冰。春秋中期以
后出现，盛行于春秋晚期和战国，沿用至秦汉。
《说文·金部》："鉴，大盆也。"一般为沐浴
的器皿。甲骨文有"监"字，作一人俯首在大盆
前照容。古时监、鉴相同，古人常在鉴内盛水照
容。形制较单一，体形大，器形多为圆体，形似盆，
广口，深腹，平底或圈足，器沿下置两耳或四耳。

图80 战国早期曾侯乙冰鉴

方形鉴较少见。湖北随县擂鼓墩曾侯乙墓随葬的冰鉴，由方鉴和方尊缶组成，两器之间放置冰块，
可以使方尊缶内的酒降温，利于储藏。（图80）

｜ 洗 ｜

盥洗器。出现于战国晚期，汉代最为流行。器形变化不大，一般作圆形，有隆盖，盖顶多
有圈形把手或环形钮，侈口，直腹或敛腹，平底，有的器壁两侧有铺首衔环。内底常有双鱼纹，
汉代或有吉祥语或纪年铭。

龙洗

盥洗器。形似盆，平底，口沿二把柄，内底饰反向两条龙，每个龙口均吐出卷云式线纹。其奇妙之处是，用手摩擦盆边两耳，盆会像受撞击一样振动起来，盆内水波荡漾，如摩擦得法，还可喷出水柱。经科学研究和测试，这是固体振动在液体中的传播和干扰现象。当两手搓双耳时，可产生两个振源，振波在水中传播，互相干涉，使能量叠加起来，一些能量大的水点，就会跳出水面，这一现象符合物理学的共振原理。

青铜乐器

用于祭祀、宴会、典礼及行军，在商周礼制中占有重要地位，有铃、铙、钲、镈、句鑃、铎、钟、錞于、鼓等。二里头文化时期的青铜乐器中仅发现一种铜铃，商周时期形成了严格的礼乐制度，各种青铜乐器已经基本齐备。

铃

我国最早出现的青铜打击乐器。一般形体较小，器壁较薄，口部平齐或凹进，横截面为单叶形或椭圆形，两侧倾斜作矩形，一侧带扉（或称翼），平顶上有半环形钮或半环形梁，腔内系一可活动的铃舌。河南偃师二里头文化遗址中出土有一侧有半圆扉的青铜铃，在安徽等地也偶有发现。商周以后的铃已经摆脱乐器的行列，出现车铃、执铃、犬马铃等。

铙

打击乐器。始于商代晚期，周代初期沿用。用于军旅、宴享、祭祀和军乐。一般墓葬多随葬一件铙，体似铃而稍大，口部呈凹弧形，铙体横截面呈阔叶片，两侧角尖锐，底部置有一中空圆管状的短柄，与腔体内相通，柄中可置木段。使用时铙口向上，以槌敲击，发出声音。可分为大、小二型。小型铙主要出土于中原地区，高度一般在25厘米以下，器腔的宽度多大于长度，纹饰以兽面纹为主，均无枚。大型铙目前所见有80多件，主要出土于长江流域以南地区的安徽、江苏、浙江、湖南、江西、福建、广西等地。高度一般在30厘米以上，器体厚重，柄较粗大。纹饰的结构和风格与小型铙截然不同，多为线条圆弧形凸起的变形兽面纹和阴线条的云纹，有些铙有枚。

编铙

成组的铙称为编铙，大小相次，为宫廷重要的礼乐器。最早的编铙在殷墟墓葬中出土，殷墟大司空村出土三件一组的编铙；殷墟妇好墓出土五件一组的亚弜编铙，是迄今所知数量最多的编铙。编铙均为二

图81 商晚期亚弜编铙

声音阶，不能演奏完整的曲子，而是与其他乐器相配合的节奏性打击乐器，可以用于军旅，也可以用于祭祀和宴飨。（图81）

钲

行军用于打击的乐器，也叫"丁宁"。盛行于春秋徐、楚、吴等国。形似钟而狭长，有柄可执。用时口朝上，以槌敲击。也有将商代的铙称为钲的。

镈

属大型打击乐器。顶部作扁环钮或伏兽形钮的平口钟称"镈"。商代晚期南方出现，盛行于春秋战国时期。用于宴飨和祭祀场合，与编钟和编磬相配合。有些镈形体特大。器身横截面有作合瓦形者，亦有作扁椭圆形者。镈一般悬挂于磬、钟的南面，其用途是与鼓相配合以节制乐声。典型器有西周克镈和春秋秦公镈等。（图82）

图82 春秋秦公镈

钟

青铜打击乐器。西周至春秋战国盛行。宗庙祭祀与宗族宴飨的主要乐器，亦可作军乐器。形式从铙演化而来，基本形制是体两侧尖而扁体，横截面近于椭圆形，钟口为弧形，钟内无钟舌，以钟锤敲击钟体的鼓部而发声。西周中期开始出现直悬的钟。斜挂的钟称为甬钟，直悬的钟称为钮钟。青铜钟成套出现，由此构成一定的音阶关系，文献中称为"编钟"。春秋早期开始流行钮钟，钟枚也较多为半圆形枚的式样。战国中期以后，合瓦式的青铜钟逐渐减少。（图83）

龢钟

钟以合乐，铭文中通称其为龢钟。

歌钟

钟以应歌，铭文中通称其为歌钟。

行钟

随从出行乐队使用的钟称为行钟。

编钟

钟在使用时以大小相次成组悬挂，称为编钟。从考古发现看，编钟的一编从几个到十几个

图83 西周晚期立虎枭首钟

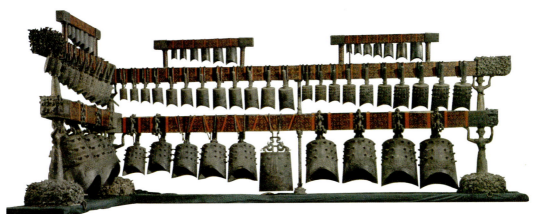

图 84 战国早期曾侯乙编钟

不等，有槌同时出土，如曾侯乙墓出土的编钟钟架近旁留存有六个
丁字形彩绘木槌和两根彩绘长木棒，后者是用来撞钟的。（图 84）

| 钮钟 |

青铜打击乐器。西周与春秋之交出现，并渐次流行。钮钟与甬
钟的主要不同在于悬挂部件的不同，倾斜悬挂的是甬钟，直悬的是
钮钟。目前所见最早的编钮钟于 1956 年河南陕县上村岭虢国太子元
墓（1052 号墓）出土一套，共 9 件。

| 甬钟 |

参见【钮钟】。

图 85 战国晚期龙钮镈于

| 镈于 |

青铜打击乐器。始于春秋，盛行于战国至西汉前期。多用于军
事征战，也用于祭祀礼仪。形体高大，圆筒形，上部鼓突，顶上有
一浅圆盘，置半环钮或虎形钮等，可悬挂。多出土于长江流域及华南、
西南地区，山东、陕西也有少数发现。（图 85）

| 句鑃 |

手持的打击乐器，见于春秋晚期和战国时期。形制腔体似铙而
长，横截面呈椭圆形，纵向长度稍大于横向长度，有的接近圆形，
器壁较厚，有很浅的凹弧口，顶有一柄，或扁平，或圆柱形，较长，
便于敲击。多出土于长江下游吴越地区。（图 86）

图 86 其形句鑃

铜鼓

青铜打击乐器，常用于指挥军队进退和宴飨、祭祀的乐舞。始见于商代，先秦极少见，迄今所见的铜鼓大多属两汉至三国，集中于西南少数民族地区，且一直沿用到近现代。因传为诸葛亮所创制，故名诸葛鼓。其基本造型为圆墩式，中空无底，由鼓面、鼓胴（胸）、鼓腰、鼓足和鼓耳五部分组成。鼓耳是为悬挂和搬动方便而设，其上可系绳索。鼓面常铸有内容丰富的动物、人物写生图像。商至战国的铜鼓目前仅见两例：一是横置的两面鼓，鼓面铸成似鳄鱼皮的花纹，鼓身铸双鸟；另一例有两件，筒状，底中空，是春秋秦国器。

诸葛鼓

青铜打击乐器。形同铜鼓，传为诸葛亮所创制，故名。至今在壮、布依、傣、侗、水、苗、瑶等少数民族中流行，在各种节日庆典的舞乐中使用。参见【铜鼓】。

铎

打击乐器。盛行于春秋战国时期。用于军旅和田猎。《说文解字》："铎，大铃也。"有柄有舌，振舌发声。铎形体似铙，但比铙小，体短阔，口部呈凹弧形，顶部有长方内空的銎，用以纳木。考古发现的铎很少，多属春秋战国至汉代。（图87）

青铜兵器

从狩猎工具发展而来。按用途可分为攻击型兵器和防御型兵器。其中攻击型兵器又可分为长兵器、短兵器、远程射兵器，器形包括戈、戟、矛、铍、钺、镰、殳、刀、剑、匕首、弩机、镞等。防御型兵器器形有甲、胄。夏代兵器的种类较少，目前仅见有镰、戈、钺和镞。商周时期各种兵器增多，尤其是东周时期各诸侯国征伐不断，各种青铜兵器皆已齐备。目前所见青铜兵器，质量最精者基本上都具有礼仪的性质，朴素无华的为实战用器。

图87 辽代錾花鎏金铜铎

戈

冷兵器时代使用时间最长的长兵器，用于钩杀。最早为夏代晚期出现。由四大部分构成：戈头，戈的主要部分；柲，是戈的持杆，一般为木、竹制作，外用细竹片包裹，再用细丝线缠紧，外用髹饰；柲帽，是套在戈柲上端的附属物，作用是加固柲端，防止劈裂；鐏，装于柲的下端，上有銎口，以纳柲体，鐏的下端锐底。由于柲一般为木、竹所制，柲帽、鐏有铜质的，也有非铜质的，故遗留下来的较少。一般常见的是青铜戈头。商代戈有三种形式：直内戈、曲内戈、有銎可以插柲的戈，一般没有胡。商末出现有胡的戈。西周的戈多短胡，有一穿至二穿。春秋战国的戈多有三至四穿，更便于固定在柲上，同时援变得狭长而扬起。（图88）

图 88 西周早期太保戈

图 89 商晚期长脊宽翼镞

镞

远射程武器。始于夏代，一直延续到商、西周及至春秋战国时期。安装在箭杆前端的金属镞，用弓弦发射，杀伤力很强。镞由一尖锐的锋和张开的两翼，以及脊和铤组成。各部分皆有专名：前端的尖头称为前锋，两边的称为翼，翼上的锐利部分称为刃，两翼向后形成倒刺形的为后锋，中间为脊，后锋与脊相连处称为本，脊后端与铤连接处为关，关后端的圆棍为铤。商至西周多双翼式，春秋多三棱式或圆锥式，战国以三棱式为主。（图89）

矛

冷兵器时代最常见的刺杀兵器。商周用青铜制作，始见于商代早期，汉代以后多用铁矛。商代早期矛多狭叶，无血槽。矛头包括"身""骹"两部分。身有锋刃，中线称"脊"。骹中空，略呈圆锥形，用以插柲（柄）；两旁常有环钮。柲端有铜饰称为"镦"。商代矛形体宽大，殷墟出土的矛雕镂精美，下方有双环，用来系璎珞饰品。春秋战国矛渐向细长演变，制作尤为精致，有的矛体和铜柄刻有铭文和纹饰，或镶嵌金银。

戟

冷兵器时代最常见的长兵器，既可刺杀又可钩杀。商周用青铜制作。始见于商代中期，西周早期到战国较为盛行。一般多是戈和矛的合体，西周有少数是戈和刀的合体。春秋晚期至战国，由于战争需要增强杀伤的效果，出现了一种多戈戟，即除本身装置之外，在其下又装有一或两件无内戈，如湖北随县擂鼓墩曾侯乙墓出土的三戈戟，极为罕见。（图90）

钺

为砍杀的兵器，也作刑具，或具有礼仪性质的仪仗器。盛行于商周。形似斧，较一般斧宽且扁。直内、宽体、弧刃，有穿，以直内入于木柄中，然后通过肩部和内部之穿缚系绳于柄上。最早青铜钺仅见于上海博物馆收藏的一件夏代的传世品，是镶嵌绿松石青铜

图 90 战国三戈戟

钺。出土商代钺较多，有方形和长方形两种形状。西周出现耳形钺和带銎的钺。春秋战国时代西南等地区又流行靴形钺。秦汉较少见。

鍼

砍杀兵器，也作刑具，兼作乐舞道具。商代出现，商周很少见。形制与钺相同，为窄长身，弧刃，两角略外侈，体中部隆起，刃部增宽，内与体部两侧有阑，内扁平有方穿。现今考古器物上所称的钺有大小之分，且区别明显，故大型者是钺，小型者是鍼。

胄

防御型兵器，作战时用于防护头颈部。又称盔，汉以后又名"兜鍪"。形似帽，多为素面。商代胄顶部有一管，用于插缨饰。河南安阳殷墟侯家庄西北岗1004号大墓中曾出土青铜胄141顶。商代王室或地位显赫的统治者的胄饰有兽面纹，如江西新干大洋洲大墓中发现1件兽面纹胄。（图91）

盔

又称胄。参见【胄】。

兜鍪

胄在汉以后称为兜鍪。参见【胄】。

图91 商晚期兽面纹胄

刀

砍杀和近战肉搏时的短兵器，也作为手工业或农业的工具。商代已出现，青铜剑广泛使用后取代其作用。用途广，形制多样，有短柄翘首刀、长柲卷首刀、平刃刀、曲刃刀等多类。华北以及西北等地区还流行一种适宜草原游牧民族生产、生活、游猎、征战的兽首曲柄弯刀，刀和柄连铸，略呈弓形，柄端铸一兽首，兽首上下各一环，便于系绳悬挂腰间。（图92）

剑

短兵器。随身佩带，可斩可刺，使用方便。最早出现于商代晚期，西周早期流

图92 商晚期马首曲柄刀

图93 战国铜剑

图94 战国晚期十七年相邦春平侯铍

行，春秋晚期至战国最为盛行，汉代铁剑流行后衰落。春秋战国《释名·释兵》："剑，检也，所以防检非常也。又，敛也，以其在身时拱敛在臂内也。"典型的青铜剑一般由剑身、剑茎两大部分构成，每个部位各有专名，参见【剑锋】、【剑从】、【剑锷】、【剑格】、【剑镡】、【剑茎】、【剑腊】、【剑首】、【剑缑】、【脊】。（图93）

弩机

远射武器。最早见于战国，盛行于汉晋。弩机是装置在木弩臂后部的铜制机件，是最早利用机械原理发挥威力的武器。构件包括：弩弦的"牙"，牙外的"郭"，郭上的瞄准器"望山"，郭下的扳机"悬刀"。扳动悬刀，牙向下缩，所钩住的弦弹出，弓箭就被发射出去，杀伤力强，是冷兵器时代威力最强的武器之一。

铍

用于冲刺的长兵器。战国时期出现，出土较少。《说文》："铍，大针也。一曰，剑如刀装者。"《方言》："锬谓之铍。"郭璞注："今江东呼大矛为铍是也。"体形如矛，有一长柲，锋如长剑，古称铍。其状如扁茎剑而茎特阔，以前多误称为剑。故宫博物院所藏十七年相邦春平侯铍是这种兵器的代表。（图94）

匕首

又称短剑，随身佩带的短兵器。《汉书·邹阳传》："匕首窃发。"颜师古注："匕首，短剑也，其首类匕，便于用也。"出土很少。

殳

用于冲刺的长兵器。战国出现，较少见。形似杖，无锋刃。1978年湖北随县曾侯乙墓出土有七件自铭为"殳"的兵器，柲和附加物保存完整。殳头作三棱形矛，其下连有一粗棘刺形铜箍，间隔35～51厘米有一细棘刺箍。这类带有棘刺的铜箍和箍上有三棱形矛的殳，在安徽寿县蔡侯墓、淮南市蔡家岗赵家孤堆和湖北襄阳的战国墓中均有发现，在河南辉县山彪镇和湖南长沙的战国墓中也有出土。（图95）

青铜农具

农业生产中使用的青铜制用具。商代早期已使用青铜农具，有镬、锸两种。商代中晚期之后，农业及青铜冶铸技术大发展，青铜农具的种类和数量增加，有镬、锸、铲、耜、耒、锄、镰、犁铧等。春秋战国时期冶铁技术迅速发展，铁质农具逐渐取代了青铜农具。

53

图95 战国早期曾侯邸之用殳

图 96 商代云纹锸　　　　　　　　图 97 商晚期兽面卷云纹耜

| 钁 |

农业耕作的主要农具，可起土和锄草，也可作木工工具。又称镢，俗称"镢头"。商代早期出现，河南郑州二里岗商代早期遗址中出土，春秋战国时普及，出土较多。《释名》："钁，大锄（锄）也。"体呈长条形，厚体窄刃，平刃或弧刃，刃角不外侈，有单面刃或双面刃者。长宽约为三比一，侧视作等腰三角形，有銎，直柄前曲，纳于銎中。

| 镢 |

起土和锄草的工具。又称钁。参见【钁】。

| 锸 |

农业耕作的主要农具。又作臿。可开沟渠和做垄，如现今的锹。先秦至汉代广泛运用于水利工程。《汉书·沟洫志》："举臿为云，决渠为雨。"注："臿，锹也，所以开渠者也。"《释名·释用器》："锸，插也，插地起土也。"锸的前端多呈尖刃的扁状器，刃口套在木板前端，木板的后部连着一柄，属于装直柄用的农具。使用时双手握柄，用左脚踩肩部使之插入土中，再向后扳动，把土层剥离。（图96）

| 铲 |

农业耕作的主要农具。古称"钱"。可铲土、耡苗、除草和松碎表土。《释名》："铲，平削也。"《广雅》："铲柄长二尺，刃广二寸，以铲地除草。"铲的形制是从新石器时代的石铲和骨铲发展而来的，在长方形青铜片的一端连铸截口，为方或椭圆的銎，銎内可装柄。铲的形式各时代大致相同。目前发现的商周青铜铲，基本上有两种形式：一是椭圆銎，方肩，宽刃；一是长方銎，斜肩，狭刃。后一种形式一直沿用到战国，甚至西汉的铁铲还延续这种形式。

| 耜 |

挖土农具。商代晚期出现，从新石器时代的石、木、骨耜发展而来。青铜耜头安装在厚实的长条形木板前端，木板的肩部连着一段木柄，其后段弯曲而前倾。耜的使用方法是握住柄部，用足将耜头刺入土中，然后按下曲柄，将土翻起来。商代耜头均较长，銎部很深，銎口扁方。西周耜头较短，呈宽扁形，銎部略浅。春秋战国耜向两个方向发展：一是耜体加厚加宽，耜刃中部锐出，呈等腰三角形，向犁铧的形式发展；一个是耜体变薄变宽，向锸的形式发展。（图97）

耒

挖土农具。可挖窖穴和开沟渠，从新石器时代的木耒、骨耒发展而来。目前仅发现一件西周青铜耒。一齿完整，另一齿折断，銎上有一小方孔，用来装木钉子以固柄。

锄

也称耨。挖土农具。出现于西周，战国仍沿用。可除草、间苗及松碎表土。《释名》："锄，助也，去秽助苗长也。"形状如钁、锸，其区别在于钁、锸是直装木柄，而锄是直柄曲端安装于銎内，锄刃口有弧刃、直刃。

镰

收割农具。从新石器时代的石镰、骨镰发展而来。《说文》："铚，获禾短镰也。"《小尔雅·广物》："禾穗谓之颖，截颖谓之铚。"可知铚是专门用作收获禾穗的手镰。可装柄的镰，古代称为艾，文献中有

图98 商代铜镰

称乂、刈，三字相互通假，都是指镰而言。一般作弯
月形，盛行于春秋战国。1960年浙江绍兴发现的青铜镰，刃部带有锯齿。（图98）

铚

短柄镰刀。参见【镰】。

耨

短柄的除草农具。也作耨、槈。《诗·周颂·臣工》毛传释文引《字诂》云："（耨）头长六寸，柄长一尺。"《吕氏春秋·任地篇》："耨柄尺，此其度也，其耨六寸，所以间稼也。"高诱注："耨所以芸苗也，刃广六寸，所以入苗间也。"耨有两种形式，一种在銎的前端连接着一个三角形的有两翼的锋刃，在锋刃上饰满齿槽，从背后的平面上能够磨出锋利的锯齿，由于銎小，只能装短柄；另一种整器作V形，内侧可嵌装木柄。

图99 商晚期兽面云雷纹犁铧

犁铧

农具。耕地用犁头。由耜发展而来。耜的宽度增加，起脊加厚，成为犁铧。从耜到真正犁铧的转变是逐步完成的，

其间有一些过渡性质的类犁铧农具，多为青铜所铸。真正的犁铧都是战国时期铸铁制品。中原地区战国以前的青铜犁铧很少见，在山东、陕西发现战国和秦朝青铜犁铧、云南石寨山和云南江川李家山发现尖叶形青铜犁铧。犁铧是牛耕技术普及、生产力发展的重要标志，它与牛耕一起，使更大面积的土地开垦和农田的精耕细作成为现实，创造了巨大的生产力，并为个体家庭劳动创造了比较充分的条件，进而推进了整个社会的大变革。（图99）

青铜工具

人类对青铜的使用最早是铸造生产工具。传世或考古发掘所得的古代各种生产工具，数量相当多，大大多于青铜农具的数量。夏代的青铜工具已有锛、凿、锥、钻、刀、鱼钩等，基本都模仿新石器时代晚期石、骨、蚌制工具而制作。商周青铜工具的铸造发展迅速，河南郑州商城遗址发现的两处铸铜作坊遗址，出土了大量陶范，能看出器形的有镢、铲、斧、刀、凿、锥等。青铜工具广泛运用于采矿、木工、建筑等行业。春秋战国时期随着铁质工具的普遍使用，青铜工具逐渐消失。

锛

农业耕作的主要农具，可开垦土地或砍伐树木，也是修整木器的工具，或作仪仗器。始见于商代，春秋战国时期数量激增。形状和斧相近，扁平体，背面微拱，横剖面呈梯形，弧形刃。有长方口的銎；也有作菱形銎口的，銎内置曲形横柄。商代有两种形制，一是实用器，一是仪仗器。仪仗器表面饰有兽面纹、三角形纹或双层蝉纹，制作精致；而实用器则是素面或十字纹。（图100）

图100 商早期兽面纹锛

凿

凿刻工具。始于商代，春秋战国较多见。可凿孔或挖槽，细小的凿常作凿刻甲骨卜辞的专用工具。《说文》："凿，所以穿木也。"凿体呈扁平长条形，上宽下窄，横剖面呈梯形或矩形；顶端有直口梯形銎；刃部有尖刃、弧刃、平刃三种；有的表面有"十"字形纹，长度在8～17厘米之间。使用时用锤子等工具锤击凿刻。

刻镂刀

刻画甲骨或雕镂竹木器的工具。青铜刻镂刀一般呈扁长条状。有的上窄下宽平刃或斜刃，有的上下等宽而斜刃。河南卫辉市山彪镇战国墓出土有青铜刻镂刀，有带孔或雕成动物形状的柄。

削

又称削形刀。古代刮物用的工具。凸背凹刃。把端有一圆孔，可穿系，以便佩带。商王12代都有使用。

| 锥 |

穿孔用的工具。青铜锥较为少见。有的呈细长扁条形或细长条形；有的锥末有环，似削，可佩系；有的锥末作圆形镂孔的把手；有的柄部雕镂花纹。

| 斧 |

木工工具。西周又称镈，镈、斧古音相同。《诗·周颂·臣工》："命我众人，庤乃钱镈。"可作砍伐的木工工具，兼作开荒垦殖的农具，也作战场上近距离搏击的兵器。有弧形双面刃，器体多较宽厚，刃宽多大于器宽。有平刃和圆刃两类，前者兼可用于农业，后者为手工业所专用，而小型斧是专用于手工业的工具。（图101）

图 101 春秋素面斧

| 锯 |

手工业工具。最早出现于商代中期。用于切割木、竹、骨、角等器。河南安阳殷墟大司空村制骨作坊遗址出土的青铜锯，背部平直，齿面微凸，有14个锯齿。战国时有直锯和弯锯。河南信阳战国楚墓中出土的青铜锯，锯片短，齿浅，锯片夹在木板内，有木柄。

| 锉 |

手工业工具。出现于春秋战国。用于磨擦加工竹、木、骨、角等器。迄今发现极少。河南卫辉市山彪镇战国墓和安徽寿县楚墓出土的青铜锉，有直锉、弯锉两种。

| 钻 |

钻甲骨或其他物品的工具。郑州二里岗商代前期遗址曾出土两件。一件作柱状，横截面近于等边八角形，下端略呈弧形，两面刃；另一件长条形，横截面呈菱形，下端两侧有刃。青铜钻后世见到的很少。

| 斤 |

砍伐工具。形体一般作长条形，其体宽比斧要窄比凿要宽，刃部多双面刃或单面刃。装柄的方向与刃部是垂直的，而且柄部呈曲形，与斧不同。銎口有长方形、梯形或六角形。

| 钓钩 |

钓鱼工具。青铜钓钩仿自骨制钓钩。发现很少。郑州二里岗商代前期遗址中出土有几件青铜钓钩，长约4厘米，弯度接近直角。

青铜车马器

车器是指车上的铜质器件和专门作为车辆装饰的铜饰件，主要有軎、辖、轴饰、踵饰、毂饰、衡饰、舆饰等；马器指附着于驾车的马体上的铜制器具，包括装饰马首与马身的铜饰件，主要有衔、镳、轭饰、当卢、节约等。青铜车马器体现身份等级。目前所见商代最高级、配套最全的车马器发现于殷墟地区，其余的发现地均属商代的边陲地带。西周早期车马器的发现地点集中于都城宗周、成周的王朝中心地区，以及晋、齐等大诸侯国的都城。车马器的使用和随葬在西周早中期时已成为制度，并且可能比其他早期青铜礼器的使用更具规模，等级更加严格。商周时期青铜车马器的广泛使用，是当时青铜工艺应用于生活的重要体现，是古代物质文化与科技水平发展的重要标志之一。

车軎

马车配件。商代晚期出现，先秦多见，至西汉前期铁制軎出现后衰落。套在车轴的两端，用以加固轴头。形状一般呈长筒形，一端粗一端细，粗套接轴头。车軎都开有长方形的孔，相应于木制轴头上的槽穿，于孔穿中插入长条形的辖，以防车轴脱出。（图102）

图102 西汉鎏金车軎

车轴饰

马车佩件。商代晚期出现，西周以后少见。位于车舆和毂之间的轴上，左右各一件，是用于加固车轴的承轮部分的构件。一端呈椭圆形；一端呈平板，平板用以障泥。西周常见表面饰兽面纹的车轴饰。

车踵饰

马车佩件。商代晚期出现。套接在车辕的后端，一般呈方筒形，因处在车舆之下，只有简单的纹饰或没有纹饰。

车舆饰

马车佩件。最早见于商代晚期。加固车厢的青铜构件。陕西宝鸡茹家庄出土西周的车舆饰呈长条形和圆角形两种。用以加固车轸。其上有方孔，以便插车铃。

图103 西周跽坐人车辖

辖

马车佩件。西周早期出现，流行至西汉前期铁制辖出现。即为车轴上的销子，呈长方形，上粗下细，顶上一般有兽头装饰，插入轴末端的方孔内，以防车轮脱落。一般和軎配合使用，也有单独使用的。商代的辖多为木质，但有首部加铜质套头者。西周时期已有全部为铜制的车辖。

河南洛阳出土一件西周踞坐人辖，装饰最为奇特。（图103）

▎毂饰▎

马车佩件。完整的毂饰出现在西周早期，两周时期均盛行。毂饰为加固车毂的铜箍圈，使车轮保持直立，避免内外倾斜，具保护作用，也具装饰作用。一般只在毂的轵端（小头）加一长筒形箍，有的在轵端和贤端（大头）都加箍。各端的箍又分为辖、䡅、軹三部分；也有的将两軹连铸在一起，中间有插辐的方孔。

▎辕首饰▎

马车佩件。也称軏。西周早期始见。装饰在辕头的铜件，用来连接车衡，亦兼有装饰作用。呈筒形，一头封顶，表面有纹饰。陕西宝鸡茹家庄出土一件，一侧为浮雕兽面；另一侧是一个下体仅穿裤衩，披发文身，双手搂抱兽面的男子，造型别致。（图104）

▎軏▎

又称辕首饰。参见【辕首饰】。

▎衡饰▎

马车佩件。西周早期出现，流行至春秋战国。加固车衡的管状构件。衡两头的套管有一端封顶；衡中部的套筒有的做成一头齐口，另一头呈锯齿状，两两相对，或为金文中所称的"错衡"。

图104 战国镶嵌卷云纹兽首形辕首饰

▎车铃▎

马车佩件。又称銮铃。西周早期出现，流行至战国。置于车衡和轭顶上的部件，车行则铃声动听。其状为一镂空的扁圆球，内含一小石，下有一长方形座。参见【铃】。

▎銮铃▎

又称车铃。参见【车铃】。（图105）

▎轭饰▎

马车佩件。马轭呈人字形，一首两脚，夹于马颈上以便挽车。轭体为木质，商代晚期开始用铜管加固轭首和轭脚，西周时期有的将轭体的外侧（不挨马颈的一侧）全部用铜片镶包起来。

图105 西周早期青铜銮铃

┃衔┃

马车佩件，又称"勒"。商代晚期出现。衔是横勒在马口中的器具，由两节链条组成。两端与镳相接。

┃镳┃

马车佩件。商代晚期出现。置于马口角的两颊上，有绳索相系，以便御手控马。镳有圆形、方形和长条形三种。圆形的在西周早期流行，方形的多见于西周中晚期，长条形的出现在春秋时期。

┃当卢┃

马车佩件。马面额上的饰件。商代晚期的当卢略呈圆形，背面有横梁钮，面微鼓。西周时期的作丫字形，中间有一个圆泡。上端连铸两个歧角，下端垂一长方形鼻梁，背面有穿带的横钮。有的则呈长条形，上部饰兽面，下部呈钩状。（图106）

┃马冠┃

马车佩件。主要流行在西周前期，已发现的铜马冠大都是西周时期的遗物。马冠是系在马额上的装饰品。一般作扇面形，饰大兽面，粗眉圆目，巨鼻大口，形象凶猛。边缘多有穿孔，以便穿系。

图 106 西汉鎏金当卢

图 107 战国蛙形节约与双蛇捕蛙形当卢

┃铜泡┃

马车佩件。商代晚期已有铸造。装饰和连接马络头、辔带的零件。一般呈球面形，背面有横钮。春秋战国诸侯王乘坐的马车佩饰金泡。

┃节约┃

马车佩件。商代晚期已有铸造。装饰和连接马络头、辔带的零件。均为细铜管，有一字、十字、×、轮等形状。春秋战国诸侯王乘坐的马车佩饰金节约。（图107）

┃铜镜┃

照容用具，也称"照子""铜鉴"。多呈圆形，正面磨砺光洁，背面有钮可以穿系。始见于距今四千多年前的新石器时代齐家文化。殷墟时期极少，镜面较小，背部多光素，或仅饰直线纹，钮作浅桥形。春秋数量也不多，目前出土的不超过 10 枚。战国时期铜镜数量大增，制作精美，镜钮较小，背面多饰几何形图案和动物图案，无铭文。西汉到东汉初期进入兴盛期，铜镜逐渐变得厚重，背面多吉祥语。花纹除几何形图案外，还有禽兽纹和神人。西汉晚期至东汉初期盛行规矩镜。王莽时期出现纪年铭铜镜，钮多呈半球形，也有四蒂钮。东汉中期到魏晋，出现浮雕画像镜和神兽图镜。隋唐进入再盛期，铜镜更加精美，种类繁多，新出现葵花镜、菱花镜等，纹饰有人物故事、狩猎骑射、海兽葡萄等，同时还出现了珍贵的金银平脱螺钿镜。宋代仍流行菱花镜，纹饰以缠枝、花草、牡丹等为主。南宋浙江湖州是铸镜中心，镜背常铸有制镜作坊的标记。宋元以后，铸镜技术逐渐衰退。

▌照子▌

照容用具，又称"铜镜"。宋代因避宋太祖祖父赵敬的名讳，将"镜"字改为"照"或"鉴"，故称铜镜为"照子"或"铜鉴"。参见【铜镜】。

▌铜鉴▌

照容用具，又称"铜镜""照子"。参见【铜镜】。

▌齐家文化铜镜▌

照容用具，是迄今所知最早的青铜器之一，共发现两面，一面为素面，一面为七角星纹镜。均为圆形。齐家文化属原始公社解体时期，距今约四千年。

▌羽状纹镜▌

照容用具，盛行于战国中晚期。镜钮有三轮、四轮两种。圆钮座。外缘素卷或作扁平构成。形制直径一般都在 10 厘米左右。地纹有羽状、变形羽状和云雷纹等，通常用一个刻有纹饰的小模刻印，作四方连续排列，范痕一般较清楚。

▌山字纹镜▌

照容用具，盛行于战国时期，以楚镜中最为常见。背面以几个"山"字形为主纹，以细密的花叶纹、羽状纹等作地纹。山字纹镜以四山镜较多，五山镜是一种变形的镜子。四山镜时间较早，钮座饰方形，主纹作对称排列；五山镜是战国晚期的新产品，作圆形钮座，山字纹作旋转形布局。（图108）

图 108 六山纹镜

▌四叶纹镜▌

照容用具，盛行于战国时期。境钮多作三轮状，钮座有圆有方，方座多匙面，圆座多重圈。主纹四叶，向四面做放射状，有的勾有叶筋，有的状若云纹，有的形似三叶。地纹以羽状纹为主，

图 109 战国晚期四叶纹镜

间或用云纹，其中以云纹四叶镜较常见。还有一种变形四叶纹镜，在近外缘处又饰四叶，合为八叶，地纹由 S 形云纹和回纹等组成。这种镜出土量极少。（图 109）

菱形纹镜

照容用具，流行于战国，时代稍晚于山字纹镜。镜钮多作三轮式，有方形和花形钮座两种。以宽带菱形作为主纹，有的在菱形中填以四瓣花纹，有的没有，地纹作羽状纹浅浮雕。（图 110）

饕餮纹镜

照容用具，有圆、方两种。圆镜，三弦钮，无钮座，以细线云雷纹为地纹，用凸起较粗的线条勾出双目、粗眉、大鼻的兽面纹两组作浮雕纹，以钮为中心，作上下对称构成，宽素缘边。方镜，纹饰与圆镜相似，数量甚少。

羽鳞纹镜

照容用具，流行于战国中期。形式均为圆形。按纹饰构成不同分为两种形式：一种为四弦钮，双重凹面圆钮座，地纹为云雷纹，主纹为羽纹、鳞纹，有的在羽纹中还填有重环纹，宽素卷边。另一种，四弦钮，双重方座钮，座外四边中心伸出四叶，地纹亦为云雷纹，镜背纹饰分为四区，各区有三角形雷纹组成的双斜线相间，四面图案相似，上下二区羽纹为同方向卷曲，左右两区为反方向卷曲。出土甚少，只见于湖南、四川战国墓中。

图 110 战国晚期菱形纹镜

蟠龙凤纹镜

照容用具，又称"蟠螭纹镜"，盛行于战国和秦汉时期。多三弦钮，钮座多圆形。龙凤为主纹，以圆曲线作缠绕式构成。龙凤相互盘曲环绕，线条活泼、流畅、粗放，具有较强动感。地纹多云雷纹细线浅浮雕，和主纹粗线相比，层次清晰，宾主分明。有的龙凤纹形象较清楚，有的作较大变形，有的在龙凤间并穿插斜形回纹、菱形和叶纹。汉代的蟠龙凤纹，构成多用双线，也见有三线式的。有的外缘饰连弧纹。内圈多配置铭文。

图 111 战国晚期透雕龙凤纹镜

金银错纹镜

照容用具,将金、银丝或片,制成各种图案,嵌入铜镜背面作为装饰。根据纹饰不同,可分为:狩猎纹镜和虺龙纹镜。金银错狩猎纹镜为圆形,小钮,双重圆钮座。夹层,以镜背外缘包嵌镜面制成,人兽搏斗和龙凤涡纹等主纹都用"金错",周围相衬的小涡纹用"银错"。金银错虺龙纹镜为小钮,圆钮座,主纹作六条虺龙盘绕,躯体皆嵌"金银错"图案,边缘为交叉卷云纹带。金银错纹镜制作精工,十分名贵,出土甚少。

透雕纹镜

照容用具,又称夹层透纹镜。春秋晚期出现,战国中、晚期仍流行,战国后逐渐消失。有方、圆两种。镜面是一较薄的白铜片,镜背是透雕(镂空)的青铜片,两片分别铸造,再合贯为一镜。常见纹饰有蟠螭、禽兽透雕纹等。在湖南、湖北、河南和四川等地都有发现,但数量较少。(图111)

描漆纹镜

照容用具,多为战国、汉代时器。多圆形。镜背素面用彩漆勾绘纹饰。河南信阳楚墓出土两件,均用漆绘。一件画夔凤,作缠绕盘曲构成;一件画卷云纹,作四面对称构成,线、面、色彩对比和谐。1954年,陕西西安西北郊出土一件西汉描漆镜,先在镜背涂漆,再将颜色加入漆中,用以描绘人物、树木纹样。

连弧纹镜

照容用具,主要流行于战国和汉代。战国连弧纹镜均为圆形,背面以弧线或凹面宽弧带连城圈作为主纹,弧数有六、七、八、九、十、十一、十二等多种,以八弧最为常见。战国连弧纹镜,可分素地连弧纹镜、云雷纹地连弧纹镜和云雷纹地蟠螭连弧纹镜三种。汉代连弧纹镜,主要用弧纹内向连接成一圈或两圈构成,大体也可分为三种:一为素式连弧纹镜,钮座外为内向连弧纹,无铭文,也没有其他纹饰;第二种为钮座外内区为连弧纹,外区为铭文带;第三种以连弧纹作为主纹,并有其他纹样作装饰。

规矩纹镜

照容用具,又称为规矩镜。西汉晚期、新莽和东汉时最为流行。镜钮较大,多作半球形。在钮座外有一方形栏,栏外和靠近缘部有"⌐""丅""⌐"规矩形记号,故习称规矩纹镜。但近年发现其纹整体结构与古代围棋盘上的图一致,因而有人又称其为"博局纹镜"。在规矩纹之间常装饰有圆乳、四神、羽人、龙虎或几何形花纹。(图112)

图112 东汉博局狩猎纹镜

▍星云纹镜 ▍

照容用具。又称百乳纹镜，有的连称为星云百乳镜。主要盛行于西汉中期武、昭、宣帝时期。镜钮多连峰式，钮座外围及镜子边缘多饰一圈连弧纹，一般都为十六连弧。主纹以众多的乳纹构成，多是圆锥形凸起，四周连成一圈。乳纹之间，常用圆曲线相连接，状若星云，故名"星云纹镜"。乳钉数目不等，少者三枚，多者十几枚，因此有五星式、六星式、多星式星云镜之称。在中国很多地区都有出土，其中以河南、陕西和江苏发现较多。

▍草叶纹镜 ▍

照容用具。主要流行于西汉前期和中期。圆钮，钮座多采用四叶纹，亦有弦钮、伏螭钮等。钮或钮座外一般以大方格铭文带相围绕；有的仅有方格，无铭文。镜背纹饰以草叶形纹为主，常见的有八叶、四叶，有的间有四乳、蟠螭和规矩纹等。边缘大多饰有连弧纹，以十六连弧最多。按其章法结构和纹饰内容，可分为草叶四乳纹、草叶四乳花瓣纹、草叶规矩纹镜三种。以草叶四乳纹镜较习见。

▍夔凤纹镜 ▍

照容用具。也称凤纹镜。主要流行于东汉晚期和魏晋南北朝时期。圆钮，圆钮座。座外四蝙蝠形叶向外呈放射状，占据镜背中心位置，将内区分成四部分，每部分有凤鸟一对或一只，都作侧面形。外配以连弧纹。一般图案都以块面表现，如剪纸风格，黑白分明，虚实相宜。有的铸有铭文"长宜子孙""君宜高官"等。（图113）

图113 东汉大吉利夔凤纹镜

▍神兽纹镜 ▍

照容用具。始于东汉，盛行于魏晋南北朝。镜背纹饰，通常由东王公、西王母等神人和神兽等的高浮雕组成。布局结构大体可分为阶段式、圈带式和对列式等多种，制作精美。有的上面还有韵体铭文或纪年。浙江绍兴是各式神兽镜的主要产地。

▍人物、车马画像镜 ▍

照容用具。流行于东汉、南北朝和唐代。纹饰多采用浮雕，有一人跃坐，二侍者侍立的；有歌唱弹琴的；有车马出行和两人相抱而舞的。人物形象汉代的较写实，南北朝的较夸张，唐代的多绘画散点式。外缘装饰，汉代多锯齿形，南北朝多鸟兽几何形，唐代多素缘。（图114）

图114 西汉车马人物彩绘镜

｜位至三公镜｜

照容用具。流行于东汉晚期至六朝。镜体较厚重，钮特大，花纹较简单，多以连弧纹为主，有的有夔凤纹等纹饰，上有"位至三公"等简单铭文，故名。

｜佛像夔凤纹镜｜

照容用具。特点是在变形四叶或连弧纹中，刻画有佛像、飞天或禽兽。吴都鄂城及其附近地区，是佛像夔凤纹镜的最主要的铸制地区。

｜四兽纹镜｜

照容用具。起始于汉魏，盛行于隋唐。外形多圆形，圆钮。通常为方钮座，方钮座四角饰四个90°角双折线，双折线之间饰四猛兽——张嘴卷尾，四足作奔跑状，形象都较活泼生动。外缘常饰锯齿纹、圈带纹、铭文带或兽纹带。

｜四神十二生肖纹镜｜

照容用具。流行于南北朝和隋唐初期。圆形，圆钮，圈带纹、柿蒂纹或花瓣纹钮座。内区以青龙、白虎、朱雀、玄武四神作四方配列，外区为十二生肖纹，即十二地支，也称十二时，为日常生活中常见的动物或灵异。通常作十二格排列，每格一纹。外缘一般为锯齿纹、素边。有的还铸有韵体铭文或纪年。（图115）

图 115 隋十二支四神镜

｜宝相花纹镜｜

照容用具。盛行于唐代。宝相花为唐代典型花纹，服饰、金银器、织锦和壁画图案上到处可见。唐镜上的宝相花纹，通常都作正面俯视形，以两三种花形相间排列构成，六花、八花不等。也有少数作侧面形，以一种花形排列构成。形式多样。镜外也以各种花形组成。

｜鹦鹉衔绶纹镜｜

照容用具。流行于唐代。镜背纹饰，为一双鹦鹉作相对颠倒排列，展翅飞翔，口衔绶带，外缘为葵花式。"长绶"象征长寿，鹦鹉是一种美丽的飞鸟，"鹦鹉衔绶"祝愿美好长寿，是当时流行的一种装饰纹样。

｜鸾鸟衔绶镜｜

照容用具。唐代最流行的铜镜之一。镜背纹饰，常见鸾鸟口衔长绶，足踏花枝，或踩瑞云，并配以苞叶花朵、月亮、流云、奔兽、花鸟等。鸾鸟是民间一种象征吉祥的飞鸟，配以"长绶"，

图 116 唐金银平脱鸾鸟衔绶纹镜　　　　　图 117 唐嵌螺钿人物花鸟纹镜

是当时流行的一种吉祥图案。（图 116）

｜鸾凤镜｜

照容用具。盛行于唐代。凤鸟较写实，姿态生动，通常都作飞舞状。有的两凤作对称排列，上下饰有宝相花；有的四凤作上下左右均齐构成，四凤之间饰缠枝花纹。外形有菱花形和葵花形等多种式样。

｜孔雀纹镜｜

照容用具。唐代铜镜。孔雀为主纹，较写实，作飞舞半开屏状，两孔雀作相对均齐排列。上下以缠枝花、云纹和飞蝶为饰。外形为八出葵花形。孔雀纹镜较少见。

｜螺钿镜｜

照容用具。唐代名镜。主题纹饰有人物、宝相花和鸟兽等。螺钿镜的制作，用螺蚌贝壳雕制成各种图案，按设计要求粘贴于素面镜背面，然后髹漆、研磨，最后再在螺钿上毛雕花纹。漆地为黑色，螺钿为白色，黑白分明，光彩莹润，精致细巧。唐代螺钿工艺较盛行，螺钿镜的流行时期是唐玄宗及其稍后一段时期，以后的时代较罕见。（图 117）

｜贴金贴银镀金镜｜

照容用具。唐代名镜。镜背贴以银板、金板或镀金，其上刻出各种图案，或在青铜镜背面凸起的纹饰上贴以金银片。此类镜子传世或出土极少。日本正仓院藏有一面贴银镀金山水人物镜，是盛唐时贴银镜的代表作品。

| 龟纹镜 |

照容用具。又称龟镜、龟钮镜、龟鉴。多为唐代铜镜。以龟纹为主纹，有的配置十二生肖和八卦纹等花纹。古时认为，龟能知吉凶，鉴别妍丑，故古人以龟占卜吉凶，以镜明察秋毫，借鉴往事，警诫自己。以龟作镜钮，也是借喻履于"正中"之意。

| 方丈镜 |

照容用具。形制特大，故名"方丈镜"。产于唐代铸镜的主要产地之一扬州，为当时扬州进献给皇帝的特铸铜镜。

| 雀绕花枝纹镜 |

照容用具。盛行于唐、宋时期。形制以菱花形居多，亦有圆形和葵花形。圆钮。内区纹饰构成，以四禽鸟绕钮作同向排列，两鸟之间配以花枝。常见的有鸳鸯、飞雁、鹊鸟，有的嬉戏浮游，有的飞翔静立。花枝多为有叶有苞的小折枝花。周边通常配以蜂蝶、蜻蜓和小花枝，作相间排列。（图118）

| 葡萄禽兽纹镜 |

照容用具。盛行于唐代。形制主要为圆形，少量呈方形、菱花形。镜背纹饰系高浮雕，主题图案以葡萄和各种鸟兽虫蝶组成。葡萄蔓枝叶实，果实累累，禽兽数目多少不一，多者有十几个。造型写实生动，富有装饰性。

图118 唐雀绕花枝镜

| 云龙纹镜 |

照容用具。主要流行于盛唐时期。形制多为葵花形。镜背纹饰，常作一龙盘曲飞腾状。镜缘装饰有彩云和小花等。考古发掘品中云龙纹镜的主纹均为单龙纹，传世品中有见双龙纹。在中国陕西、江苏、河南、广东等地都有出土。

| 飞仙纹镜 |

照容用具。盛行于唐代。形制有菱花、葵花和方形三种。常见的主题纹饰是仙骑。有的是四仙骑兽跨鹤，腾空飞翔；有的是二仙骑兽，间以祥云仙山。另一种题材是飞天。（图119）

图119 唐飞天葵花镜

童子攀枝纹镜

照容用具。流行于唐、宋和金代。形制为圆形、八菱形和葵花形。主纹由童男童女和花枝组成。可分为两种：一种为两童子攀枝戏花，作环绕构成。有的童子身披花衣彩带，脚踏繁枝茂叶，头上菊花盛开，脚下有梅花、荷叶；有的双童踩莲，有的双童戏荷花。另一种为四童子攀枝戏花，四童子或仰或俯，同向环绕，嬉戏于花枝间。分两区，外区为窄纹带，配置蛱蝶，素缘。

"卍"纹镜

照容用具。又称万字纹镜。多为唐镜。形制主要有亚字形和圆形两种。多圆钮。主纹以钮为中心作双线卍字形。有的在卍字纹中排列有"永寿之镜"四字铭文；有的在卍字两侧，配置有"受岁"两字。卍字在梵文中意为"吉祥万德之所集"。铜镜上的万字与永寿、受岁等吉祥语组合一起，也是寓有福善祥瑞之意。卍纹，在新石器时代马家窑文化马厂型的彩陶上就有应用，以后一直作为装饰题材，历代不衰。

八卦纹镜

照容用具。流行于唐、五代和宋代。以八卦纹为主纹，有的配有四神、十二辰和云纹等。外形有方、圆两种。

仙人龟鹤纹镜

照容用具。宋代较为流行。形制有圆、菱花和有柄形几种。常见的有仙人、侍者、青松、修竹、仙鹤、灵龟等。这些形象都含有祈祷长寿之意。

缠枝花纹镜

照容用具。缠枝花纹在南北朝时期逐渐兴盛起来，在唐镜上也常见到。宋镜上以缠枝花纹作装饰，形式多样。有的用双枝花作环绕组成，有的以四枝花作对称构成，也有的用多种花作缠绕组合，有些穿插有鸟兽。外形有葵花纹、菱花纹、圆形和方形等多种。花卉常见的有缠枝牡丹、芙蓉、桃花、菊花和莲花等。

钟形铜镜

照容用具。属于宋代铜镜中的独特镜型。外形铸成钟形，通常都无钮，素缘，镜背习见以文字作装饰。较少见。

鼎形镜

照容用具。属于宋代铜镜中的独特镜型。外形铸成鼎形，

图 120 宋代鼎形镜

通常无钮，素缘，镜背以吉祥图案为饰。较罕见。1956年，江西南昌市收集到一件鼎形双鳞纹镜。（图120）

瓶形镜

照容用具。宋代铜镜中的独特镜型。外形铸成瓶形，通常无钮，素缘，镜背以寓意图案为饰。极为罕见。1974年，江西新建县出土有一件宋代瓶形镜，以梅花、月映水中为饰，造型奇特。

扬州镜

指唐代扬州（今江苏扬州一带）制造的铜镜，在唐开元、天宝时最繁荣。扬州为唐时铸镜的重要产区，而且铸镜技术已达到相当高的水平。一镜之上，有平面、凹面、凸面之分；照物成像，有大小、反正、远近之别。所铸的"方丈镜""江心镜"和"百炼镜"等是进献给皇帝的贡品。在扬州发现了唐代两京地区不同阶段流行的多种镜类，出土了"打马球菱花镜""海兽葡萄纹镜""双狮纹方镜"等。

江心镜

也称"水心镜"。指唐代扬州（今江苏扬州一带）在江心所铸的铜镜。特点是"百炼"，没有高超技术，就要破碎。因为难造，在大历十四年（779），曾将"扬州每年贡端午日江心所铸镜……罢之"（《旧唐书·德宗纪》）。宋代翰苑进撰端午帖子，多用江心镜典故。

水心镜

又名"江心镜"。参见【江心镜】。

建康镜

宋代建康（今江苏南京）铸造的铜镜。形制有葵花形和带柄菱花形。一般多在镜背素地上铸有制镜字号，有"建康府茆家工夫镜""建康府茆家炼铜照子记""建康府茆八叔"等。字号铭记，都为长方形印章式。江苏南京、江西永修和清江等地都出土有建康镜。

成都镜

宋代成都（今四川成都）铸造的铜镜。形制为葵花形。在镜背素地上标有铸镜字号，字号铭记都为长方形印章式。当时的四川成都，是宋代铜镜的著名产地。

湖州镜

南宋湖州（今浙江吴兴）铸造的铜镜。多作葵花形，亦有圆形和方形的。一般都素背，背上铸有商标性质的铭记，如"湖州真石家念二叔照子""湖州薛晋侯造"等。当时远销各地，广东、四川、内蒙古等地都有发现。朝鲜、日本也有流传。（图121）

图 121 宋代湖州仪凤桥石家真正一色镜

饶州镜

宋代饶州（今江西鄱阳）铸造的铜镜。多葵瓣形，也有圆形。一般多在镜背素地上标有铸镜字号，有"饶州□家夫妇□铜照子""饶州叶家久炼青铜照子""饶州叶家青铜照子""饶州□家巷周小三炼铜照子""饶州新桥许家清铜照子"等。字号铭记，都为长方形印章式。当时的饶州，为宋代铜镜的重要产地。

饰牌

装饰品。春秋战国至秦汉匈奴、东胡等北方游牧民族的饰品。过去常称为"鄂尔多斯式"或"北方式"动物饰牌。常见有鎏金或镶嵌工艺。透雕有人物、动物、几何图案，动物有牛、马、骆驼、羊、犬、鹿、虎、豹等，形态各异，动静结合。动物形饰牌反映了北方草原民族生产、生活的一个侧面以及饰牌的艺术价值。（图122）

图 122 战国中期虎噬驴饰牌

镶嵌绿松石牌饰

装饰品。多出土于墓主人胸前，应是佩挂于胸前的具有神圣意义的装饰品。最早出现于夏代，河南偃师二里头遗址出土和传世品共有10余件。多呈长方形，有圆角，或中间稍束腰，上下各有两个对称穿孔钮。正面均有绿松石片镶嵌兽面纹。四川广汉、甘肃天水等地也发现多件。

青铜度量衡器

度量衡的质料以铜质居多。度是关于长短的量，即指长度；量是关于多少的量，即指容量；衡是关于轻重的量，即指重量。春秋战国时期是度量衡从建立到逐步健全的时期，也是度量衡从各自为政到逐步统一的时期。这一时期诸侯割据，各霸一方，度量衡的标准大都只在一个国度中使用，相当混乱。秦朝统一中国后，秦始皇诏令统一度量衡。

尺

度量器。多用竹木或骨料制作，目前所见最早的

图 123 战国中期子禾子釜

青铜尺是战国器。湖南长沙和河南洛阳出土的青铜尺，一尺约合今 23.1 厘米。

量

量器。最早出现在战国，传世和出土的战国、秦汉铜量较多，如战国齐国的子禾子釜、陈纯釜、左关铜，秦国的商鞅方升、始皇方升、始皇斗，新莽的嘉量等，都是官方制定的标准量器。（图123）

衡

测重量器。衡杆一般用木制，铜制少见，传世的两件战国王字衡，为安徽寿县出土。衡体扁平如尺，中有穿系的鼻钮，正面有十等分刻度。

权

度量器。与天平配合使用，同今砝码。1975 年湖北江陵雨台山春秋楚国墓出土目前已知最早的铜权，圆环形，一套数枚，大小相次。战国至秦汉的铜权出土较多，如 1954 年湖南长沙左家公山出土铜权，一套九枚。

玺印

官私书信往来和相互交往的凭证。《释名》："玺，徙也，封物使可传徙而不可发也。印，信也，所以封物为信验也。亦言因也，封物相因付也。"始流行于战国，玺与印不分。官私印均称玺。秦始皇统一六国后，规定皇帝所用称"玺"，一般人所用称"印"。汉代制度略宽，除皇帝外，太后、皇后和诸侯王所用皆称"玺"。一般人所用称"章"和"印信"。古印多有钮，可系绶佩带。

图 124 唐契丹节度使印铜印

战国时期多为鼻钮，秦汉时又有瓦钮、桥钮、龟钮、蛇钮、驼钮等。隋唐以后官印加大，不能随身佩带。战国玺印印文皆用古文，分朱文（阳文）和白文（阴文）两种，朱文皆出铸造，白文有铸有凿。秦印均用秦篆，多白文凿款，有田字格或日字格，圆印亦有日字格或边框。汉初少数官印沿袭秦制，分田字格或日字格。两汉官印皆白文篆书，私印有的用缪篆和鸟虫书。魏晋官印多用悬针篆，即直笔之末端尖细如针。南北朝官印用朱文，书体为小篆。隋唐以后多用隶书和楷书。宋代还用屈曲篆书；金元明清屈曲更甚，俗称九叠篆。（图 124）

符

传达命令或调动军队的凭证。由左右两半组成，右半存统帅手中，左半发到官吏或统兵将领手中。使用时两半相合，称为"符合"，表示命令验证可信。战国兵符多为虎形，世称虎符。一直延续到汉代。现存最早的虎符是 1975 年西安南郊出土的秦惠文君时期的杜虎符。（图 125）

虎符

参见【符】。

节

水陆通行证件。战国各国之间交通阻断，关卡林立。各国采取颁发青铜节的方式，作为水陆通行证件，所至各地驿站或传舍可以供给食宿，也可减免征税。1957 年安徽寿县出土的鄂君启节，是楚王发给湖北鄂城封君、大富商"启"的通行证件，有效期是一年。节的铭文对商人贸易的商品种类、通行范围进行了严格的控制，还规定水路运输船只不得超过 150 条，陆路运输车辆不得超过 50 辆。在节规定范围内的商品，还可凭节享受免税。

图 125 战国杜虎符

图 126 战国错金嵌松石带钩

带钩

束腰皮带一端的挂钩。古称鲜卑、师比头。最初为北方民族使用，春秋战国传入中原，一直沿用到汉唐。带钩的基本形制是下端有钉柱钉于皮带的一头；上端曲首作钩，用以钩挂皮带的另一头；中间有钩体，侧视呈 S 形。按其形状可分为鸭形、棒形、竹节形、琴面形和兽形等。（图 126）

熏炉

焚香料的用器。汉晋流行。较为常见的博山炉，炉体呈半球形，上有镂空的山形盖，以便香烟缭绕。山上雕有人物和龙、虎、猿等动物。圆盘形底座，中有圆柱与炉体相接。河北满城汉墓出土的博山炉通体鎏金，遍饰流畅的云气纹，制作精美细致，极为富丽。此外还有长柄竹节形柄熏炉、短柄龙座熏炉等。（图 127）

宣德炉

明代宣德年间所造的铜香炉，简称"宣炉"。明宣宗因郊庙所用彝鼎不合古式，命工部尚书参照《博古图》等书，及宫廷所藏秦汉以来炉、鼎、彝器格式及柴、汝、官、哥、钧、定各窑之式更铸，会同司礼监铸冶。当时总共铸造 3300 余件，除宫中御用和各王府、官府陈设外，还分赐各神庙祠坛等，后有相当数量流落民间。宣德炉所用铜料为暹罗（泰国）进贡的"风磨铜"，羼入金、银、铅、锡等各种金属进行 10 ~ 12 次熔炼，质地极为精良，非一般铜质所能比拟，并且常用赤金鎏里，镶嵌金银丝片、绿松石等各种名贵宝石。色泽极为美观，有栗壳、茄皮、棠梨、褐色、藏经等色，以藏经纸色为第一。款识常见的有"大明宣德年制"六字，扁方楷书。宣德炉是明代著名的工艺美术品，后仿制者很多。

┃ 燎炉 ┃

古人燎炭取暖的用具，即今之火盆。春秋中期出现。新郑出土的王子婴次炉自铭为"痰炉"，江西靖安出土的炉自铭为"炉盘"。（图 128）

┃ 炭箕 ┃

燎炉的附属用具。用于转移火种和添加木炭。商代晚期的墓葬中即有出土。春秋战国时期的炭箕一般作簸箕形，左右两旁及底部皆有方孔，以便漏灰；后方有銎筒，可装木柄。

┃ 青铜灯 ┃

照明生活用具。战国中期出现。秦汉时期的铜灯广为流行。灯的式样很多，归纳起来，可分为三类。一类是高座灯，上有浅盘，用以插烛或盛油；中间有柱，以便执掌；下边是灯座，以便放稳。另一类是行灯，浅圆灯盘，直口平底，盘下承三足，盘侧有执柄，一般有铭文自称"行灯"或"行烛灯"，多用于夜间导行。第三类是艺术造型灯。这类灯工艺考究，式样繁多，一般为王公贵族使用。常见的有人形、羊形、鸟形、兽形、树形等。如战国时期的中山王墓出土的十五连枝灯，河北满城汉墓出土的长信宫灯等。

┃ 豆形灯 ┃

古代铜灯具。始见于战国。形似青铜器的细把豆，可能是取形于豆，逐渐演变而来。据考察，豆形灯是我国最早的灯的形制，也是使用最久、最普遍的一种灯。

图 127 西汉错金博山炉

图 128 春秋晚期王子婴次炉

73

图 129 战国晚期镶嵌云纹豆形灯

图 130 西汉长信宫灯

豆形灯一般为浅盘，盘中常立烛钎，细葫芦形或近似葫芦形的把，喇叭口形底座。战国晚期至西汉初年的豆形灯，灯盘外壁常有数道瓦纹，并逐渐缓收成底。汉代的灯盘均作直壁，平底，腹壁和底之间呈明显的直角折棱。盘壁常刻有铭文，自铭为"锭"或"镫"。一般高度 10 ~ 20 厘米，有的高达 30 厘米。有的在灯盘口沿，伸出一叶形錾，便于手执；有的灯盘呈圆环凹槽形，用三叉托连在把座上。（图 129）

▎人俑灯▎

古代铜灯具。起自战国中晚期，直至东汉。灯的人俑形象有男有女，有的是中原人形象，以长信宫灯为典型；有的是少数民族形象，以当户灯最为突出。人俑持灯有多种形式，所持灯盘，一至三个不等，灯的大小悬殊。（图 130）

▎连枝灯▎

古代铜灯具。多见汉代器。灯形似花树，在树干（灯柱）上分层伸出枝条，枝头托灯盘，盘中常见立烛钎。树干的顶端亦置灯盘，或加朱雀装饰。树干下有灯座。以灯盘数目，可称为"五枝灯""七枝灯""九枝灯""十枝灯""十三枝灯""十五枝灯"等。灯的形体高大，一般高一米左右。出土遗物有铜、铁、陶质的。据文献记载，还有玉制的。铜连枝灯有的装饰极华丽，如平山中山国一号墓出土的十五连枝灯。（图 131）

▎熨斗▎

熨烫衣服的用具。古称"熨斗""火斗""金斗"。《说文解字》载："熨，从上案下也，从层，又（手）持火，以熨申缯也。"徐笺说："置火于铜斗，从上按下，以申缯之熨，所以使其平也。"盛行于汉、魏。汉魏熨斗一般为圆体，平底，宽口缘，长直柄，有的柄上刻有尺度，有的铸有"熨斗直衣"的铭文。

图 131 战国中期十五连枝灯

图 132　西汉纺织鼓形贮贝器

图 133　汉龙首曲柄鐎斗

▍贮贝器 ▍

云南滇人贵族盛放货贝的用器。盛行于两汉。形状近似铜鼓，平盖、束腰，两侧常有虎形钮，平底，或有三足或四足。器盖上铸人物或动物形象，表现内容非常丰富，有的反映奴隶在农业和手工业中的劳动场面，也有的表现杀人祭祀的场景，反映了滇人独具特色的生活图景，滇族艺人写实主义的雕塑风格以及滇族工匠青铜技艺的高超水平。（图 132）

▍铺首 ▍

青铜建筑构件或器物上的装饰，又名"金铺""铜蠡""兽环""铜铺"。铺首是门扉上的环形饰物，是衔门环的底座，多作虎、螭、龟、蛇等衔环之状。在实用的铜壶等器上常有铺首套环装饰。

▍鐎斗 ▍

古代军中用具。又名"刁斗"。铜质，三足，盆形，有柄，柄首常为兽头状。白天用来烧饭，夜里用以打更巡夜。（图 133）

▍漏壶 ▍

计时器。西汉时期已广泛使用。一般形制为圆筒形，有盖及扁平形提梁，平底，三足，近底部伸出一细管状流口。盖及提梁开有相对的方孔，用以插竹制或木制的标记有刻度的浮标，浮标随漏壶内盛水的盈减而浮降，从而指示时辰。1976 年出土于内蒙古杭锦旗的中阳漏壶，是古代漏壶的典型代表。（图 134）

图 134　西汉中阳漏壶

器 形

Q I X I N G

口沿

容器口部及其边缘的统称。有直口、侈口、折沿等多种形状。同一时期不同器类的青铜容器以及同一器类的容器在不同的发展阶段，口沿形状有所不同。

直口

容器口沿形状之一。表现为垂直的方形或筒形。常见于鼎、壶、铺等器物。如兽面乳钉纹方鼎、兽面纹卣等的口沿都是典型的直口。

侈口

容器口沿形状之一。表现为近口沿处逐渐开敞宽阔。常见于瓿、甗、簋、盂等器物。如天亡簋、永盂等的口沿形状都是典型的侈口。

敛口

青铜容器口沿形状之一。口沿处逐渐向内收敛，有的器壁先向外撇，近口再向内敛。常见于壶、罍、瓿、方彝等器物。如兽面纹罍、兽面纹瓿、妇好偶方彝等的口沿形状都是典型的敛口。

折沿

青铜容器口沿形状之一。直口而向外翻折出一周窄沿，一般都有一道较硬的转折线。常见于簋、盘、盆、鉴等。如宜侯夨簋、吴王夫差鉴、飞鹰中柱盆等的口沿形状都是典型的折沿。

颈

青铜瓿、罍、簋、壶等容器口沿以下，肩部以上较细的部位。不同器物的颈有长短、粗细之别。

束颈

口沿以下的颈部内缩。如西周时期的父庚觯是典型的束颈。

肩

容器颈与腹之间的过渡部位。器物肩部造型有宽肩、折肩、圆肩等区别。

折肩

肩部形状之一。表现为从肩至腹部有明显的转折，转折处出现棱角。如兽面纹方罍、酗亚方尊等的肩部是典型的折肩。

圆肩

肩部形状之一。表现为从肩至腹部的转折处丰满圆滑，无明显的转折线。

│ 宽肩 │

肩部形状之一。表现为从肩至腹部的转折处较宽，如妇好偶方彝的肩部是典型的宽肩。（图135）

│ 斜肩 │

肩部形状之一。表现为从肩至腹部的转折处向下斜折。

图135 商晚期妇好偶方彝

│ 腹 │

青铜容器中主要的盛物空间。不同时代、不同器类的青铜容器的腹部造型常有不同。例如鼎一般为深腹，微鼓，少数为浅腹；商周壶一般为垂腹，少数为直腹，春秋战国壶多为鼓腹。

│ 鼓腹 │

青铜容器腹部形状之一。表现为腹部呈弧形向外凸出，丰满鼓胀。常见于簋、壶等器物。如鼓簋、公孙窖壶等的腹部是典型的鼓腹。（图136）

│ 垂腹 │

青铜容器腹部形状之一。表现为腹部上小下大呈自然下垂的弧线。常见于壶、卣、方彝等器物。如大盂鼎、折方彝等的腹部是典型的垂腹。

图136 春秋晚期公孙窖壶

│ 直腹 │

青铜容器腹部形状之一。表现为腹部为直筒形或接近直筒形，有方、圆之分。常见于鼎、壶等器物。方形鼎等的腹部是典型的直腹，如厚趠方鼎。（图137）

│ 底 │

青铜容器的最下部位，有的其下还承接足。器底有平底、圜底等。

│ 平底 │

青铜容器器底形状之一。整个底面平坦，或有轻微弧凹的底形也可归为平底。常见于鼎、爵、方彝、斝等器物。如乳钉纹平底爵、司母辛方鼎、亚启方彝等的器底是典型的平底。

| 圜底 |

青铜容器器底形状之一。表现为圆弧形底，由器壁至底面作圆弧形过渡，无明显转折。常见于鼎、壶、罍、斝等器物。如亚弜鼎、兽面纹三足卵形壶、徙斝等的器底是典型的圜底。（图138）

| 足 |

青铜容器器底下承接的、用以支撑的部位。有多种形式，如圈足、袋足、柱足、蹄足、锥足、扁足等。鼎、爵、斝、甗、鬲、卣等均有足。

图137 西周早期厚趠方鼎

| 圈足 |

青铜容器足的形状之一。表现为平置的圆圈状。圈足有高矮之分。常见于壶、簋、尊、卣、觚、盘、盂等器物。

| 假圈足 |

青铜容器足的形状之一。表现为器物外壁足与腹壁界限分明，看似圈足，实为平底。如曾侯乙盥缶、仲义父罐等是典型的假圈足。

| 袋足 |

青铜容器足的形状之一。表现为位于器腹下部的三足呈袋状，中空与器腹相通，上粗下细。袋足可使器物加热面积增大，是饮食器具的一种进步。袋状有瘦、肥之分，膨鼓者一般称为肥袋足。常见于青铜斝、鬲、盉、甗。如兽面纹盉、兽面纹袋足斝、伯矩鬲等是典型的袋足。（图139）

图138 商晚期兽面纹三足卵形壶

| 锥足 |

青铜容器足的形状之一。表现为上端粗大、下端尖细的实体，形似锥体。一般有3～4足。常见于爵、斝等器物。如夔纹单柱爵、徙斝、父乙角等是典型的锥足。

| 柱足 |

青铜容器足的形状之一。表现为直立的实心圆柱，支撑器腹。主要见于柱足鼎，也有柱足盉。如戍嗣子鼎、师旂

图139 商早期兽面纹袋足盉

图 140 扁足　　　　　图 141 春秋晚期王子午鼎蹄足　　　图 142 提梁

鼎等是典型的柱足。

扁足

青铜容器足的形状之一。表现为直立或略外撇的扁平状，往往作鸟、兽、龙形，雕镂有精美的兽面纹、夔龙纹等纹饰。一般有 3 ～ 4 足。主要见于鼎。如卧虎立耳扁足鼎、雷纹扁足鼎等是典型的扁足。（图 140）

蹄足

青铜容器足的形状之一。足下端形似兽类的蹄。一般有 3 ～ 4 足。常见于鼎、匜、甗等器物。如王子午鼎、禹鼎、兽面纹甗等是典型的蹄足。（图 141）

提梁

容器手提的部位。一般为圆条或扁条状，也有绳索状，饰以棱脊。提梁两端常以兽首、龙首、凤首等装饰，还用活络环圈与器盖相连。主要见于青铜壶、卣。（图 142）

耳

安置于器物的口沿、颈部或连接颈、肩的部位。一般两耳左右对称，在器物上主要起装饰作用，使整体趋于均衡。多见于鼎、鬲、甗、簋、盨、盂、壶、罍、缶等器物。其中，鬲、鼎、甗的耳一般为双立耳，立于口沿，素面，少数在耳上饰立虎等造型，或装饰以简单的纹饰；其他器类的耳一般装饰于颈部或连于颈、肩部，装饰较为精美考究，有兽首衔环、垂珥兽首、链环、凤鸟形、龙形等多种形式。

| 鋬 |

青铜器上备手把握的部位。一般置于器物的一侧，为扁条状，有的镂孔和装饰龙首或兽首。主要见于青铜爵、斝、觥。（图143）

| 流 |

青铜器上供液体流出的部位。俗称嘴。一般为口伸出的槽状或细长的筒状。多素面，少有饰与器身相同的纹饰，或流口装饰成兽首形。主要见于青铜盉、爵、匜。

| 棱脊 |

青铜器装饰之一。也称扉棱、扉牙。指鼎、卣、方彝、角等器上凸起较高的部分。有条状、云片状等。既是一种装饰纹样的组成部分，同时又起到纹饰的相间作用，如兽面纹的中线棱脊，就是兽面的正中鼻梁，常见于商周。（图144）

图143 鋬

| 扉棱 |

也称棱脊、扉牙。参见【棱脊】。

| 扉牙 |

也称棱脊、扉棱。参见【棱脊】。

图144 棱脊

81

| 剑锋 |

剑一般由剑身和剑把两部分构成。剑身部分，前端的尖突称作"锋"。（图145）

| 剑从 |

剑脊两旁呈坡状的称为"从"。

| 剑锷 |

剑从两面的刃称为"锷"。

| 脊 |

剑、镞中央一条凸起的棱脊称作"脊"。

| 剑腊 |

"脊"与两"从"称为"腊"。

剑格

剑腊和茎连接处呈凹字形起护手作用的称为"格"，又称为"镡"。

剑镡

剑格又称"镡"。参见【剑格】。

剑茎

剑一般由剑身和剑把两部分构成。剑把部分，圆形或扁形的把称作"茎"。

剑首

剑茎末端的圆形内凹的部位称作"首"。

剑缑

绕在剑茎上的绳称为"缑"。

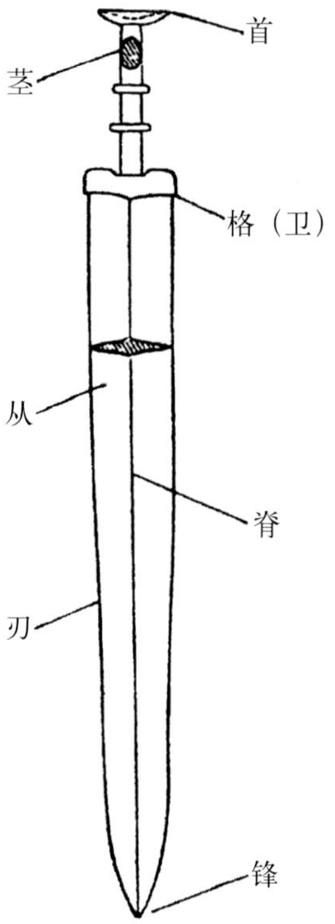

戈援

戈的长条形锋刃部分。（图 146）

戈柲

戈必须固定在柄上使用，以便于把握，这个柄称为"柲"。"柲"的长度并不一致，是根据战斗的实际需要的不同来区分的：一般车战时使用的戈，"柲"较长；步战时使用的戈，"柲"较短。

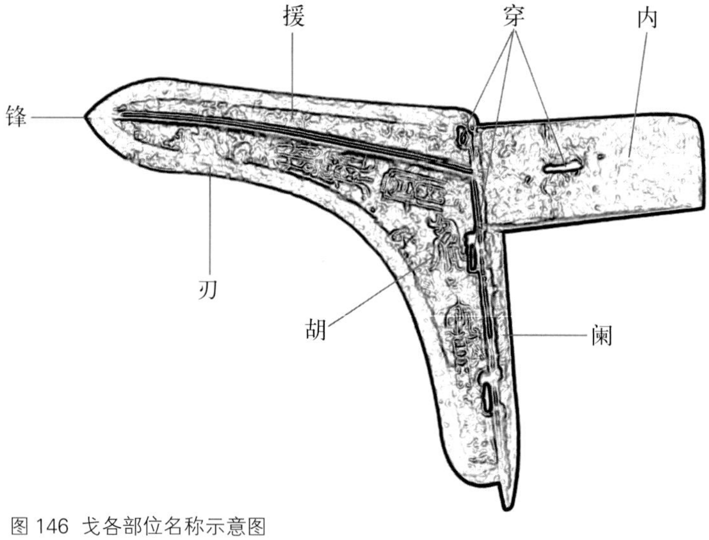

戈胡

靠近戈柲的下端延长的部分，其上有穿，以用皮索固定在柲上。不是所有的戈都有胡，商代盛行无胡戈，在援紧贴柲的部分上下有短柱形突出，以便戈头牢缚于柲上，称之为上下阑。

图 145 剑各部位名称示意图

图 146 戈各部位名称示意图

戈内

戈援后部的柄称"内"。"援"与"内"间可捆"柲"。

戈阑

戈内与援之间有凸起的"阑"。"阑"的作用是阻挡戈身向后滑落。

戈穿

戈"援"和"胡"上有"穿"。"穿"是穿绳缠"柲"的小孔，便于绑绳固定"柲"。

翼

矛、镞前端尖头部分的两侧称为"翼"。

銎

斧上装柄的孔，又泛指农具上的孔。此外，戈、矛之类装柲的孔也称为"銎"。

矛骹

矛体包括"身""骹"两部分。"骹"即矛的銎，中空，略呈圆锥形，用来插柲，两旁还常有环钮。

矛身

"身"有锋刃,锋分前锋和两翼,中线称"脊"。

镞前锋

镞前端的尖头称为"前锋"，又称"末"。（图 147）

镞末

镞前锋又称末。参见【镞前锋】。

镞关

镞脊后端与铤连接处为"关"。

镞本

镞后锋与脊相连处称为"本"。

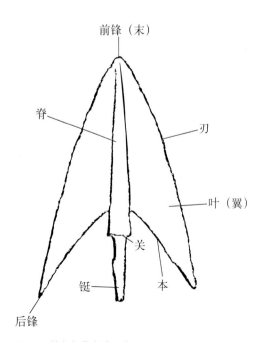

图 147 镞各部位名称示意图

| 镞铤 |

镞关后端的圆棍称为铤。

| 镞后锋 |

镞两翼的刺称为"后锋"。

| 舞 |

钟、镈共鸣箱的平顶称为"舞"。（图148）

| 钲 |

钟、镈、铙正面、背面的中上部直的宽条称为"钲"。

| 枚 |

钟、镈两边突出的乳钉称为"枚"。

| 篆 |

钟、镈的"枚"间上下间隔部分称为"篆"。

| 鼓 |

钟、镈、铙等乐器"隧"（靠近口部中间部位）两侧称为"鼓"。

| 于 |

钟、镈、铙等乐器的下口称为"于"。

| 铣 |

钟、铙等乐器尖锐的两侧称为"铣"。

| 甬 |

悬挂钟的柄形物称为"甬"。

| 衡 |

钟等乐器"甬"的顶端称为"衡"。

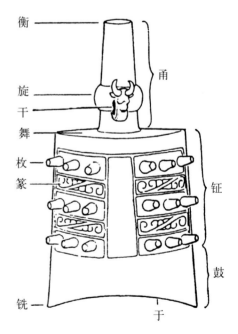

图148 钟各部位名称示意图

旋

钟 "甬" 中段干上悬挂钟的环称为 "旋"。

干

钟 "甬" 上圆形凸起部分称为 "干"。用以铸接悬挂的环。

代表器

DAIBIAOQI

乳钉纹平底爵

夏代饮酒器。高 22.5 厘米，流至尾长 31.5 厘米。1975 年河南偃师二里头遗址出土。细而长的流口、尾部和锥形足，形成流畅而舒展优美的线条。器壁较薄，器表略显粗糙。腰部有两条弦纹，其间饰五个较大的乳钉纹。此器属铜锡合金，系多用合范法铸造，造型和纹饰具有早期青铜爵细腰、长流、尖尾的典型特征和古拙简洁的风格，反映夏王朝的青铜铸造工艺已经摆脱了原始形态，也说明具有礼制意义的青铜爵，在夏代的社会生活中占有重要地位，表现出神权政治的色彩。此器属具有科学的考古地层关系的夏代酒器，是中国迄今发现最早的青铜容器之一，对于研究青铜时代文明的起源和发展具有特殊的重要意义。现藏偃师市博物馆。

素面爵

夏代饮酒器。高 15.4 厘米，流尾长 18.9 厘米。1974 年河南新郑望京楼出土。流狭长，流折处有两小柱，口内沿有一道加厚的唇边，束腰，下腹膨出，平底，三棱形短足。腹部有一鋬，上镂小孔。器壁较薄，素面无纹。用多合范法铸造，工艺尚显粗糙，器形仍保留有自陶爵演变而来的明显痕迹。此器是中国目前所见最早的青铜容器之一，对于研究青铜时代文明的起源和发展有重要意义。现藏新郑市文化馆。（图 149）

图 149 素面爵

夔纹单柱爵

商早期饮酒器。流尾长 13.5 厘米，通高 18.6 厘米，重 350 克。1955 年河南郑州杨庄出土。长流，在流一侧有鋬。口沿上一菌状柱，分叉立于流与口的相连处。尖尾，平底，下附三棱锥状实足。菌状柱顶饰有同纹，腰与腹各饰相向变形兽面纹两组。因出土于郑州商城遗址，属商代早期的典型器。双柱爵多见，单柱爵则极少见。现藏河南博物院。

妇嫀爵

商晚期饮酒器。通高 23 厘米，流尾长 19.3 厘米，重 1.1 千克。1952 年河南辉县褚邱出土。有牛首形盖，宽流，尖尾，深腹，圜底，三棱锥足。脊上有半圆形钮。盖顶饰夔纹，腹饰变形兽面纹，并有龙首鋬。盖及鋬内有铭文，记器主为"妇嫀"。有盖爵较少见。现藏新乡市博物馆。（图 150）

图 150 妇嫀爵

索諆爵

西周早期饮酒器。高 23.95 厘米，长 18.3 厘米，重 1.2 千克。前有流，后有尾，流部无柱；圆形直腹，设有龙首鋬；圜底，下承四细长刀状足。腹饰变形兽面纹，这种纹饰在西周早期最为流行。尾部有铭文九字，记索諆为有羌、日辛而作。此爵四足，为西周早期出现的独特的形制，为目前仅见。现藏上海博物馆。（图151）

图 151 索諆爵

凤纹爵

西周早期饮酒器。高 22 厘米，长 17.3 厘米，重 880 克。宽流，帽形长柱，圆鋬，中腰微收，下承三宽形刀状足。流、腹均饰凤纹。上腹饰对称的长尾高冠的鸟纹，下腹饰回首垂嘴分尾的鸟纹。此爵制作精湛，图案布局严谨中寓灵活，有着疏散自由的风格，根据纹饰可确定为西周早期器。西周铜爵较少见，商末周初两个阶段又紧密衔接，铜爵时代常不易区分。此爵不但造型优美，也是鉴定西周早期铜爵的重要标准器物。现藏故宫博物院。

伯公父爵

西周晚期饮酒器。通长 19.3 厘米，斗高 6.8 厘米，口径 9.5 厘米，重 600 克。1967 年陕西扶风黄堆镇云塘村出土。共存一对。敛口，鼓腹，圈足，曲柄。口沿下饰三角云纹，腹饰瓦纹，圈足饰鳞瓣纹，柄面饰兽纹。柄曲处有铭文，两器各有 14 字，记此器自铭爵，为伯公父所铸，用献用酌，享祭父考。古人习惯将盛酒器通称作"尊"，将饮酒器通称为"爵"。勺是舀酒用的，前人常将其称为"行爵"。此件勺自铭"爵"，目前仅此一例，对研究青铜器定名有重要意义。现藏周原博物馆。

钮形柱斝

夏代容酒器。通高 21 厘米，口径 13.4 厘米，底径 9.3 厘米。1972 年安徽肥西出土。喇叭形口，口沿竖一对钮形柱。薄唇，高颈，椭圆形腹，腹侧置鋬，鋬的上下有两个三角形穿孔。底略外鼓，下有三棱形空尖足。颈下饰两道平行凸弦纹和圈带纹带，腹饰凸圆饼纹。此器是中国目前所见最早的青铜容器之一。现藏安徽博物院。

兽面纹袋足斝

商早期容酒器。通高 31.1 厘米，口径 18.5 厘米。侈口，高柱，口沿有加厚唇边。颈腹分段。腹呈袋形，成分裆状，下有三圆锥形足。鋬大而薄。柱顶作帽形，上饰冏纹。颈饰兽面纹，夹以圈带纹。腹部满饰卷角兽面纹，兽目甚大，这是商代早期兽面纹进一步发展的特征。商代

图 152　兽面纹袋足斝　　　　　　　图 153　妇好方斝　　　　　　　图 154　册方斝

早期分裆斝极为少见，而以此器的艺术装饰最为杰出。现藏上海博物馆。（图 152）

┃ 徙斝 ┃

　　商晚期容酒器。通高 37.3 厘米，口径 20 厘米。1968 年河南温县小南张出土。侈口，束颈，垂腹，圜底，三棱锥形实足。有兽首鋬。口沿上立一对帽形高柱，下设棱锥状外撇三足。腹部有半圆带状鋬，塑成兽首状。器体以鸮纹为主题，鸮首双目圆睁，尤为突出，足上饰雷纹和夔纹组成的垂叶纹，空地处衬托以云纹。腹内壁铭一"徙"字，应为族氏名。此斝系考古出土品，尤显珍贵。此器制作精工，尤其在兽面纹流行之下，以鸮为主题的纹饰更显鲜明亮丽，具有极高的艺术魅力，对研究商人的审美意识很有意义。现藏河南博物院。

┃ 妇好方斝 ┃

　　商晚期容酒器。通高 68.8 厘米，口长 25.1 厘米，口宽 24 厘米，重 18.3 千克。1976 年河南安阳殷墟妇好墓出土。共出三件，形制、大小相似。侈口，高颈，深腹，平底，颈腹分段，四棱锥形尖足。口沿上有对称的方形立柱，柱顶及四角有棱。两足内侧有锥形浅槽。有耸角大兽首鋬。颈饰仰叶纹，其下饰夔纹，腹饰卷角兽面纹，足饰对称夔纹。口沿至足四角及每面中线塑有棱脊。内底中部有铭文"妇好"两字。妇好是商王武丁三位法定配偶之一，商王祖庚的生母，中国历史上第一位女性大将军。妇好生前很得武丁宠信，地位显赫，有关她的卜辞达一百七十条以上。她既主持国家的祭祀，又带兵征战四方，曾参加过对巴方、土方、夷方的战争，是当时支撑军政大局的重要人物。此器是商代青铜斝中最大的一件，颇具王者风范。现藏中国国家博物馆。（图 153）

册方斝

商晚期容酒器。高 28.3 厘米，口长 13.3 厘米，口宽 11 厘米，重 3.12 千克。口稍敛，直颈，鼓腹，下设四棱锥形足。口沿上立帽形双柱。平盖中心有双鸟拱形钮。兽首錾阔而较薄。颈饰三角纹。腹饰卷角兽面纹，两侧配置倒竖龙纹。足饰对称龙纹。有盖斝较少见。此器以形制规整、纹饰精密而著称，表现了商代晚期高超的青铜铸造工艺和艺术理念。现藏故宫博物院。（图 154）

折斝

西周早期容酒器。通高 34.1 厘米，口径 18.6 厘米，腹深 17.7 厘米，重 5.55 千克。1976 年陕西扶风庄白村出土。平盖，侈口，高颈，四柱足。盖上有半环形钮。口上立两帽形柱，器腹分档，有牺首錾。盖饰斜角雷纹和目雷纹。肩饰体躯展开的兽面纹。盖内錾下各有铭文 8 字，记载折为父乙铸器。青铜斝在西周早期之后极为少见。现藏周原博物馆。

雷纹盉

商晚期调酒器。通高 29.5 厘米，口径 5.5 厘米，重 2.3 千克。1976 年河南安阳殷墟妇好墓出土。小口，有盖，体如卵，有龙首绚纹提梁，有链与盖上的菌状钮相连，管形长流，三圆柱状实足，造型特异。盖面隆起，上饰雷纹；颈饰夔纹；腹饰雷纹与三角纹。纹饰工致简洁，造型流畅，极富艺术魅力。现藏中国社会科学院考古研究所。（图 155）

图 155 雷纹盉

卫盉

西周中期盥器。通高 29 厘米，口径 20.2 厘米，重 7.1 千克。1975 年陕西岐山董家村出土。盖上有半环形钮，有系环同器相连。腹前有管流，三袋足。颈和盖沿均饰垂冠回首分尾夔纹，流饰三角雷纹。盖内有铭文 132 字，记载共王三年三月由于共王要在丰京举行建旂典礼，矩伯向裘卫取价值八十朋的朝觐用的玉璋，给予裘卫土地千亩；又向裘卫取了玉饰和礼服，给予裘卫田三百亩。裘卫将此事报告给伯邑父、荣伯、定伯等执政大臣，伯邑父、荣伯等命令三有司会同矩伯给裘卫授田。这篇约剂性质的铭文，为研究西周中期土地制度和社会经济提供了极其重要的资料。此器自铭为盘，当失铸一盉字，盘盉是西周中期成组的盥器。铭文中的伯邑父、定伯等也见于五祀卫鼎铭文，是共王时期的执政大臣。故此盉当为共王三年铸器。现藏岐山县博物馆。

长甶盉

西周中期和酒器。高 28.2 厘米，口径 17.5 厘米。1954 年陕西长安出土。器附盖，盖顶中心置一半环形小钮，腹前有长流，后设兽首鋬，盖与鋬以链相接。器颈与盖沿各饰窃曲纹一周。腹部及流饰三角弦纹。盖内有铭文五十四字，内容记载周穆王在与井伯太祝共行射礼时，对长由有所褒勉，长由因以铸此器。此盉制作精巧细致，纹饰质朴典雅，是西周穆王青铜器的断代标准器，对研究西周礼俗等具有很高的历史价值。现藏中国国家博物馆。（图156）

图156 长由盉

▎ 它盉 ▎

西周晚期和酒器。长39.2厘米，通高37.5厘米。1963年陕西扶风齐家村出土。方口，短束颈，扁圆腹，下承四兽形足。盖作鸷鸟形，钩喙，张翼，短尾，尾部系有活链和肩部的相套铸。尾部流作张口龙形，鋬和流嘴作攀缘回顾式龙形。器腹中央饰囧纹，周以重环纹和斜角云纹各饰一周。盖内器铭一"它"字，为作器人名。造型新颖别致，在盉类器中不多见，是其中的精品。现藏陕西历史博物馆。

▎ 螭首盉 ▎

战国早期酒器。通高29厘米。1981年浙江绍兴狮子山出土。器身呈扁圆形，盉嘴为立体的龙首，角形极为复杂。螭首两侧及后顶加塑圆雕蟠螭四组。提梁约略成龙形，龙首浮雕在前端，有棱状脊。腹后端亦有棱脊。覆盘式顶盖，盖上以菱形图案为地，用分铸法铸成堆塑十一龙、十六兽。器上下两段各饰由三角形蝉纹交错组成的纹带一周，中段饰菱形图案。全器以蟠螭纹为主的装饰雕塑，表现出生动细巧的风格，是反映越国青铜文化的重要实物例证。现藏浙江省博物馆。

▎ 螭梁盉 ▎

战国中期和酒器。高23.1厘米，重3.52千克。凤首流，有镂空螭梁。有盖，盖与器有链相连。圆形腹，下有三足，为人面鸟嘴有翼的怪兽。全身饰满花纹，有勾连云纹和蟠螭、怪鸟相纠结。此盉造型优美，制作精工，是圆盉中的精品。怪兽形足对研究神话传说具有重要意义。现藏故宫博物院。（图157）

图157 螭梁盉

▎ 父乙角 ▎

又名晨肇宁角。西周早期饮酒器。通高27厘米，口长20.3厘米，口宽9.8厘米。1986年河南信阳师河港出土。此角有盖，盖上有半环钮和扉棱。器口呈橄榄

91

图 158 父乙角　　　　　　图 159 封口有流觚　　　　　图 160 兽面纹尊

形，颈部收敛，腹壁微鼓。一侧有兽首鋬，圜底，三棱锥状足。盖与器腹饰雷纹衬地的兽面纹，足饰蝉纹。盖与腹内各铸铭文12字，内容相同，记晨肇宁作"父乙宝尊彝"。由于青铜角流行的时间短，仅见于商末周初，出土器物较少，加之此角铭文清晰，制作工艺、纹饰均佳，显得弥足珍贵。现藏河南博物院。（图158）

▎晨肇宁角▎

又名父乙角。参见【父乙角】。

▎封口有流觚▎

商早期饮酒器。通高18.1厘米，流长5.8厘米，底径6厘米。传河南新郑出土。侈口半封顶，顶有长流，流斜向上。中腹凸出一节，下有外侈圈足。上部素洁无纹，中腹凸部饰雷纹，上下并以圈纹为边饰。圈足有一对十字形孔。封口有流觚此为仅见实例，殊为珍贵。现藏开封市博物馆。（图159）

▎旅父乙觚▎

西周早期饮酒器。高25.2厘米，口径13.2厘米，腹深18.4厘米，重1.05千克。1976年陕西扶风庄白村出土。侈口，薄唇，细腰，有颈无腹，圈足。圈足饰变形兽纹，上下有目雷纹边饰。圈足内有铭文3字，记旅为父乙作器。该器腰部极细，口外侈幅度甚大，大于圈足的外径，造型极为优美，是殷末周初新出现的一种觚的代表作品。现藏周原博物馆。

| 兽面纹尊 |

商早期容酒器。高 47 厘米，口径 39.3 厘米，圈足径 24 厘米，重 16.6 千克。1957 年安徽阜南出土。外侈口，口径大于肩径，斜折肩，深腹，圈足。肩饰兽纹，并有三高浮雕虎首。腹饰浮雕大兽面纹，角、鼻、口、卷尾线条柔和，双目突出有神。此器在二里岗期青铜造型的基础上有明显发展，范铸极其精湛，当是二里岗晚期和殷墟前期之际的器物，而这一阶段的器物在商器中较为少见，弥足珍贵。现藏安徽博物院。（图 160）

| 龙虎尊 |

商晚期容酒器。通高 50.5 厘米，口径 44.7 厘米，圈足径 24 厘米，重约 20 千克。1957 年安徽阜南出土。大侈口，宽折沿，高圈足。肩饰长龙纹，龙首伸出肩外，龙尾后另有一小龙纹。龙首下各有一条扇棱，将器腹分成三部分。每一部分由上而下铸一虎口衔人，虎身左右各向外展，成一虎双身，虎口下有一作半蹲状裸人，头部正置于虎口之下。人体两侧饰夔龙纹，颈饰弦纹，圈足饰兽面纹。此尊造型浑厚庄重，纹饰精细华丽，集线雕、浮雕等技法于一身，表现出十分高超的铸造工艺，是商晚期青铜器铸造的代表之作，对研究商晚期青铜器纹饰提供了宝贵的实物资料，是具有极高的历史、神话、艺术价值的实物资料。现藏中国国家博物馆。

| 龙首兽面纹尊 |

商晚期容酒器。通高 73.2 厘米，口径 61 厘米，重 22.5 千克。1967 年湖南华容出土。大侈口，斜折肩，浅腹，高圈足有大十字孔。腹至圈足有三锯齿状棱脊。器颈与圈足上部刻画细弦纹。器身与圈足上饰兽面纹，以雷纹为衬地。肩上铸三只卷尾扁平凤鸟，上饰羽状纹，腹与肩部饰三个浮雕大耳龙首。此尊造型雄伟，纹饰生动华丽，动物形象生动逼真，气势雄健。如此高大的圆尊，在商代青铜器中极为少见。现藏湖南省博物馆。

| 友尊 |

商晚期容酒器。高 13.2 厘米，口径 20.7 厘米，重 2.72 千克。形体类似无耳簋。侈口，短颈，扁圆腹，圈足。器通体纹饰，腹部以雷纹为地，主题纹饰为九只象，又称九象尊。颈上部饰有三角雷纹，中为云雷纹，在云雷纹上、下各饰一周圈带纹，圈足饰瓦纹，并有三个十字形孔。器底外部有"友"字铭，应为族徽。此尊形制与一般常见的圆筒形或方形尊不同，它应是圆筒形尊的一种变体，这种造型较为少见。尊上的象纹，长鼻上卷，牙与耳刻画明显，制作精美，形象生动，在青铜器纹饰中极为少见。瓦纹，过去认为是西周中期以后新出现的一种纹饰，此尊上瓦纹的出现，对研究铜器上瓦纹的起始时间有着

图 161 友尊

重要的价值。现藏故宫博物院。（图161）

四羊首尊

商晚期容酒器。通高60.5厘米，腹径51.7厘米，口径40.8厘米，圈足径35.2厘米。1989年江西新干大洋洲商墓出土。侈口，斜折肩，方唇，高颈，近圆腹，圜底，高圈足。颈部饰三周凸弦纹。肩部分置四个羊首，其间饰四组由细线云雷纹组成的兽面纹。腹部以云雷纹衬地，间以四条长扉棱，间饰四组浮雕兽面纹，与肩部四羊首相对应。兽面主纹由分解式双夔构成，双目作圆形。在双夔之上阴刻云雷纹。圈足饰两周凸弦纹，间置十字形镂孔，下部饰四组由细线云雷纹组成的兽面纹。此器具有商代晚期长江流域的地域性特征。现藏江西省博物馆。

四羊方尊

商晚期容酒器。通高58.3厘米，口长52.4厘米，重34.5千克。1938年湖南宁乡月山铺出土。方口，大沿，长颈，高圈足。颈饰三角夔纹和兽面纹。肩饰高浮雕蛇身而有爪的龙纹，龙首探出器表，从方尊每边右肩蜿蜒于前肩的中间。肩部四隅是四个卷角羊首，尊腹即为羊的前胸，羊腿则附于高圈足上。羊首系采用分铸法后，再与器体铸接在一起。羊的前胸及颈部饰鳞纹，两侧饰有美丽的长冠凤纹。圈足上饰夔纹，全体饰有细雷纹。器四隅和中间等分线上都设有棱脊。此尊纹饰精丽，造型端庄典雅，采用分铸、平雕、高浮雕等方法，使全器浑然一体，是方形尊中的精品，更是青铜器造型设计与艺术装饰完美结合的典范，体现了商代晚期青铜器铸造的高超水平，堪称举世无双的青铜艺术奇珍。现藏中国国家博物馆。（图162）

妇好鸮尊

一名妇好鸟尊。商晚期容酒器。通高45.9厘米，重16.7千克。1976年河南安阳殷墟妇好墓出土。尊作鸮形，腹圆丰满，圆目宽喙，顶有双角，颈后有半圆形盖，盖上有立鸟和小龙钮。鸮粗大有力的双足与腹后部的宽尾形成三个支点，背后有兽首提把。颈侧面饰鸟兽纹，旋转龙纹装饰双翼，前胸饰兽面纹，器口内侧有铭文"妇好"两字。鸮即猫头鹰。古人视鸮为勇武的战神，以鸮作器形，应具有抗击兵灾的神力。此器随葬于多次出征的商王武丁配偶妇好墓中，更具有现实意义。鸮的形象仅见于商代晚期的青铜器，西周青铜器尚未发现鸮纹，由此证实殷商和周人对于鸮的认识理念颇具差异。此尊不仅造型典雅，风格独特，且纹饰精美华丽，是商代晚期平面与立体雕刻完美结合的经典作品。现藏中国国家博物馆。

豕尊

商晚期容酒器。通高40厘米，长72厘米，重19.25千克。1981年湖南湘潭船形山出土。整器呈野猪形，作站立状，四肢着地有力，犬齿外露，眼球为空窝，可能原有镶嵌物；颈脊上鬃毛竖起，颇具野性；猪背上有一盖，盖上塑鸟柱提手。盖饰鳞纹，前后肢与臀部饰倒悬回首夔纹，并以云雷纹衬托。猪前后肢的肘部各有一圆形通孔，在鸟兽尊中是罕见的，推测其用途

图 162　四羊方尊

图 163　豕尊

可能是因为猪尊体大而重，在将尊抬起或移动时，用来插棍或穿绳索。古籍里常提到的鸟兽尊的种类有鸟尊、虎尊、象尊等，实物中常见到的还有牛尊、马尊、羊尊等，此是罕见的猪尊，尤为珍贵。现藏湖南省博物馆。（图163）

▌象尊▐

商晚期容酒器。高22.8厘米，长26.5厘米，重2.57千克。1975年湖南醴陵狮形山出土。此器通体作象形，象鼻中空，鼻、腿粗壮。象鼻前端饰鸟纹，并有一兔伏于后。前额有一对蟠蛇，耳下有鸟纹。主体饰夔龙纹，腹下另饰一曲折角兽首。后部饰有兽面纹和夔纹。前腿饰虎纹，后腿饰兽面纹。臀至尾有扉棱。全器共有写实或变形动物十一种。一件器上集中装饰多种物象，是商代青铜艺术装饰的重要特点。设计者将象形与容酒器和谐地融为一体，是实用性与艺术性的完美结合，堪称商代青铜艺术的优秀之作。现藏湖南省博物馆。

▌何尊▐

西周早期容酒器。高38.8厘米，口径28.6厘米，重14.6千克。1965年陕西宝鸡贾村塬出土。口圆体方。大侈口，圆颈，圈足。通体有四道镂空棱脊。口沿下饰变形兽面纹组成的蕉叶纹，颈饰蛇纹带，腹饰卷角兽面纹。器内底有铭文12行122字。记周成王五年对宗族小子何进行训诰，其中谈到武王灭商和武王、成王相继营建成周洛邑事，并对武王举行"丰福"的祭典。此器制作精美，造型雄伟，铭文证实了周武王灭商后筹迁洛邑以为东都和成王继续营建成周的史实，是研究西周初期历史的珍贵资料。现藏宝鸡青铜器博物院。

▌強季尊▐

西周早期容酒器。高22厘米，口径19.5厘米。1980年陕西宝鸡竹园沟出土。侈口，鼓腹下垂，四扁足。器身一侧有兽形鋬。颈下饰鸟纹带。足作兽爪形。内底有铭文6字，记为強季作宝器。此器形制奇特，在尊类中为仅见，对研究青铜器的造型有重要意义。现藏宝鸡青铜器博物院。（图164）

复尊

西周早期容酒器。通高24.5厘米，口径19.5厘米。1974年北京房山琉璃河出土。腹上部、下部各饰夔纹一周，器颈与圈足上则饰细弦纹。器内共铸铭17字，记载了燕侯赏赐复礼服、臣妾、贝等。此尊造型古朴简洁，纹饰精细，在燕国器中尚属罕见。尤其铭文为研究西周早期的赏赐制度和历史提供了实物资料，具有很高的历史价值。现藏故宫博物院。

图164 强季尊

鲤鱼尊

西周晚期容酒器。通高15厘米，宽28厘米，重1.7千克。1988年陕西宝鸡茹家庄出土。通体作鲤鱼形，下有四人形足。鱼身肥硕，上用细线雕出鱼鳞，鱼头两侧腮帮上各饰窃曲纹。鱼背上有一长方口，上置盖。盖上有扁平鱼脊形钮，钮两侧钮壁上各置一铜环。钮两侧盖面上各有线雕鱼纹一条，边沿各有龙纹一条，两龙头在盖体前部交汇。鱼腹下有四个双手捧腹、弓腰屈膝作背负鱼腹状的人形为足；其一足有补铸痕迹，显然是两次配置。后置的一足人物面部亦与前三者有明显不同，前三者为双目圆睁，口大张，头有发，而后者则头上无发，口闭合。鱼尊造型逼真、栩栩如生，尤其是鱼口微张，给人一种游戏于水中的动感。以动物形象作为酒尊的习见，如羊尊、象尊、鸟尊等，但以鱼的形象作为酒尊，在国内尚属首次发现。现藏宝鸡青铜器博物院。（图165）

图165 鲤鱼尊

龙耳尊

春秋早期（一说西周晚期）容酒器。高39.1厘米，口径35.4厘米，底径32.2厘米，重29.5千克。传安徽出土。体形较大，器壁厚实，大口广肩，两侧有大竖龙以为鋬。器和龙耳分别铸造，在器上留有孔洞，然后用铜液将两者接铸，使之牢固。此器采用大口有肩尊的形式，肩下用西周晚期和春秋早期流行的横条脊纹，龙吻用吴越文化青铜器上常见的三角形锯齿纹，肩饰斜角雷纹，圈足饰单行雷纹。该器是具有明显地方特征的器物。现藏上海博物馆。

鸟尊

春秋早期容酒器。高25.3厘米，长33厘米。1988年山西太原金胜村出土。全器铸成一昂首挺立的鸷鸟，头顶凤冠，双目圆睁。尖喙，可开合。细颈长；腹腔中空；背有口，上设弧形盖。

鸟背上置弓身虎形提梁。鸟全身羽毛丰满，羽纹清晰，双翅、尾部羽毛高叠。盖与鸟身羽毛衔接严密，浑然一体。鸟两腿直立，足间有蹼。鸟尾部置一虎形支脚，小虎作昂首蹬地尽力支撑状，以求鸟尊平衡稳定。全器比例合度，造型优美，富有生命力。羽翼细密华丽，刻镂精工，反映了技艺的娴熟，有着特有的艺术魅力和高度的美学价值。现藏山西博物院。（图166）

图166 鸟尊

┃ 凤纹尊 ┃

春秋中期（一说西周早期）容酒器。高34厘米，口径41厘米。1976年江苏丹阳司徒村出土。大侈口，袋腹深而宽，矮圈足。颈饰卷尾凤纹组成的仰叶纹，颈下有弯曲羽冠雏凤纹带，中间饰突出龙首。腹饰变形大凤纹，凤的长羽冠卷曲于背翼之上，爪已变形，双凤之间有一虺。凤纹上有连续S形带作边饰，以细密的圆形雷纹为衬地。S形带和圆形雷纹均为吴越青铜器纹饰特征。此器是吴国青铜文化仿效西周中期同类器最卓越之作。现藏镇江市博物馆。（图167）

图167 凤纹尊

┃ 牺尊 ┃

春秋晚期容酒器。长58.7厘米，高33.7厘米，重10.76千克。1923年山西浑源李峪村出土。造型新颖，作水牛形，其中牛鼻有环，这就表明当时已用穿鼻的方法驯养牛，使其听从人的指挥。牛颈及背脊上有三穴。中间一穴套有一锅形器，可取出。腹中空，可容水。按其构造，该穴当为温酒器，锅形器当用来盛酒。另两空穴可注热水于腹中以温酒。整器的纹饰华丽繁缛，牛首、颈、身、腿、臀等部位都饰以盘绕回旋的龙纹组成的独特兽面纹。在牛颈及锅形器的口沿上饰有虎、犀等动物的浮雕，形态生动，制作精美。此类兽形尊，目前仅此一件，弥足珍贵。现藏上海博物馆。

┃ 蛇纹尊 ┃

一名蚕纹尊。春秋晚期容酒器。高21厘米，口径15.5厘米，重2.75千克。1963年湖南衡山霞流出土。腹饰群蛇纠结图案，中有盾形条框。圈足饰雷纹，并有细锯齿纹作边饰。口饰昂首相对的蛇纹群，造型极为生动。颈饰三角云纹，有锯齿形边饰。有人认为此长条形动物是蚕纹，但蚕无目，尾不尖，且不能勾曲，与此极不相类。此器形体仿照西周中期尊的式样，而纹饰则是百越文化风格，体现了两种文化的交流与相互影响。现藏湖南省博物馆。

蚕纹尊

一名蛇纹尊。参见【蛇纹尊】。

曾侯乙铜尊盘

战国早期酒器。尊高 33.1 厘米，口径 62 厘米；盘高 24 厘米，口径 47.3 厘米。1978 年湖北随县擂鼓墩曾侯乙墓出土。出土时尊放在盘内。尊口沿铸双层虺纹、蟠纹的镂孔附饰，颈部铸四只圆雕兽，腹部与圈足上各铸两两相对的四条龙。盘以镂孔虺螭为饰，耳间各铸攀附盘壁的龙，平底下以四龙为足。尊盘的镂孔附饰精美细腻，玲珑剔透，精巧华丽，系用先进的失蜡法所铸。其铸造上的高超技巧，有着鬼斧神工之妙，对研究中国青铜艺术发展史和古代冶金史都具有十分重要的意义。即使到今天，它对精密仪器铸造也有着很好的借鉴作用。现藏湖北省博物馆。（图 168）

错金银云纹犀尊

战国晚期容酒器。高 34.1 厘米，长 58.1 厘米。1963 年陕西兴平豆马村出土。尊做成站立的犀牛状，体肥硕圆浑，四足敦实有力，富有生命力。背有一盖，可倒入酒；口部一管状流，可注酒。犀体饰细腻的错金云纹，有的金丝细如毫毛，淋漓尽致地表现出了犀牛的整体特征。工艺高超，风格优美典雅，是难得的实用与艺术相结合的巧夺天工之作。据考证是战国时代秦国的作品，更属珍贵。现藏中国国家博物馆。（图 169）

兽面纹卣

商早期容酒器。高 31 厘米，口径 7.8 厘米，重 1.7 千克。1974 年湖北黄陂盘龙城出土。直口有盖，长颈，鼓腹，圈足略外侈，器形与中原壶略有差异。提梁呈绳索状，扣接在肩部和盖顶的菱形环上，盖面饰夔纹。肩饰变形兽纹，腹部为卷角兽面纹，上下皆镶圈带纹。圈足有对称两方孔。提梁和菱形环双重活络部件是采用分铸法制成的，标志着青铜铸造工艺的一大进步。

图 168 曾侯乙铜尊盘

图 169 错金银云纹犀尊

现藏湖北省博物馆。

戈卣

商晚期容酒器。通高 37.7 厘米，口长 15.3 厘米，口宽 13.2 厘米，重 750 克。1971 年湖南宁乡黄材出土。器身为椭圆状，盖面隆起，颈部置兽首提梁。腹部与盖和圈足对应处铸以突起的扉棱四道。腹、盖沿与圈足饰钩嘴利爪的鸟纹，颈饰夔纹，颈与腹间饰直线纹一周。盖器各铸一"戈"字，是商代青铜器铭文中常见的族名。此卣是典型的椭圆体卣，造型浑厚古朴，花纹庄重富丽，铸造工艺高超，是同类器中的精品，具有很高的艺术价值，也是研究"戈"族历史的重要资料。现藏湖南省博物馆。（图 170）

图 170 戈卣

古父己卣

商晚期容酒器。高 33.2 厘米，口径 15.7 厘米，底径 15.3 厘米，重 6.16 千克。直筒形，盖及腹浮雕大牛首，巨目凝视，张口露齿，双角翘起，突出器身，神情威猛雄健。颈及圈足各饰分体式龙纹。盖器同铭两行六字，记古氏为父己作祭器。古是制作此器的人的族氏名。据甲骨文记载，古氏在商代曾司职于王室，任武丁的史官，负责占卜，是重要的贵族。筒形卣极少见，商代更罕见，传世的仅有十余件，此器以造型、纹饰、铭文俱佳而著称。现藏上海博物馆。

99

兽面纹鸮卣

商晚期容酒器。通高 21 厘米，口径 11.5 ～ 12.5 厘米。1980 年河南罗山后李村出土。椭圆形盖，盖有瓜棱形钮，两侧置龙首提梁。通体像相背伫立的两鸮鸟。鸮，即猫头鹰。在商代晚期的青铜器上，鸮的形象多为多重大圈形双目和尖喙，形成模式化的形象。而此器的鸮形已经变体，为卷角形兽面，双目也作兽形，甚少见，与常见鸮的大圆目不同。器腹布满鸟翅纹，翅上又刻画小龙，四爪粗健，爪上又饰有小龙纹。器底则铸龟纹。全器主题纹饰突出醒目，且施以细腻的雷纹作衬地，显得十分精致，是鸟兽卣中的精品。现藏河南博物院。（图 171）

图 171 兽面纹鸮卣

虎食人卣

商晚期容酒器。高35.7厘米。传湖南安化出土。整器为猛虎蹲踞形。虎口怒张，虎口内有阔方的板牙和尖锐的獠牙。胸前有一人，头部正置于虎口之中。虎的前爪抱于人的背部，人的双腿曲蹲，立于虎足上。人头转向侧面，双目圆睁，宽鼻大耳，人中很深，短发，脖颈及肩上有凹形衣领，并装饰有菱形纹，上臂饰鸟纹，臀至上臂饰对称的蛇纹。虎的前臂饰回顾式展体龙纹，在龙纹之下另有一小龙，在大龙首侧有一更小的龙纹。虎的腕足饰卷尾的走兽，走兽的尾端有一头大身小的龙纹。虎背有牛角形的大兽面，双目巨大，兽面的鼻下连着虎尾。盖面饰对称龙纹，盖顶有一鹿形小兽。肩部设提梁，两端为獠牙交错的兽首。虎后爪粗壮有力，与卷曲的尾部形成稳健的支撑点。此卣造型奇特，题材诡异，纹饰华美，是一件珍奇的青铜艺术品。现藏日本泉屋博古馆。与之成组的另一件虎食人卣，现藏法国巴黎池努奇博物馆。

父戊方卣

商晚期容酒器。高38厘米，宽21.5厘米，重5.78千克。方体。四阿形盖直缘，顶钮亦为柱状四阿形。斜肩，器壁平而向下微敛，圈足外侈。盖面饰兽面纹，腹上沿一周鸟纹带，腹主体为曲折角型兽面纹。圈足亦为夔纹。自盖至圈足四隅皆设棱脊，全器无通常的雷纹地。器铭四字，记为父戊作器。铸作朴质而规整。方体卣在卣类中最为罕见，此为方体卣的代表作品。现藏故宫博物院。

兽面纹十字孔方卣

商晚期容酒器。通高27.8厘米，口径7.3厘米，足径8.3厘米。1989年江西新干大洋洲商墓出土。圆敞口，带盖，长颈，方腹，下承矮圈足。肩部两侧铸小钮，连接扁平状环形提梁。提梁外侧饰三行成排的类鳞状纹，两端做成倒置的兽首，内侧亦有小钮，通过蟠螭状套钮与盖相连。方腹每面各有一横向的长方孔，相对两面的孔连通，四面穿孔在腹内形成"十"字形。通体饰细线条的柱角展体卷尾兽面纹，颈部以上为目雷纹，方腹部为兽目交连纹。圈足略外撇，有镂空花纹。此种高颈方腹卣很少见，腹带透空槽者仅有两件。腹部留出槽穴，当为放置已燃的柴炭，起保温作用，极具科学性。现藏江西省博物馆。（图172）

图172 兽面纹十字孔方卣

四祀邲其卣

商晚期容酒器。通高34.5厘米，腹径19.3厘米。传河南安阳出土。盖有圈形把手，提梁两端作犀首形。细长颈，腹下部外鼓，圈足。盖饰方格纹带，颈饰兽面纹，上下夹以圈带纹。圈足底有铭文8行42字，在商铭中实属少见，主要记载邲其受命随同商王行祭礼，并进行田猎，因受宠得到商王赏赐的祭肉、玉器和贝币等。铭文字体雄健遒劲，行文疏密有致，体势凝重，堪称商代金文的经典之作。此外同出的二祀邲其卣、六祀邲其卣也有较长的铭文，二祀三十九字，六祀二十七字，均属商代长篇铭文。现藏故宫博物院。（图173）

图173 四祀邲其卣

直纹卣

西周早期容酒器。通高 26.6 厘米，口径 10.5 厘米。1980年陕西宝鸡竹园沟出土。直筒体。有盖，圈足外形不显。盖顶有圈形把手，器两侧设龙首提梁。盖面饰放射形条纹，边缘饰牺首，两边为回顾形长冠凤纹。盖缘及器上段同为凤纹，主体为直条纹，下段亦为凤纹。西周早期筒形卣较为流行，此为代表器。现藏宝鸡市博物馆。

叔卣

西周早期容酒器。高 19.5 厘米，宽 21.6 厘米。圆方体。器颈与盖沿的前后两面均饰兽面纹。颈与盖沿各铸四个长筒形贯耳，两两相对，以供穿系。器内底与盖内有对铭5行32字，铭文大意为：周某王在宗周举行祭典时，王姜派叔出使到太保处，太保赐给叔香酒、白金和牛。叔感谢太保，铸此器以作纪念。此卣形制较特殊，虽无提梁，但在器与盖上有穿系的耳，在卣器中罕见。从此卣圆形方口的造型以及器内的王姜等人名考证，叔卣应属西周成王时代。此卣为西周早期青铜器的断代研究提供了重要资料。共有一对传世。现藏故宫博物院。

101

强季卣

西周早期容酒器。通高 23.5 厘米，口径 15.5 厘米。1980年陕西宝鸡竹园沟西周墓出土。器呈椭圆形。颈部设提梁，梁两端塑有兽首。下设有四虎足。盖沿和腹各饰一周夔纹，两侧各铸凸起的兽首。盖中设方形圆角提手。器盖对铭两行六字："强季乍（作）宝旅彝。"此卣铸造精细，塑有四足，甚为独特，对研究卣类器形有重要价值。现藏宝鸡市博物馆。（图174）

图174 强季卣

公卣

西周容酒器。通高 23.5 厘米，口径 12.9 厘米。1965年安徽屯溪奕棋出土。椭圆体。高隆盖，宽垂腹，圈足外侈。盖顶有圈形把手，两侧有角状突出物。腹部有龙首提梁。梁面饰回顾形夔纹。盖及腹均饰回顾式大凤纹，凤鸟羽冠交垂，喙下有绶带飘逸而上，尾翎多枝，向后卷曲。肩饰冠夔纹。器有铭文 2 行 10 字，记公氏作器。该器构图设计独具匠心。现藏安徽博物院。

丰卣

西周中期容酒器。通高21厘米，口长12.2厘米，口宽8.8厘米，腹深12厘米，重2.6千克。1976年陕西扶风庄白村出土。椭圆体。隆盖，鼓腹下敛，矮圈足。盖顶有圈形把手，器两侧设龙首提梁。梁面饰蝉纹。盖饰回顾形鸟纹，鸟背有一蛇纹蟠覆。器上沿有长冠雏凤纹。腹饰大凤纹：羽冠极为华丽，垂于前胸；尾翎从脊背卷出，飘垂于后。盖器同铭，各铸29字。该器的凤纹是西周中期凤纹中最为典雅清丽的图案，极具代表性。现藏周原博物馆。（图175）

图 175　丰卣

龙兽蛇纹卣

春秋中期容酒器。通高50厘米。1988年湖南衡阳出土。有盖，盖顶为四阿形钮，并有四条扉棱。颈部有龙首提梁。鼓腹下垂，圈足。腹部以蛇纹为主体，蛇身卷曲，尾部上翘高出器身。以几何形云雷纹为衬地。盖沿和圈足饰蟠虺纹。此卣造型优雅端庄，纹饰细腻精美，具有鲜明的地方特色；铸造工艺高超，注重写实，对研究南方地区春秋时代青铜器风格特征与青铜冶铸业的发展水平等都有重要意义。现藏衡阳市博物馆。

图 176　鸟钮盖卣

鸟钮盖卣

春秋中期吴国容酒器。高34.5厘米，口径17.7厘米。1983年江苏丹徒大港母子墩出土。器横截面为椭圆形，有盖，垂腹。盖面斜直，盖钮为一小立鸟。扁提梁，两端有牛头形兽首。盖面和器颈均饰以平行细绳纹相间的圈点纹带和小乳钉纹带，圈足饰斜三角云纹，提梁饰两行圈点纹。该器器形、纹饰等特征均受中原器的影响，但斜直的盖面、立鸟盖钮、圈点纹作主纹的风格则具有地方特色。小立鸟盖钮常见于原始瓷上，体现出与原始青瓷的渊源关系。现藏镇江博物馆。（图176）

司粵母方壶

商晚期容酒器。通高64.4厘米，口长23.4厘米，底长

图 177　司粤母方壶

中国文物收藏百科全书 – 青铜器卷

22.8 厘米。1976 年河南安阳殷墟妇好墓出土。盖为四阿平顶式，上有方柱钮。长颈，狭肩，深腹，高圈足。四角、四面自盖至足共饰八棱脊。盖及腹的兽面纹中鼻均对准四隅，肩部凤鸟之首也处于四隅正中，鸟体向两边伸展。肩沿下饰龙纹。圈足饰兽面纹。肩、腹主体纹饰均为高浮雕。内底有铭文"司鹛母"三字，是器主之名。有肩方壶器形极为少见，此为代表器。现藏中国国家博物馆。（图 177）

兽面纹三足卵形壶

商晚期容酒器。通高 37.2 厘米，足高 9.5 厘米，梁高 13 厘米，口径 9.2 厘米。1989 年江西新干大洋洲商墓出土。体作上小下大的卵形。敛口，带盖，颈、肩、腹连为一体，自上而下外张，形成下部鼓起的垂腹，然后收为圜底，下支三空心锥足。肩部铸两小钮，上套一扁平环形提梁，提梁两端做成龙首。提梁一边内侧亦带小钮，通过套环与盖相连。器身满饰细线条纹三层：上为两道圈带纹，其下有四组变体兽纹；中为三组外卷角无身兽面纹；下为六组展体式外卷角兽面纹。盖为覆钵式，上带小钮，与套相连。盖面纹饰线条宽粗，与器身细密的纹饰风格迥异。现藏江西省博物馆。

图 178 三年㝬壶

三年㝬壶

西周晚期容酒器。通高 65.4 厘米，口径 19.7 厘米，腹深 48.4 厘米，重 25.5 千克。1976 年陕西扶风庄白村出土。同出一对，形制、花纹、铭文相同。有大圈顶盖。长颈，鼓腹下垂，下承圈足。颈部对称铸兽形耳环。盖顶为鸟纹，盖沿与圈足饰窃曲纹；颈与腹饰三周大环带纹，疏宽流畅。盖槫外侧具铭文 60 字。内容是周某王三年九月，周王先后在郑地和句陵飨礼，赏赐㝬羔俎和彘俎，㝬因受宠，而为祖父与父亲作了祭器。此对壶形体高大，制作精美，且保存完好，是西周大型青铜器中的珍品。铭文整齐，字字认真，其内容对研究西周贵族礼俗和名物制度有很高价值。大臣虢叔等人名的出现，可与传世品相互参照。此壶为西周厉王时的青铜器断代提供了新的依据。现藏周原博物馆。（图 178）

曾中斿父方壶

春秋早期容酒器。通高 66.7 厘米，口长 23.1 厘米，口宽 16.3 厘米。1966 年湖北京山苏家垄出土。两耳作龙首衔环。有盖，环绕盖沿铸镂孔莲花瓣，盖沿饰一圈窃曲纹，口沿饰环带纹，颈

图 179 曾中斿父方壶

饰窃曲纹，腹饰环带纹。盖及口内同铭，各铸 5 行 12 字，内容记载曾中斿父用优质青铜铸壶。此壶浑厚凝重，纹饰精美华丽，铸造工艺高超，对研究春秋时期曾国历史和青铜铸造业有一定价值。现藏湖北省博物馆。（图 179）

莲鹤方壶

春秋中期容酒器。通高 126 厘米，口长 30.5 厘米，口宽 24.9 厘米，重 64.28 千克。1923 年河南新郑出土一对。长方圆角体。盖顶作莲瓣，中有立鹤做展翅欲飞状。形体巨大，是壶中之王。壶体饰纠结的夔龙纹，腹部饰一对昂首、垂尾的鸟。器颈饰浮雕细镂孔二龙耳，四角各铸一怪兽。环绕盖沿铸镂孔莲花瓣两层，盖沿饰窃曲纹。盖中心一只亭亭玉立的仙鹤，展其双翼，引颈欲鸣，姿态婀娜。圈足下有两只作吐舌状的伏虎支撑壶体，整体有一种"凌于云气，入于深泉"的雄伟气魄。壶器身的龙、兽和盖上立鹤，系采用分铸法，因而得到凝重中不失活泼的艺术效果，体现了春秋时代的革新、创造精神。此一对壶是国之瑰宝。一件现藏河南博物院，另一件现藏故宫博物院。

莲盖方壶

春秋中期容酒器。通高 40 厘米。1988 年山西太原晋国赵卿墓出土。口作方形，顶为莲瓣形花盖，雕镂花纹细密。盖与口沿相合。口沿外侈，长颈，鼓腹下垂，方形圈足。颈部两侧由伏龙装饰成兽耳。颈、腹、圈足均饰细密的蟠螭纹和夔龙纹。此器铸造工艺复杂，壶体分为颈、腹两段，分别浇铸，然后焊接。壶颈用四块范对合浇铸，范缝在耳中线和颈部舌形花瓣纹饰的中线。腹部由八块范对合浇铸，范缝清晰。因形体大而复杂，某些地方参差不齐，花纹接合错落。兽形耳由两块范浇铸，但拼合较差，曾磨砺修整。运用榫卯结合办法，壶颈有四个方孔，兽耳爪上有四个凸榫，用铅、铜、锡一类溶液将附耳同壶颈焊接相联成一体。此器出土于晋国赵卿墓，此墓出土青铜器 1402 件，礼乐器 118 件。因此时周礼已受到冲击，此器一改传统的神秘刻板之风，具有张扬清新的气势，是晋国青铜器断代的标准器。现藏山西省考古研究所。（图 180）

图 180 莲盖方壶

公孙竈壶

春秋晚期容酒器。通高 29.5 厘米，口径 8.5 厘米，重 2.85 千克。1963 年山东临朐杨善镇出土。圆盖，上部中央置环形钮。直口，长颈，鼓腹，平底，矮圈足。活络提梁套铸盖上的双环，并与颈部环形耳相连。颈部有铭文 6 行 39 字，记公孙竈任职之年，公子土折为其女儿作媵器。公孙竈，即公孙灶，齐景公三年（前 545）参与倒庆氏政变，后上台执政，显赫一时。现藏山东省博物馆。

镶嵌几何纹高柄方壶

　　春秋晚期容酒器。通高 27.5 厘米，口径 4.4 厘米。1988 年山西太原金胜村赵卿墓出土。盖为盝顶四阿式，上有四个环形耳钮。器耸口平沿，小方口，承盖。颈部微收，溜肩，鼓腹，下腹内收，平底。下接喇叭形长柄圈足。在盖顶正中饰相交的二龙，四隅饰心形图案。壶身饰菱形和楔形银锭状图案，菱纹交叠处有8字纹。最优美之处是在高柄部饰有三层似鹤的神鸟图案，上面两层均以四只神鸟环绕，但一层鸟头朝右，一层朝左。鸟昂首翘尾，阔步行走；下组八只神鸟，两两相对，引颈仰视。整体纹饰均以黑红色矿物颜料镶嵌而成，精美无比。现藏山西省考古研究所。

中山王䶮圆壶

　　战国中期容酒器。高 44.5 厘米，口径 14.6 厘米，重 13.65 千克。1977 年河北平山中山王䶮墓出土。侈口，平唇，短颈，圆肩，鼓腹，平底，圈足。盖顶有三个云形钮，肩部两侧各有一铺首衔环。腹有凸弦纹。腹壁和圈足有铭文共 204 字。铭文先刻于圈足上，记壶铸于中山王䶮十三年，以及监造的工官及壶的重量。䶮嗣子刻铭于中腹，内容歌颂先王慈爱贤明的盛德，赞扬相邦司马赒伐燕取得的战果。铭文对研究中山国史至为重要。现藏河北省博物馆。

中山王䶮方壶

　　战国中期容酒器。通高 63 厘米，口径 15 厘米，重 28.72 千克。1977 年河北平山中山王䶮墓出土。器形为方覆斗盖，直口平唇，短颈，溜肩，鼓腹，平底，方形高圈足。盖顶部坡面立多棱形钮。肩部四隅饰浮雕龙纹，腹两面各铸一兽首衔环耳。器外壁刻有长篇铭文，共 450 字，记述此器为中山王䶮十四年选用燕国精铜制作，祭祀时用它节量齐酒，告诫嗣王以燕国子之反臣为主为教训，颂扬相邦司马赒的贤明与功绩，阐述治国之道。此器形体较大，造型端庄厚重，铭文书体整齐优美，具有很高的艺术性，是战国著名青铜器之一。现藏河北省博物馆。（图 181）

图 181　中山王䶮方壶

宴乐渔猎水陆攻战纹壶

　　战国早期容酒器。通高 40.7 厘米，口径 10.9 厘米，重 4.82 千克。侈口，敛颈，鼓腹，矮圈足。肩上一对兽面衔环耳，器身布满线刻图像，以斜角云纹为界带，将画面分成三层，每层又有两种图景。从上至下，第一层为竞射图和采桑图；第二层表现的是宴乐武舞和弋射习射图像；

第三层为陆上和水上的攻战图像，其中陆战图表现了架云梯登城的场面，刻画入微。此器线刻人物技法纯熟，画像内容反映了战国时代社会生活的许多侧面，证明从春秋晚期发展起来的人物画像至此已相当成熟，因此具有极高的历史、艺术价值。现藏故宫博物院。

图182 铜丝网套错金银镶嵌铜壶

铜丝网套错金银镶嵌铜壶

战国中期容酒器。通高 23.6 厘米，口径 12.8 厘米，腹径 22.2 厘米，重 6.25 千克。1981 年江苏盱眙南窑庄出土。侈口，束颈，广肩，弧腹，平底。由器身和肩与腹上的网套组成。铜丝网套由 96 条卷曲龙和 576 枚梅花钉交错套扣而成。网罩中间有错金云纹铜箍，箍上有相间兽首衔环和倒垂的浮雕兽各四个，环与兽上有错金银纹饰。此器口沿刻记有壶的容量的铭文。圈足外刻"陈璋伐匽（燕）之获"字样，反映了公元前 315 年齐国与燕国的战争史实，可佐证文献的记载。此器网套玲珑剔透，精巧华美，系用先进的失蜡法所铸，由此可知战国时期燕国青铜艺术的卓越成就。现藏南京博物院。（图182）

镶嵌羽纹扁壶

战国早期容酒器。高 34.3 厘米，口径 12.5 厘米。1975 年河南三门峡上村岭出土。扁圆体。小口，短颈，扁圆腹，矮圈足。肩部有铺首衔环双耳。腹部镶嵌红铜条界栏，将全腹分为五层长方格，格内满饰羽纹，极其精致。此种羽纹系用印模连续印制而成，既简便省力，又可大量生产，是战国早期青铜铸造的新技术。现藏河南博物院。

错银立鸟壶

战国晚期容酒器。通高 74 厘米，口径 19.9 厘米。1965 年江苏涟水三里墩出土。盖分外盖和内盖，外盖缘边立三鸟，中为口，口上有内盖，上有五瓣花形钮，钮上立一展翅欲飞的大雁。壶身侈口，收肩，鼓腹，圈足。下承三鸟形足，鸟作展翅昂首张口状，双翅和鸟首均为器身的支撑点。肩有二兽首衔环耳。通体饰繁复的花纹，外盖饰几何勾连纹，肩和腹分饰用绿松石嵌成的粗大锯齿纹和菱形纹，并缀以鎏银圆泡，同时杂饰错银的多种几何纹，是战国中晚期流行式样之一。战国壶类中以鸟作为装饰，而且造型新颖奇巧的，仅此一例。现藏南京博物院。（图183）

图183 错银立鸟壶

| 曲颈蒜头壶 |

战国晚期秦国容酒器。高 34 厘米。陕西米脂官庄出土。有流，呈蒜头形，曲颈，正弯曲处有一口。壶身作扁球状，下有圈足。蒜头壶是秦国的常见器，但如此曲颈者尚不多见。壶身和曲颈分两次浇铸后再接成，这种方法十分罕见。现藏陕西米脂县博物馆。

| 鎏金嵌琉璃乳钉纹壶 |

西汉容酒器。通高 45 厘米，口径 14.2 厘米，腹径 28.9 厘米，重 11.2 千克。1968 年河北满城陵山中山靖王刘胜墓出土。外侈口，束颈，鼓腹，圈足。器有 8 字形钮，腹两侧铺首衔环。全器施斜方格纹三道，其格条相交点均有乳钉，通体鎏金，方格及交会的三角形地中，嵌有大小相应的呈乳突状的琉璃片。在青铜加工工艺中，以嵌琉璃的最为少见。形制庄重典雅，为西汉极佳之作。现藏河北省博物馆。（图 184）

图 184 鎏金嵌琉璃乳钉纹壶

| 鸟篆文壶 |

西汉容酒器。通高 44.2 厘米，口径 15.1 厘米，腹径 28.5 厘米。1968 年河北满城陵山中山靖王刘胜墓出土。外侈口，鼓腹，高圈足。盖有三圈形钮，腹部两侧有铺首衔环。盖中心错一蟠龙，沿及钮错云纹。口、肩、腹部各有微凸宽带纹一周，上错怪兽和云雷纹。通身用纤细的金银丝错出鸟篆文吉语和动物纹带。除腹、圈足间动物纹带错银外，其余均用金银双线勾勒。盖钮间有铭文 12 字，上腹部 10 字，下腹部 14 字，相接为一篇四言韵文，主要内容为养生。铸工精湛，纹饰绚丽变幻，字形飞动飘逸，是西汉时期金属细工的代表作之一。现藏河北省博物馆。

| 伯戏饮壶 |

西周中期饮酒器。通高 11 厘米，口径 14.5 厘米，腹深 12 厘米，重 1.08 千克。1975 年陕西扶风庄白村出土。圆直口，腹下垂，圈足。两耳如象鼻上卷，高出器口。口沿下饰垂冠舒尾凤纹，细云纹衬地，弦纹廓线使纹饰若带状，其下又有粗弦纹一道。耳饰窃曲纹。器腹内底有铭文 5 字，记此为戏所作饮壶。为青铜器定名提供了资料。现藏扶风县博物馆。

| 冀仲饮壶 |

西周中期饮酒器。高 13.2 厘米，口长 8.4 厘米，口宽 6.8 厘米，重 1.31 千克。隆盖直缘，口微敛，鼓腹下垂，圈足外侈。盖顶有圈形把手。盖面为变形卷体兽纹，边缘饰蛇纹。口沿

图 185 冀仲饮壶

下饰长曲啄鸟纹，两鸟之间有一兽首，腹饰变形卷体兽纹，圈足饰蛇纹。盖及器腹设镂雕棱脊。纹饰虽为变形，然作为衬地的雷纹，仍极精细。盖器同铭，各铸4行14字，记夒仲作饮壶。此器为少见的自铭为饮壶之器。现藏上海博物馆。（图185）

鸟纹方罍

商晚期盛酒器。通高52.7厘米，口长16.4厘米，口宽13.6厘米，重16.9千克。1977年陕西城固苏村出土。共出一对，形制、纹饰相同。有盖，直颈，圆肩，深腹，平底。盖作四阿形，顶钮形状与此相似而微。盖饰以细雷纹为地的兽面纹。颈部兽面纹以平整的雷纹组成。肩饰对称鸟纹，分体卷尾，有角状冠。肩两侧有牺首耳，其下为一同纹和卷龙纹相间的周带，下为具有龙角形冠的鸟纹组成的垂叶纹。腹一侧有一牺首鼻钮。此器为商代方体罍的代表。商代青铜器以鸟纹为主题纹饰的甚少，此器两类鸟形且不相同，铸作精湛，浮雕作风柔和，堪称精品。现藏洋县博物馆。

兽面纹方罍

商晚期盛酒器。高53厘米，口长20.1厘米，口宽17.2厘米，重29.68千克。方体。宽口，小圆肩，双耳，腹下部收敛，方圈足。口及圈足饰鸟纹，肩部中间塑一大卷角兽首，两侧为曲折角龙纹。器四角及中线皆塑有棱脊。腹部共设纹饰三层：上段为鸟纹；中段是大卷角兽面纹，为器之主题纹饰；下段是角形横置而角尖下曲的兽面，雄奇瑰丽，主纹表现为多层次的浮雕，有极细密的地纹。口沿内有铭文2行4字。全器气势雄浑，铸造精细，尤其这种对称、向心的纹饰布局，辅以繁复精细的衬地纹，烘托出粗壮雄健的兽面纹主题，其表现手法成功地传达了商代信奉天帝，崇尚鬼神的理念，更显青铜铸造工艺之高超。现藏上海博物馆。

象首耳卷体夔纹罍

西周早期盛酒器。高70厘米，口径21.8厘米，腹径31厘米。1980年四川彭县竹瓦街出土。高盖，方唇，细颈，腹下敛，高圈足直缘。盖顶有柱形钮，肩部两侧有象鼻形双角怪兽，腹下侧有鼻钮。盖面饰扭转角形或羊角形兽面纹，耸出盖面。颈肩间饰有垂角形兽首。肩饰四组盘成圆形的龙纹，两侧各饰一卷体小龙。下腹饰卷体有触角的兽纹，利爪欲攫。圈足饰牛纹。器身四等分，自上而下皆设镂空棱脊。此器形体高大，是罕见的罍中之大器。整体装饰复杂，平雕、高浮雕、圆雕等多种手法集于一身，更显鲜明生动，在此类器中最为华丽。此器的风格特征既有中原特点，又有巴蜀地域特征。现藏四川博物院。（图186）

图186 象首耳卷体夔纹罍

兽面纹方罍

西周早期盛酒器。通高 58 厘米，口长 15.1 厘米，口宽 12.5 厘米。1980 年北京房山出土。器身近似方形，有盖，盖呈四角攒尖式，顶部置一宝珠形钮。器肩部两侧各铸一浮雕兽首，其余两面各铸一兽首衔环，盖、器的四隅和每面中线均设棱脊。通体满饰兽面纹、鸟纹和夔纹。此罍造型端庄浑厚，纹饰细腻精美，铸造工艺高超，是西周早期同类器中的精品。现藏北京市文物研究所。

夔龙纹罍

春秋早期盛酒器。高 65 厘米，口径 18 厘米，重 5.75 千克。传湖南湘阴出土。侈口，束颈，圆肩甚宽，下腹短而收束，圈足高且侈大。肩部饰两头龙形变体纹，肩、腹交接处有连环纹，下腹饰三角云纹。此器形制和纹饰具有一定的地域特点。现藏湖南省博物馆。（图 187）

图 187 夔龙纹罍

蟠龙纹罍

春秋晚期盛酒器。通高 36.3 厘米，口径 17.2 厘米。1988 年山西太原金胜村赵卿墓出土。肩部分设两对形状、大小、纹饰不同的铺首衔环耳。唇沿外侧饰三角回纹；颈部饰变形兽纹；肩部和上腹部饰两周蟠龙纹；下腹部饰兽目交连纹和垂叶纹，垂叶纹由双龙纹组合而成。以绹索纹带为界，回纹和三角回纹为地。纹饰清晰、美观，是晋国青铜器的上乘之作。现藏山西省考古研究所。

络纹罍

战国早期盛酒器。高 30.5 厘米，口径 7 厘米。1972 年山西长治分水岭出土。小口，折沿，直颈，圆肩，宽腹，低圈足。肩部有两立雕回顾状伏兽形耳，套铸有环。全器以极细的蟠虺纹为地，并浮雕套结状的络纹，是三晋青铜器上盛行的纹样。现藏山西博物院。

司母辛觥

商晚期盛酒器。通高 36 厘米，盖高 13.7 厘米，长 46.5 厘米，重 8.5 千克。1976 年河南安阳殷墟妇好墓出土。器前部为一怪兽形状，似牛首但有大卷羊角，足粗矮。后部则为一鸷鸟身躯，两翅展开，鸟腿和爪粗健有力。有兽首鋬。头部及背部为器盖，前端下吻有流槽。流下突棱通向胸部，胸前两侧饰

图 188 司母辛觥

龙纹，口下饰雷纹，尾端饰兽面纹。盖面中部有细长棱脊一道，棱脊两侧分饰蜥蜴纹及怪兽纹。盖器有铭文"司母辛"三字。"辛"是妇好的庙号（死后在太庙立室奉祀的名号）。常见觥多为圈足，此器则具四兽足，纹饰精细，变幻多端。现藏中国国家博物馆。（图188）

龙纹兕觥

商晚期盛酒器。通高19厘米，长44厘米。1959年山西石楼桃花庄出土。形如兽角，前端龙首昂起翘鼻，张口露齿，面目狰狞。背有钮盖，口沿附两贯耳。盖面饰逶迤的龙身与龙首相接，使此器浑然一体。腹饰爬行鼍纹和夔龙纹，衬圆涡纹和云纹；圈足饰雷纹。此器造型奇异，在青铜觥中仅此一例。鼍纹似扬子鳄，在青铜纹饰中也极为罕见，是研究商代北方青铜工艺的重要资料。现藏山西博物院。

折觥

西周早期容酒器。通高28.7厘米，长38厘米。1976年陕西扶风庄白村出土。长方体，圈足。器前端为兽形，后有兽首与鸟组合，有象鼻形垂珥。盖前为一兕首，獠牙巨鼻；后端作饕餮面，巨目咧嘴，眉作卷曲夔龙。盖脊为透雕棱牙，前端二兽首相逐。腹饰饕餮纹，置透雕扉棱。全器纹饰均以雷纹衬地，粗大纹饰下再饰细纹，显得庄重肃穆，典雅华贵。盖、器同铭，各40字，记载周王时折所受的一次赏赐。此器造型已完全摆脱了犀牛觥的原始形态，有流有鋬，适合容酒和倾酒。西周时期兕觥已成为王室贵族礼仪中不可缺少的礼器，它具有人间与上帝、先祖、鬼神相沟通的神力。因此其造型和纹饰完美体现了西周礼器中特有的神秘怪诞的色彩。此器出土于窖藏中，并有确切年代，是不可多得的艺术珍品。现藏宝鸡青铜器博物院。（图189）

图189 折觥

鸟纹牺觥

西周中期容酒器。通高21.1厘米。1954年江苏丹徒烟墩山出土。形如兔，头有柱状双角，两目前视，双耳竖起，背有开口，有盖，下承四足。盖上立兽形钮。有兽首鋬。器身前饰对称凤鸟纹，尾翎卷曲；后部亦饰鸟纹。该器造型在觥形器中较为特殊。现藏南京博物院。（图190）

图190 鸟纹牺觥

妇好偶方彝

一名妇好长方彝。商晚期容酒器。通高60厘米，口长88.2厘米，口宽17.5厘米，重71千克。1976年河南安阳殷墟妇好墓出土。盖似屋顶形，两侧置钮。器敛口，宽肩。前后口沿设有七个槽，盖前连铸七处相应的槽口面板。器壁微鼓而下敛，下承长方圈足，每面皆有缺口。盖中央饰卷角兽面纹，两侧为钩喙鸷鸟，尾下垂。前后肩中心饰兽首，两侧为伫立的鸟纹。器壁饰钩角兽面纹，角根粗大，角尖钩曲。兽面纹两侧配置鸟首有角的卷尾怪兽。器侧设附耳，肩部饰长鼻兽首，旁有倒置的龙纹。侧腹纹饰与前后腹纹饰相同，无怪兽纹配置。圈足中部饰对称龙纹，龙尾为蛇形。四隅皆饰卷角兽面纹。自盖至圈足及每面中线皆设棱脊。器内有铸铭"妇好"两字。此彝造型凝重雄伟，纹饰精美富丽，铸造工艺高超，形制独特，为商代青铜器中的珍品。现藏中国国家博物馆。

令彝

又名矢令彝。西周早期容酒器。通高34.1厘米，宽24.6厘米，器口长19.3厘米，宽17.7厘米。传1929年于河南洛阳马坡出土。长方体，自盖钮至足座四边皆附钩形扉棱。盖及器腹饰双夔纹构成的大兽面纹，口沿下饰双尾龙纹，方足座饰分尾小鸟纹。器有铭文14行187字，盖铭同而行款稍异。铭文记述周公之子明保在成周举行祭祀并受命尹"三事四方"。三事四方，指百官和在成周的亡商诸侯。对铭文中的年代和人物学术界有不同看法，有人认为明保可能是周公旦之孙名明者，保是其官职；有人则认为是伯禽或君陈。此铭文极具历史研究价值。现藏美国弗里尔美术馆。

师遽方彝

西周中期容酒器。高16.4厘米，口长9.8厘米，口宽7.6厘米，重1.62千克。方彝大多无耳，此器的造型较为特殊，两侧置有上举的象鼻形双耳。器内有中壁，相隔为两室，盖上有两方形短口与之相应，可置小酒斗。盖及器体饰变形兽面纹。口沿下及圈足饰兽体变形纹饰。盖器同铭，各铸66字，记载周王在康宫中的寝宫举行酒宴，师遽向王奉献礼品，以侑王宴，王命令宰利赏赐师遽，师遽因以作器。西周一代此类作器记事的青铜器较多，此器从造型、纹饰到铭文均属经典之作。现藏上海博物馆。

刻纹宴乐画像椭杯

战国早期盛酒器。高5.9厘米，口长18.2厘米，口宽14.9厘米。椭圆体，口略弇；腹部下收成平底，一对环钮衔环耳。全器内外壁用錾凿的方法，以连续的点状线条刻画出非常精细而复杂的图案。内壁画像以两座建筑物为中心，人物众多，或宴饮，或击鼓鸣钟，或舞蹈，或弋射，另有禽鸟在上，丰富生动，栩栩如生。

图191 刻纹宴乐画像椭杯

内底刻有龙纹。外壁画像在一座建筑物周围，有人物宴乐、飞禽走兽及车马等。整个画像有人物48人，建筑3座，车2辆，鸟33只，兽10头，以及鼎、镬、罍、豆等器物。图案生动地描绘了战国贵族的生活场景。现藏上海博物馆。（图191）

┃ 朱雀衔环杯 ┃

西汉生活用器。通高11.2厘米，宽9.5厘米，重275克。1968年河北满城陵山中山靖王刘胜墓出土。器形作朱雀衔环蟲立于两高足杯之间的兽背上。朱雀昂首翘尾，喙部衔白玉环，首、尾与双翅的羽毛向上卷扬，双足立于兽背上；兽身匍匐，四足踏于高足杯的底座上。通体错金，以金为主纹。朱雀通体饰羽纹，杯内外饰柿蒂纹，杯座饰卷云纹。朱雀的颈、腹间嵌圆形和心形绿松石4颗，杯外壁嵌26颗。在朱雀背与尾间有凹槽，内留有朽木残存。出土时高足杯内尚存朱红色痕迹，可能是放置化妆品用器。制作精美，是为珍品。现藏河北省博物馆。

┃ 兔纹觯 ┃

一名戈觯。西周早期饮酒器。高13厘米，口径7厘米。1971年河南洛阳北窑出土。颈部刻画弦纹两道，弦纹间饰一周作觅食状的兔纹。内底铭一"戈"字。此觯全身呈绿色，鲜亮优美。青铜器上的兔纹绝少见到，此觯是极为珍贵的研究青铜器纹饰的实物资料。"戈"氏族徽的发现，为进一步研究该家族的渊源、迁徙等也有着很高的价值。现藏洛阳博物馆。（图192）

┃ 戈觯 ┃

一名兔纹觯。参见【兔纹觯】。

图192 兔纹觯

┃ 父庚觯 ┃

西周早期饮酒器。高14.9厘米，口径7.6厘米，底径5.1厘米。小敞口，束颈，垂腹，圈足。颈饰蕉叶纹及分尾鸟纹，腹饰对称凤鸟纹，昂首垂尾，华丽精美。器内底有铭文"作父庚"3字，是被祭人名。造型优美，纹饰精致，是西周早期青铜觯的典型式样。现藏上海博物馆。

┃ 目雷纹有柄勺 ┃

商晚期饮酒器。高13.7厘米，口径13.2厘米，腹深8.9厘米。1989年江西新干大洋洲商墓出土。勺体为矮体觚，一侧安上形如玉圭的铜柄。在下腹

图193 目雷纹有柄勺

及圈足底部饰两周目雷纹，其构图特点为圆形眼，上下相间，由简体阴线纹组成；两周目雷纹之间有三道弦纹相隔，上饰十字形镂孔。柄饰云雷纹。这件觚形勺形制古朴，纹饰典雅，在中原出土的商代青铜器中极为少见。古人亦将这种"以圭为柄"的勺称为"圭瓒"。现藏江西省博物馆。（图193）

┃ 镶嵌透雕龙纹勺 ┃

战国餐具。通长21.8厘米，身宽4.6厘米。1982年湖北江陵马山出土。握手扁平，勺身扁圆形，内镂空透出一对龙纹，龙身错银，握手作透雕三角卷云纹状，面上为错银云鸟纹。此器器形玲珑精巧，纹饰素雅，是勺器中的精品。现藏荆州博物馆。

┃ 竹节形长柄勺 ┃

战国汲酒器。通长63.5厘米，底径3.1厘米。1959年河南陕县后川出土。器身中空似球，器底正中有一小吸孔，上端连竹节状相通长管。第一节中部下作叶形椭圆凹入，中有一方孔。第二、四节

图194 竹节形长柄勺

上端正中均凸出竹叶形。管顶端有鼻钮，钮内置铜环，可以拴挂。该器仿竹器和葫芦器制成，造型生动别致，殊为难得。现藏中国国家博物馆。（图194）

┃ 蛙首兽面纹枓 ┃

商晚期挹酒器。通长17厘米，枓径4.8厘米。1957年山西石楼后兰家沟出土。枓体为圆形，深腹，直壁。柄长且扁平微曲。柄饰夔龙和云雷相间的纹带，壁饰极细密的兽面纹。柄端作两蛇捕蛙图案，一蛙居中，窥视前方，两蛇盘曲左右。此器纹饰精美，柄端装饰别具匠心，为枓器中少见的精品。现藏山西博物院。

┃ 虎逐羊枓 ┃

商晚期挹酒器。通长17.5厘米，枓径9.5厘米，枓深4.8厘米，重500克。1977年陕西清涧解家沟出土。枓体呈圆形，深腹，斜壁。枓柄端塑成羊首状，羊角大而向下，双目圆睁，似在张口嘶鸣。柄为扁平状，正中有一长方孔，柄面立一虎，虎前立一小羔羊。虎张口垂涎，

图195 虎逐羊枓

图196 夔纹禁

正欲扑击；羔羊小尾后竖，作惊悚之态。此器动物形象塑造逼真传神，虎、羊神态刻画生动，体现了很高的艺术水准，为斝器中的精品。现藏绥德县博物馆。（图 195）

夔纹禁

西周早期承尊器。高 23 厘米，长 126 厘米，宽 46.6 厘米。1925 年陕西宝鸡载家湾出土。禁作长方形，面上有三椭圆形孔，孔沿隆起，可放置酒器。四侧有成排的长方形孔。面、侧均饰夔纹边框。传世和考古发现的禁甚少，此禁铸造得极为精致，代表了当时青铜工艺的水平。现藏天津博物馆。（图 196）

蟠虺纹铜禁

春秋晚期置酒器。长 107 厘米，宽 47 厘米，通高 29 厘米。1979 年河南淅川下寺出土。器体为长方形。禁面中部为一长方形平面。禁四面用多层铜梗铸成玲珑剔透、呈网状而互相纠结的蟠虺纹。禁下边各有五只圆雕虎当座足，虎昂首挺胸，以后翘的尾部承托禁体。禁两侧长边各攀附四虎，两侧窄边各攀附二虎。虎作吐吞状，攀附在禁面。禁面的虎与器足的虎上下对应，错落有致，造型富于想象力，装饰繁缛而精美，是极其罕见的珍品。据研究，禁的镂孔装饰部分系用失蜡法所铸，是中国迄今发现的最早用失蜡法铸造的实例，此禁的出土将这一高超技艺的起始时间提前到春秋时代。现藏河南博物院。

立鸟盖罍

春秋早期盛酒器。通高 53.4 厘米，口径 25.1 厘米，底径 20.5 厘米，重 25.5 千克。1925 年山东沂水出土。隆盖，折沿，宽唇，短颈，广肩，腹下敛，平底。盖顶立鸟形钮。肩部两侧有兽首衔环耳。通体饰横条沟脊纹，俯视为同心圆。形制稳重，纹饰简单和谐，是青铜罍中的精品。现藏山东省博物馆。

三羊首瓿

商晚期盛酒器。高 52 厘米，口径 41.3 厘米，腹径 61 厘米，重 51.2 千克。斜折口沿，厚唇，斜颈，广肩，宽腹，高圈足。肩饰高浮雕三羊首，多节状卷角呈三棱形。肩面为变形兽纹，腹部与圈足饰以凸起巨大双目的卷角流散兽面纹，两侧配置兽目，也当是兽类的象征。兽面纹上下有目雷纹边饰。通体以缜密的雷纹和并列的羽纹组成衬地。此器伟奇，富有神秘色彩，是国之瑰宝。该器系二次铸造，先铸器身，再接上羊首范，浇铸在一起。属于典型的大口折肩式瓿。现藏故宫博物院。

兽面纹瓿

商晚期盛酒器。通高 47.6 厘米，口径 29.8 厘米，重 28.2 千克。1976 年河南安阳殷墟妇好墓出土。隆盖，敛口，广肩，圆鼓腹，圈足，盖顶以一蟠龙柱状饰为钮。盖、器均饰扉棱。

肩部塑三个均匀分布的兽首，每一兽首两侧各饰夔纹，腹、盖与足均饰兽面纹，以细腻的云雷纹为衬托。此瓿造型浑厚自然，兽面纹与夔纹变化丰富，刻画细致工整，是典型的小口圆肩式瓿，也是商代瓿中的精品。现藏中国社会科学院考古研究所。

图 197 镶嵌兽面纹方缶

| 镶嵌兽面纹方缶 |

商晚期盛酒器。高 10.7 厘米，口径 6.2 厘米，底径 7.5 厘米。传 1934 年河南安阳出土。失盖，圆形小口，宽肩，鼓腹，平底微内凹。四角有凸扉棱，中间隔两道弦纹，下部作一巨大兽面纹，在其面部中间，自上而下有一条直棱，作为分界。嵌槽甚深，现存绿松石呈碧色。肩部每面中间有小牺首，牺首两旁各为半个兽面，利用四角凸出的扉棱作其分界，与另半个兽面共同构成一个整体兽面。该器构图精湛，镶嵌技艺高超，彰显了商代的青铜器装饰水平。现藏中国国家博物馆。（图 197）

| 栾书缶 |

春秋中期盛酒器。通高 40.5 厘米，口径 16.5 厘米。隆盖，直口，平沿，长颈，广肩，鼓腹，平底。盖置四环钮，腹部置四环耳。器表漆黑光亮。颈和肩部有错金铭文 40 字，内容记载晋国大夫栾书伐郑、败楚的功绩，对研究春秋时期各诸侯国之间的战争具有极高的史料价值。器盖内另有铭文 8 字。铭文错金，字迹工整，为目前所见最早的一件错金铭文青铜器，是春秋中期青铜艺术珍品。现藏中国国家博物馆。

| 曾侯乙盥缶 |

战国早期盛酒器。高 126 厘米，口径 48.2 厘米，重 327.5 千克。1978 年湖北随县曾侯乙墓出土。同出一对。隆盖，侈口，圆肩，鼓腹，中腹以下内收，假圈足。盖两边置四环钮，盖沿一侧有一衔链环钮，链与壶肩部一蛇形钮衔接。腹中部有二周凸棱，棱间置上下相间的四环耳。肩部饰三角纹，腹部有四周纹带，内为蟠蛇纹。肩部有铭文 7 字，记曾侯乙作器。此器形大体重，分两次铸成。造型古朴雄浑，纹饰刻画精细华丽，铸造工艺高超，反映了当时青铜工艺发展高度，是战国时期著名的铜盥缶。现藏湖北省博物馆。

| 丽山园缶 |

秦代量器。高 44 厘米，口径 19 厘米。1960 年陕西临潼出土。短颈，鼓腹，矮圈足。腹上部置四环耳。通身素面无纹，器底有铭文"丽山园，容十二斗三升，重二钧十三斤八两" 2 行 17 字。丽山，即秦始皇所葬骊山。此器系始皇陵园所属实用量器，对研究中国的度量制度有一

图 198 丽山园缶

图 199 晋阳钫

图 200 河平三年鎏金酒樽

定作用。现藏临潼博物馆。（图 198）

镶嵌斜方格云纹钫

战国晚期容酒器。通高 53 厘米，口边长 12.7 厘米，重 10.4 千克。1956 年河南陕县出土。盝顶盖，侈口，长颈，鼓腹下收，下承圈足。盖面置四环钮。腹部两侧各有铺首衔环。通体饰对称匀整的斜方格云纹，斜线交点处饰变形兽面纹。通体镶嵌绿松石，纹饰极为细腻华丽。现藏中国国家博物馆。

晋阳钫

西汉容酒器。通高 46 厘米，口径 11.8 厘米，重 5.5 千克。1961 年山西太原东太堡出土。盝顶盖。方口，短颈，鼓腹，平底，圈足。盖顶置四钮，上腹两侧有铺首衔环。整体朴素无纹饰。在腹部一铺首的右侧篆刻铭文"晋阳，容六斗五升，重廿斤九两"12 字。该器是"晋阳"王府使用的一种定量容酒器，对研究中国古代的度量情况有重要意义。现藏山西博物院。（图 199）

镶嵌龙凤纹樽

战国中期盛酒器。高 17 厘米，口径 24.5 厘米，底径 21.5 厘米，重 3.65 千克。1965 年湖北江陵望山出土。隆盖，大口，斜腰，平底，三蹄足。盖斜面上有四立鸟形钮，腹部有两衔环铺首。盖面及腹饰错银花纹。盖中央为纤细卷曲的云纹，盖面饰龙凤纹四组，每组三龙、六凤，龙体粗长，凤身细短，龙凤纹间施以流云纹。腹饰龙纹六组，每组四龙，龙体粗短。这些图案化的变形龙凤纹，婉转回环，且又井然有序，表现出楚国错金银工艺繁缛华丽的装饰特色。现藏湖北省博物馆。

河平三年鎏金酒樽

西汉温酒器。通高 24.5 厘米，口径 23.4 厘米。1962 年山西右玉大川村出土。圆口，平底，三只熊作足。有盖，盖顶中心有捉环，盖外沿有凤首三钮。腹部两侧置铺首衔环。通体鎏金。盖面正中饰浮雕柿蒂纹，外围饰浮雕虎、熊、龙等动物。器身饰浮雕牛、羊、猴、熊、虎、骆驼、龙、凤等动物纹饰。器内壁遍涂朱漆，盖内墨绘凤纹和云纹。盖器内均有铭文"中陵胡傅铜温酒樽，重廿四斤。河平三年造"。"河平"为西汉成帝年号，"三年"即公元前 26 年。此器造型稳重典雅，纹饰内容丰富精美，铸造工艺精湛，是西汉时期青铜艺术佳作，具有极高的艺术价值。现藏山西博物院。（图 200）

蔡太史铫

春秋晚期盛酒器。高 9 厘米，口长 12.5 厘米，口宽 8.5 厘米。1972 年湖北武汉拣选。椭圆体。侈口，鼓腹，平足。腹部两侧有耳，一侧为牛首衔环，一侧为环耳。环耳两侧有铭文 5 行 18 字，记蔡太史作铫。此器自铭为铫，对研究同类器有重要意义。现藏武汉博物馆。

蟠虺纹筒形器

战国中期盛酒或盛水器。高 58.8 厘米，口径 24.5 厘米，重 38.55 千克。1977 年河北平山中山王䝇墓出土。圆筒体。器下有三只兽承托。腹壁饰变形蟠虺纹，以细雷纹衬地，中腰有一道宽带纹，带纹上方各有一铺首。器下三兽等距环列，以右侧背承托其器。兽头向外扭，额上一角上曲，四肢外撇撑立，除口鼻部饰鳞纹外，周身饰卷云纹，承器一侧有凹槽与器底结合严密。兽具有伏重吃力的生动情趣，也使整个器身给人以稳重感，可谓造型和实用的完美结合。现藏河北省博物馆。

漆画竹节形提筒

西汉盛酒或盛食器。高 41.8 厘米，口径 13 厘米。1976 年广西贵县罗泊湾出土。竹节形直圆筒。有盖，直沿与器身子母口相合。深腹，平底。口沿下置铺首衔环，内置提梁。器里和器底均髹黑漆。盖绘勾连云纹，足绘菱形纹。器身有三组内凹弦纹，每组间髹黑漆，用红漆绘图像共四周，每周自成完整的画面，有人物、禽兽、花木、山岭、云气等，构成一幅生动的百戏图。该器是青铜工艺和髹漆工艺的完美结合，体现了汉代高超的工艺水平。现藏广西壮族自治区博物馆。（图 201）

117

图 201 漆画竹节形提筒

网络纹青铜鼎

夏代炊煮盛食器。高 20 厘米，径 15.3 厘米。1981 年河南偃师二里头遗址出土。圆体。双耳，三锥形足，腹外壁有网格纹饰。该器由新石器时代的陶鼎演变而来，造型古朴，是出土年代最早的青铜器之一。现藏中国社会科学院考古研究所。

兽面纹鼎

商早期饪食器。通高 55 厘米，口径 39.8 厘米，重 9.5 千克。1974 年湖北黄陂盘龙城出土。宽折沿，圆深腹，三锥足，口沿双立耳。颈饰单线两夔纹组成的兽面纹三组。此鼎形制较大，形体端正，花纹简明，铸造工艺较为成熟，是长江中游地区所出商代早期的典型鼎器，也是长江流域早期青铜工艺的代表作。此器与河南郑州商城出土的鼎形制无大差异，尤其兽面纹，更属中原流行纹饰，证明中原与长江流域的文化相互影响与渗透。商代早期大型青铜容器在长江流域出土较少，此鼎为研究长江流域的青铜铸造历史，提供了极为珍贵的资料。现藏湖北省博物馆。（图202）

图 202 兽面纹鼎

▎兽面乳钉纹方鼎 ▎

一名杜岭方鼎。商早期炊煮器。通高100厘米，口长62.5厘米，口宽60.8厘米，重82.4千克。1974年河南郑州张寨南街窖藏出土。直口，深腹，平底，圆柱状空足。口沿加厚，唇边呈台阶形，口沿两立耳略向外撇，腹呈方斗状。器壁上部及四隅各饰兽面纹一组，共八组；下部及两侧均饰乳钉纹带。足上部饰兽面纹。足、腹均有烟炱，是经长期使用的痕迹。此鼎出土于郑州商城，它的造型和纹饰具有较强的代表性，对周围地区的青铜器有很大的影响。此器为青铜重器，采用多范分铸法铸成，造型准确美观，反映了商代早期的青铜铸造水平。现藏中国国家博物馆。

▎杜岭方鼎 ▎

一名兽面乳钉纹方鼎。参见【兽面乳钉纹方鼎】。

▎亚弜鼎 ▎

商晚期炊煮或盛食器。通高72.2厘米，口径54.5厘米。1976年河南安阳殷墟妇好墓出土。圆体。大口，方唇，立耳，深腹，圜底，三圆柱形空足。颈饰一周兽面纹，足上部饰兽面纹，足卜端略收。口沿上有铭文"亚弜"两字。此鼎是妇好墓中最大的圆鼎，也是商代晚期典型的圆鼎，形制雄健宏大，造型规整端庄，纹饰简洁，颇具王者气势，具有重要的历史价值。现藏中国国家博物馆。

▎戍嗣子鼎 ▎

商晚期炊煮或盛食器。通高48厘米，口径39厘米。1959年河南安阳后冈出土。圆体。口沿外折，方唇，双立耳，腹微鼓，圜底，三柱。口沿下饰夔纹，以棱脊相隔。足根部饰兽面纹，亦有棱脊。内壁有铭文30字，记丙午日，王赏戍嗣子贝二十朋，戍嗣子作此鼎。为商代为数不多的字数较多

图 203 戍嗣子鼎

的铭文，而且铭文内容较早反映了赏赐制度，具有重要意义。现藏中国社会科学院考古研究所安阳工作站。（图203）

后母戊鼎

一名司母戊鼎。商晚期炊煮食器。通高133厘米，口长110厘米，宽78厘米，重832.84千克。1939年河南安阳武官村出土。长方体，双立大耳，四柱足中空。器腹铸云雷纹地的兽面纹，足饰兽面纹，两耳外侧浮雕虎吞噬人首。器腹内壁铸铭文"后母戊"三字，笔势雄健，运笔提按起止，极具韵律，属商代金文中卓伟瑰奇者。此鼎用多合范法铸成，耳、身、足分别铸成后，再合铸成一个整体，在铸造工艺上显示出了商朝高超的技术。此鼎形体厚重巨大，器形端庄伟岸，为商代晚期王室重器，显示出王权的威严和震慑力。此鼎是中国已发现的最大的青铜器，在世界青铜文化中也是仅见的，而且是研究商代冶铜技术的重要依据。"后母戊"是商王武丁配偶，此器应是祖庚或祖甲为其母而作。另一种看法是，"后母戊"是商王武乙配偶，商王文丁母。说明此器是商王为母后制作的祭祀礼器，因此铭文对商代的称谓制度也具有重要价值。现藏中国国家博物馆。

司母辛方鼎

商晚期饪食器。通高80.5厘米，口长64厘米，重117.5千克。1976年河南安阳殷墟妇好墓出土。长方体。腹下微敛，平底，四柱足中空。腹部四隅各饰棱脊，器身每面外口沿下饰兽面纹，左、右侧与腹下部饰乳钉纹。腹内壁铸铭文"司母辛"三字。"司母辛"即指妇好，"司母"即是"祀母"，"辛"是妇好的庙号（死后在太庙立室奉祀的名号）。此方鼎是商代晚期武丁时期的王室青铜祭器。尤其是器上的铭文书法气势不凡，雄伟有力。而且此器形体较大，在商器中大小仅次于后母戊鼎，是研究商代晚期历史和青铜冶铸业发展水平的重要资料。现藏中国社会科学院考古研究所。（图204）

图204 司母辛方鼎

小臣缶方鼎

商晚期炊煮或盛食器。通高29.6厘米，口长22.5厘米。清宫旧藏。小折沿，立耳，深腹，细长柱足。口沿下饰夔纹，以云雷纹为底纹，腹饰大兽面纹和夔纹，侧饰倒夔纹。器壁四隅有棱脊。内壁铸铭文4行22字，记载商王赐给下属小臣缶禹地生产的禾稼，但以五年为限度。缶因受赏赐，遂铸此祭器，用以祭享太子乙。此鼎雄伟厚重，花纹布局匀称，铭文记载的赐禾稼事，在商代晚期的金文中少见。商代晚期青铜器少有长篇铭文。而此器是这一时期铭文最多者之一。"小臣缶"之名见于殷墟卜辞，此器是少数可直接与卜辞对应的青铜器之一，为研究商代晚期的历史及赏赐制度提供了重要资料，具有很高的历史价值。现藏故宫博物院。

图 205 禺方鼎

禺方鼎

商晚期炊煮或盛食器。通高23厘米，口长14.2厘米，口宽16厘米，重3.35千克。1963年山东长清出土。长方体。双竖耳，口沿下收敛，颈腹分明，腹微鼓。器壁四隅及颈部四面正中均有棱脊。颈部为夔纹，腹饰凸起的兽面纹，横眉巨目，神情威严，其余空地以云雷纹为底。腹内壁刻有铭文6字。同时出土的青铜器皆为此铭文，当属地位显赫家族的礼器，为研究齐鲁地区的商代社会形态文化提供了重要的资料。现藏山东省博物馆。（图205）

卧虎立耳扁足鼎

商晚期炊煮或盛食器。通高64厘米，足高33.7厘米，口径39.3厘米。1989年江西新干大洋洲商墓出土。斜折沿，方唇，浅圆腹，圜底，下承三变体虎形扁足。双立耳外侈，耳上各伏一卧虎，凸目吊睛，双耳耸立，阔口利齿，尾部卷扬，身饰云雷纹，尾饰鳞纹。耳及口沿饰几何纹，腹上部、下部饰圈带纹带，腹中间饰三组兽面纹。三组之间各以乳钉、雷纹间隔。此器是目前已发现最大的扁足鼎，造型雄劲，纹饰繁缛华丽，证实了商代晚期赣江及鄱阳湖一带已经具有高度发达的青铜铸造工艺，可与中原商王朝媲美。尤其与商王武丁配偶妇好墓出土的四件扁足鼎相比，其艺术性和工艺水平更胜一筹。现藏江西省博物馆。

牛首兽面纹鼎

西周早期炊煮或盛食器。通高122厘米，口径83厘米，重226千克。1980年陕西淳化史家塬村出土。腹部有三牺首大鋬，鋬耳下有钩形耳，为铜鼎类所仅见。口沿上缘饰兽面纹状展开龙纹，竖角奋足，鳞身卷尾，下衬细雷纹地。中鼻有棱脊，正中对兽面，口下浮饰一牛首。兽面咧嘴奋爪，作啖牛之势。足上端饰带鼻棱脊兽面纹。此鼎形体巨大，造型浑厚，是目前所见西周青铜器中最大最重者，堪称"西周青铜器之王"，可见当时青铜器铸造水平之高。全器有五耳，为鼎器中罕见；浮雕纹饰与造型相辅相成，更增加了青铜礼器的威严奇伟之感。现藏淳化县博物馆。（图206）

图 206 牛首兽面纹鼎

┃ 大盂鼎 ┃

西周早期炊煮或盛食器。通高 100.8 厘米，口径 78.3 厘米，重 153.5 千克。传陕西眉县礼村出土。圆体。鼓腹下侈，三柱足。上腹饰兽面纹，足上端均饰大兽面纹。器内壁有铭文 19 行 291 字。内容记载周康王向盂阐明西周开国的经验，追述文王、武王、成王灭商立国的过程和殷商之所以亡国在于沉湎于酒的教训，告诫盂要以其祖先南公为榜样，辅助康王治理好国家，并赏赐盂车、马、酒、衣及一千七百多名奴隶。盂为祭祀其祖南公而作鼎。此鼎铭文书体风格瑰丽凝重，雄伟有力，在西周早期的金文书法艺术中位居首位；造型庄严厚重，纹饰端庄典雅，是西周早期著名青铜器之一，对于研究西周社会历史、赏赐制度具有很高的历史价值。现藏中国国家博物馆。（图 207）

图 207 大盂鼎

┃ 师旂鼎 ┃

西周早期（一说中期）炊煮或盛食器。高 15.8 厘米，口径 16.2 厘米，重 1.92 千克。圆体。平沿外折，双立耳，束颈，垂腹，平底，三柱足。腹饰一周长身分尾垂嘴的鸟纹。器内壁铸铭文 8 行 79 字。内容记载师旂管辖的士兵不随从周王征伐方国，所以白懋父罚了师旂三百锊的货币，并警告说，如不从征，还要继续罚。并且要求说："要宣布不从征者的名字，如不宣布，则有私于师旂。"师旂因受罚，把这件事的概况铭铸在青铜器上。此鼎铸造精工，铭文书体流畅，是研究西周早期奴隶士兵反战的绝好资料，所记反战受罚内容在金文中较为少见，具有很高的历史价值。现藏故宫博物院。

┃ 旂鼎 ┃

西周早期炊煮或盛食器。通高 77 厘米，口径 56.7 厘米，重 78.5 千克。1972 年陕西眉县杨家村出土。圆腹下垂，二直耳，三蹄足。口沿下饰兽面纹，地衬细雷纹。足上端饰兽面纹，耳外侧饰两条夔龙。口沿内铭文 4 行 27 字，大意是，王姜赏赐给旂三百亩田和田内尚未收割的禾稼，师栌也厚馈旂。旂作鼎以纪念此事，并称颂王的恩德。此鼎造型雄浑质朴，铭文书体苍劲有力，有学者认为，铭文中的王姜即周成王的后妃。此器可以作为西周初期青铜器断代的标准器。铭文内容可与史籍相互印证，是研究西周时期的国有土地占有形态的重要的历史资料。现藏陕西历史博物馆。

┃ 太保鼎 ┃

西周早期炊煮或盛食器。通高 57.6 厘米，口长 22.8 厘米，口宽 35.8 厘米，重 26.75 千克。传清道光、咸丰年间山东梁山出土。长方体。立耳，折唇，浅腹，细长柱足。耳上有垂角双兽，做攀附状。腹壁四隅均起棱脊，腹身饰兽面纹，下为垂叶纹。柱足饰兽首，有棱脊；中部铸圆盘。内壁有铭文"太保铸"三字。此种造型的鼎在同类器中极为少见。现藏天津博物馆。（图208）

图208 太保鼎

厚趠方鼎

西周早期炊煮或盛食器。高21.3厘米，口长17.4厘米，口宽13.3厘米，重2.4千克。平口折沿，方唇，立耳，长方斗腹，四柱足。四隅有棱脊。器腹四壁饰长角下垂的兽面纹，足上部饰突起的兽首。器内壁铸铭共5行34字，内容记载王在成周之年，厚趠受到馈赠。此鼎造型庄重秀丽，纹饰刻画细腻，充满雄浑之气，质地细腻均匀，体现了极高的铸造水准。铭文书体浑厚流畅。值得一提的是此器长角下垂的大兽面纹极为少见，是研究西周早期青铜器纹饰的重要资料。现藏上海博物馆。

德方鼎

西周早期炊煮或盛食器。高24.4厘米，口长14.2厘米，口宽18厘米，重2.82千克。立耳，浅腹。腹部四壁各饰兽面纹。腹内壁共有铭文5行24字，经郭沫若、马承源等考释，其内容记载某年三月，周成王自镐京来到成周祭祀武王，这种祭祀称之为"福"，德参与这次祭祀。仪礼完毕后，周王赏赐德贝廿朋，德因以作器。从铭记中可知祭祀对象为武王，则主祭者应是成王。因铭文记载了周成王亲自主持祭祀大典，此器具有极其珍贵的研究价值，被视为周成王时期的标准器。现藏上海博物馆。

戎方鼎

西周中期炊煮或盛食器。通高27.5厘米，口长26厘米，口宽17厘米，重6.5千克。1975年陕西扶风庄白村出土。长方形口，立耳，平盖。盖有长方孔套接两耳，盖中环钮，四隅有棱脊，倒置成俎案。颈饰夔纹，夔无腹无足，垂冠回首。盖器同铭，各铸65字，大意为：某年九月乙丑日，戎率军驻堂日，周王后妃王姐姜遣派内史友员赏赐戎红色领襟的玄衣一件，戎为感谢王姐姜的赐惠，特铸此鼎，以享文祖乙公和文妣日戊。此器上完整的铭文为我们研究西周的赏赐和职官制度提供了重要研究资料。现藏扶风县博物馆。（图209）

图209 戎方鼎

戒方鼎

西周中期炊煮或盛食器。通高 22.5 厘米，口长 21.2 厘米，口宽 16 厘米，腹深 13.5 厘米，重 3.9 千克。1975 年陕西扶风庄白村出土。失盖，附耳，直口，方唇，下腹向外倾垂，四柱足。颈饰垂冠回首无腹足夔纹，细雷纹衬地。内壁有铭文 115 字，大意为：王追念戒之父甲公的功绩，命戒率领虎臣抵御淮夷。戒父考甲公崇尚美善之德，影响及戒，戒心怀宽度，终身受益，希望能够永远臣事于天子。此器造型具有西周早期向中期过渡的特征，是研究青铜器发展进程的重要实物资料。现藏扶风县博物馆。

师奎父鼎

西周中期炊煮或盛食器。高 26 厘米，口径 24.9 厘米，重 5.3 千克。立耳，腹下垂。口沿下饰龙纹一周。腹内壁有铭文 10 行 93 字，记载周王对师奎父的一次赐命典礼。此器系共王时期的标准器。铭文内容反映了周室的世官制度，是研究当时官制的重要历史资料。铭文笔势纯熟圆润，形体遒利，布局疏密有致，是共王时期金文出现的新气象。此器铭文也为时代典范。现藏上海博物馆。

大克鼎

西周晚期炊煮或盛食器。高 93.1 厘米，口径 75.6 厘米，重 201 千克。清光绪十六年 (1890) 陕西扶风法门寺出土。平口折沿，方唇，深腹倾垂，双立耳，三柱足。造型庄严厚重。口沿下饰兽面纹三组，腹饰宽阔的环带纹，线条浑厚流畅。器内壁铸铭文 28 行 290 字，内容分为两段，第一段记叙克颂扬他的祖父师华父的功绩——能够辅助国王 (厉王) 管理好国家，并赞美他的美好品德。克因其祖先的功绩，担任了传达周天子命令的宫廷重臣。第二段记叙周王重申对克官职的任命，并赏赐礼服、土地、奴隶和一批乐官。所赐土地包括今陕西西部直至甘肃东部的泾水流域，是相当广阔的地区。这段铭文被视为研究西周世官世禄现象的珍贵资料。该铭文是西周中期大篆的典范，不仅字体端庄，笔力遒劲舒展，而且是

图 210 大克鼎

在整齐的方格中书写的，一字一格，行款疏密有致，布局规整严谨，被称为西周金文书法艺术的皇皇巨篇。此鼎造型雄伟凝重，纹饰精美华丽，铭文书体绝佳，堪称西周青铜艺术的典范。现藏上海博物馆。（图 210）

禹鼎

西周晚期炊煮或盛食器。通高 54.6 厘米，口径 46.7 厘米。传 1942 年陕西扶风任家村出土。

宽体垂腹，三蹄足。口沿下饰窃曲纹一周，有短棱脊，腹饰环带纹。器内壁铸铭文20行207字，内容记述的是禹受命征伐鄂侯驭方的史实。大意为：禹的先祖穆公曾辅佐周王。武公没有忘记禹的圣祖幽大叔和父懿叔，命其管理采邑井。鄂侯驭方在南方和东方造反，武公派遣禹率兵征讨鄂侯驭方，取得全胜。此鼎造型典雅匀称，纹饰华丽，是西周晚期青铜器断代的标准器。铭文内容对研究西周晚期的民族史、战争史和政治形势具有极高的历史价值。现藏中国国家博物馆。

┃ 颂鼎 ┃

西周晚期炊煮或盛食器。高31.4厘米，口径32.9厘米，重9.82千克。立耳，深腹。口沿下有弦纹两道。器形规整，纹饰细腻，反映了当时高超的铸造工艺。腹内壁有铭文15行共151字，记载周王册命颂掌管成周贮（廪）廿家，监督新造，积贮货物，以备宫御之用；赏赐玄衣、黹纯、赤市、朱黄、銮旂、攸勒等物品。颂接受命册，退出中廷，然后再返回，向王献纳瑾璋。铭文比较完整地反映了西周王室册命官员的制度。铭文字体舒展而端庄，被称为大篆的辉煌之作，也是西周晚期周王室通行的标准书体。此器铸造精致，铭文恢宏，具有很高的历史价值。现藏上海博物馆。（图211）

┃ 毛公鼎 ┃

西周晚期炊煮或盛食器。通高53.8厘米，腹深27.8厘米，口径47.9厘米，腹围145厘米，重34.7千克。清道光末年陕西岐山出土。两高立耳，半球状深腹，三兽蹄形足。口下沿饰以一道带状的重环纹，下加一道弦纹。腹内有铭文32行497字，是现存铭文最长的一件青铜器，被誉为"抵得一篇《尚书》"。其内容是周王为中兴周室，革除积弊，册命重臣毛公，要他忠心辅佐周王，以免遭丧国之祸，并赐给他大量物品；毛公为感谢周王，特铸鼎记其事。此篇铭文气势宏伟，字迹规整，结体庄重，笔法端庄，字体清秀圆润，笔道丰腴，线条圆厚，乃西周时代遗留下来的书法楷模，且具有重要的史料价值。现藏台北"故宫博物院"。（图212）

图211 颂鼎

图212 毛公鼎铭文

┃费敏父鼎┃

春秋早期炊煮或盛食器。通高 26 厘米，口径 25 厘米，重 5 千克。1972 年山东邹县出土。敛口，鼓腹，圜底，三蹄足。口沿下及耳部饰窃曲纹，腹饰卷体龙纹。腹内壁有铭文 3 行 17 字，记费敏父为其女婚嫁作媵器，费嫁女于邾。费，妘姓小国，后入鲁。该器对研究春秋时期诸侯国之间的关系有一定意义。现藏山东省邹城市博物馆。

┃兽首流有盖鼎┃

春秋中期炊煮或盛食器。通高 6.5 厘米，口径 8.4 厘米。1961 年山西侯马上马村出土。附盖，上塑圆雕兽钮。鼎颈饰窃曲纹，腹饰垂鳞纹，耳饰重环纹。颈部一侧有兽首形流，作张口吼叫状。有流鼎本就少见，造型如此独异的兽首流更为罕见。此鼎造型奇特，兽与兽首装饰生动，为鼎中的优秀作品，也是研究晋国青铜器艺术造型的重要资料。现藏山西博物院。（图 213）

图 213 兽首流有盖鼎

┃王子午鼎┃

春秋晚期炊煮或盛食器。通高 69 厘米，口径 66 厘米。1978 年河南淅川下寺出土。侈口，束腰，平底，三蹄足。口两侧斜出双立耳。盖微凸，中有环形钮，钮外区有窃曲纹两周，上置铜匕一件。器身满饰半浮雕夔龙纹、窃曲纹和云纹，还有做攀附状浮雕夔龙。器内壁有铭文 84 字，内容记载了王子午在楚康王某年元月丁亥日，选用精铜铸鼎，以祭祀祖先文王，并颂扬自己的功德。此鼎形体高大，造型雄伟凝重，纹饰精美华丽，铸造工艺精湛高超，铭文书体整齐优美，是研究春秋时期楚国的历史和青铜器铸造工艺的重要资料。此鼎为迄今所见楚式鼎中之冠，具有极高的历史、艺术价值。现藏河南博物院。

┃夔龙纹鼎┃

春秋晚期炊煮或盛食器。通高 19.2 厘米，口径 16.6 厘米，腹径 15.5 厘米。1978 年湖南资兴旧市出土。侈口，双附耳，垂腹，平底，三高足。从口沿经腹部至足上，有三条明显的合范铸缝，将器分成三等分。纹饰分布在腹部，中间以同纹与变形夔龙纹相间，上下两边饰曲折纹。此鼎造型和纹饰与同时期中原地区青铜鼎有所不同，与楚器迥异，具有南方越族的地方特色。现藏湖南省博物馆。（图 214）

图 214 夔龙纹鼎

牺鼎

春秋晚期炊煮或盛食器。通高 27.3 厘米，长 28.3 厘米，重 4.8 千克。1974 年安徽舒城出土。此器为觥与鼎的合体器物。在觥的本体上附加一对立耳，器连龙首，与觥盖连龙首不同，为当时新出现的形制。盖顶饰环带纹，器前端作龙首，两侧饰蟠虺纹，中腹饰蟠虺纹带。此鼎形制奇特，在安徽江淮之间屡有出土，是具有浓郁地域特色的器形。现藏安徽博物院。

中山王𰉼鼎

战国中期炊煮或盛食器。通高 51.5 厘米，直径 65.8 厘米，重 60 千克。1977 年河北平山战国中山王𰉼墓西库出土。子口内敛，上有圆钮顶盖，两侧附耳，鼓腹，平底，下有甚短的蹄形足。腹中部有凸弦纹。此器为九件列鼎中的首鼎，是王𰉼十四年所作。鼎足为铁质。腹外刻铭文 77 行 469 字，是目前所见战国时代最长的一篇青铜器铭文。铭文秀丽，竖笔引长下垂，开魏晋悬针篆书艺术的先河。铭文内容记载公元前 316 年燕王哙让君位给相国子之，以致国破身亡事，中山王𰉼要其嗣王接受这一教训。铭文还记载了相邦司马赒在燕国内乱时伐燕的史事，以及开辟疆土获地数百里、列城数十座等功绩，以及中山国国王的部分世系，这些均不见于史籍记载。中山国，是战国七雄以外由少数民族白狄建立的诸侯国，有关其历史古文献记载甚少，因而此鼎及几件同时出土的长铭青铜器的发现具有重要的学术价值。现藏河北省文物研究所。

嵌金银卷云四瓣纹鼎

战国中期炊煮或盛食器。通高 16.5 厘米，腹径 13.2 厘米，流长 3.8 厘米。1979 年河南洛阳出土。有盖，器、盖合成扁圆球形，三蹄足。盖正中有带圆环的铺首鼻钮，钮旁有对称的鎏金蟾蜍一对。器腹一侧斜向上出管状流，口两侧附耳。全器遍饰嵌金银图案，盖与腹饰嵌金银卷云纹和三角纹带、四瓣团花纹，耳、足、流部为以嵌金银卷云纹和三角纹为主题的花纹图案。整器不仅花纹图案对称工整，而且嵌金银亦都对称和谐，精巧玲珑，装饰华丽，是一件极其精美的工艺品。现藏洛阳市文物考古研究院。（图 215）

图 215 嵌金银卷云四瓣纹鼎

四联鼎

战国晚期楚国炊煮或盛食器。高 15 厘米，口径 10.8 厘米。1972 年安徽太湖长河水利工地出土。圆拱形盖，中心设小钮，外饰两周凸弦纹和三只匍匐之兽。腹饰一周凸弦纹。四鼎相同，腹部相联，共六个附耳，四个蹄足，蹄足中部可活动内折。单鼎形制为典型的战国晚期楚鼎风格，但四鼎相联、鼎足可内折者则少见。现藏安徽博物院。

铸客鼎

战国晚期炊煮或盛食器。高 113 厘米，口径 87 厘米，重 400 千克。1933 年安徽寿县朱家集出土。鼎体厚重，敛口，附耳曲折，鼓腹，三兽蹄足。中腹有宽箍一道。双耳和颈外壁饰菱形纹。足上部饰大兽面纹，根部饰浮雕回纹。鼎口平沿有铭文 12 字，内中有数字，记鼎为楚国工官铸客监造。整体造型气势磅礴，是楚王宗庙重器，在现存的战国鼎中最为瑰丽雄伟。现藏安徽博物院。

熊足鼎

西汉炊煮或盛食器。通高 18.1 厘米，口径 17.2 厘米，腹径 20 厘米。1968 年河北满城陵山中山靖王刘胜墓出土。有盖，敛口，鼓腹，双附耳，圆底，下有三熊足。盖周有四只小兽。鼎耳上端为一圆轴，贯穿于一小兽的臀部；小兽伏卧状，可翻转固定鼎盖。腹部、口部及盖沿各有凸弦纹一道。熊作张口蹲立状，全身满刻细密鬃毛纹。此鼎造型生动活泼，别具一格，是西汉早期典型鼎器。现藏河北省博物馆。（图 216）

图 216 熊足鼎

四蛙纹盘口鼎

西汉炊煮或盛食器。通高 75 厘米，口径 38 厘米，重 11 千克。1972 年广东云浮托洞出土。盘口，圆肩，鼓腹，外弧形高足。双环耳，下有双錾。肩饰四蛙，腹饰弦纹，足饰波纹。形制具有广东地方特征，纹饰与当地发现战国至西汉青铜鼓相同，当是该地西汉少数民族铸器。现藏广东省博物馆。

伯矩鬲

西周早期炊煮或盛食器。高 33 厘米，口径 22.9 厘米。1975 年北京房山琉璃河黄土坡村出土。平盖，折沿，立耳，三袋足，腹作双眉翘起的兽面纹，盖铸高浮雕兽面，双角弯翘起，以圆雕兽首为盖钮。铭文有 19 字，记燕侯赏赐伯矩贝事。此鬲装饰以平雕、高浮雕和圆雕饰相结合，使器形增强了浑厚雄丽之感，在同类器中是难得一见的精品。因出土于西周燕国贵族墓地，铭文是研究西周初年燕国历史与地理的重要资料。现藏首都博物馆。

师趛鬲

西周早期炊煮或盛食器。高 50.8 厘米，口径 47 厘米。平沿，附耳，束颈，三分裆款足。颈部饰上、下顾首三角形夔纹，附耳饰重环纹，袋足中线饰高大扉棱，腹部刻画大型夔纹，以雷纹衬地。铭文 5 行 30 字，记载了师趛为死去的父母作器之事，并希望子孙后代能将此祭器永

世传接。此鬲制作精细，形制宏大，属鬲类中最大者，造型雄奇瑰丽，有很高的艺术水准。现藏故宫博物院。（图 217）

图 217 师趛鬲

刖刑奴隶守门方鼎

西周中期炊煮食器。通高 17.7 厘米。1976 年陕西扶风庄白村出土。平沿，敛颈，双附耳，鼓腹，四隅各有一龙。口沿下饰窃曲纹。腹下连方形炉，四隅有鸟形足。炉门有窗，门外有浮雕刖足者持拐杖而进，与史书记载刖者守门相符，再现了西周奴隶低下的社会地位和悲惨的生活，也是研究西周奴隶制的珍贵资料，具有很高的历史价值。现藏周原博物馆。

刖刑奴隶守门鬲

西周晚期炊煮食器。高 13.8 厘米，口长 11.4 厘米，口宽 9.2 厘米。长方体。分为上、下两部分。上部为炊煮部分，呈长方形，四角成弧形；下部略小于上部，一面有可开闭的两扇门，其中一扇门的外面铸有一个受过刖刑奴隶的形象，其他三面有孔，以供出烟。鬲上部颈饰窃曲纹，腹四面为连续的环带纹，下部饰云纹。此鬲形制少见，装饰简单，采用了写实的艺术手法。刖俑鬲传世和出土的极少，鬲门上所铸的刖刑奴隶形象，是研究西周奴隶制的珍贵资料，具有很高的历史价值。现藏故宫博物院。（图 218）

图 218 刖刑奴隶守门鬲

荐鬲

春秋中期炊煮食器。高 12 厘米，口径 15.5 厘米。1978 年河南淅川下寺出土。宽折沿，短束颈，款足弧裆，三蹄足。附有一匕。腹饰蟠虺纹，四周有六条镂雕蟠龙。口沿上有铭文 12 字，记此为荐鬲，但作器人的名字已被刮掉。春秋时期青铜鬲的数量已大大减少，而且大多纹饰简单，而此鬲纹饰精美富丽，铸作精工，是其中难得的精品。现藏河南博物院。

妇好三联甗

商晚期炊蒸器。长 103.7 厘米，宽 27 厘米，通高 68 厘米，总重量 138.2 千克。1976 年河南安阳殷墟妇好墓出土。由六足长方形承甑器和三甗组成。承甑器面上有三个侈领圈口，作为放置甑之用。三甑有牛首双耳，颈饰龙纹。承甑器圈口周饰三角纹和勾连雷纹。器面绕圈口有蟠龙纹,四角饰牛首纹,四壁饰龙纹和网纹,下饰大三角纹。承甗器中央圈口内壁、各甗内壁和两耳下外壁均有铭文"妇好"两字。此甗形制特殊,在商周青铜器中仅此一例,是研究商代青铜文物类型学的重要资料。现藏中国国家博物馆。

图 219 妇好甗

｜妇好甗｜

　　商晚期炊蒸器。通高 98.5 厘米,口径 46 厘米。1976年河南安阳殷墟妇好墓出土。口沿外侈,腹壁微敛,圜底接鬲,三分裆柱形足。上腹部饰兽面纹,以扉棱为兽鼻,巨目。腹部以下素面无纹,口沿内侧刻有铭文"妇好"两字。此器出土于妇好墓中,进一步证实甗已从实用食器列入青铜礼器的行列,并成为重器之一。现藏中国社会科学院考古研究所。（图 219）

｜叔硕父方甗｜

　　西周晚期炊蒸器。高 45.8 厘米,口长 30.5 厘米,口宽23.3 厘米。清同治八年 (1869) 山西吉县安平村出土。全器分上下两部:上部为长方体甑,侈口,立耳;下部为鬲,鬲肩下有四兽蹄形足。甑与鬲之间有箅。口饰鳞纹,腹饰环带纹。口内侧有铭文 2 行 13 字,记器为叔硕父所作。青铜甗由陶甗发展而来,商代晚期成为重要的礼器之一,多与鼎、簋、豆、壶、盘等组成一套随葬礼器。甗多为圆形,似此器的方甗则较少见。现藏上海博物馆。

｜鲁仲齐甗｜

　　西周晚期炊蒸器。通高 41.1 厘米,口径 31 厘米。

图 220 鲁仲齐甗

1977 年山东曲阜鲁国故城出土。器由甑和鼎组合而成。甑敞口,束颈,双附耳,折肩,敛腹,平底。底有十字形孔,底周围有凸棱,上有楔形子口。颈饰鳞纹,腹饰窃曲纹。鼎束颈,双附耳,鼓腹,圜底,兽蹄足。甑腹内壁有铭文 18 字,记甗为鲁仲齐所作。甗应是甑鬲合体,而此器为甑鼎合体,为甗中的特殊一例。现藏曲阜市文物管理委员会。（图 220）

｜集眗甗｜

　　战国晚期蒸食器。高 118 厘米,口径 27.5 厘米,重 93.2 千克。1933 年安徽寿县朱家集出土。甗分两部:上部为甑,甑的口缘窄,颈部收缩,附耳微向外张,下腹收敛,平底下有榫圈;下部为鬲,鬲体扁圆,圜底,兽蹄足,肩上有一对向外伸张的耳。甑的颈、腹部均为变形龙纹,龙的躯体内以∽形纹作为填充。三足上部是云纹组成的变形兽面纹。口外侧有铭文一周6字，记器为楚国工官所造。在甗类礼器中，此器的形制最为巨大，是研究战国时代楚文化的重要实物资料。现藏上海博物馆。

兽面纹双耳簋

商早期盛食器。高17.4厘米，口径24.5厘米，底径16.4厘米，重2.7千克。1974年湖北黄陂盘龙城出土。宽折沿，鼓腹，圈足。腹饰粗犷兽面纹，圈足有等距十字孔。此器是典型的簋器造型。但早期簋一般无耳，而此器腹部两侧对铸兽首半环耳，较为特殊。此器是商代早期青铜器中首次发现的盛食器，具有重要的研究价值。现藏湖北省博物馆。

癸再簋

商晚期盛食器。高13厘米，口径12.8厘米，重1.78千克。侈口，束颈，鼓腹。口沿下饰三角雷纹和目雷纹。腹部饰细雷纹底兽面纹，双角显著，双目特小，对比强烈，兽体延展的两侧构成鸟纹。各组兽面纹隔以薄棱脊。圈足有雷纹组成的兽面纹。器内底铸"癸再"两字。此器满饰花纹，不但有主题花纹和衬托花纹，而且在主题纹上还饰有花纹，形成了三层花纹。花纹细腻精工。全器典雅亮丽，是簋器中的珍品。现藏故宫博物院。（图221）

图221 癸再簋

乳钉纹三耳簋

商晚期盛食器。高19.1厘米，口径30.5厘米，重6.94千克。狭沿，深腹，高圈足。器外壁均匀地分饰三兽耳，耳下有小珥。口沿下饰目雷纹及乳钉纹，腹饰斜方格乳钉纹，圈足饰曲折角形兽面纹。此簋形体较大，造型古朴厚重，纹饰精美华丽，繁缛而显高贵。尤其高浮雕的兽面装饰，更体现了商代晚期青铜铸造工艺的高超水平。值得一提的是，三耳簋打破了双耳簋的对称特点，极少见到，此器堪称稀世之珍品。现藏故宫博物院。

天亡簋

一名大丰簋、朕簋。西周早期盛食器。高24.2厘米，口径21厘米，座边长18.5厘米。传清道光年间陕西岐山出土。圆体，侈口，深腹，圈足，下附方座。腹部两侧有四兽首耳，并有下垂小珥。器腹与方座均饰夔龙纹，圈足饰变体龙纹。器内底有铭文77字，记述周武王举行祭祀大礼，在辟雍天室中祭天和文王：武王因受到文

图222 天亡簋

王的护佑，终于灭商。铭文内容是研究西周早期历史、祭祀制度的珍贵资料。造型端庄稳重，花纹精美富丽，铭文书体规整，反映西周早期青铜铸造业的高超水平，是西周青铜器断代的标准器。现藏中国国家博物馆。（图222）

▎大丰簋▎

又名天亡簋。参见【天亡簋】。

▎朕簋▎

又名天亡簋。参见【天亡簋】。

▎利簋▎

西周早期盛食器。高28厘米，口径22厘米。1976年陕西临潼西段村窖藏出土。侈口，鼓腹，圈足下连方座，兽首耳下有长方珥。腹部饰展体式外卷角兽面纹，獠牙巨目；圈足饰龙纹；方座四壁亦饰外卷角兽面纹，并在两旁配置了龙纹，座面四角饰有蝉纹。器内底有铭文4行32字，是记载牧野之战武王克商的珍贵史料。其中的甲子纪时，不仅为西周青铜器断代提供了重要的标准，也证实了《世俘》《牧誓》等周代文献对武王伐商一事的记载。此器也是目前为止所知最早的西周青铜器。现藏中国国家博物馆。

▎㠱簋▎

西周中期盛食器。通高21厘米，口径22厘米，腹深12.5厘米，重5千克。1975年陕西扶风庄白村出土。有盖，顶如浅杯。器形侈口，垂腹，低圈足。双耳为凤鸟形，鸟高冠立起，以爪为珥，装饰富丽，造型优美。鸟身饰鳞羽纹，腹与盖均饰两两相对的卷尾的大凤鸟纹，刻镂华丽，为多层次的浅浮雕。器前、后颈部各铸一兽首。器与盖各铸铭文11行134字，内容相同。铭文记述了器主在周某王六月乙酉，率领有司和师氏征伐淮戎的侵扰，在械林一战中，杀死和虏获了敌人计102人，并缴获盾、矛、戈、弓、箭箙、胄等135件兵器，还夺回被戎俘虏的114人。铭文属西周青铜器长篇铭文之列，其内容对研究周王朝与周边民族的关系、战争史和兵器等方面均具有重要价值。现藏扶风县博物馆。

▎班簋▎

西周中期盛食器。通高22.5厘米，口径25.7厘米。侈口，圆腹，低圈足。颈饰弦纹和圆涡，腹饰兽面纹。器外壁均匀地塑有四兽形耳；耳下有四长珥，下垂成四足，承托器身。器内底有铭文20行198字，内容记载周穆工命毛公伐东国事。此簋造型端庄典雅，形制

图223 班簋

少见，花纹简单明快，铭文书体优美。四耳簋在当时少见，反映了当时铸工的创造力。此簋是西周穆王时期青铜器断代的重要标准器，铭文内容是研究西周战争的重要资料。现藏首都博物馆。（图 223）

追簋

西周中期盛食器。通高 38.8 厘米，口径 26.3 厘米。器腹与方座均刻画夔凤纹。器颈前后各铸一兽首。颈与足饰窃曲纹。盖、器同铭共有 7 行 60 字，大意是追尽职地奉守职事，得到周天子的嘉奖，追称扬周天子，并铸纪念祖先的祭器。此器造型雄浑古朴，庄重典雅，纹饰富丽，铭文书体整齐，体现了西周中期青铜铸造业的发展水平。铭文内容对研究西周孝道意识，以及称谓习惯有很重要的价值。现藏故宫博物院。

格伯簋

一名佣生簋。西周中期盛食器。高 31 厘米，口径 21.9 厘米，重 8.9 千克。边、器口沿及圈足刻画冏纹及龙纹。盖面、腹部及方座中间均饰直条纹。腹部两侧塑有一对兽首耳。传世共计三器，各器铭文均不全，合三器完整的应有 83 字，记载佣生自格伯处取得良马四匹，而以三十田作为交换，书券剖折，各执其一，并勘察田界。此器是研究西周土地制度的重要资料。现藏故宫博物院。（图 224）

图 224 格伯簋

佣生簋

又名格伯簋。参见【格伯簋】。

㝬簋

西周晚期盛食器。通高 59 厘米，口径 43 厘米，重 60 千克。1978 年陕西扶风法门镇齐村出土。侈口，宽体，鼓腹，圈足，下附方座。大龙耳高耸，有夔龙垂耳，极为壮丽。腹及方座饰直棱纹，方座四角饰兽面纹，颈与足饰窃曲纹。器内底有铭文 124 字，由铭文可知是西周厉王㝬十二年为祭祀祖先而铸，称颂祖先，并祈求祖先对周王室的佑护。此器浑厚雄丽，是目前所见最大青铜簋。铭文对研究西周王室的祭祀制度和礼制都有很高的历史价值。此簋也是西周厉王时期的断代标准器。现藏扶风县博物馆。（图 225）

图 225 㝬簋

┃ 颂簋 ┃

西周晚期盛食器。通高 30.1 厘米，口径 24.2 厘米，重 13.2 千克。隆盖，顶有圈形把手。圆腹，圈足，下附三兽足。腹部两侧塑一对兽首耳。口沿上下各饰窃曲纹一周，盖与腹均饰瓦纹，圈足饰重环纹。形制庄重。盖器同铭，各铸 15 行 152 字，大意为：周王册命颂掌管成周贮（廙）廿家，监督新造，积贮货物，以为宫御之用。周王赏赐颂玄衣、黹纯、赤市、朱黄、鸾旂、攸勒等物品。颂接受命册，退出中廷，然后再回返，向周王献纳瑾璋。此器比较完整地反映了西周王室策命官员的制度。铭文与颂鼎同。山东省博物馆原藏器，青岛市张秀琳又捐赠盖，终使器盖合一。现藏山东省博物馆。

┃ 秦公簋 ┃

春秋中晚期盛食器。高 19.8 厘米，口径 18.5 厘米，足径 19.5 厘米。传 1921 年甘肃天水出土。有盖，圈形把手。腹部有兽首双耳。器及盖均饰细小虺螭纹，刻画精细。盖器同铭，盖 54 字，器 51 字，字体与石鼓文相近。铭文记载秦国建都，延续十二世。秦景公承继其祖先功德，抚育万民，又有文武大臣辅佐，永固国土。铭文对研究秦国历史有重要价值。此器带有很强的秦地风格，是典型的秦国青铜器。现藏中国国家博物馆。（图 226）

图 226 秦公簋

┃ 莲瓣龙耳方座簋 ┃

春秋中期盛食器。高 33.9 厘米，口径 23.1 厘米。器下有连在一起的方座，器身与器座均饰环带纹。腹外塑有双龙耳，龙张口吞吐。口部以莲瓣装饰：此种装饰手法，多见于簋与壶的盖上，西周晚期开始出现，进入春秋后以莲瓣为饰的器物更多，在一定意义上反映了春秋变革时代的特点。此器造型浑厚雄奇，装饰瑰丽，是簋中的上乘作品。从近年考古发现来看，具有这一特征的铜簋多属齐国器，因而也是研究春秋齐国青铜器的重要材料。现藏故宫博物院。

┃ 公簋 ┃

春秋中期盛食器。通高 36.8 厘米，盘径 23.5 厘米，圈足径 17.5 厘米。1978 年山东沂水刘家店子出土。器形似盖豆。半球形盖顶上装饰着八瓣镂孔莲花形捉手，盖沿处等距离分布四枚兽形小卡钮。盘较浅，大口方唇，折沿，缓平底，喇叭形高圈足。盖沿饰蟠龙纹，上接鳞纹，器沿为内填鳞纹的三角形饰，圈足饰镂孔鳞纹。盘内底有铭文"公簋"二字。该器豆形而簋名，反映了豆最初或与簋同源。现藏山东省文物考古研究所。

曾侯乙簋

战国早期盛食器。高 31.2 厘米，口径 22.2 厘米，重 12.5 千克。1978 年湖北随县擂鼓墩曾侯乙墓出土。侈口，束颈，鼓腹，圈足，下附矩形方座。莲瓣顶盖，盖缘有三个兽面衔扣。腹两侧有一对龙形耳。器表镶嵌勾连云纹、鸟首龙纹。盖内、腹内壁有铭文 7 字，表明为曾侯乙所作用器。器形、纹饰均极为精丽，是青铜簋中的精品。现藏湖北省博物馆。（图 227）

图 227 曾侯乙簋

兽面纹豆

商晚期盛食器。通高 13.4 厘米，盘径 15 厘米，盘深 2 厘米，足径 9.7 厘米。1989 年江西新干大洋洲商墓出土。平折沿，方唇，浅盘，腹微鼓，粗柄，喇叭状圈足。此器平口沿部饰一周云雷纹，盘底中心饰一圆涡纹，盘内壁环饰一周斜角目雷纹。腹部饰三组由云雷纹组成的内卷角兽面纹。圈足上部有三个均匀排列的勾戟状扉棱，呈三组内卷角兽面纹；下部则为两道凸弦纹，置十字镂孔三个；最下面饰三组云雷纹，以三个扉棱隔开。商代青铜豆发现极少，且造型、纹饰均较简陋。此豆造型典雅高贵，纹饰精美细腻，为商代同类器中难得一见的精品。现藏江西省博物馆。

镶嵌狩猎画像豆

春秋晚期盛食器。高 20.7 厘米，口径 17.5 厘米，底径 11.1 厘米，重 1.79 千克。1923 年山西浑源李峪村出土。盖、器扣合似扁球形，下承短柄圈足。器和盖各饰狩猎画像两组，用红铜镶嵌，描绘巨兽中箭，各种禽兽奔走，而猎人处于兽群之中勇武行猎的情景，圈足亦饰禽飞兽跃的图像。整个图像基本上改变了商周以来对称的或连续的模式。这类春秋晚期新出现的纹饰，是战国画像艺术发展的先驱。现藏上海博物馆。

镶嵌蟠兽纹盖豆

战国早期盛食器。通高 19.2 厘米，底径 11 厘米，口径 17 厘米。1965 年山西长治分水岭出土。盖顶捉手较大，倒置似盘。深腹，圆底，短柄，盘形圈足。圈足内侧有四穿孔。盖顶饰云纹、莲瓣纹和斜三角云纹带。盖面及缘，器口及腹皆饰蟠兽纹；圈足饰垂叶纹。纹饰全部错金，细腻流畅，反映了战国时期高超的金属加工工艺。现藏山西博物院。（图 228）

图 228 镶嵌蟠兽纹盖豆

镶嵌云纹方豆

战国早期盛食器。高24.5厘米，边长12.5厘米。1935年河南汲县山彪镇出土。盘体呈方形，盖顶为扁圆捉手，面作四阿形。器腹似盖对称，下为柱形细柄，扁平足。通体饰云纹，杂嵌绿松石。形制规整，做工精细，为战国早期青铜镶嵌工艺的代表作。现藏河南博物院。

透雕环带纹铺

西周中期盛食器。高15.2厘米，盘径27厘米，盘深5厘米，重1.85千克。1974年陕西扶风强家村出土。盘口直方唇，浅盘平底，高座。口沿下饰鳞纹，座为透雕环带纹，座近边处饰勾连云纹。铺和豆形制相近，区别在于铺盘大多为平底，豆柄长而较细。此器自铭铺，为辨别同类器提供了依据。现藏陕西历史博物馆。

鲁大司徒厚氏元铺

春秋中期盛食器。高28.3厘米，口径25.5厘米，重7.56千克。有盖，直口平底，浅盘，高圈足。盖顶作外撇镂孔莲瓣形装饰。通体饰窃曲纹。盖器同铭，各铸25字，记此铺为鲁国大司徒厚氏元所作。此器形状似豆，却在铭文中自铭为"匿"，这在同类青铜器中不多见。现藏故宫博物院。（图229）

图229 鲁大司徒厚氏元铺

135

永盂

西周中期盛食器。通高47厘米，口径58厘米，腹深37厘米，重36千克。1969年陕西蓝田泄湖镇出土。侈口，折沿，附耳，深腹，高圈足。器腹中部一面设一长鼻高卷的象首。腹至圈足并有棱脊。颈与足饰夔纹。器腹内铭文12行123字。记载了周共王分给师永田地，传达周王之命的是大臣益公，与益公共同参与此事的还有邢伯、荣伯、尹氏等大臣。永因受田，称扬天子，并为文考乙公作此件祭器。铭文中提到不少西周中期王室大臣的名字，可与其他青铜器上的人名相互联系，对青铜器断代有重要价值。此器铭文为研究西周中期国有土地制度下的土地赏赐情况提供了重要资料，为周共王时期的重要标准器之一。现藏西安博物院。

匽侯盂

西周早期盛食器。高24.5厘米，口径33.8厘米，重6.45千克。1955年辽宁喀喇沁左翼蒙古族自治县马厂沟出土。侈口，沿外撇，深腹，附耳，圈足。器腹以雷纹为地，主题为垂冠夔纹，圈足亦饰夔纹。器内壁铸铭5字。全器造型古朴端正，花纹雄健流畅，反映了西周早期青铜工艺的高超水平。此盂应为西周时期燕国器，具有很高的历史价值。现藏中国国家博物馆。

鲁伯愈盨

西周晚期盛食器。通高 19.2 厘米，口长 23.5 厘米，口宽 15.2 厘米。1977 年山东曲阜鲁国故城出土。器附盖，盖上设四个长方形的兽纹捉手。盖顶中央有一立虎。器身设对称的二兽首耳。圈足外侈。器颈与盖沿各饰窃曲纹，圈足亦饰窃曲纹，器腹饰平行瓦纹。盖、器对铭，各铸铭 6 行 36 字，内容记载鲁伯愈为其父母作盨。此盨形制厚重，铸造精工，铭文书体流畅，反映了西周晚期鲁国青铜工艺的发展水平。现藏曲阜市文物管理委员会。

蟠螭纹盨

春秋晚期盛食器。通高 16 厘米，口长 33 厘米，口宽 20 厘米，重 4.87 千克。1958 年安徽太和胡窑出土。长方体，圆角，矮圈足。器身两侧各附一兽耳，盖顶镂空对称四瓣花状把手，圈足四边正中各有一凸形缺口。通体饰细密繁缛的蟠螭纹，足饰夔纹。器形、纹饰在同类器中最为精美。现藏安徽博物院。

虢国太子龙纹盆

西周盛食器。高 15 厘米，口径 28 厘米，腹径 26.4 厘米，腹深 14.6 厘米。1990 年河南三门峡虢国墓地虢国太子墓出土。侈口，卷沿，束颈，颈部塑半环形龙首一对。表面有四条竖向栏线将纹样分成四组。沿下饰双龙首纹，腹部为曲体龙纹，两耳侧面为变体云纹。此器出土于虢国太子墓，共出土随葬青铜器 1626 件。其中礼器有 31 件，且为七鼎八簋的规格，仅次于虢国国君，表明了墓主高贵的身份。其中盆作为礼器出现是第一次，尤显珍贵。现藏河南省文物考古研究院。

飞鹰中柱盆

战国中期盛水器。通高 47.5 厘米，直径 57 厘米，重 31 千克。1977 年河北平山中山王䗐墓出土。小折沿，直壁，下腹部折收成小平底，下由束腰圆柱和镂空蟠螭纹圈座承托。内底凸铸一鳖，背驮一圆柱，柱顶有一雄鹰，双爪抓住纠结着的双蛇头部，做展翅飞翔状。外壁有等距相对的飞鹰四组，颈挂吊环作回首状。该器造型新颖，别具匠心。原盆内可盛水。底有一鳖，上有雄鹰擒蛇，似有除恶祈祥之意。现藏河北省博物馆。（图 230）

图 230 飞鹰中柱盆

医工盆

西汉医用器具。高 8.3 厘米，口径 27.6 厘米，底径 14 厘米。1968 年河北满城中山靖王刘胜墓出土。侈口，外折沿，浅折腹，假圈足。口沿和器壁上刻有"医工"字样，口沿上为工整的隶书，其余两处潦草。盆沿及底边有两处用铜片加铆钉修补。自铭"医工"的医用器具属首次发现。现藏中国国家博物馆。

图 231 夔纹簠

图 232 虺纹簠

▌夔纹簠 ▌

西周早期盛食器。长 55.8 厘米，高 37 厘米，重 17.5 千克。长方体。侈口，斜壁深腹，圈足。有盖，盖顶有长方形捉手。盖仰置可为盘，捉手即为足。盖、器身饰夔纹和直条纹。此器形体高大，造型和纹饰具有西周早期青铜器特点，而且西周早期的簠仅发现此一件，殊为珍贵。现藏故宫博物院。（图 231）

▌薛子仲安簠 ▌

春秋早期盛食器。通高 16 厘米，口长 29 厘米，口宽 24 厘米，重 5 千克。1973 年山东滕县薛城遗址出土。器呈长方形，斜壁，平顶，折沿甚狭，器与盖形制一致，平口相合，四角有向外侈的矩形足，两侧有兽首形耳。口沿及足部饰窃曲纹，腹部饰象鼻形兽首纹。盖与器纹饰相同。盖器同铭，各铸 3 行 15 字，记薛子仲安作旅簠。薛国，妊姓，西周初年武王复封商人后裔畛为侯立国，春秋时参与盟会，战国时为齐所灭。此器为西周晚期至春秋早期簠的代表器。现藏滕州市博物馆。

▌虺纹簠 ▌

春秋晚期盛食器。高 25.5 厘米，口宽 23.3 厘米，口长 30.1 厘米。1959 年湖南益阳市郊出土。长方体，直径，浅腹，四框斜壁，无耳，平底，四外侈矩形足。盖与器形制相同，上下对称，盖仅多两环耳，有卡口相接。通体饰极细密的虺纹，为春秋时期楚国青铜器常见的纹饰。簠的形制在春秋中晚期发生了变化，此器为春秋中晚期簠的代表器。现藏湖南省博物馆。（图 232）

▌龙纹高足敦 ▌

战国早期燕国盛食器。通高 15.5 厘米，腹径长 14.5 厘米，宽 12.8 厘米，足高 6.7 厘米。1974 年河北三河双村出土。椭圆体。有盖，折沿，顶中一方环钮，缘饰三只伸颈平视的鸟首。器深腹，圜底，三蹄形足，两侧环形耳，一耳与一足直。盖上饰三只，腹部饰四只阴线龙纹，兽首有角，张口，尾上翘下卷，身披鳞片，四肢伏地。敦足上端饰兽首纹。此敦的造型和纹饰具有浓厚的燕文化特色。现藏河北省廊坊市文物管理所。

图 233 镶嵌三角云纹敦

镶嵌三角云纹敦

战国晚期盛食器。通高 25.4 厘米，腹径 18.8 厘米。球体。盖与器对称，可分开使用。器与盖有子母口相合。器盖各有三扁足，两侧设圈耳。盖顶和器底饰同纹，外区为方块状交错的云纹，并围以斜角云纹带。口沿饰宽阔的交错三角云纹，器和盖合口时，此三角云纹相错成环器的规整的曲折纹。全部纹饰镶嵌银丝、红铜丝和绿松石，纹饰极为绚丽，是战国中晚期青铜器几何纹饰的代表作之一。现藏上海博物馆。（图 233）

鎏金鍪

西汉炊器。高 11 厘米，口径 6.4 厘米。1976 年贵州赫章可乐出土。器下马蹄形三短足，颈下一侧铸一环形耳。通体鎏金。秦汉铜鍪发现虽较多，但此器通体鎏金，精而罕见；又属出土品，更显珍贵。现藏贵州省博物馆。

镶嵌云纹盒

战国晚期楚国盛食器。通高 15.2 厘米，口径 18.2 厘米，底径 14 厘米。20 世纪 60 年代陕西米脂官庄村古墓出土。隆盖，平顶，中心设一小钮，原应穿环，已佚。另设四兽首形环。器、盖以子母口相合，盖可却置为盘。浅腹，腹壁近直，下部内收，平底，矮圈足，腹两侧置兽首衔环耳（缺一环）。兽面和器身均以金银片、丝嵌错勾连云纹，圈足错饰斜角云纹。纹饰精美细腻，纤细柔婉。该器虽然出土于陕北，但其造型、纹饰均有浓郁的楚文化风格，反映了两地之间的文化交流。现藏陕西省米脂县博物馆。

蟠蛇纹盏

春秋晚期楚国盛食器。通高 19.8 厘米，口径 21.3 厘米。1977 年湖北当阳金家山楚墓出土。隆盖，盖顶为九条蟠蛇共衔一环镂空喇叭形捉手，盖面有四个对称环钮。器两侧附透空兽首形耳，另两侧有一对环钮。盖面和器腹饰蟠蛇纹，间以绳索状凸弦纹；盖缘饰蕉叶纹。此种器形较为少见，以此为代表器。现藏湖北省宜昌市博物馆。

牛虎铜俎

西汉切肉食案。高 43 厘米，长 76 厘米。1972 年云南江川李家山出土。形体为一立牛，双角向前，肌肉丰腴，以内凹的牛背作俎面，牛腹下立一小牛。牛后部一圆雕虎咬住牛尾。一般青铜俎为长方形平案，此器以圆雕的二牛一虎组成，表现了非凡的想象力和独特的风格。此俎所采用的分铸焊接等也表现了高超的技术水平。该器是研究滇民族艺术成就的重要范例。现藏云南省博物馆。

虢季子白盘

西周中期盥洗器。通高 39.5 厘米，口长 137.2 厘米，重 215.3 千克。传清道光年间陕西宝鸡虢川司出土。长方体。腹下敛，平底，四矩形足。器四壁各有龙首衔环耳一对，口沿下饰窃曲纹，器腹饰环带纹。盘内铭文 8 行 111 字，记载虢季子白受周王之命征伐严狁，在战争中获胜，斩首战俘五百，抓俘虏五十。

图 234　虢季子白盘

子白向周王行献俘之礼，周王非常赞赏虢季子白，在周庙宣榭设宴为其庆功，并赐以乘马，令其辅佐王室，并赐用弓矢和斧钺，使子白有征伐之权。全篇铭文为韵文。此盘造型端庄厚重，气势雄伟，铭文书体整齐俊秀，是西周时期著名青铜器之一。铭文内容是研究西周民族关系和战争史的重要文献，具有极高的历史价值。现藏中国国家博物馆。（图 234）

史墙盘

西周中期盥洗器。通高 16.2 厘米，口径 47.3 厘米，盘深 8.6 厘米，重 12.5 千克。1976 年陕西扶风庄白村出土。双附耳，圈足。腹饰鸟纹，圈足饰卷曲云纹。盘内底铸铭文 284 字，内容极其丰富，分前后两段。前段铭文言简意赅地追颂了周初文、武、成、康、昭、穆各王的功业并赞美时王共王，这在青铜器铭文中是不多见的。其中记载的昭王伐楚荆，可印证和补充历史文献。铭文后段记载微氏家族的发展史，是研究西周贵族家族的珍贵资料。铭文字体秀美规整。此盘是共王时代青铜器断代重要的标准器之一。现藏宝鸡青铜器博物院。

散氏盘

又名矢人盘。西周中期盥洗器。通高 20.6 厘米，盘深 9.8 厘米，口径 54.6 厘米，底径 41.4 厘米，重 21.31 千克。传清乾隆初年陕西凤翔出土。附耳，高圈足。腹饰夔纹，间以兽首三，足饰变形兽面纹及窃曲纹。此盘以其长篇铭文著称于世。盘腹内有铭文 19 行 357 字，是一篇完整的契约。大意为：因矢国侵扰散国的土地，故付给散国土地作为赔偿。文中对赔地的位置、四界等均作详细记述，并有盟誓，周王朝中管理诉

图 235　散氏盘铭文

讼的王臣也参加了盟誓。此文是研究西周法律和土地的重要材料。铭文书法浑朴雄伟，字体用笔豪放质朴、敦厚圆润，结字寄奇隽于纯正，壮美多姿，有金文之凝重，也有草书之流畅，开"草篆"之端，是一件风格非常突出的作品。现藏台北"故宫博物院"。（图 235）

矢人盘

又名散氏盘。参见【散氏盘】。

双兽三轮盘

春秋晚期盥洗器。通高 15.6 厘米，口径 26 厘米，底径 14.5 厘米。1957 年江苏武进淹城出土。由盘、三轮和双兽组成。盘侈口，浅腹，矮圈足下装三轮，皆能转动，其中一轮上有折身双兽与圈足相连，兽首作饮水状。此盘形制构思巧妙，纹饰工整，铸造工艺高超，是春秋时期青铜器艺术珍品。而且目前所见三轮盘仅此一件，具有浓厚的吴越地域风格。现藏中国国家博物馆。（图 236）

图 236 双兽三轮盘

龟鱼蟠螭纹长方盘

春秋晚期盥洗器。通高 22.5 厘米，长 73.2 厘米，宽 45.2 厘米，重 23.5 千克。长方体。口沿向外平折。盘内外满饰华丽的花纹和多种浮雕的动物。盘外有对称的两衔环铺首，铺首间浮雕熊和鸟嘴有翼怪兽，分别作吞食螭和蜥蜴的状态，极为生动；盘腹侧面浮雕的独角怪兽，正哺乳一羊，两兽神态亲昵友善。独角怪兽，即传说中称作獬豸的神兽。整个盘以四只蹲踞的卧虎为足，虎作昂首张口状。盘底与虎足间以浮雕的蟠螭相连接，螭口咬虎脊，爪抓虎背，怒目圆睁。盘内底以多组蟠螭纠结，构成水波流动状态，水中浮雕鱼、龟、蛙，构成一幅水生动物写实图。此器形体宏巨，铸造精工，纹饰工丽。在装饰手法上将平雕与浮雕紧密地结合在一起，既表现了龟、鱼、蛙、虎、羊等写实动物，又创造了神话世界中的各种神兽，构思精巧，是一件不可多得的瑰宝。现藏故宫博物院。

牺座立人擎盘

战国工艺品。通高 15 厘米，盘径 14 厘米。1965 年山西长治分水岭出土。牺体肥壮，竖耳、蹄足，短尾。颈饰贝纹，背饰鳞纹，腹饰云纹和绹索纹，尾饰垂叶纹，肩部和臀部饰卷云纹。牺背站一女俑，束

图 237 牺座立人擎盘

发垂肩，身着右衽窄袖长袍，腰间系带，两臂前伸，双手捧一套在牺背部的圆柱柄，柱顶置一镂空圆盘。圆盘可以随圆柱周旋转动。此器制作精细，造型优美，纹饰华丽，是一件不可多得的艺术佳品。现藏山西博物院。（图237）

漆绘铜盘

西汉盥洗器。高13.5厘米，口径50厘米，底径44.5厘米。1976年广西贵县罗泊湾出土。圆形，浅盘，口沿外折，圜底。浅腹上有四个铺首衔环耳。器壁表里与口沿均有黑漆彩画，有人物、龙、鱼和几何纹。图案优美自然，风采独特。铜器上的漆画罕见，且为边远地区出土品，更显珍贵。现藏广西壮族自治区博物馆。（图238）

图238 漆绘铜盘

𤭖匜

西周晚期盥洗器。长31.5厘米，通高20.5厘米，腹宽17.5厘米，重4.85千克。1975年陕西岐山董家村出土。器体似瓢，平盖，宽流，后有鋬，四兽蹄足。盖前端为虎头。此器盖似盉、器似匜，是介于盉和匜之间的过渡形式。口沿下饰窃曲纹。器内底和盖内共铸铭文157字，器铭与盖铭连续读，是一篇诉讼的判决词。大意是：牧牛（人名）和他的上司叫𤭖的，为争五个奴隶发生诉讼，负责宣判的法官伯扬父在判词中说牧牛犯上，判处牧牛鞭打五百，并罚三百锊的铜，还让牧牛发誓，最后又作了警告。此匜器形古朴，又辅以虎首盖，这在铜匜中少见。铭文字体柔美典雅，在西周青铜器铭文中有其特色，独树一帜。器形为匜，而铭文则自铭为盉，说明匜乃由盉发展演变而来。铭文内容对研究西周刑法和狱讼盟誓制度具有很高的史料价值。现藏岐山县博物馆。

齐侯匜

西周晚期（一说春秋早期）盥洗器。通高24.7厘米，通长48.1厘米，重3.4千克。器身通饰瓦纹。器上设平盖，有龙形鋬，龙衔住器口，其四足做成兽形。腹内底有铭文4行22字，内容记载齐侯为其夫人虢孟姬良女作匜。西周初年实施的诸侯分封制，到西周末年开始露出弊端，各诸侯国之间纷争不息，弱肉强食，导致了春秋战国数百年的战乱时代。虢是中原小国，齐是东方大国。此匜证实了诸侯国之间为了政治联盟而出现的联姻现象。此匜属传世匜中形体最大者，造型奇特，纹饰工整秀雅，是同类器中的佼佼者，具有颇高的历史、艺术价值。现藏上海博物馆。

兽形匜

春秋中期盥洗器。高22.3厘米，宽42.7厘米，重4.88千克。流口为封顶式龙首，流顶面为多支角形龙首。鋬为曲躯大龙，口衔于匜边，作探水状。鋬上并饰有小兽，龙角亦呈兽形，脊上附有虎纹，又立一小龙。四足为鸟兽合体，一独足利爪兽的前额为一有冠鸟形，形象奇特。器体饰交连的变形窃曲纹。此器造型精巧华丽，纹饰装饰性极强，为匜类奇珍。现藏故宫博物院。（图239）

线刻狩猎纹匜

春秋晚期晋国盥洗器。通高11.2厘米，口径25.4厘米，胎厚0.08厘米。1988年山西太原金胜村赵卿墓出土。器身椭圆，带流，尾有铺首衔环。侈口，腹壁内收，小平底。外表为素面。器内侧线刻浅纹饰。流部饰三条鱼，两出一进。腹内纹饰分为四层：第一层为松柏。第二层的正中有满弦之弓，下有案，上置两个承放弓箭的壶，两边两人正在向壶中投箭，身后六人或送箭，或举杯劝酒。右侧树林中立箭靶，树丛中一人正满弓射的。第三层一行数十人亦送箭、劝酒。第四层为三角形纹，至匜底水中有群游的水蛇。整个画面表现了古代贵族的重要礼仪。现藏山西省考古研究所。

夅叔匜

春秋晚期盥洗器。高14.1厘米，流至鋬长35.7厘米。山东滕县出土。形制较为特殊。短流，长方形圆角腹，平底。器口一侧横置铺首衔环耳。器后有龙首形鋬，作弓身衔沿探水状。腹下四蟠龙形足。器底铸铭文35字，记夅叔为季改作器事。器腹两侧共饰四条龙纹，用红铜铸镶法，使器壁内外均见龙纹，是青铜器中不多见的装饰方法。现藏上海博物馆。（图240）

牺首匜

春秋晚期酒器。高21.6厘米，口径23.8厘米。1957年江苏武进淹城出土。外侈口，敛颈，鼓腹，矮圈足。前有兽形流，尖锐竖角。无鋬而有棱脊。颈及腹饰细密的垂鳞纹，牺首饰几何纹。此器体形如簋，流口狭小，是吴国青铜文化中具有浓厚地方特色的器物。现藏中国国家博物馆。

图239 兽形匜　　　　　　　　　　　图240 夅叔匜

吴王夫差鉴

春秋晚期盛水器。通高 42 厘米，口径 76.5 厘米，底径 47.2 厘米。传 1943 年河南辉县出土。大口，折沿，颈微凹，腹下敛，平底。器身有蟠虺纹三道，最下一道纹饰由二十组蝉纹排列组成。器腹两侧有虎首衔环兽耳，两耳间的口沿旁有浮雕伏虎装饰，虎攀缘器口作探水状。器腹内壁有铭文 12 字："吴王夫差择厥吉金，自作御监。"

图 241 吴王夫差鉴

此器形体很大，凝重浑厚。从铭文得知，器主为一代名王吴国国君夫差，此器具有重大历史价值。现藏中国国家博物馆。（图 241）

吴王光鉴

春秋晚期盛水器。器高 35 厘米，口径 59 厘米，底径 33 厘米。1955 年安徽省寿县蔡侯墓出土。共两件。均为圆腹平底、双兽耳。口、颈和上腹均饰密形云点，下腹饰以垂叶。鉴上有铭文 52 字，说明此器是吴王光为其女儿叔姬出嫁制作的媵器，还记载当时吴、蔡两国间的关系，具有一定的史料价值。铭文证实吴国为姬姓后裔。鉴出于蔡侯之墓，表明吴、蔡关系密切。两国均为姬姓，互通婚姻，说明当时已打破了同姓不婚的禁律。现藏中国国家博物馆。

曾侯乙冰鉴

战国早期冰酒器。高 63.2 厘米，口径 63 厘米。1978 年湖北随县擂鼓墩曾侯乙墓出土。全器由方鉴、方尊缶组成。方鉴有镂孔盖，直口，深腹，方圈足，下接四兽形足。口沿四角及每边正中加一块曲尺形和方形附饰。腹部有八个龙形耳。方尊缶置于方鉴内正中部位，有盖，直口，深腹，圈足。盖上有四环钮，腹部有四环耳，圈足的两边共有三个榫眼。方尊缶置于鉴内时三个榫眼刚好套入鉴底相应部位的三个弯钩内，其中一个弯钩装有倒钩。方尊缶安好后，倒钩自动掉下卡住圈足，使尊缶固定在鉴底不能移动，设计颇具匠心。整套器物纹饰繁密，有勾连纹、蟠螭纹、变形蟠螭纹等。蟠螭纹表现手法多变，或浮雕，或透雕，或平雕，或高浮雕。器上有铭文"曾侯乙作持用终"七字。造型奇特，精美绝伦，为罕见的精品。方鉴与方尊缶之间有空隙，可置冰块，用以把尊缶内装的酒变凉和防止变质，是古代的"冰箱"，极罕见。现藏湖北省博物馆。

共罐

商晚期盛水器。高 16 厘米，口径 10.8 厘米。1973 年河南安阳殷墟出土。侈口，直颈，斜肩，腹下敛，平底。有

图 242 共罐

索形提梁。肩上有两道弦纹，腹上缘有一道弦纹。口内铭一"共"字。此器形制模仿陶器，在青铜器中较为罕见。现存中国社会科学院考古研究所安阳工作队。（图242）

｜ 带翼青铜铃 ｜

夏代乐器。高9厘米。1984年河南偃师二里头出土。顶近平，侈口朝下，正视成梯形，顶有两孔，中间有桥形钮，一侧有半圆形扉。通体素面，外面附有纺织痕迹。出土时配有一管状玉铃舌，是一实用的铜铃。其形制简单质朴，带有早期青铜器的特点，是我国目前发现的时代最早的青铜铃。现藏中国社会科学院考古研究所。

｜ 鎏金五钴铃 ｜

北宋法器。高27.9厘米，铃径5.7厘米。1969年河北定州静志寺出土。铃圆肩直腹，五弧曲形口沿。上有长圆柄，两端束箍较细，表面饰浮雕宝装莲花纹，作竖式四格并联图案。柄端中心耸一骨节形矛锋尖，外围四股弯曲云形饰，呈五股集于顶端。铃体折肩处、腹中部及口沿皆饰宽带纹一周，宽带上、下对称地点缀小朵莲花，将肩、腹部分作五行，形成排列有序的宝装莲花纹图案。肩部为五朵，腰部为十朵，在腹部的每朵中又填饰一尊佛像或一只鸟兽，计有佛七尊，龙、凤三只。腹内吊有圆锥形长舌，振之即鸣，其声清脆悦耳。通体鎏金。造型秀丽挺拔，纹饰富丽雅致，是北宋前期铜器中的精品。现藏定州市博物馆。（图243）

｜ 雷纹铙 ｜

商晚期（一说春秋）乐器。通高67厘米，鼓间28.5厘米，铣间49.8厘米，重86.5千克。1973年湖南宁乡黄材寨子山出土。甬呈圆管状，与钲腔相通。器形似两瓦复合。通体饰细雷纹。鼓中央有一长方形凸起，顶尖为小螺纹，构图似为变形兽面纹。舞部饰兽面纹，甬旋有雷纹，是商代晚期礼乐制度的见证。现藏湖南省博物馆。

图 243 鎏金五钴铃

｜ 亚弜编铙 ｜

商晚期乐器。通高14.4厘米。1976年河南安阳殷墟妇好墓出土。钲、鼓呈扁桶形，平顶，上有筒形甬，与钲相通。钮的两面有回字形弦纹。鼓内侧有铭文"亚弜"两字，为器主族名。此铙五件为一编，商代晚期编铙多以三件为一编，五件成编的仅此一套。此编铙是迄今发现规格最高的商代礼乐器，颇为珍贵。现藏中国国家博物馆。

｜ 立象兽面纹铙 ｜

商晚期乐器。通高103.5厘米，鼓间48厘米，铣间69.5厘米，重221.5千克。1983年湖南宁乡黄材月山铺出土。钲部主纹为弧形粗线条组成的变形大兽面纹，兽目成螺旋形块状。钲部四周饰双层雷纹，鼓部以雷纹为地，中间饰浮雕举鼻象纹，两象相向而立。象身饰单线雷纹。此器形体硕大，保存完好，是迄今发现的最大青铜铙。现藏长沙市文物工作队。（图244）

图244 立象兽面纹铙

克镈

西周晚期乐器。高63厘米，重38.25千克。清光绪十六年（1890）陕西扶风法门寺任村出土。椭圆长体。于鼓部齐平略敛，舞部中央有圆孔。钲部上下各有一道宽带，带内饰八个菱形枚，钲中部两面各饰两个粗线对称夔纹。钮由透雕夔纹组成。钲体两侧和两面正中，各有一条垂直隆起的透雕连环夔纹组成的棱脊，两侧棱与钮相连垂至钲底。鼓部有铭文16行81字，记载周王召见赏赐克之事。该器铸工精良，装饰瑰丽，是西周晚期青铜器中的名器。现藏天津博物馆。（图245）

秦公镈

春秋早期乐器。最大者通高69.6厘米，舞间28.4厘米，重56.25千克。1978年陕西宝鸡太公庙村出土。共三枚，为一编。钲至舞部有透雕蟠螭纹棱脊，沿伸向上成透雕蟠虺纹钮，再上是环形悬。钲部饰蝉纹和顾首蟠虺纹。鼓部有铭文26行135字，记先祖秦襄公受命受国之事，后继文、静、宪三公世系，内容与秦公编钟相同。器为镈，而自铭"和钟"，说明此镈与钟配套使用。此器为研究当时的礼乐制度提供了重要的实物资料。现藏宝鸡青铜器博物院。

图245 克镈

齐镈

春秋中期乐器。高67厘米，舞纵30.5厘米，舞横37.5厘米，鼓间34.6厘米，铣间44厘米，重65.2千克。传清同治九年(1870)山西荣河后土祠出土。器形特大，有钮，深腔，平口。钮为食兽盘曲的飞龙构成，舞、篆、鼓等部均饰变形龙纹。纹饰缜密规矩。钲部及铣两侧有铭文18行174字。在传世青铜器中，自铭为镈者仅此一器，殊为珍贵。现藏中国国家博物馆。

楚王酓章镈

战国早期乐器。通高92.5厘米，口长60.5厘米，重134.8千克。1978年湖北随县曾侯乙墓出土。悬挂于曾侯乙编钟三层曲尺形钟架的下层中心部位。钮作龙和夔龙成双对峙，舞部、鼓部和篆带均浮雕相互盘绕的龙形纹饰，枚五个一组呈"∴∴"形缀于篆间。钲部有铭文3行31字，记楚王酓章（即楚惠王）在位的第五十六年（前433）为曾侯乙制作宗庙祭器，放在西阳。该镈凝重精美，铭文内容完整确切，反映了当时楚曾两国的密切关系。现藏湖北省博物馆。（图246）

图246 楚王酓章镈

兽面牛首纹钟

商晚期乐器。通高33厘米，钮高4.5厘米，舞纵11.3厘米，舞横17.5厘米，铣间26.4厘米，鼓间18.5厘米。1989年江西新干大洋洲商墓出土。平舞，中央有长方孔与腔相通，上立环钮，器身竖截面呈梯形。两侧各铸勾戟状扉棱八道，舞部横向两端连接扉棱处分别塑有伏鸟（其一残）。器身共三层纹饰，云雷纹为地，主题纹饰为浮雕兽面牛首纹。牛首宽鼻小耳，双尖角耸立，内卷成圆形，围抱一燕尾纹组成的圆环，环中饰囧纹。牛首两侧及上部铸四条浅浮雕夔纹。牛首纹及夔纹的纹样之上均阴刻雷纹。此器铸造纹饰精细，造型气魄瑰玮，体现了和谐的韵律之美。现藏江西省博物馆。

虢季编钟

西周乐器。通高58.7～22.7厘米，铣间32.5～11.3厘米，鼓间24.8～8.3厘米，甬高19.5～8.6厘米，重30.1～2.85千克，总重146.75千克。1990年河南三门峡虢君季墓出土。共出8件。形制、纹样基本相同，大小依次递减。钟腔内壁锉磨有数量不等的纵向调音槽（即所谓隧），少者有二道，多者有八道。虢季编钟在调音锉磨中，先两铣、后两正鼓的程序，是西周编钟艺术的重要进步，在编钟断代上也具有意义。部分编钟的侧鼓部有一小鸟纹，作为侧鼓音的敲击点标志。这是研究古人有意识、有选择地使用侧鼓音的重要资料。虢季编钟的音列结构与西周编钟常见的正鼓音音列"羽、宫、角、羽"，加上侧鼓音成五声缺商的常见情形完全相同，这是音乐考古学上多次证明了的西周编钟常规的音列模式。这一时期的编钟音律十分准确的很少。虢季编钟，时代特征鲜明，有长篇铭文，保存较为完整，音律十分准确，是目前所知编钟中的佳品，对考古学和音乐史方面的研究都具有重要意义。现藏河南省文物考古研究所。

克钟

西周晚期乐器。高54厘米，舞纵19.7厘米，舞横27厘米，鼓间23厘米，铣间32.3厘米，重30.7千克。清光绪十六年(1890)陕西扶风法门寺任村出土。钲部有铭文3行，鼓左有铭文2行，共5行33字，全篇铭文应有79字，此为上半篇。内容为十六年九月庚寅日，王在康刺宫，命士詡召见克，王亲命克循泾水往东至于京师巡察，赐克田车和马四匹。据此，克的封地当在泾水上游。此器对于研究当时的地理位置及各诸侯分封情况具有重要的价值。传世克钟共有五枚

其中两枚现藏上海博物馆。（图 247）

立虎枭首钟

西周晚期（一说春秋早期）乐器。通高 21.7 厘米，鼓纵 12.5 厘米，鼓横 16 厘米，重 3.68 千克。正中饰变形兽面纹，中线有倒置立虎，周围为粗疏的雷纹地，分布有九个枭首。鼓部中间及两侧饰变形兽面纹。舞两侧有凤鸟，冠和钮相连成镂空装饰。铣出棱脊。此钟奇特的纹饰不是中原青铜系统的风格，枭首的啄作钩曲之状，亦非一般的陶质块范法所能铸造，说明当时青铜器铸造工艺之高超。现藏故宫博物院。

图 247 克钟

邵钟

春秋晚期乐器。最大高 43.9 厘米，最小高 24.3 厘米。清咸丰、同治间山西荣河后土祠出土。传世有十三枚。此钟舞部饰蟠龙纹，篆部饰不规则雷纹，鼓部饰倒置的、由龙蛇组合的变形兽面纹。铭文细小，共 9 行 86 字，记铸此大钟八肆和相应的磬四堵，并与鼍鼓配合演奏。此件旧说十六枚钟为一肆，则该套钟的总数当在曾侯乙墓之上，由此可知晋国音乐的高度发展。现藏上海博物馆。（图 248）

曾侯乙编钟

战国早期打击乐器。架长 748 厘米，最大者通高 153.4 厘米，重 203.6 千克；最小者通高 20.4 厘米，重 2.4 千克。1978 年湖北随县擂鼓墩曾侯乙墓出土。此套编钟共计 65 件，总重量达到 2500 千克。编钟分三层八组悬挂在钟架上。钟笋、钟钩、钟体共有铭文 3755 字，内容有编号、铭记、标音及乐律。编钟出土时，在近旁还有六个丁字形彩绘木槌和两根彩绘木棒，是用来敲钟和撞钟的。此套编钟音乐性能良好，音域宽广，音调准确，音色优美，能演奏出古今中外的乐曲。经过对编钟测音，证实战国时代已具有

图 248 邵钟

完整的十二乐音体系，打破了过去认为十二律是从古希腊传入的说法。这套编钟是至今已发现的最雄伟、最庞大的乐器，是中国古代音乐文化高度发展的结晶，也是世界文化史上的瑰宝，被誉为古代世界的"第八大奇迹"。现藏湖北省博物馆。

错金云纹编钟

战国中晚期乐器。最大者通高 27.5 厘米，重 3.05 千克，铣间 19.5 厘米；最小者通高 14.6 厘米，重 480 克，铣间 6.5 厘米。1972 年四川涪陵小田溪出土。此套编钟共计 14 件，属钮钟

图 249 错金云纹编钟

图 250 乐府钟

图 251 人面纹錞于

形式，大小依次递减。每件钟两面各 18 个圆乳状枚。篆带饰浪花纹，舞部饰云雷纹，钮饰三角云纹，钲部、鼓部饰蟠云虺纹。14 件编钟中有 8 件在钲部等部位的花纹以错金手法表现。此套编钟是中国目前发现的编钟中枚数较多的一套，而且铸造精致，其钟上的错金也是此前绝少见到的。据有关方面测定，每件钟都有两个音阶。此套编钟对研究巴人文化和中国音乐史极有价值。现藏四川博物院。（图 249）

乐府钟

秦国乐器。通高 12.8 厘米，钮高 3.8 厘米。1977 年陕西临潼秦始皇陵园出土。为钮钟，铣部向内收敛，枚呈乳钉形。钲、篆间及鼓部皆饰错金银云纹。有铭文"乐府"两字。钟出土于秦始皇陵内，当为随葬品或陵寝陈设物。造型及花纹均较少见，错金与错银分开，黄白相间，十分精美。现藏秦始皇帝陵博物院。（图 250）

羊角状钮编钟

西汉乐器。最大者高 21 厘米，最小者高 5 厘米。1975 年云南楚雄万家坝出土。此套编钟共六枚，钟体上收下放，略呈椭圆，钟之顶部塑羊角状钮一对。钟顶端有长方形音孔。此器素面无纹。钟经现代测音，前五枚发音准确，唯第五、六枚似有缺漏。从音阶看，此套钟已有准确的半音关系，含有六声或七声音阶的因素。此器对研究中国西南少数民族的音乐史有重要的价值。现藏云南省博物馆。

人面纹錞于

春秋晚期军乐器。通高 43 厘米。1985 年江苏丹徒出土。

体为圆筒形，上大下小，上部向一侧倾斜。弧顶无盘，立一虎钮。圆突肩，斜弧腹渐向下内收，近口处稍外侈，口呈椭圆形。侧视全器，上部前倾，中部内收。虎钮饰雷纹，顶饰云纹、三角形云雷纹等三圈纹饰。器体前倾处上方饰一浅浮雕人面纹，下为兽形扉棱，左右下侧各有一长尾鸟。近口沿处有一方框，内饰四组云纹。器体两侧各饰三行凸起的云雷纹共九枚，间以斜角雷纹。同出共三件，大小成序，应为一套。王家山所出錞于时代较早，形制特异，人面纹罕见，颇具吴国地方特色。现藏镇江博物馆。（图251）

▎龙钮錞于▎

战国晚期军乐器。高69.6厘米，钮高7.6厘米。1978年陕西咸阳塔儿坡出土。器顶为盘式折沿；肩部鼓出；腹内收中空；盖顶正中立一龙形钮，龙顾首回盼，身有两翼。肩饰垂叶纹，腹饰几何形云纹，下缘饰蕉叶纹。腹上纹饰精细，在几何云纹上再填以斜角云纹。此器形制与南方所出不同，极具研究价值。现藏咸阳市博物馆。

▎龙纹句鑃▎

战国中期楚国乐器。高27.5厘米，铣间9.5厘米。1986年湖北荆门包山出土。器体狭长，两铣尖锐，口凹弧较深。柄透雕勾连纹，填以细密的云雷纹，柄首有圆箍突出。舞部内外壁饰龙纹，铣体的内外壁饰结构不同的变形龙纹。外壁龙纹系用印模法分三层压印而成，每组龙纹不尽完整。这种内外壁均饰花纹的做法，是乐器中较复杂的装饰工艺。现藏湖北省荆门市博物馆。

▎兽面纹双面铜鼓▎

商晚期打击乐器。高75.5厘米，面径39.5厘米。1977年湖北崇阳白霓出土。两边为鼓面，下有方形鼓座，上一枕状物，中心一孔，可将鼓吊起打击，也可平放打。鼓面无纹饰，鼓身、鼓座均饰疏散状的兽面纹，鼓面边缘铸小乳钉。此鼓是目前国内仅存的商代青铜鼓，是研究商代音乐的重要资料。现藏湖北省博物馆。（图252）

图252 兽面纹双面铜鼓

▎雷纹鼓▎

战国早期乐器。高23.3厘米，面径45.6厘米，足径60厘米。1978年云南曲靖珠街董家村出土。鼓身分为三段，胴部突出且大于鼓面，束腰，足外侈，腰部有四耳。鼓面二晕，一晕太阳纹，带三角形芒；二晕雷纹，外铸爬虫两只。腰上部被平行线纵分成六格，格间各饰一四角带旋涡纹的菱形纹。腰下部五晕，次序分别为斜线、雷纹、点纹、圆圈纹和点纹。胴、足部素面。形制古朴，属于石寨山铜鼓的早期形式。现藏云南省博物馆。

曾侯乙蟠龙鼓座

战国早期乐器座。通高50厘米，底径80厘米，重192.1千克。1978年湖北随县擂鼓墩曾侯乙墓出土。由座底、承插柱和众多蟠龙构成圆堆状。座底底圆中凸呈网状相连，下沿饰浅浮雕蟠龙纹，并对称竖置四个扣有圆环的圆钮。承插柱居座底正中，盘口管身，内空透底。柱周簇拥着八对相互缠绕，身饰鳞纹并嵌有绿松石的大龙，及攀附其身的数十条小龙。承插柱口沿有铭文"曾侯乙作持"五字。整器将圆雕、高浮雕、浅浮雕、阴刻手法融汇一体，使用了分铸、铸接、铜焊、蜡焊、镶嵌等工艺，以多变的形态和对称的布局构成了群龙穿插纠结的立体造型，是铸造工艺和艺术造型相结合的典范。现藏湖北省博物馆。（图253）

图253 曾侯乙蟠龙鼓座

图254 五铢钱纹鼓

五铢钱纹鼓

西汉南方少数民族乐器。高57.2厘米，面径90厘米，重75.4千克。1954年广西岑溪出土。鼓胴微大于鼓面，腰收束，外侈足。鼓面中心有十二芒太阳纹，太阳纹外晕圈和鼓身均以五铢钱纹为主要纹饰，同时附以云雷纹和水波纹。此种五铢钱纹是西汉宣帝和元帝时（前73－前33）流通的五铢钱式样。鼓面边缘有立蛙六只。此鼓对研究民族关系和古代少数民族的音乐及社会风俗有着重要的历史价值。现藏广西壮族自治区博物馆。（图254）

翔鹭纹铜鼓

西汉乐器。高36.8厘米，面径56.3厘米。1976年广西贵县罗泊湾出土。鼓胸外凸，鼓面小于鼓胸，鼓腰近似圆筒状，鼓足外侈。胸腰间扁耳两对。鼓面中心太阳纹十二芒，七晕圈，主题纹饰为作飞翔状的十只翔鹭，其他晕内有锯齿纹、勾连雷纹、栉纹等。鼓胸饰人物划船纹六组，腰部饰八组人物舞蹈纹。鼓足刻"百廿斤"，为鼓当时的重量。此鼓铸造精致，保存完好，花纹内容丰富清丽，其内容对研究古人的生产、生活、礼俗等方面都有很大意义。此鼓属铜鼓分类中的石寨山类型，又系墓葬中出土，在同类器中属佼佼者，为研究石寨山类型铜鼓提供了可资比较的重要材料。现藏广西壮族自治区博物馆。

立牛葫芦笙

战国晚期（一说西汉）乐器。高 28.2 厘米。1972 年云南江川李家山出土。笙体仿葫芦形，簧管缺失，留有管孔五个，分为两排，上排三孔，下排两孔，孔缘串通。器端立铸一牛，牛身饰回旋纹。笙作为礼乐器在《周礼》中即有明确记载。此器具有浓郁的南方特色，对研究中国乐器发展史有重要意义。现藏云南省博物馆。

镶嵌鸟纹玉援戈

商晚期仪仗用具。通长 27.8 厘米，玉援长 15.8 厘米，穿径 0.5 厘米。1976 年河南安阳殷墟妇好墓出土。戈援前部为玉制，呈灰黄色，有上下刃和中脊，前锋锐利，近末端有一圆穿孔。铜内前段饰兽面纹，后段饰鸟纹，歧冠伸出后缘外。此器由绿松石嵌成，手工精致细腻，系仪仗用器。现藏中国国家博物馆。（图 255）

图 255 镶嵌鸟纹玉援戈

大祖日己戈

商晚期钩击兵器。长 27.5 厘米。传河北保定或易县出土。直援微胡，内为镂雕歧冠鸟形。有铭文 22 字，记大祖日己、祖日丁、祖日乙、祖日庚等庙号。同出三件，形制相同，均铸铭文，即大祖日己戈、祖日乙戈、大兄日乙戈，原称易县三勾兵。三戈记载祖、父、兄各世庙号，作器者先君皆以日为名，三世兄弟之名先后并列。此系仪仗用器，为北方诸侯之用，为研究商代宗法制度以及亲属称谓提供了重要的资料。原为罗振玉收藏，现藏辽宁省博物馆。（图 256）

图 256 大祖日己戈

太保戈

西周早期兵器。长 23 厘米。1964 年河南洛阳北窑庞家沟出土。短胡两穿，援末端刻画虎首纹，虎口张开，似在嘶吼。内部两面分别铸铭文。此戈为洛阳北窑西周贵族墓地出土。短胡两穿式较为少见，是研究西周早期铜戈形式的重要实物资料，且保存完好，非常珍贵。现藏洛阳市文物工作队。

铁援铜戈

西周兵器。器身残长 17.4 厘米，内长 7.5 厘米，内厚 0.5 厘米。1990 年河南三门峡虢国墓地虢君季墓出土。整器由铁援、铜内两部分锻接组合而成。出土时，铁质部分因受锈蚀，大部残损；铜质胡部也有部分残

图 257 铁援铜戈

断。经检测，铁援被锻合入铜内向前伸出的双面戈形叶片中。铁援已残损，据存留部分分析，刃部原应十分锐利。铜质援正背面均以绿松石片镶嵌一组长鼻龙首纹，内部正背面均以绿松石片镶嵌一组卷云纹。此器为迄今为止所知最早的铁铜组合兵器之一，由此证实西周时期已初步认识到铁器的坚利程度优于青铜器，适宜制造兵器。现藏河南省文物考古研究所。（图257）

虎纹戈

战国晚期兵器。援长17.51厘米，内长7.5厘米。1972年四川郫县出土。直援，方内，长胡三穿。两面各有浮雕状的虎纹，头向锋，张口瞠目，状极狰狞。虎耳向后伸出，越栏以包戈柲。虎身为阴纹，延至内上。这种虎纹大量见于巴蜀地区的兵器上，应为古代巴人某氏族的族徽。胡的一面铸一跽地腰悬刀的蜀人形象。援内有铭文，字体独特，与习见的巴蜀青铜器符号不同。秦灭巴蜀以后，这种文字停止使用。此戈具有明显的巴蜀文化特征，是研究巴蜀历史文化的重要物质资料。现藏四川博物院。

图258 北单矛

北单矛

商晚期击刺兵器。通长20.3厘米，宽5.2厘米。1950年河南安阳殷墟武官村出土。圆形銎口。叶状矛身较长，中部起脊，两刃稍向外张。銎身两侧塑对称钮，正中铸有阳文铭文，释为"北单"两字，为族名，是商人的氏族之一，与商王室关系密切。同时出土的北单青铜器有簋、爵、觚、卣等，应为同一氏族的器物，见于著录的尚有盘、觚、觯、彝等。北单矛现存两件。商代兵器铸铭者甚少，故属珍品。现藏中国国家博物馆。（图258）

吴王夫差矛

春秋晚期击刺兵器。通长29.5厘米。1983年湖北江陵马山出土。器身与剑身相似而稍短，中线起脊，脊上有血槽，两面血槽后端各铸一兽首。骹中空，骹口扁圆。通体满饰菱形暗纹。基部有错金铭文2行8字，记器为吴王夫差自作。冶铸精良，花纹优雅，保存完好，可与越王勾践剑媲美。矛铭"鈼"字，一般认为可训为"矛"字，可能是吴国对矛的一种专称。矛自铭为"鈼"，对矛的定名和古文字研究增添了新资料。现藏湖北省博物馆。（图259）

图259 吴王夫差矛

缚俘矛

西汉击刺兵器。长 41.5 厘米。1956 年云南晋宁石寨山出土。矛身扁平，圆鏊，中脊无棱，后锋两翼对称悬吊两裸体男性，两手背剪，披发垂首。应为被缚战俘。此矛具有明显的云南地方文化特征。现藏云南省博物馆。

三戈戟

战国早期钩刺兵器。连柲长 325 厘米，刺长 15.3 厘米，鐏长 4 厘米。1978 年湖北随县擂鼓墩曾侯乙墓出土。三戟头援长分别为 18.3 厘米、17 厘米、15.7 厘米。尖端为矛刺，两面刃，中脊凸棱，筒部作扁十面筒形。矛刺下装有三戈形戟头，中脊凸棱，阑侧四穿。最上一戟头有内，下面二戟头无内，戟头援长自上而下依次递减。积竹木柲，外贴竹条，再用丝线缠绕成藤皮状，横断面呈前窄后宽的扁圆形。在丝线外，间髹红黑两色漆。柲上端有三槽眼安装戟头，下端有黑色多边形牛角套作戟鐏。这种连柲一起完整保存的由三戈组成的戟实属少见。现藏湖北省博物馆。

夔纹钺

商早期兵器。通长 41 厘米，刃宽 26 厘米，重 3.75 千克。1974 年湖北黄陂盘龙城出土。形似大斧，援部呈长方扁平形，中部有一大圆孔，宽弧刃，两角外侈。阑部有两个对称的长方形穿孔，是系绳安装木柄之处。援部周边饰对称的夔纹和目云纹。在商代同类器中，此器属形制最大的一件。因纹饰精细，应属地位显赫的统治阶层专用的仪仗兵器，也是统治权力和身份的象征。现藏湖北省博物馆。（图 260）

图 260 夔纹钺

酗亚钺

商晚期兵器。长 32.7 厘米，刃宽 34.5 厘米，重 4.6 千克。1966 年山东益都苏埠屯出土。短直扁平内，平肩，阑有长方形双穿孔，援两侧有棱脊，弧形刃两角外侈。援部镂雕人面纹，双目圆睁，张口露牙，王字形鼻，粗弯眉，神情凶猛威严。口部两侧各有铭文"酗亚"两字，为氏族族徽。此钺铸造精工，装饰风格也独特，实属罕见。现藏山东省博物馆。

竞渡纹钺

春秋晚期兵器。高 9.8 厘米，刃宽 12.1 厘米。1976 年浙江鄞县出土。长方形鏊，刃部两角向上外侈。器身一面素面无纹。另一面铸有一边框，框内上方有双龙，昂首仰天，前肢弯曲，尾向内卷；下部以弧形边框线为舟，上坐四人，头戴羽冠，双手划桨，作竞渡状。构图简练夸张，富有行进节奏感，颇具江南吴越文化地方特征。现藏宁波博物馆。

几何纹钺

春秋晚期兵器。高 20.5 厘米，刃宽 16.9 厘米，重 1.35 千克。1979 年浙江长兴出土。平肩，阑部有两个长方形体。弧形刃，刃两角向上与援身呈有肩形。援身两面纹饰相同，上饰叶脉纹和斜方格纹，阑上为斜方格纹。内上三边内凹框，框内铸有一图案，似为族徽。援身所饰叶脉纹与斜方格纹，与南方几何印纹陶一致，具有明显的吴越文化特征。现藏长兴县博物馆。（图 261）

图 261 几何纹钺

人物纹靴形钺

战国早期兵器。高 9.5 厘米，刃宽 12.4 厘米。1963 年湖南衡东霞流出土。靴形，前端尖角上翘，椭圆形銎。銎下侧有一环钮。銎一面不规则的绳索纹框内铸一站立、赤足、佩剑的人图像。人图像两侧铸有图案。另一面在绳索纹框内铸六个人图像，并从左至右逐渐缩小，或佩刀剑，或持钺，或坐地举手，或奔跑。图案装饰具有春秋战国时期南方越族文化的特征。现藏湖南省博物馆。

兽面纹胄

商晚期防护用具。高 23.2 厘米，宽 18.9 厘米。1989 年江西新干大洋洲商墓出土。圆帽形，中部有一脊棱为中胄，正面饰一浮雕兽面，兽的双眼极醒目。左右与后部向下伸展，前端成空体长方形，胄顶凸起一管，可用来插缨饰。此胄形体完整，铸工精湛，装饰简明清晰，保存完好，为商代晚期的典型风格，也是同类器中的精品。现藏江西省博物馆。

马首曲柄刀

商晚期兵器。长 32 厘米，宽 6.1 厘米。1966 年陕西绥德出土。刀身略内弯，尖微翘，柄末端为马首形，马眼圆睁，嘴微张，两耳直竖。马首上下各有一拱钮。柄上饰两排柳叶纹。此刀形制特殊，是典型的北方游牧民族佩带的青铜刀。现藏陕西历史博物馆。

羊首曲柄短剑

商晚期兵器。通长 30.2 厘米，锋刃长 18.6 厘米，柄长 11.6 厘米，重 350 克。1961 年河北青龙抄道沟出土。柄身连铸而成，格处有两外凸小齿，中脊起棱。柄呈弯弧状，近首处有凸棱，两侧及边缘饰羽纹，柄端铸成羊首状。羊眼中原镶嵌绿松石，今已失。羊颈下长髯与颈相连，粗大的双角自后卷向前。角正面原满嵌松石，今仅存一

图 262 羊首曲柄短剑

部分。此器具有浓郁的草原风格，体现了完全有异于中原商王朝的北方草原的青铜文化特征。现藏河北省文物研究所。（图262）

┃越王勾践剑┃

春秋晚期兵器。通长55.7厘米，身宽4.6厘米。1965年湖北江陵望山出土。圆把中空，剑首向外翻卷作圆箍形，内有十一道同心圆圈。剑身满饰菱形纹，以蓝色琉璃镶嵌花纹，有"越王鸠（勾）浅（践）自作用剑"八字鸟篆铭文，说明此剑为春秋末年越国国君勾践专用青铜剑。此剑保存完好，历经两千多年，刃部仍极锋利。据质子射线荧光分析仪对勾践剑的成分和表面装饰进行分析，证明勾践剑主要用锡青铜铸成，含有少量的铝和微量的镍，灰黑色菱形花纹及黑色的剑柄、剑格都含有硫。此剑是青铜武器中的珍品，对研究越国史、青铜铸造工艺和文字学均有重要价值。现藏湖北省博物馆。

┃人形茎短剑┃

春秋晚期东胡民族兵器。长21.6厘米。1958年内蒙古宁城南山根遗址出土。窄剑格。剑身两侧曲刃，中间有柱状脊。剑柄扁平，两面分别铸男女裸体像：女性两手交叉至乳房下，男性两手下垂护小腹。耳、肩下方各有两长方形横穿，以便佩带。此剑柄部装饰别致，与表现游牧民族风格的动物纹装饰有别，当反映某种特定的民族意识形态或宗教信仰。现藏赤峰市文物站。（图263）

图263 人形茎短剑

┃越王丌北古剑┃

战国早期兵器。长64厘米。1987年安徽安庆出土。剑身中脊棱起。圆茎，茎上有双箍，圆形剑首。茎、身间有护手的"格"。剑格两面和剑首上有鸟篆文，部分铭文错金。剑格铭文为"越王丌北古自作用剑"，剑首铭文为"唯越王丌北古自作公之用之剑"。丌北古即越王盲姑，《史记·越王句践世家》又称他为"不寿"，是越王勾践之孙，越王鼫与之子。此剑保存完好，锋刃锐利，鸟篆文富丽高雅，为研究越国历史的重要资料。现藏安庆市博物馆。（图264）

┃十七年相邦春平侯铍┃

战国晚期兵器。长33.2厘米，宽3.4厘米。形似短剑，铍身呈扁平六面体，无中脊。茎呈下宽的长方扁体，靠近茎端有一圆穿，用时可缚长木柄。铍两面钧有铭文。铭中的春平侯为赵孝成王之相邦，此铍铸于赵孝成王十七年，即公元前249年。青铜铍与剑的形制区别，是近年考古发现与研究的重要收获之一。铍的发现与文献记载相互印证。如《左传·昭公二十七年》："夹

图264 越王丌北古剑

155

之以铍"；《秦律杂抄》："铍、戟、矛有室者，拔以斗，未有伤殹，论比剑"。十七年相邦春平侯铍，锷锋锐利，又有纪年和国别等记载，是研究赵国兵器的重要资料。现藏故宫博物院。

| 圆锥形镦 |

商代兵器附件。通长 11.1 厘米，径 3.3 厘米。1989 年江西新干大洋洲出土。镦是固定于长兵器的柲下端的部件。此镦呈细长的中空圆锥状，近口沿有一用于插定固柲的小孔。通体绿锈，素面无纹，形体完整。出土时散置于墓室中，朝向与戈朝向基本吻合，銎管内残留朽木，对商代兵器使用情况有研究意义。现藏江西省博物馆。

| 蟠虺纹人形镦 |

战国早期兵器附件。高 18.6 厘米。浙江湖州埭溪出土。镦上端饰两道凸双弦纹。腰突起节，饰蟠虺纹、云纹和点状纹带，下端有一道云纹。镦末有一踞坐人，身着云纹衣，半袖露胸。此器的纹饰具有越国器特征，在同类器中殊为少见。现藏浙江省博物馆。

| 鎏金嵌琉璃鸟形镦 |

西汉兵器附件。分别高 27、27.5 厘米，宽均 9 厘米。1972 年陕西西安小白杨村出土。同出一对。镦作镂空鸟形，探首钩喙。通体鎏金，嵌有彩色琉璃珠，部分已脱落。出土时銎内留有朽木。琉璃珠上有圈形花纹，在青铜兵器中极为罕见。现藏西安市文物管理委员会。（图 265）

图 265 鎏金嵌琉璃鸟形镦

| 曾侯郎之用殳 |

战国早期兵器。连杆长 329 厘米，殳头长 17.7 厘米。1978 年湖北随县曾侯乙墓出土。殳头作三棱矛状，刃中部稍内收，下部接八棱形一筒。内中空，外饰浮雕龙纹。殳杆为八棱形积竹木柲，前端装一浮雕龙纹箍。殳镦牛角质，八棱形。殳头一侧的刃上有铭文"曾侯郎之用殳"六字，字迹细若针刻。曾侯乙墓出土有七柄自铭为"殳"的兵器，此为其中之一，保存完好，为了解古殳的形制提供了可靠的实物资料。现藏湖北省博物馆。

| 动物纹臂甲 |

西汉护身器。长 21.7 厘米，筒径 6.6 ~ 8.5 厘米，壁厚 0.5 厘米。1972 年云南江川李家山出土。圆筒形。肘部有一梯形缺口，边缘有对称穿孔。器壁薄，有弹性，利于佩戴。表面线刻虎、豹、猪、猴、鱼等动物图像。线条熟练清晰，说明当时青铜薄壁件铸造及线刻工艺已有较高水平。现藏云南省博物馆。（图 266）

杜虎符

战国晚期调兵凭证。高 4.4 厘米，厚 0.7 厘米，通长 9.5 厘米。1973 年陕西西安山门北沉村出土。作虎走形，昂首，尾端卷曲。背面有凹槽，颈有一穿孔。身上有错金铭文 9 行 40 字："兵甲之符，右才（在）君，左才（在）杜。凡兴士被甲，用兵五十人以上，必会君符，乃敢行之。燔燧之事，虽毋会符，行殴。"此器是战国时期虎符的典型代表。现藏陕西历史博物馆。

阳陵虎符

秦调兵凭证。长 8.9 厘米，宽 2.1 厘米。传山东临城出土。此为秦始皇统一全国后颁发给阳陵驻守将领的铜制兵符。伏虎形，有左右两半。错金篆书铭文为："甲兵之符，右才（在）皇帝，左才（在）阳陵。"阳陵虎符是研究秦代符节制度的重要实物，反映了当时王权集中，调动军队必用兵符的历史事实，颇有军事和政治研究价值。现藏中国国家博物馆。

图 266 动物纹臂甲

王命传龙节

战国晚期通行凭证。长 20.6 厘米，宽 2.5 厘米。传 1946 年湖南长沙黄泥坑出土。节上端作龙首形。身作扁平长方形，上宽下窄。龙首额部有对称卷云纹，长鼻高卷，双眼突出，头顶后有双耳，双角弯曲，头下部两侧各有一圆穿，可以系结绳组佩带。节身正面有铭文"王命，命传，赁"五字，背面有"一櫓飤之"四字。龙节为使者奉楚王命远行所用证件，所至之地，凡胜任一櫓的随从人员，传舍需供给食宿。现藏中国国家博物馆。（图 267）

鄂君启节

战国中期通行凭证。长 29.6 ~ 11 厘米，宽 7.3 ~ 7.1 厘米。1957 年、1960 年安徽寿县出土。共五件。五枚中计舟节二、车节三。舟节、车节原为每组五枚，每组合拢成有竹节的竹筒形。节上有错金铭文。从铭文可知，此组节为战国时代楚怀王六年（前 323）发给亲族鄂君启的节，为通行凭证。两组分别规定水陆通行路线、车船数目等。水路用的一组和陆路用的一组，所规定的通行路线都自今湖北鄂城出发，水路经今湖北、湖南、江西等地；陆路经今湖北、湖南、安徽、河南等地。鄂君启节为研究战国时

图 267 王命传龙节

代商业、交通、古代地理和符节制度提供了重要资料。现分藏于安
徽省博物馆和中国国家博物馆。

人形车饰

西周中期车舆饰件。高12.8厘米。1974年陕西宝鸡茹家庄
出土。器中空，下端有口，前后有相对穿孔。上端为兽首，后有人
形作抱持状。人发梢尖而下垂，肩上有相背鹿纹。此车饰造型独特、
精美，人体、发式具有北方少数民族风格，殊为少见。现藏宝鸡市
博物馆。（图268）

图268 人形车饰

跽坐人车辖

西周早期车马器。长19厘米，宽10.3厘米，高25.5厘米。
1966年河南洛阳北窑出土。车辖上部为一跽坐俑，俑头梳高髻，
下以镂孔冠相束，冠带系于颌下；上衣宽边右衽，腰系宽带，前面下垂；背后有一方形板，上
饰兽面纹。辖入车軎后，好似车的轴饰。此车辖造型别致，所饰跽坐俑当是奴隶形象，反映了
西周奴隶制社会的一个侧面。现藏洛阳市文物工作队。

鳀鱼形马饰

春秋晚期马饰件。最大件长15.6厘米，宽13.1厘米。1966年辽宁喀喇沁左翼蒙古族自治
县南洞沟出土。饰件作鳀鱼形，扁口，比目，短身，细尾。大者为当卢，反面有两桥形钮。小
者为节约，有十字形钮，以备穿带。均出土于北方少数民族石椁墓，在青铜马饰中为仅见。现
藏辽宁省博物馆。

镶嵌卷云纹兽首形辕饰

战国中期魏国车马饰件。长13.7厘米，高8.8厘米。
1951年河南辉县固围村出土。作兽首形，右目圆睁，
竖耳，形象生动、活泼。饰错金云纹、鳞纹和斜线纹。
辕饰装于马车独辀之最前端，其銮左右出两钩，以供
缚衡之用。此器制作精美华丽，是战国错金银细工艺
的代表作品。现藏中国国家博物馆。（图269）

图269 镶嵌卷云纹兽首形辕饰

鎏金当卢

西汉车马器。长27厘米，宽7.8厘米。1965年河北定县三盘山120号汉墓出土。当卢为
象征性的马面形，鼻梁部分镂孔，背面上下两端各有一竖钮，上部周缘有对称的五个小钮。正
面鎏金。先秦时期装饰在马身上的饰件较多，如马冠等。到了汉代，当卢则成为常见的一种马饰，

装在马面上。其形制有马面形，还有的做成叶状或在顶部与两侧伸出鸟头，使其更加富有装饰性。此件马面形当卢，正面鎏金，保存完整，是两汉时期较为流行的一种，对了解古代马饰的种类及形制变化有一定的帮助。现藏河北省文物研究所。

| 鎏金车軎 |

西汉车马器。高8.8厘米，座径7.8厘米。1965年河北定县三盘山汉墓出土。车軎呈圆筒形，筒外壁中部有凸起的箍，底部为宽出軎筒的圆形辖座，上有长方形辖孔。通体鎏金，大部现已脱落，铁辖锈蚀。车軎是安装在车轴通过毂以后露出的末端，是用来保护轴头的。这套圆筒形车軎是汉代最为常见的一种形制，对了解汉代车器部件的制作、形制、使用等情况都有一定的参考价值。现藏河北省文物研究所。

| 刖人守囿铜挽车 |

西周晚期车模型。长13.5厘米，宽10厘米。1989年山西闻喜上郭村出土。长方扁形车厢，无车辕。车厢前有两扇车门，一门上铸一裸体刖俑人，一手扶门闩，一手拄杖。车有六轮，其中车厢两侧前端各一卧虎状足，每一卧虎前后足各踩一小轮；车厢两侧各装有八辐条的车轮。车厢盖钮为一蹲猴，盖四角各有一只可转动的鸟。车厢的四隅和两侧面中线处各铸一圆雕的回首兽，以及平雕的鸟纹。此车形制独特，车轮和鸟都可以转动，巧妙地运用了机械原理。各种圆雕人物和动物也极为生动。

图270 刖人守囿铜挽车

此车的出土，提供了当时交通工具制作水平的实物资料，尤其是其精细的塑造，提供了文字资料中难以确定的细节。现藏山西省考古研究所。（图270）

| 秦陵1号铜车马 |

秦高级军事指挥车模型。通长225厘米，高152厘米。1980年陕西临潼秦始皇陵西侧陪葬坑出土。形体约为真车马的二分之一。车体作双轮单辕式，辕前有衡。车舆呈长方形，前面与左、右两侧为栏板，后栏中部所留空间为车门，舆之正中插一柄圆拱形的铜伞。栏板和伞均彩绘有几何形图案，辕和衡的盖帽等部件多为银质。车内站立一驭官俑，穿长襦，戴鹖帽，腰佩剑，双手执辔，全神贯注，一丝不苟。车前系驾的为一乘马（四匹），饰金银制络头。轭驾在两服马的颈上，两骖马颈上套有项圈等物。过去发现的商周时代的车，大多为木质，不易保存至今。复原后的秦陵1号铜车马轻巧灵便，对研究秦代舆服制度、单辕车结构系驾法、秦代冶铸工艺水平等方面有重要价值。现藏秦始皇兵马俑博物馆。

秦陵 2 号铜车

秦皇帝安车模型。通长 317 厘米，高 104 厘米。1980 年陕西临潼秦始皇陵西侧陪葬坑出土。车舆分前、后两室，后室四周立栏板，在栏板的外折沿上，立有板輜，左、右和前輜上均有镂成菱花形可以开合的窗板，车室后面为车门。盖内侧以及前室的前、左、右栏板上都饰有彩绘纹饰。车为单辕二轮，两轴端均套有银质的軎和银质车辖。车驾四马由御官驾驭。衡与軛上都有银质套饰。右骖马的额顶正中饰一高约 20 厘米的铜杆，杆顶上饰璎珞。这种称为纛的部件，是为驭手指使方位的。御官俑戴冠，面容丰满，穿右衽交襟袍，双臂执辔。铜车马和御俑均施以彩绘的卷曲云纹和各种几何纹。车马上的许多部件为金、银质，增添了车马的豪华气派。安车的铸造技术精湛，用含锡量较高的青铜制作，由此证实秦朝掌握了先进的青铜铸造技术。驷马雄立，驭官安坐，庄严威武，对研究先秦时代的单辕车结构系驾法也有重要价值。现藏秦始皇兵马俑博物馆。（图 271）

七角星纹镜

新石器时代齐家文化照容用具。直径 8.9 厘米，厚约 0.3 厘米。1977 年青海贵南尕马台出土。圆形。因钮部残损，在边缘上加两穿孔，供悬挂之用。镜背于两道弦纹间饰三角纹，构成七角星形图案，并以斜线作为衬地。此镜是中国出土最早的铜镜之一。现藏青海省文物考古队。

竖线弦纹镜

商晚期照容用具。直径 11.8 厘米，厚 0.2 厘米，钮高 0.8 厘米。1976 年河南安阳殷墟妇好墓出土。圆形。镜面微突，背面饰弦纹六周，弦纹间填以密排的竖直短线，正中有一拱形环钮。已发现的商代青铜器多数为礼器，生活用器很少，铜镜更为罕见，妇好墓中与其同出四件。

图 271 秦陵 2 号铜车

图 272 竖线弦纹镜

图 273 透雕钮龙纹镜

精细的做工及规整的形制反映了当时高超的铸造工艺，更显示王室贵族女性的日常生活品味，尤为珍贵。现藏中国国家博物馆。（图 272）

┃六山纹镜┃

战国晚期照容用具。直径 23.2 厘米，边厚 0.6 厘米。圆形。镜背置三弦钮，圆钮座。以羽纹和叶纹为地，主纹为六山字纹。此镜制作精细规整，纹饰简洁，是铜镜中的佳品。这一类型的铜镜在西汉早期继续发展。现藏中国国家博物馆。

┃透雕钮龙纹镜┃

战国晚期照容用具。直径 16.5 厘米，边厚 0.4 厘米，重 550 克。1953 年湖南长沙子弹库出土。钮为镂空蟠龙，圆钮座。以云雷纹为地纹，主纹为三条蟠龙纹。龙张口有角，一爪前伸，身上饰云纹，三龙间用一叶状纹相连。构图规整且富于变化，是楚镜中的精品。现藏湖南省博物馆。（图 273）

┃透雕龙凤纹镜┃

战国晚期照容用具。直径 20.5 厘米。1976 年湖北江陵张家山出土。圆形。小桥形钮，素平缘。镜背嵌入镜托内，镜托满饰透雕纹饰，外围为部分镂空的几何形云纹，内圈透雕八对相蟠的龙凤纹，龙鳞凤羽，清晰可辨。周边圈纹与重环纹相间。钮座饰柿蒂纹。工艺精良，纹饰纤细，是同类镜式中的精品。现藏中国国家博物馆。

┃车马人物彩绘镜┃

西汉照容用具。直径 27.5 厘米。1963 年陕西西安红庙坡出土。圆形，圆形钮座，钮为三轮覆瓦纹。镜背饰红、绿、白、黑四色彩绘，图案分内、外区。内区涂绿色，以云水蔓草衬托，绘四朵花卉。外区以朱红色为地，绘车马人物，间以林木花草，似有一定的故事情节。彩绘铜镜较少见，此镜有出行、狩猎、饮酒等绘画题材作为装饰，形象各异，神态动人，别具一格，是目前陕西省境内出土的最为精美的彩绘铜镜，是研究汉代社会生活的真实资料。现藏西安市文物管理委员会。

见日之光透光镜

西汉照容用具。直径 7.4 厘米。镜面光滑明亮。镜背半球形钮，圆钮座。内区饰内向连弧纹，外区有带状铭文"见日之光，天下大明"8 字，字间夹有云纹符号。当光线照射镜面时，与镜面相对的墙上映出的影像与镜背纹饰相应，即所谓"透光效应"，故将有这种效应的铜镜称"透光镜"。据研究认为：铜镜在铸造过程中，镜背的花纹凹凸处凝固收缩，产生铸造应力；研磨时又产生压应力，因而产生弹性形变。研磨到一定程度时，这些因素叠加地发生作用，使镜面产生与镜背花纹相应的曲率，引起"透光"效应。透光镜罕见，此镜对研究汉代科技有着极其重要的科学价值。现藏上海博物馆。（图 274）

图 274 见日之光透光镜

鎏金中国大宁博局纹镜

西汉照容用具。直径 18.6 厘米，边厚 0.6 厘米。1952 年湖南长沙出土。镜背正中置半球形钮，方形钮座。镜背鎏金，钮座饰柿蒂纹，外饰双线博局纹，博局纹间饰互缠盘绕的羽人和鸟兽及一周圆圈纹，在圆圈与钮座柿蒂纹相对应的位置上有四个凹入圆点。外缘上有篆书铭文"圣人之作镜兮，取气于五行。生于道康兮，咸有六章。光象日月，其质清刚。以视玉容兮，辟去不祥。中国大宁兮，子孙益昌。黄裳元吉有纪钢"。纹饰精美，铭文对研究古人的思想意识有重要价值，是汉代少见的铜镜。现藏中国国家博物馆。

龙纹多钮长方镜

西汉照容用具。长 115.1 厘米，宽 57.7 厘米，厚 1.2 厘米，重 56.5 千克。1979 年山东淄博窝托村出土。长方形。镜背四角及中间置五枚拱形三弦钮。柿蒂纹座，其间饰龙纹，四边饰内连弧纹。龙首较长，长角，张口吐舌，身细长而卷曲，四足有力，尾分双叉。镜体巨大，形制独特。从文献记载知，如《战国策·齐策》中提到的邹忌"朝服衣冠，窥镜"事，此长方镜应为穿衣镜。现藏淄博市博物馆。（图 275）

张氏车骑鸟兽神人画像镜

东汉照容用具。钮高 2 厘米，直径 23.2 厘米，重 1.5 千克。圆形。镜背正中置半圆形高钮。钮周饰四怪兽，似天禄辟邪，并

图 275 龙纹多钮长方镜

有羽人、凤凰、鸾鸟等。外圈饰车骑人物，车驾两马飞驰，车后各有一骑马武士，似卫侍。另有两龙驾车，车轮作云雷状，上端坐神人、羽人及侍者，与《九歌·东君》"驾龙辀兮乘雷，载云旗兮委蛇"相附。车后一神人捧日，当是羲和浴日的故事。外缘还有龙虎纹饰和铭文两周，铭文46字，是汉镜中习用的吉语。此镜画像均系浮雕，极其华丽。现藏上海博物馆。（图 276）

图 276 张氏车骑鸟兽神人画像镜

大吉利夔凤纹镜

东汉照容用具。直径 12.2 厘米，缘厚 0.2 厘米。1975 年河北保定市拣选。圆形，圆钮，圆钮座，素宽缘。镜背主题纹饰采用平雕技法，刻画两条曲躯之夔凤夹钮同向环绕，其外在两圈凸弦纹内饰一圈变形云纹，云纹之间有"大吉利"三字铭。双夔（凤）纹镜类主要流行于东汉中晚期，一般纹饰布局采用"轴对称"格式，即双夔（凤）夹钮相对，铭文多在钮上、下直行排列，有"位至三公""长宜子孙""君宜高官"等吉祥用语。此镜一夔一凤的躯体作环绕状，三字铭置于一侧，这种布局在同类镜中比较少见，对了解东汉铜镜装饰纹样的种类、特点有一定的帮助。现藏河北省文物研究所。

青盖鸟兽纹镜

东汉照容用具。直径 18.8 厘米，缘厚 0.7 厘米。1964 年河北石家庄市北人字街出土。圆形。半球形圆钮，圆钮座。镜背纹饰以凸弦纹圈相隔分内、中、外三区。内区浮雕一龙三虎，两两相峙环绕；中区六个四叶座乳钉等距离排列，四乳钉饰姿态各异的六组八瑞兽，分别为：二朱雀、龙、龙虎对峙、虎、龙、龙；外区为铭文带："青盖作镜四夷服，多贺国家人民息，胡虏堪灭天下复，风雨时节五谷熟，长保二亲得天力"。宽平缘，上饰一周锯齿纹和由青龙、白虎、朱雀、玄武、钱纹、蝙蝠等组成的纹带。此镜采用高浮雕和线条勾勒相结合的表现手法，使画面高低起伏，层次分明，自然活泼，再配以精美的文字和富于寓意的画纹带边缘，堪称东汉中晚期铜镜之佳作。现藏河北省文物研究所。（图 277）

163

图 277 青盖鸟兽纹镜

十二支四神镜

隋照容用具。直径 24.5 厘米。1956 年陕西西安出土。圆形。镜背正中置圆钮，柿蒂纹钮座。内区浮雕朱雀、玄武、青龙、白虎。外区有锯齿纹一周相隔，锯齿纹外有铭文一周，为"镕金琢玉，图方写圆，质明采丽，菱净花鲜，龙盘匣内，鸾舞台前，对影分咲，看妆共妍"。缘上饰十二生肖像，并以圈带纹方格相间，缘边有云纹一周。此镜是典型的隋代铜镜。现藏陕西历史博物馆。

嵌螺钿人物花鸟纹镜

唐照容用具。直径 23.9 厘米，边厚 0.5 厘米。1955 年河南洛阳涧西出土。照容用具。圆形。镜背正中置圆钮。镜面纹饰以嵌螺钿手法表现，用橙红、油绿色螺碎片嵌成各种花纹。钮的左右有两老者，弁服褒衣，依坐鹿皮席上；右边一人前置酒樽，手持酒杯；后有一仕女侍立；左边一人作弹阮状。钮上正中有一五朵开花树，花树旁各有翩舞的鹤和一灵狸。钮下方有一舞鹤和小鸟分别站在湖石上，人物、花树、禽鸟间以花卉点缀。螺钿嵌于铜镜始于唐代。此镜装饰工细，纹饰布局严谨。现藏中国国家博物馆。

打马毬铜镜

唐照容用器。直径 19.3 厘米。八瓣菱花形。镜背中心由四个骑马的马毬手打马毬的场景构成主题画面：马毬手两两一对，手持曲棍，骏马飞驰，小毬在空中飞舞，渲染了马毬争夺中的激烈场面。图案空隙处陪衬山峦和树木，象征了马毬场的自然环境。此镜铜质极佳，铸造精工，画面生动地再现了唐代王公贵族阶层流行的马毬运动的真实场面，是不可多得的唐镜中的瑰宝。现藏故宫博物院。（图 278）

图 278 打马毬铜镜

四鸾海石榴纹菱花镜

唐照容用具。直径 23 厘米。1952 年陕西咸阳出土。菱花形。镜背中心置圆钮。纹饰为浮雕，以四鸾鸟和四组海石榴花间错组成。海石榴以镜钮为中心，其枝相互连接，形成菱花形钮座。镜缘有云纹一周。此镜制作精致，鸾鸟镂空。这种浮雕镂空工艺在唐代铜镜中较为少见。现藏陕西历史博物馆。

狩猎纹镜

唐照容用具。直径 14.9 厘米。1955 年陕西西安出土。镜背中心置圆钮，菱形钮座。镜面采用浮雕装饰，有四猎手骑在驰马背上，手执长枪、弓箭与套索，追逐着惊慌奔跑的鹿、猪、兔等野兽，其间饰飞蝶和草纹，镜缘饰云纹和展翅高飞的鹤纹图案。动物形象生动，刻画逼真，有较高的艺术价值。现藏陕西历史博物馆。（图 279）

图 279 狩猎纹镜

金银平脱鸾鸟衔绶纹镜

唐照容用具。直径 22.7 厘米。陕西西安出土。圆形。镜背中心置圆钮，金花钮座，素缘。纹饰以四只鸾鸟口衔绶带逆时针飞行为主，四鸾鸟间饰银花枝，其外饰连环纹一周。此镜纹布局简洁，华而不俗，是唐代铜镜中的佼佼者。现藏陕西历史博物馆。

瑞兽葡萄镜

唐照容用具。直径 12.8 厘米，缘高 1.5 厘米。1965 年河北邢台市拣选。圆形，圆钮，圆钮座。斜立双线齿纹高圈将镜背纹饰分为内外两区，外区高于内区镜面。内区浮雕四瑞兽，形象似狮，体态丰腴，同向绕钮奔驰，其间饰葡萄枝蔓叶实。外区为八鸟或栖或飞于葡萄枝蔓叶实之间。弦纹高缘，直壁，外高内低。此镜铜质优良、厚实，呈银白色，镜面近平，瑞兽和禽鸟形态活泼优美，葡萄果实累累，枝蔓缠绕，是研究唐代铜镜工艺的重要实物资料。现藏河北省文物研究所。（图 280）

雀绕花枝镜

唐照容用具。直径 14 厘米，缘厚 1 厘米。1971 年河北张家口市拣选。菱花形，内切圆形。高缘，边微突。纹饰分内外两区，外区略高于内区。内区浮雕双雀和双凫雁相间同向环绕。双雀口衔小虫展翅飞翔，双凫雁一作静立状。外区饰四朵小折枝花间四朵流云。画面生动简洁，主题纹饰和菱花形边缘相映成趣，构成一幅情趣盎然、富有动感的花鸟小景，是此类镜式中的精品。现藏河北省文物研究所。

傀儡戏画像镜

南宋照容用具。边长 10.9 厘米，边厚 0.2 厘米。方形。镜背中心置圆钮。镜背纹饰为表演杖头傀儡戏的情景。远景为一高石台阶，左右有栏柱围护。台阶下支一帏帐。一童子居幕后，

图 280 瑞兽葡萄镜

图 281 傀儡戏画像镜

双手各举杖头傀儡，高出帏帐之上挑弄。左边所举傀儡，手持长兵器，面右做进攻状；右边所举傀儡，手持长矛，面左作迎战状。帏帐前有两女童三男童，或敲击小鼓，或交头接耳，或袖手坐地，或倚栏观赏。整个画面设计巧妙，吸收了唐宋绘画及银器篆刻艺术，生动展现了南宋时期的生活画卷。现藏中国国家博物馆。（图281）

▎填漆迦陵频伽纹镜 ▎

辽照容用具。直径23.8厘米。1956年辽宁建平张家营子出土。圆形，边缘较宽。背有圆形钮。图案为左右相对的人首两鸟，人首上有似云莲纹高冠，鸟体作双翅展开状。此为佛教上的迦陵频伽，反映了佛教在辽代的影响。镜背上下亦饰花卉纹。空白地上则填以黑漆。此镜铸作精细，花纹纤细，表现了金属细工的特种工艺，是研究辽代铜镜铸造业极为重要的资料。现藏辽宁省博物馆。

▎鎏金唐王游月宫画像菱花镜 ▎

元照容用具。直径18.7厘米。1962年宁夏隆德出土。菱花形。镜背中心置圆钮。通体鎏金。图案为浮雕，以群山为背景，左边是一棵枝叶繁茂的桂树，右边是单檐庑殿顶三间板门山门，门旁有玉兔在捣药，下边是弧形梁式桥，桥下河水汹涌。门前椅上坐一长者，着袍束带，身旁各有一手执长柄扇的侍者，皆注视桥头。桥头一人，头戴高冠，侧身弯腰拱手，面对桥上手执长柄柱仗的接引人。构图内容丰富，布局严谨，是一幅生动的唐王游月宫故事画。现藏宁夏回族自治区博物馆。

▎右伯君权 ▎

春秋（一说战国）量器。通高3.6厘米，底径3.8厘米，重198.4克。半球形，高鼻钮，平底略凹。环周有铭文"右伯君，西里疽"六字。"右伯君"为主造人，"疽"是工匠名。"西里"是地名，在齐都临淄附近。此权是中国已知最早的铜权。现藏中国国家博物馆。（图282）

▎商鞅方升 ▎

战国中期秦国量器。全长18.7厘米，容202.15毫升。秦孝公十八年（前344）商鞅变法时

图282 右伯君权

图283 商鞅方升

造。斗为长方形，直壁，后有长方形柄。方升外侧有铭文32字，有"爰积十六尊（寸）五分尊（寸）壹为升"句，表明这一量器是"升"。实测容量二百毫升。器底加刻秦始皇二十六年（前221）统一度量衡的诏书四十字，说明秦统一六国后以商鞅所造器为国家的标准量具。此器是研究秦国量制的极重要的资料。现藏上海博物馆。（图283）

子禾子釜

战国中期量器。高38.5厘米，口径22.3厘米，底径19厘米，容20460毫升。清咸丰七年（1857）山东胶县灵山卫出土。齐国量器有豆、区、釜、钟，此是其中的一种。小口，深腹，平底。腹侧有两耳，形如罐。腹外壁有铭文九行、约一百零九字，大意是：子禾子命人往告陈得，左关釜的容量以仓廪之釜为标准，关𫔮以廪粞为标准，如左关官员舞弊，加大或减小其量，均当制止。如不从命，则论其事之轻重，施以相当的刑罚。"子禾子"是田和为齐大夫时的称谓。此器证明战国时期度量衡已有明确的校量制度和管理措施。现藏中国国家博物馆。

王字衡杆

战国晚期衡器。长23.1厘米，臂高1.22厘米，臂厚0.35厘米，鼻钮高2.15厘米，鼻钮孔径0.35厘米，重0.0932公斤。传安徽寿县出土。共出两件，形制大小相同。正中有鼻钮，钮下拱肩，略显弯曲。正面贯通上下十等分刻线。背面钮下横刻一"王"字。衡杆正面中间二寸有寸刻线，其余每半寸皆有刻度，背面中部和一端各横刻一"王"字，钮孔两侧均有磨损痕迹。此器为中国已发现的最早的衡杆。现藏中国国家博物馆。（图284）

图284 王字衡杆

空首尖足布

春秋晚期货币。通长15厘米，重44.8克。1959年山西侯马遗址出土。呈空首、耸肩、尖足、弧裆形，长柄，布首有上大下小楔状的方銎，以纳把。面、背有三条稍凸起的垂线纹饰。有五个文字。与其同出的还有大量的范芯和铸币泥范。此器是研究中国古钱币的生产和发展的佐证，同时也是研究晋国金属铸币的重要实物。现藏山西省考古研究所。（图285）

圆阳新化小直刀

战国时期赵国货币。长10厘米，宽1.2厘米，重7克。传

图285 空首尖足布

山西晋北出土。刀身平直薄小，刀首残缺，铸造粗率，除正面"圜阳新化"四字外，背平素无饰。"圜阳"是铸地（今陕西神木县东）。赵在战国后期还铸行过尖足布，此刀币的发现，对研究燕、赵等国刀币布币并行区的货币制度提供了宝贵的实物资料。现藏中国国家博物馆。

子夭子锄铜玺

战国时期齐国玺印。高2.3厘米，边长5.2厘米。传山东临淄出土。方形，盝顶，鼻钮。色黝黑，间以红绿斑沙砾。凿朱文"子夭子锄"四字。"子夭子"是人名，与战国"子禾子"釜称谓同例。子某子称谓，在战国诸侯士大夫间甚为流行，齐国更为常见。此类玺印是专门用来钤盖陶量器所用的官印。称玺为锄是齐国玺印的特点。子夭子当为齐国统治阶级中的显赫人物。此玺笔势浑朴遒劲，是齐国官印的典型代表，在战国玺印中如此巨大者殊不多见。现藏中国国家博物馆。（图286）

图286 子夭子锄铜玺印文

会平市玺铜玺

战国时期齐国玺印。高1.2厘米，边长3.2厘米。1962年河北唐山开滦金庄矿区井下发现。方形，鼻钮。凿白文"会平市玺"四字。"市"字写法与战国齐陶上"市"字写法相似。它是战国齐所设管理市场，平定市价的专职官吏所用之印。会平市玺即众会平市中列肆之物，成其买卖所用之官印，含有整敕会者，使定物价之意。这种官印，前所未见，是一件反映中国古代市场管理制度的重要文物，也是最早关于"市平"的实物例证之一。现藏中国国家博物馆。

汉匈奴栗借温禺鞮铜玺

东汉玺印。高3.3厘米，底座边长2.3厘米。近方形，驼钮。凿白文篆书"汉匈奴栗借温禺鞮"三行八字。"禺鞮"两字独居一行。温禺鞮为匈奴二十四长。此印证明南匈奴之官职可由异姓担任，对研究匈奴的历史有重要价值。现藏内蒙古博物院。（图287）

图287 汉匈奴栗借温禺鞮铜玺

孟鼖子母铜套印

东汉玺印。大印高2.5厘米，底座边长2厘米；中印边长1厘米；小印边长0.8厘米。1972年云南昭通二坪寨梁堆出土。方形，三套印。大、中两印作母、子狻猊钮，小印则作龟钮。大印刻"孟鼖之印"四字，中印刻"孟鼖"两字，小印刻"伯称"两字，皆白文篆书。孟氏为"南中大姓"之一。此印形制独特，制作精巧，为研究当时的套印提供了佐证。现藏昭通市文物管理所。（图288）

图288 孟凳子母铜套印

图289 曹氏六面铜印

魏率善胡仟长驼钮铜印

三国魏玺印。高2.6厘米，底座边长2.3厘米。驼钮为东汉以后统一赐给少数民族的官印钮式。从印文内容看，率善为魏政权赐印时的懿美之词，胡在此特指北方匈奴族，仟长为武职官。魏政权赐给北方匈奴贵族官印，以示安抚，这对处理当时复杂的政局是有益的。此印印文笔画多取直势，字体已显方正，与汉官印文字体势之方中有圆不同。现藏故宫博物院。

曹氏六面铜印

三国魏玺印。高3.6厘米，底座边长2.2厘米。方形，鼻钮。印文六面凿白文悬针篆"曹氏""曹氏印信""女言疏""官""曹新妇白疏""印完"。书体竖笔引长下垂，收笔尖细，形成上密下疏的结构特征。此印是当时妇女印之精品。现藏天津博物馆。（图289）

晋率善羌邑长铜印

西晋玺印。高2.4厘米，底座边长2.2厘米。陕西汧阳出土。方形，羊钮。凿白文篆书"晋率善羌邑长"六字。羌，古代少数民族名。邑，都邑、城邑。此印为当时归附于晋王朝的羌族邑长之印，对研究当时的民族关系有重要意义。现藏宝鸡市博物馆。

契丹节度使印铜印

唐玺印。高4.3厘米，边长6.5厘米，宽6厘米。1972年河北隆化韩吉营西沟出土。鎏金，近方形，狮钮。印背略呈覆斗形，四坡平缓，阴刻神态各异的狮纹。顶部铸一昂首蹲踞狮，两眼平视，嘴微启露齿，胸肌前突，垂尾右甩，造型端庄秀丽。朱文篆书"契丹节度使印"六字，细文细栏。此印对研究唐王朝与契丹民族的关系有重要意义。现藏隆化县博物馆。

西夏文首领铜印

西夏玺印。通高3厘米，边长5.5厘米。1956年内蒙古伊金霍洛旗出土。方形，短矩形把手。印面凿西夏文白文篆书两字，译写汉字为"首领"；背款刻西夏字白文楷书两行；顶款刻西夏文白文楷书一字。"首领"一词在西夏史籍中常见，系指各级地方官。西夏受中原文化影响，不仅创造楷书，还依汉字篆书的方法创造篆书，用在官印上。此印弥足珍贵，是研究西夏史、西夏文字和民族关系的重要实物资料。现藏内蒙古博物院。（图290）

图290 西夏文首领铜印

八思巴文国公之印铜印

元玺印。高10.8厘米，边长10.2厘米。方形，三坛，矩形把手。凿八思巴文朱文篆书"国公之印"四字。背款"国公之印"一行，左刻"中书礼部造""至正廿二年正月"两行，均汉字白文楷书。此为元顺帝赐给西藏贵族的印信。元代爵分八等，国公列为一品，与此印规制相合。此印是研究元王朝中央与西藏地方关系及元代印信制度的重要实物资料。现藏西藏博物馆。

多笼僧纲司印铜印

明永乐玺印。高7.3厘米，边长6厘米。方形，杙钮。凿朱文九叠篆书"多笼僧纲司印"三行六字。背款右刻"多笼僧纲司印"一行；左刻"礼部造""永乐十二年正月日"两行；侧款刻"礼字一百七十八号"一行，均白文楷书。多笼为地名；僧纲司，明洪武十五年（1382）置，是管理佛教事务机构之一。此印规制属八品官印，对研究明代僧官制度具有重要价值。现藏西藏博物馆。

银首人俑铜灯

战国中期照明用具。通高66.4厘米，重11.6千克。1977年河北平山中山王礜墓出土。作穿袍男子执灯形。男子立于兽面纹方座上，人面系银质，双目嵌黑宝石，粗眉高鼻，做微笑状，左右手各握一蛇。左手的蛇托住一高柱灯盘，右手的蛇与上下灯相连。人俑衣饰卷云纹，铸槽填以黑、红漆。错银龙纹的柱上铸一作攀缘状猴。此灯造型构思巧妙，意趣盎然，纹饰光彩富丽，是战国时期颇具匠心的杰出作品，反映了战国青铜器铸造高超的艺术水平。现藏河北省博物馆。（图291）

十五连枝灯

战国中期照明用具。高82.9厘米，重13.85千克。1977年河北平山中山王礜墓出土。全灯形如茂盛的大树，

图291 银首人俑铜灯

树枝上置十五个灯盘。镂孔透雕的圆形灯座，由 3 只口衔环的双身虎承托。座上站立两个上身赤裸，下围短裙，手捧食物向上作抛食状的家奴。树上群猴戏耍，蟠龙攀附，场面清新而活跃，宛如一幅美丽自然的图画。此灯设计精巧，构思别致。在铸造上采用了分铸套接的方法，反映出极高的铸造工艺水平。现藏河北省博物馆。

鼎形灯

战国晚期照明用具。通高 30.5 厘米，口径 12 厘米。1974 年甘肃平凉庙庄出土。器呈鼎形，双附耳，三蹄足。耳侧有键槽，两侧穿孔，中贯铁柱。双键一端销于耳上，键中部弯曲成半圆，合之成圆环，扣住顶托，其两端上翘各为半圆，可合为上小下大的圆柱体。盖顶中心有一托，两侧两鸭头可旋转。盖顶中心有锥尖，为盛灯芯处。上盖后，放下双键，旋动双鸭头部，即紧扣锁住，将鼎盖封闭，合缝极严。打开时，先旋盖，使鸭头离开双键，然后开键启盖，将双键顶端合拢，盖孔插入键顶，即成一灯。出土时内残存油脂。此器造型敦厚，具有浓厚的秦器风格。现藏甘肃省博物馆。

雁鱼灯

西汉照明用具。通高 53 厘米，长 34.5 厘米。1985 年山西平朔城西照什八庄出土。整体作鸿雁回首伫立状。雁衔一鱼，鱼身下接灯罩盖。冠绘红彩，雁、鱼身施翠绿彩，并以墨线勾出翎羽、鳞片和夔龙纹。灯由雁首颈（连鱼）、雁体、灯盘、灯罩四部分套合而成，可以拆装。雁颈与雁体子母口相连，鱼身及雁颈、体腔中空。灯盘直壁浅腹，一侧附灯柄，可控制灯盘转动；盘下有圈足，与雁背上的直壁圈沿以子母口套接。灯罩为弧形屏板，上部插入鱼腹下的开口，下部插入灯盘内，可左右转动开合，任意调节光度。烟雾通过鱼和雁颈导入雁体内，以防烟雾污染。巧妙的设计达到功能与形式的和谐统一。现藏中国国家博物馆。（图 292）

图 292 雁鱼灯

雁足灯

汉照明用具。高 12.7 厘米，宽 10.2 厘米。体作圆盘式，盘中心一钎。盘体一侧以雁足支撑，雁的三趾清晰，雁足踩在一块与灯盘等长的长方形平板上。此灯利用重心平衡原理，灯体平稳大方，较之造型相似的豆形灯活泼、新颖、明快，富有生机感。现藏故宫博物院。（图 293）

图 293 雁足灯

171

长信宫灯

西汉照明用具。通高 48 厘米，重 15.78 千克。1968 年河北满城陵山中山靖王刘胜妻窦绾墓出土。通体鎏金。此灯为一跪坐执灯的宫女形象。宫女体内中空。全器由头、身、右臂、灯座、灯盘、灯壁和灯罩七部分构成。灯座分上下两部分，可拆卸；灯盘带柄平底，边有凹槽，盘心有一蜡签；灯壁由两弧形屏板嵌于盘沿凹槽，可左右移动，以调节灯光的方向和强弱。宫女左手执灯座，以右手袖笼外张于灯壁上作灯罩。烛火的烟炱可通过宫女右臂进入体内，使烟焰附于体腔以保持室内空气洁净。全器有九处铭刻，共 65 字，记载该灯容量、重量和主人。其中所刻"阳信家"当为最早主人夷侯刘揭之家；"长信尚浴"和"今内者卧"等铭文，则为该灯入长信宫后所刻。长信宫为窦太后所居，此灯应是后来窦太后赏赐给中山靖王刘胜夫人窦绾所使用。铭文内容对研究西汉初期宫廷史颇具价值。经有关冶铸工艺史学者研究，此灯的头部、右臂、身躯连同左手都由失蜡铸成，内范基本依铸件外形制作，甚至左手握灯座处内空形状亦与手指外形相同，所以铸件壁厚均匀。此器是一件集科学、装饰与实用于一体的罕见艺术珍品，可谓汉代工艺品之精华。现藏河北省博物馆。

错银铜牛灯

东汉照明用具。通高 46 厘米，长 31.5 厘米。1980 年江苏邗江甘泉 2 号东汉墓出土。灯为一立牛形，腹中空。灯盏为一圆盘，灯罩可开合，罩壁有菱形和三角形的孔。罩盖有一弯状管连接牛头。灯燃时，可将烟垢送到牛腹内。通体饰错银精细流云状的龙凤纹。此灯设计精巧奇异，工艺精致，是汉代铜灯中的精品。据考证出土于东汉广陵王刘荆墓，更增加了该器的历史价值。现藏南京博物院。（图 294）

图 294 错银铜牛灯

人托盘吊灯

东汉照明用具。通高 29 厘米，长 28 厘米。1955 年湖南长沙废铜仓库拣选。由链、灯盘、人形三部分组成。灯盘为圆形，盘内正中有锥形烛钎。器身为一人两手托盘。人俯卧昂首，髡发束髻，突额大眼，高鼻厚唇，裸体跣足，腰系带形横幅，腹腔内空，胸前开孔与灯盘相通。背部有弧形盖。两肩与臀部有三环钮，与三串活链联结，系在隆起的圆盖上。盖顶伫立一孔雀，作开屏状，上用活链悬挂。人的形象具有西域民族特征。现藏湖南省博物馆。

鎏金银竹节熏炉

西汉焚香熏炉。通高 58 厘米。1981 年陕西兴平茂陵 1 号无名冢从葬坑出土。炉呈半球体。通体鎏金鎏银。炉盖雕镂山峦状，炉身上部浮雕四条鎏金龙，下部雕蟠龙纹，底座透雕两条蟠龙，竹节形长柄自龙口伸出，龙首承托炉身。炉盖口沿和底座圈足均有刻铭，记西汉皇家未央宫用炉。从同墓出的"阳信家"刻铭铜器和史籍分析，汉武帝于建元五年（前136）十月，将未央宫熏炉赏赐给长姐阳信长公主。熏炉造型别致高雅，铸造技艺精湛，富丽堂皇。其造型有别于一般所见的博山炉，而自铭为"熏炉"，从而为这类器物的定名提供了新的依据。此器铭文对研究汉代冶铸业的官府管理机构尤为重要。现藏茂陵博物馆。（图295）

错金博山炉

　　西汉焚香熏炉。高26厘米，腹径15.5厘米，圈足径9.7厘米。1968年河北满城陵山中山靖王刘胜墓出土。炉身似豆形，作子口，盖似博山。炉身的盘和座系分铸后用铁钉铆合。通体错金丝。炉盘饰错金流云纹。盘上部及炉盖镂雕成山峦起伏状，人和虎、豹、猴等动物置身其间，刻画了秀丽的自然山景和动物的狩猎场面。圈足以镂空龙形为饰，龙头承托炉盘。此炉铸造精工，错金装饰，璀璨夺目，属罕见的瑰宝。现藏河北省博物馆。

力士骑兽博山炉

　　西汉焚香熏炉。通高32.3厘米，炉口径12.1厘米，底盘径22.3厘米，重3.45千克。1968年河北满城陵山中山靖王刘胜墓出土。由炉盖、炉身、底盘三部分组成。炉盖透雕成尖状山峰形，上部山峦起伏，流云四绕，间有虎兽、牛车及人物等；下部则铸有龙、虎、凤鸟和骆驼等。炉身呈半圆形腹，底部一小圆座和力士右手铆接，腹外壁饰鎏银云纹图案。底盘浅腹平底，上饰鎏银同心圆四周和柿蒂纹一组。炉盘中部稍偏为一骑兽力士，左手撑住兽颈，右手托举炉身，整体造型新颖，生动有力。现藏河北省博物馆。（图296）

祭祀贮贝器

　　西汉云南滇人贵族贮币用器。通高51厘米，口径30.5厘米，底径29.7厘米。1957年云南晋宁石寨山出土。器下承三兽首足。器腹间各有一立虎为耳。平盖，胴上铸有杀人祭祀的场面。盖的一端有干栏式房屋一座，四周错综密集器械、铜鼓、家畜、野兽及人物。人物共一百二十七人，分别作宴饮、奉物、屠宰、炊食、演奏、舞蹈、行刑等情状。正中坐一老妪，当为主祭奴隶主。四

图295　鎏金银竹节熏炉

图296　力士骑兽博山炉

周平置十八铜鼓，有一铜鼓与錞于同悬于虡座上，一人席地敲奏。此外还置一柱，上有巨蛇吞噬奴隶，应是供祭祀用的牺牲。此图像包含“杀人祭柱”和“诅盟”等主题，对研究滇人奴隶制社会有重要价值。器为失蜡法铸成，人兽等均为先铸成后再安装，工艺复杂。现藏中国国家博物馆。

四牛骑士筒形贮贝器

西汉云南滇人贵族贮币用器。高 50 厘米，直径 26 厘米。1956 年云南晋宁石寨山出土。作束腰筒形，三短足。腰部以一对作蹬爬状的立体虎为耳，盖沿铸四头角牛。盖中心立一马，马背坐一鎏金挎剑的骑士，威武华贵。此器保存完好，造型风格与中原迥异，简朴中寓优美，以圆雕动物的生动活泼，衬托和突显骑士的威武华贵，构思奇特，是古代滇民族青铜工艺的杰作。此器是研究古代滇民族青铜工艺、造型和生产生活等诸方面的重要资料。现藏云南省博物馆。（图 297）

图 297 四牛骑士筒形贮贝器

纺织鼓形贮贝器

西汉云南滇人贵族贮币用器。高 21 厘米，面径 25 厘米。1956 年云南晋宁石寨山出土。器作铜鼓形，四耳，底部封闭。鼓面可开启，内贮海贝。器盖铸立体人物群雕，十八人（女性）、一犬、一鹦鹉、一桌、纺织机五套和盘钵等物。中心人物为一跪坐女主人，高大突出，鎏金。其余人物围绕作跪伏、站立奉物和坐地操作织机状。装束各异，发式有额前螺状高髻、顶髻缠巾、脑后髻、颈后长髻和长辫等，反映了滇国女奴隶主占有各族纺织奴隶的情况。现藏中国国家博物馆。

圆雕立像

商晚期祭祀人像。通高 262 厘米。1986 年四川广汉三星堆祭祀坑出土。人体修长，大眼隆鼻，方颐大耳，头上高冠，双手作持物状，形象端庄肃穆。衣饰细密花纹，两侧下垂呈燕尾式，赤脚站方台座上。庄重威严，形象生动。此像是目前中国所见先秦时代青铜造像之最大者，在世界青铜圆雕人像史上也占有重要地位。有学者认为此人像应是“群巫之长”或蜀王。立人像对研究古蜀人的服饰、宗教、冶铸等均具有重要意义。现藏三星堆博物馆。

戴冠饰簪人头像

商晚期祭祀人像。通高 34 厘米。1986 年四川广汉三星堆遗址出土。脸呈方形，眉骨高耸，巨目高鼻，阔口紧闭，大耳为卷云纹状，耳垂上有孔。颈作三角形。头戴双角冠，脑后有簪孔。此像阔目大嘴，带有典型的四川地方特色，与其同时出土的一大批人物头像，均为此种风格。

因人物面部特征颇为独特，在世界范围引起广泛关注，成为学术界研究的热点课题。现藏三星堆博物馆。（图298）

纵目大耳铜面具

商晚期祭祀面具。通高60厘米，宽134厘米。1986年四川广汉三星堆祭祀坑出土。人面造型奇特怪异，形体巨大。长筒双眼，丰鼻宽嘴，大耳外侈。上额正中的方孔是插缨羽处。根据人面的形象特征，依《华阳国志》所说："蜀侯蚕丛，其目纵，始称王。"应为蜀王蚕丛的神像。另有专家推测此像是古籍中所谓的人、神、鬼的综合体。因是迄今从未见过的青铜面具，对研究古蜀历史和宗教崇拜都具有无可替代的重大意义。现藏三星堆博物馆。

图298 戴冠饰簪人头像

双面人面形神器

商晚期祭祀礼器。通高60厘米。1989年江西新干大洋洲商墓出土。整器为双面人面形，巨目外凸，鼻孔外张，口阔露齿，两耳细长。更为奇特的是头顶立一对弯形角，上饰卷云纹。人面上下各有一圆形管，为插口。此器以夸张手法，将人面刻画得威严而有神秘感。此种造型的青铜器，在已出土的商代器中仅此一件，对研究和追溯古蜀的历史和宗教文化有不可替代的意义。现藏江西省博物馆。

延兴五年释迦牟尼像

北魏佛教造像。通高35.2厘米。1967年河北满城孟村出土。像梳高髻，面短清癯，嘴角微翘，右手前伸，左手下垂，施无畏印相。身披袈裟，自右腋下斜裹甩向左肩，右肩与右臂袒露。腹部衣纹作层层下展的垂鳞状，腿部作层层上弯的弧线纹，衣薄透体，褶皱细密，线条圆润，衣角微飘，使整个造像充满活力。佛跣足立于莲座上，座下设高足床。佛身后有舟形大背光，外层透雕火焰纹，内层刻火焰纹，上部并阴刻莲纹和绚纹的项光；大背光之背，阴刻坐佛一尊，有舟形火焰纹背光。通体鎏金。背刻铭文："延兴五年四月五日张口口（次戴？）为佛造释迦门佛壹躯。"延兴五年，即公元475年。造像人物形体修长，衣纹质感厚重，具有浓郁的北魏时期佛像风格。现藏河北省博物馆。（图299）

图299 延兴五年释迦牟尼像

图 300 董钦造阿弥陀佛

董钦造阿弥陀佛

隋佛教造像。通高41厘米，座长24.5厘米。1974年陕西西安南郊东八里村出土。阿弥陀佛是佛教净土宗的主要信奉对象，称其为"西方极乐世界"的教主，能够接引念佛人往生西方净土，又称接引佛。阿弥陀佛有无量寿佛、无量光佛等十三个名号，信徒所谓"念佛"，多指念其名号。此像由高足床上一佛、两菩萨、两力士、一香熏及两蹲狮组成。阿弥陀佛结跏趺坐于束腰莲花高座上，两胁侍菩萨端立在莲花座上，上身裸露，着项饰臂钏，璎珞重重，双足跣露。均有莲瓣形顶光。两侧各一裸身金刚力士，肌肉隆起，瞋目怒视。莲座下方置一华丽的香熏，由一裸身力士托撑。在床左侧、背后和足上镌刻董钦于隋开皇四年（584）造像的发愿词。此像构思精妙，通体鎏金，异常华丽，实属少见。且有准确纪年，是鉴定此类器物不可多得的标准器。现藏西安市文物管理委员会。（图300）

阿弥陀佛造像

隋佛教造像。通高37.6厘米。主体阿弥陀佛居中，结跏趺坐于透雕莲花宝座上，面庞丰腴圆润，双目微闭，手势作说法姿态。身着袈裟，右臂袒露，头后有透雕火焰纹背光。两侧分立观世音和大势至菩萨，均头部高髻宝冠，后有透雕火焰纹背光。大势至持宝珠，观世音持莲花，表情闲逸安详。另有男女供养人各一，形体较小，神态谦恭。其侧又各立一狮子，张口吐舌，作蹲卧状。佛像衣饰精美优雅，衣带飘动。头冠、背光、宝座等均以雕镂手法表现玲珑剔透之美，为隋代造像中的精品。现藏上海博物馆。

思维菩萨造像

唐佛教造像。通高11厘米。菩萨高髻，盘膝而坐，左手抚膝，右手托腮，作思维姿态。面庞丰润，上身裸露，肌肤滑腻。下身着长裙，衣料轻薄，丝绸质感极强。姿态优美，神态恬静。造像将菩萨慈悲祥和之态表现得唯

图 301 思维菩萨造像

妙唯肖，具有很高的艺术水准。现藏上海博物馆。（图301）

鎏金观音造像

五代造像。通高49.8厘米。1957年浙江金华万佛塔出土。正像坐山石上，袒胸赤足，头戴花冠，身披璎珞，左腿下垂，右腿上踞石面，左臂向后撑立山石，右臂置右膝上，前置净水瓶，后有圆形背光，背光上有火焰三道。观音是中国佛教中的四大菩萨之一，有各种不同名称和形象的观音。据称观音可应机以种种化身救众苦难。中国寺院中常作女相，女性形象的观音始见于南北朝，盛于唐代以后。现藏中国国家博物馆。

鎏金地藏菩萨造像

北宋造像。通高45.5厘米。1956年浙江金华万佛塔塔基出土。地藏菩萨半跏趺坐于方座上，右手作火天印，左手置膝托珠，右腿盘屈，左腿下垂踏于莲花之上。面庞圆丰，双目低垂，高鼻，口微闭，作沉思状。内着交领衣，饰项圈，腰束带，外套袈裟，肩搭香囊。衣纹简洁流畅，造型自然端庄。

图302 鎏金地藏菩萨造像

身后饰透雕火焰纹光环。底座上镌刻有"府内女弟子吴二娘为三孙十二娘子造地藏一身，永充供养"题记，为嘉祐年间造像。地藏菩萨，是汉传佛教四大菩萨之一。相传地藏菩萨原为新罗国王族金乔觉，唐代出家到九华山，居数十年圆寂，其化身说法的道场在安徽九华山。此像生动表现了"安忍不动，犹如大地，静虑深密，犹如秘藏"（《地藏十轮经》）的神态，是青铜佛像类的经典之作。现藏浙江省博物馆。（图302）

鎏金吉祥天母造像

明佛教造像。通高21厘米。吉祥天母坐骑在奔跑的骡背上，面目凶猛，上有双臂各持刀戟，下有双臂持物，骡前有一兽面神人牵行。骡臀部有眼和手。吉祥天母在藏族地区备受崇信，传说是观音菩萨的化身。天母形象有时狰狞，以示其面恶心善，可驱妖魔。此像题款"大明永乐年施"六字。现藏西藏自治区拉萨市罗布林卡。

立鸟双尾卧虎

商晚期陈设器。通长53.5厘米，高25.5厘米。1989年江西新干大洋洲商墓出土。虎中空，下颚已残失。张口咧呲，左右各露一獠牙，凸目粗眉，竖耳，粗颈，垂腹，背脊凸出，后垂双尾，尾端上卷。背伏一鸟，竖颈短尾，尖喙圆睛。通体主要饰阴线构成的规格不一的雷纹。商代中早期的兽面纹主体，多用大量的雷纹构成，而到商代晚期和西周早期，雷纹则低于主纹，

图 303 立鸟双尾卧虎

图 304 错金鹿角立鹤

起陪衬的作用，如此器大型的雷纹装饰较为少见。整个虎形躯体庞大，怒目狰狞，塑造生动，铸工精细，是商代艺术珍品，对研究神话传说和宗教崇拜均有意义。现藏江西省博物馆。（图 303）

青铜神兽

春秋晚期楚国陈设器。一对，通高均 48 厘米。1990 年河南淅川徐家岭 9 号墓出土。神兽作龙首虎身，龙吐长舌，双眸突出，两颌各出一支柿蒂状的花枝。龙首上方布列六条龙。虎身半卧状，四足宽厚敦实，尾上卷，身上饰变形龙凤纹。背上方孔置一曲架，上有奔兽，兽双后足蹬在虎身颈上。兽的主体和上面龙兽均镶嵌绿松石。神兽形体怪异，铸造复杂亦极其精美，迷漫着奇异、炽烈、神秘的气氛，表现了浪漫主义的楚风，是罕见的春秋时期青铜艺术品。现藏河南博物院。

错金鹿角立鹤

战国早期陈设器。通高 143.5 厘米，座长 45 厘米，座宽 41.4 厘米，重 38.4 千克。1978 年湖北随县擂鼓墩曾侯乙墓出土。鹤昂首扬喙，上翘鹿角；两翅扬起，作欲飞状。鹤的首、颈和角均饰错金云纹，腹背饰羽纹，方座上饰蟠螭纹。鹤首有铭文"曾侯乙作持用终"7 字，证实是曾国君主曾侯乙的生前爱物。全器造型优美奇特，构思精妙，具有浓厚的楚文化风格，当属战国杰出的青铜艺术作品。现藏湖北省博物馆。（图 304）

虎噬鹿器座

战国中期器座。通高 21.9 厘米，长 51 厘米，重 26.65 千克。1977 年河北平山中山王𰯼墓出土。虎体硕健有力，作半俯踞状态，双眸圆睁，双耳直立，咬住做挣扎状的幼鹿。虎背的前部和后部各有一方銎，銎里还保存有木榫。虎、鹿周身错以金银，黄白相间。此虎形器座造型生动写实，构思巧妙，铸造工艺高超，将老虎的凶猛与幼鹿的柔弱表现得淋漓尽致，是战国写实造型艺术中的杰作。现藏河北省博物馆。（图305）

镶嵌鸟纹双翼兽

战国中期陈设器。通高24厘米，通长40厘米。1977年河北平山中山王𰯾墓出土。兽体劲健有力，四肢弓曲，利爪外撇撑地平稳有力，前胸宽阔而低沉，两肋生翼，臀部隆起，后尾斜挺，圆颈直竖，昂首扭向左侧，双眸圆睁，张口露齿，作咆哮状。全身饰云纹，口、眼、鼻、耳、羽等均用银勾勒。全身以漫卷的云纹为主要纹饰，长翼饰长羽纹，尾饰羽片和长毛纹，背部有鸟纹。此兽造型雄健，铸造工艺高超，是战国时期罕见的艺术珍品，体现了战国时期青铜器的革新、创造精神。现藏河北省博物馆。

图 305　虎噬鹿器座　　　　　　　　　　　　图 306　鎏金铜马

179

鎏金铜马

西汉马模型。高62厘米，长76厘米。1981年陕西兴平茂陵从葬坑出土。圆雕，通体鎏金，光泽无比，作昂首站立状，尾根翘起，后尾下垂。体圆滚，肌肉鲜明。从同坑出土的马具、车饰分析，此为驾车辕马。该马比例匀称，四肢矫健，不像是中原常见的河套马种，而是属于伊犁马种，应是汉武帝专有的良种马形象。铜马制作考究，富贵华丽，身体比例适中，气势非凡，充分表现了西汉帝国的皇家气派。现藏茂陵博物馆。（图306）

马踏飞燕

东汉明器。高34.5厘米，长45厘米。1969年甘肃武威雷台出土。马造型雄健，作奔驰状，昂首嘶鸣，尾上扬，三足腾起，一足踏在一只回首的飞燕上，风驰电掣般地飞跃。此马制作采用重心平衡的力学原理，使马的着力点集中于一足上，既活泼又平稳。以马的奔腾与飞燕同速，寓意马的精良，是一件具有浪漫主义风格的难得的艺术杰作，20 世纪 90 年代被国家文物鉴定专家组定为国宝级器物。此器已被选定为中国国家旅游局的标志。现藏甘肃省博物馆。（图 307）

图 307 马踏飞燕

鎏金铜卧牛

西夏明器。长 120 厘米，重 188 千克。1977 年宁夏银川西夏陵区 101 号墓出土。牛作卧式，空腹，体态丰满，昂首前视，颈肉清晰，生动自然，栩栩如生。通体鎏金，增强了华贵感。此鎏金卧牛形体巨大，制作精湛，又是西夏国陵区出土，是当时独特的青铜佳作，尤为珍贵，对研究西夏国青铜冶铸业发展水平和农牧经济情况以及葬俗，都有重要价值。现藏宁夏回族自治区博物馆。

镶嵌绿松石兽面纹铜牌饰

夏代装饰品。长 14.2 厘米，宽 9.8 厘米。1984 年河南偃师二里头出土。长圆形。正面用绿松石片镶嵌成兽面纹图案。兽面双目正圆，鼻与身脊贯通，两角向上延伸，卷曲似尾，与商代流行的兽面纹不同。所嵌绿松石形状各异，排列规整，铜牌两侧有四个半圆形穿孔，以供穿系。此铜牌出土时放置在墓主胸前，应是一种装饰品。类似器物过去曾有发现，但此器首次经科学考古发掘出土，并由地层学证实了制作的时代，是研究青铜镶嵌技术的起源和制作工艺的重要实物资料。现藏中国社会科学院考古研究所。

錾花鎏金鸟纹带钩

西汉腰带扣饰。通长 15.8 厘米。琵琶形。钩端回首作蛇首形，背有圆钮。通体饰变形鸟纹。鸟侧身，钩喙，目下视，头部高冠上耸，卷尾。纹饰制法巧妙，是先绘图案，然后在线条上錾

图 308 錾花鎏金鸟纹带钩

刻相连的小圆窝，再用鎏金技术镀金，小圆窝就成了金色的圆点。整个图案，由无数金闪闪的光点组成，极为美观。现藏中国国家博物馆。（图308）

镶嵌四神纹带钩

东汉腰带扣饰。长11.9厘米。1950年四川省博物馆征集。钩首和下端皆作圆饼状，表面各有一平底圆形大凹坑。下端圆饼直径较大，上部接钩身，两侧有半圆形双耳。钩钮正方，在下端圆饼背面正中。钩身及下端圆饼、两耳部分正面原镶嵌代表天空星辰的小圆宝石十五枚，现存一枚，余皆脱落。下端圆饼正面上下及钩钮方饼中心皆有错金纹饰，前者为朱雀、白虎，后者为青龙、玄武。钩身背面及两侧各有错金铭文70字（其中脱文2字），为汉代青铜器铭文中常见的吉语。错金纹饰，细若毫芒，图像生动，有很高的工艺水平。特别是铭文字数甚多，为同类器中难得的珍品。现藏四川博物院。

鎏金乐舞扣饰

西汉云南少数民族贵族服装扣饰。长13厘米，宽9.5厘米。1956年云南晋宁石寨山出土。鎏金。透空浮雕。背面有一榫扣供装置。浮雕八人，分为上下两列。上列四人作举手歌咏状。下列四人或手执一长勺举至颔前；或手捧一壶举至胸前；或怀抱一錞于形单面鼓，右手击鼓面作歌咏状；或双手执笙吹奏。人物情态生动，整体构图庄重典雅。现藏云南省博物馆。（图309）

图309 鎏金乐舞扣饰

鎏金获俘扣饰

西汉云南少数民族贵族服装扣饰。长15.1厘米，宽9厘米。1956年云南晋宁石寨山出土。透空浮雕。背面有一榫扣供装置。浮雕两武士挟持俘虏前行，足踏一无首男尸与长蛇，手提尸首，掠其妻、儿及牛羊等财物。武士持短戈，铠甲长至膝下，颈甲护领高过耳际，兽面形头盔前缘伸长，跣足。一武士手腕处穿一巨璧，手牵绳索，束缚一妇女手腕。妇女披发，着半短袖长衣，跣足，背负一幼儿。随后为一牛、一绵羊和一山羊。另一武士殿后。人物造型逼真，制作精细，是反映青铜器时代战争掳掠场面的典型文物，有很高的历史价值。现藏云南省博物馆。

摇钱树

东汉陈设器。通高198厘米。1990年四川绵阳市何家山出土。整体由基座、树干和树冠等共29种部件衔接扣挂而成。基座为红陶质，树干与树冠则用青铜铸造。树冠分为七层，顶端为一昂立的朱雀；其下两层的干与枝叶合为一体，上层中央为西王母坐像，两侧有龙虎相拱卫，下层为一大小相套圆钱，其上下又各铸有持竿的羽人和辟邪、怪兽等；下部四层插接24片枝叶，分向两侧伸出，上面分别饰有青龙、朱雀和兽、象与象奴、朱雀与鹿以及成串的圆钱等图案。这是至今见到的全国最大的一件青铜神树。现藏四川绵阳博物馆。

鸠柱房屋模型

战国早期越国明器。高17厘米，面宽13厘米，进深11.5厘米。1982年浙江绍兴狮子山出土。屋顶作四角攒尖式，上有八角形立柱，柱上塑一大尾鸠。屋为三开间，正面敞开，无墙、门，立明柱两根。左右两壁为镂空长方格形，后壁中间开一小窗。立柱饰S形云纹，屋顶、后壁及屋阶饰典型越式勾连云纹。屋内跪坐六人，其中两人双手交置于腹部，似为歌者，裸露双乳，束发高髻；其余四人裸体，束发脑后，分作击鼓、吹笙、抚琴状，当为乐师。这一形式的房屋模型在青铜器中仅此一例，从建筑形式到人物衣饰，都具有浓郁的吴越风情。现藏浙江省博物馆。

图310 中山王䶮兆域图版

中山王䶮兆域图版

战国中期王陵建筑图版。长94厘米，宽48厘米，厚1厘米，重32.1千克。1977年河北平山中山王䶮墓出土。平面呈长方形，背面两侧有铺首一对，正面为金银错镶而成的王陵平面布局图。图中各部均有铸义，标明名称、大小和间距。图向为上南下北。图的中心部分是用金片嵌成五个方形堂的轮廓线。有学者依据图铭，将其称为"兆法图"。这是中国已发现的最早的建筑平面规划图，在世界已发现的图中是最早的有比例的铜版建筑图，为研究中国古代兆域形式和建筑图学的重要材料。现藏河北省博物馆。（图310）

镂空楼阙形方饰

战国晚期燕国器具顶饰。通高22厘米。1970年河北易县燕下都东贯城出土。此器呈方柱式楼阙

图311 镂空楼阙形方饰

形。四阿楼顶的攒尖四角有昂首弓身龙四条，中立两相背飞鸟。楼阙透空，一人端坐几上，在其左、右、前三侧面的靠柱处，分别浮雕一人像，姿态各异。楼与方柱相连处，四边各有一飞鸟歧出。方柱两层四周镂空，浮雕各式人物六个，有不同禽兽相伴。柱上端饰两周凸棱，下端有两个小孔。柱根饰雷纹为地的对蛇纹。整件器物造型奇特、剔透浑朴。造型有浓郁的生活气息，是中国最早的楼观建筑模型。现藏河北省文物研究所。（图311）

┃立凤蟠龙铺首┃

战国晚期燕国建筑构件。通高45.5厘米，宽36.8厘米。1966年河北易县燕下都遗址老姆台出土。铺首为兽面衔环。兽为宽眉鼓目，锯齿形鼻，嘴角獠牙，口下衔八棱形半环。兽面额中上部浮雕一凤，翘首展翅而立。凤身左右各有一蛇钻出，凤爪攫住蛇尾。兽面两侧边缘浮雕向上盘绕的蟠龙各一。环上亦浮雕左右对称的蟠龙纹。造型巨大、纹饰优美。出土于燕下都宫殿遗址中，应是宫门上的饰物，由此可以想见燕下都宫殿规模之宏伟。现藏河北省文物研究所。

┃镶黄玉鎏金铺首┃

西汉漆木器装饰附件。通长12.4厘米，宽9.4厘米，环外径6.8厘米。1968年河北满城陵山中山靖王刘胜墓出土。铺首作兽面衔环状。兽面两侧有两龙攀附，龙身蜿蜒，龙首向外扭曲，似兽面之双角。上下有突起的窄边框，上框呈倒山字形。铺首下方作钩衔环，背面有一插钉。兽面中部镶一块黄玉，上刻对称的卷云纹，组成象征性的浮雕兽面，棱角各部分修饰得极其圆润。在额、眉、鼻、须的卷云纹中，填满细密的平行斜线。通体鎏金。做工精湛，反映了西汉琢玉工艺的高超技艺。现藏河北省博物馆。（图312）

┃斗拱形建筑构件┃

战国早期建筑构件。高38厘米，长62厘米。1972年江苏沙洲鹿苑

图312 镶黄玉鎏金铺首

图313 斗拱形建筑构件

出土。状如斗拱壁，中空。拱呈方形，末端的一侧面设有锯齿。拱头顶面及四立面均作镂空夔纹。拱壁以绳索纹为地，加饰突起的夔纹。此器应是箍套在建筑木构件上，兼具实用性和装饰性。现藏南京博物院。（图313）

山字形器

战国中期中山国仪仗礼器。高119厘米，宽74厘米，厚1.2厘米，銎径13.5厘米。1977年河北平山中山王墓出土。器体呈山字形而得名。顶部向上出三支锋，由下至上渐薄，削尖抹刃；两侧向下内回转成透空雷纹；下部中间有圆筒状銎，銎体上部扁平，中有凹口，牢牢卡住"山"字下部正中。透空雷纹装饰各有二方片体与銎壁相连。銎的前后两侧有方形楔孔，銎内残存朽木。山字形器与车帐同出，形体大而笨重。该器雄伟庄重，既是王权的象征，又是中山国之徽标。现藏河北省文物研究所。

虎鸟蟠虺纹阳燧

春秋早期器。直径7.5厘米。1957年河南陕县出土。圆形似镜，镜面微凹，背有一高鼻钮。钮旁两侧作两虎蟠虺和双鸟蟠虺纹饰。经实测，焦距和焦斑与宋人沈括《梦溪笔谈》所记"阳燧面洼，向日照之，光背向内，离镜一二寸，光聚为一点，大如麻菽，着物即发火"相符。此器说明早在春秋时期或更早，中国就已经掌握了使光辐射能力转化为热能的科学原理。现藏中国国家博物馆。（图314）

图314 虎鸟蟠虺纹阳燧

立鸟杖首及人形杖镦

春秋晚期越国生活用器。杖首长26.7厘米，杖镦长30.6厘米。1990年浙江绍兴浬渚中庄村出土。杖首和杖镦各出三角形箍和扁圆形箍间隔为三部分。其间饰有云雷纹、三角蝉纹及蟠蛇纹等。杖首顶端立一鸠鸟，短喙，昂首，宽扁尾翘起，双翅展开，满身饰羽纹。杖镦下为一跪坐人形，梳髻，双手扶膝，挺胸收腹，神态逼真。他的发型和身上的刻纹，是古越国断发文身习俗的反映。现藏绍兴县文物保护管理所。

错金银四龙四凤方案

战国中期生活用具。高37.4厘米，宽47厘米，重18.65千克。1977年河北平山中山王礜墓东库出土。器身方形。此案制作精巧，全身满饰错金银花纹。在圆形底座下，以四只挺胸昂首的卧鹿为足；座上有四龙四凤相盘绕。每一龙头上顶一斗拱形饰件，上承案面。案面可能为漆木制品，已朽，现仅留铜边框。此案设计新颖，尤其圆雕的四龙四凤相互纠结，有序有则，精巧细腻，有极高的艺术价值。斗拱形饰件对追寻其起源具有重要意义。现藏河北省博物馆。

鎏金卧兽铜砚盒

东汉文房用具。高 9.3 厘米，长
24.9 厘米。1969 年江苏徐州东汉墓出土。
砚盒作兽状，四足半卧态，张口露齿。以
兽背为盒盖，一侧铸半圆钮，可开启。通
身鎏金，镶嵌有绿松石、红宝石等，并饰
简洁优美的卷云纹。盒内嵌石砚，并附柱
形研石。此砚盒造型独特，工艺精绝，绚
丽异常，是罕见的工艺品兼实用品。现藏
南京博物院。（图 315）

图 315 鎏金卧兽铜砚盒

秦廿六年两诏版

秦发令诏书。长 10.1 厘米，宽 6.65 厘米。传清道光年间陕西长安出土。长方形，背呈弧状，
中间有一凸鼻，以备镶嵌权量之用。面刻始皇二十六年统一度量诏文及二世元年诏文。秦始皇
在统一度量衡时，仍然采用商鞅所制定的标准，所以就把秦国原用的标准器，加刻二十六年统
一度量的诏书，颁发全国。二世继位，又加刻元年诏书以示继承始皇法度。此物是秦代建立中
央集权制度、统一全国度量衡的重要历史实物资料。现藏中国国家博物馆。

大业二年鎏金函

隋佛教用具。通高 20 厘米，口径
23.4 厘米，底宽 23.8 厘米，重 7.95 千克。
1969 年河北定州静志寺出土。盝顶式盖。
方形，下函子口，平底。通体鎏金。盖顶
饰外方内圆宽带花边，中央为一天王，手
持三股杵，足踏一夜叉。四坡面各有三团
饰，前坡为两狐狸，后坡为一夜叉，其间
又有盘坐莲台的菩萨；左坡饰一菩萨两朱
雀，右坡有一菩萨、一天马、一人面凤。
团饰外以花卉纹衬地。盖沿四周主饰缠枝
莲纹，其上下边饰席纹，左右饰圈带纹。
函身四壁均以忍冬纹为边饰，其间左右又
各有一竖字框，字框间各设尖拱的楣龛两

图 316 大业二年鎏金函

间，上饰云气纹和金翅鸟一对。龛内有结跏趺坐或跪于莲台上的菩萨一尊，手印各异。字池内
有铭文"大隋仁寿三年五月廿九日，静志寺四部众修理废塔，撅得石函，奉舍利有四，函铭云

大代（北魏）兴安二年十一月五日即建大塔，更作真金宝瓶、琉璃等瓶，上下累叠，表裹七重，至大业二年十月八日于殿内"。函盖内顶满布墨书题记。盖子口内壁有北宋"太平兴国二年五月十五日菩萨阁邑人起口道场供养七昼夜"等字样。函铭和墨书记事详确，是研究古代佛教史的佐证。现藏定州市博物馆。（图316）

工艺

GONGYI

陶模

铸造青铜器的母范。陶模采用筛选的泥质较纯的陶土，经过手工捏塑后雕刻而成，也有从器物上复制的。陶模烧成温度较高，陶质没有疏松现象，可以反复使用。陶模的质量优劣决定器物造型的品质。

陶范

铸造青铜器的陶质型范。我国古代铸造青铜器大都用陶范，少数用石范或铁范。陶范一般由内范、外范组成。外范按器物外形制造，常分割成几块，有的用"子母口"结合（即凹凸连接体），故称"合范"。内范是比外范小的范芯。内外范之间空隙用于容受铜液。陶范要求耐高温，具有良好的机械强度，经得起铜液浇灌而不致损坏，泥质细腻，以便能清晰反映出青铜器上的铭文和花纹。河南偃师二里头遗址发现有制作青铜器的陶范，证实夏代已经熟练掌握了用陶范铸造青铜器的技术。（图317）

图 317 陶范

范线

指陶范在拼合时，因微小的错位所呈现出来的痕迹。这种痕迹有明显的，也有不明显的。

石范

商周时代青铜器，除了用陶范铸造外，有些小件青铜器也有用石范铸造的。石范的优点是常可就地取材，能耐高温和多次反复使用。但是石质坚硬，加工难度大，不宜做容器和刻画花纹，只能用于铸造简单的工具和武器，使用范围有限，不宜发展。

阴干

青铜器铸造工序之一。阴干是为了使陶范干燥，逐渐排除游离于范料颗粒之间的水分，排除一部分在范料颗粒构成的毛细管中的吸附水，使范料逐渐收缩。若阴干不佳而开裂，整套陶范即报废。

┃焙烧┃

青铜器铸造工序之一。将阴干后的陶范置于850℃以上温度的炉内烧结。焙烧的目的是排除阴干后残余的吸附水，将固体颗粒黏结，提高范的强度，使其不再变形；分解和氧化陶范中的碳酸盐和硫化物，防止注入铜液后产生气体，影响铸造的质量。

┃坩埚┃

中国古代熔化青铜或其他金属器皿的容器。一般用黏土烧成。为使其在熔炼时坚固，减小容积和加强支持力，在坩埚内外均涂以很厚的草拌泥。河南偃师二里头夏代遗址发现的最早的陶坩埚残片，河南郑州二里岗商代早期冶铜遗址发现的陶坩埚，多为日用器代用品。在河南殷墟冶铸遗址发现大口尖底的坩埚，俗称"将军盔"，经受高温时不破裂，尖底便于插立和转倾，说明商晚期在冶铸技术上比早期进步。（图318）

图318 坩埚

┃将军盔┃

参见【坩埚】。

┃炼铜竖炉┃

冶铜设备。林西和铜绿山发现了分属于西周和春秋时期的炼铜竖炉，是迄今所见年代最早的炼铜竖炉。铜绿山已出土的8座春秋早期的炼铜竖炉由炉基、炉缸、炉身三部分组成，各个炉子结构相近，尺寸大体相同。经过研究复原，竖炉的外形为竖立的腰鼓形。为了适应高温熔炼，竖炉的不同部位，配制不同的耐火材料，夯筑而

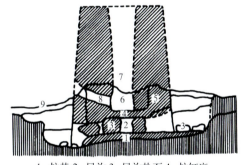

1.炉基 2.风沟 3.风沟垫石 4.炉缸底
5.炉壁 6.炉沟 7.风眼 8.金门 9.工作面

图319 铜绿山十号炼炉结构图

成。主要材料为红色黏土、高岭土、石英砂、火成岩碎屑、铁矿粉、铁矿粒、木炭粉等。（图319）

┃青铜淬火┃

始见于战国时期。主要用于铜镜、青铜刀剑，以及铜锣、铜钹等的加工工艺上。秦汉时，青铜锋刃器减少，便主要用于其他两项工艺中。青铜淬火的目的是提高材料的强度和塑性，降低硬脆性。

母模压印

商代前期铸造青铜器是一模一范，一范铸造一器就淘汰，生产效率很低。商周出现母模压印工艺，是用单体母范压印外范部件，然后将各种形状的部件拼接为整体，经过阴干、焙烧成外范。春秋战国此工艺普遍推广，山西侯马发现的压印母模，证实用此工艺制作的青铜器精细规整，可以大批量生产，以适应商品化的需求，但难免有千篇一律的重复之感。

铜铁合铸

器物的主体或部件为铁质，与青铜合铸。商代早期和西周以铁、铜合体的铸件，多见于兵器的刃部，证明人们已经掌握铁比铜坚韧和锋利的特性，如河北藁城台西商代早期铁刃铜钺、铁刃铜戈。商周的铁刃属天然陨铁，不是铸铁。以铸铁和青铜合铸的青铜器在战国时代推行，主要是为了节省铜料，例如中山王𰻞鼎为铁足铜鼎。铜铁合铸延续后世，但较少见。（图320）

图320 战国中期铜铁合铸的中山王𰻞鼎

陶质块范法

青铜器铸造方法之一。块范，即将陶质外范根据器物形状和浇注的需要分为若干块，刻好花纹后对合起来。青铜器的铸造技术的特征，首先表现为泥范分范合铸，这也是青铜器成型的主要技术。河南偃师二里头遗址的青铜爵采用4块陶范制作，商代早期青铜器的器壁薄而均匀，体现出工匠已经熟练掌握了陶质块范的合铸技术。

失蜡法

青铜器铸造工艺之一，也称"走腊法""熔模法"。用蜡模代替泥模，在蜡模外敷造型材料，成为整体铸型。加热将蜡模化去，形成空腔铸范，然后浇注铜液，冷却后形成铸件，最后进行打磨抛光。失蜡法无须脱模、泥模阴干、烧坯等多项工序，直接浇铸，并可以铸造出泥模无法铸造的复杂而精细的器件，特别是镂空器件，且光洁度高，是冶铸史上的一项重大发明。失蜡法出现于春秋时期，迄今所知我国最早的失蜡法铸件是河南淅川下寺出土的春秋中期的蟠虺纹铜禁。湖北随县曾侯乙墓出土的青铜尊、盘等，上下多层纤细透空花纹，极尽华美，堪称失腊法工艺的典范。（图321）

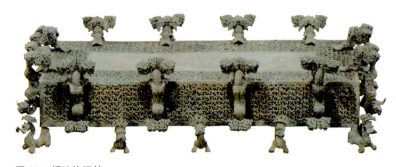

图321 蟠虺纹铜禁

熔模法

也称失腊法。参见【失蜡法】。

走腊法

也称失腊法。参见【失蜡法】。

分铸法

青铜器铸造工艺之一，用于铸造器形比较复杂的青铜器。一般先铸耳、足、环等附件，后铸器身；或先铸器身，然后将附件嵌在主体范中，灌注铜液，使器身和附件熔铸在一起。商代早期，壶、盉的提梁采用分铸工艺，提梁可以摆动。商代晚期分铸工艺有飞跃性发展，以湖南宁

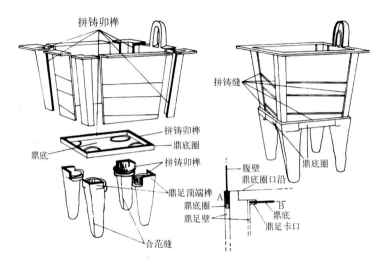

图 322 铜鼎分铸工艺图

乡出土的四羊方尊为典型代表。春秋战国分铸法更加成熟，大量使用在器形复杂的青铜器上，为青铜艺术开辟了更加广阔的空间。主要工艺是，先将主体和附件分别铸好，然后再用合金将各个部件铸铆或铸焊。山西侯马晋国都城新田遗址出土的大量陶范，印证了这种工艺已经达到顶峰。（图322）

铸铆

青铜器铸造工艺之一。一般采用分铸法铸造青铜器时使用。商代早期的青铜容器均采用铸铆技术，如青铜鼎的耳与腹两部分相接，要在腹和耳的铸件上预留铸孔，然后将耳端的泥范掏出一部分，使之与有预留孔的腹相合，共同组成铸型。由内侧注入铜液，形成铆钉，将腹和耳铆牢，即完成铸铆。河南郑州二里岗出土的商代早期青铜器，显示此时的铸铆技术已经相当成熟。

铸焊

青铜器铸造工艺之一。一般采用分铸法铸造青铜器时使用。将熔融的铜浇注在两个或多个部件的结合部，使部件的结合部局部加热，并与焊接合金连接起来。春秋战国时期楚国是较早使用铸焊工艺的地区，如河南淅川下寺出土的春秋中期王子午鼎，腹部装饰的怪兽是由兽身、兽角、腰饰、尾饰四部分焊接而成。其焊接方法是，先分别铸出兽身和附件，兽身的铸焊点需

预留卯孔，附件的铸焊需铸有榫头。然后将熔融的焊料灌入兽身的卯孔内，迅速将附件的榫头插入卯孔内，待冷凝后即焊接完成。

浑铸法

青铜器铸造工艺之一。铸造青铜器需要经过塑模、翻范、合范、浇注等工序。浇注工序在外范和范芯出窑后趁热进行。凡一次性将若干范模扣紧，整体浇注完成的，俗称浑铸法。此法用于铸造造型比较简单的青铜器。

拍印法

青铜器铸造工艺之一。又称"印模法"。春秋出现，战国盛行。其做法是用一块印花模子，刻出基本花纹，趁陶模胎尚未全干时，用印模在上面拍印出若干花纹，一般都拍印成规整的四方连续图案。商周青铜器纹铸造费时，效率低。拍印法则不需对青铜器上的每一个纹饰都进行繁缛细致的雕琢，即有精美的效果，极大地提高了效率，是青铜铸造业的重要发明和革新。春秋中晚期至战国青铜器纹饰风格发生重大变化，盛行密集而精美的蟠虺纹、蟠螭纹，以及布满器身的各种细密纹饰，都是印模法发明的结果。这一工艺一直影响到两汉，汉代砖刻大多也应用印模法制作。（图323）

图 323 战国早期采用拍印法饰纹的扁壶

印模法

又称拍印法。参见【拍印法】。

叠铸技术

青铜器铸造工艺之一。将若干烘烤过的陶范叠装起来，浇注时铜液通过中间的直浇道，流向每一层半月形的内浇道而达到铸件的范腔中，一次可浇注十几个或更多的铸件。出现于东周时期，多用于铸造青铜货币。山东临淄出土的铸造"齐法化"的长方形铜质模具是翻制泥范用的，将翻制出的泥范采用叠铸技术可铸造出更多的"齐法化"刀币。（图324）

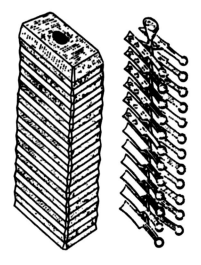

图 324 "齐法化" 刀币叠铸示意图

块模单植法

春秋中晚期的秦国和越国出现新的铭文范铸工艺，即铭文字范均由印模单个打制范铸而成，然后再逐个拼镶进整范内浇注。这一制作方法首开早期活字模范之先河。

▎复合金属技术 ▎

将两种金属成分通过二次铸造方法合铸一器，以充分发挥不同金属的综合性能。商代早期锻打陨铁与青铜合铸兵器。春秋战国时期对青铜合金及其性能的充分认识，以及诸侯争霸、战争频仍对高质量兵器的大量需求，促使青铜复合剑的发明，即剑刃和剑脊采用不同成分的青铜合金铸成。这样可以增加强度，使其坚韧锋利。

▎嵌错法 ▎

青铜器装饰工艺之一。先在器体的相应部位铸就纹样沟槽，然后在纹槽中填充嵌错物。根据纹槽中嵌错物的不同，又分为红铜镶嵌、金银镶嵌、绿松石镶嵌、黑色涂料镶嵌等。河南偃师二里头遗址出土夏代镶嵌绿松石兽面纹铜牌饰，是最早的镶嵌青铜器。商周应用更加普遍，多用玉石镶嵌；春秋战国盛行镶嵌红铜、金银等金属。

▎红铜镶嵌 ▎

又称纯铜镶嵌。青铜器装饰工艺之一，可分为红铜嵌错法和红铜铸镶法两种工艺。该工艺利用青铜与红铜的色彩对比，使器物显得更生动和富丽堂皇。商代出现红铜嵌错工艺；春秋早期开始发展；春秋晚期成熟，并广泛运用。纹饰题材大体可归为三类：一是以鸟兽纹为主，如河北唐山贾各庄出土的狩猎图壶和豆、河南辉县琉璃阁出土的扁壶等；二是水陆攻战图，如河南山彪镇出土的水陆攻战纹鉴和山西浑源李峪村出土的镶嵌狩猎画像豆等；三是单纯装饰图案，如云纹和云雷纹等。参见【红铜嵌错法】、【红铜铸镶法】。（图325）

图 325 春秋晚期镶嵌狩猎画像豆

▎纯铜镶嵌 ▎

又称红铜镶嵌。自然界中发现的红铜也称纯铜，故红铜镶嵌又称纯铜镶嵌。参见【红铜镶嵌】。

▎红铜嵌错法 ▎

红铜镶嵌工艺之一。先在器体的相应部位铸就纹样沟槽，然后在纹槽中填充嵌错物。根据纹槽中嵌错物的不同，又分为嵌铜丝和嵌红铜片两种具体的方法。前者是将极细的红铜丝紧紧盘绕成条片，挤压入纹槽中，再磨错而成。后者是将红铜锤成薄片，再挤压入纹槽中，然后磨错而成。嵌错红铜之器有些残留有黏合剂的痕迹。

▎红铜铸镶法 ▎

红铜镶嵌工艺之一。红铜纹饰预先用陶范铸好，再将之用泥浆粘贴或用芯撑固定于器体的外范内面，或夹于内外范之间。整器浇注时，青铜凝固收缩将纹饰紧固。器铸成后再错磨外壁，即可呈现红铜本色。预先铸好的红铜纹饰的厚度，如果薄于器壁的厚度，则仅仅是器表单面露出红铜纹饰，大部分器物是如此，如河南固始侯古堆出土兽纹缶；如果与器壁的厚度相同，器表面和里面均露出红铜纹饰，如上海博物馆藏夆叔匜。

绿松石镶嵌

又称错石、碧错。青铜器装饰工艺之一。主要用于作小型器、容器及剑格的装饰。一般是先在器物上铸成纹饰的沟槽，然后按照纹饰的规格磨制不同形状的绿松石片，用一种黏合剂将绿松石片嵌入青铜器表面的纹槽内。河南偃师二里头遗址出现最早的绿松石镶嵌工艺，商代和西周有所发展，战国兴盛。河南偃师二里头出土的夏代镶嵌绿松石兽面纹铜牌饰、河南汲县山彪镇出土的战国早期镶嵌云纹方豆等，均为绿松石镶嵌工艺的代表作。（图326）

图326 镶嵌绿松石兽面纹铜牌饰

错石

又称镶嵌绿松石、碧错。错石的石，概指绿松石。"错石"一词是容庚在《商周彝器通考》中提出的，古代嵌松石的铜器，多经磨错，应与金错并称，故容庚称之为"错石"。参见【镶嵌绿松石】。

碧错

又称镶嵌绿松石、错石。东汉时将绿松石叫作"青碧"，故镶嵌绿松石又称"碧错"。参见【镶嵌绿松石】。

黑色涂料镶嵌

青铜器装饰工艺之一。与错金银和绿松石镶嵌工艺相同，在嵌槽内填黑色涂料。如山西太原金胜村出土的镶嵌几何纹高柄方壶，用黑色涂料涂底填充图案，显得华贵精美。据科学分析，涂料系多种矿物的混合物，主要有石英、锡石等氧化矿物和褐铁等。推测古人选用一定的土壤或几种矿石，经粉碎研磨，得到细腻均匀的粉末，再配加黏合剂调和，涂抹于器物的表面，历经两千多年而不脱落。（图327）

图327 春秋晚期镶嵌几何纹高柄方壶

| 错金银 |

青铜器装饰工艺之一。出现于春秋中期或稍晚，战国时期甚为流行。在铜胎上预先铸出浅凹的图案或铭文字体，在凹槽的底部凿出糙面，以利接合，然后将预制的金片或金线加热，以易于变形，再用刀具或玛瑙、玉石制成的压子将丝或片嵌压入槽内，并用细错石或磨炭逐次加水错磨，最后用皮革、织物细致抛光。此种工艺使青铜器纹饰构图虚实相间，呈现出不同的光泽和色彩效果。晋国栾书缶采用错金花纹，器表还有错金铭文40字，是这一工艺杰出的代表作。

| 包金与贴金工艺 |

青铜器装饰工艺之一。属于较为简单的工艺，即将金或银锤制成薄片或箔，以黏合剂将之贴附于器表，形成贴金；或直接包裹于器外，形成包金，再锤砑熨帖即可。目前所见最早的包金青铜器，为出土于河南郑州的春秋蟠螭纹兽首金饰片，是镶包在青铜器或漆木器上的残片。在河南浚县辛村出土西周包金铜矛柄和兽头形器，也是这一时期的代表作。春秋晚期包金青铜器兴盛，各地发现大量的包金铜贝等。战国车马器多采用此工艺，以山西长治分水岭出土的铜舟和车軎、曾侯乙墓出土的145件马饰等为典型代表。

| 表面合金化技术 |

青铜兵器的表面装饰工艺之一。普通青铜表面镀一层金属膏剂膜层，再与兵器同时铸冶，由此在兵器表层形成性能优化的合金层，使兵器具有复合性能。如著名的越王勾践剑、吴王夫差矛等均采用此工艺，使兵器表面有规则地形成极富装饰性的菱形纹饰，既具有装饰效果，又具备防腐蚀功能。金属膏剂是用锡、金混合天然黏合剂制作。将金属膏剂涂在兵器表层后，刻画菱形纹饰，入炉加热，无膏剂部分呈现黄色，有膏剂部分呈现白色，由此形成黄白相间的艺术效果。（图328）

| 鎏金 |

青铜器装饰工艺之一。近代称"火镀金"，汉代称"金涂""黄涂"。与东汉道家炼丹兴盛相关，最初见于东汉炼丹家魏伯阳的《周易参同契》。鎏金，即将金和水银合成金汞剂涂抹在青铜器表面，然后加热使水银蒸发，金附于器表不脱落。鎏金方法有五个程序：首先将一根前端扁形的铜棍沾上水银，晾干即成金棍；用水银溶解黄金，称为煞金，待金溶解后，倒入冷水盆中，使之成为稠泥状的金泥；然后在器物上涂抹金泥；将烧红的无烟木炭

图328 越王勾践剑

放在扁形的铁丝笼中，用金属棍挑着，围着抹金处烘烤，蒸发金泥中的水银，使黄金紧贴器物表面，称为开金；最后用玛瑙或硬度达到七八度的玉石做成的压子在镀金面反复磨压，把镀金压平，用以加固和光亮。（图329）

火镀金

近代对鎏金工艺的称法。参见【鎏金】。

金涂

汉代对鎏金工艺的称法。参见【鎏金】。

黄涂

汉代对鎏金工艺的称法。参见【鎏金】。

花镀

古代鎏金工艺的一种。在青铜器上镀金和镀银共用，称花镀。汉代已有使用，河北满城汉墓出土一花镀当卢，金银相间，黄白相映，十分华丽。

图329 五代鎏金观音造像

镀锡

青铜器装饰工艺之一。始见于商，周代达到鼎盛，大量用于兵器、礼器、车马器、日用器。秦汉时，铜器使用范围缩小，镀锡工艺受到影响，但仍有发展，并一直保留在铜镜制作工艺中。做法是先在器物表层涂上一层锡汞剂，之后再驱汞、研光。古代铜镜正面镀锡并打光是为了映照，一般青铜器镀锡主要是为了装饰。

线刻工艺

青铜器装饰工艺之一。约始于春秋晚期，盛于战国早、中期。用铁工具等锐器在青铜器表层刻画出图纹，主要装饰在青铜盘、鉴、匜和杯等器物上。纹饰以描绘征战、宴乐和狩猎等内容为主。山西太原金胜村赵卿墓出土的春秋晚期线刻狩猎纹匜，现藏故宫博物院的战国早期线刻宴乐渔猎水陆攻战纹壶等都是线刻纹饰的杰作。（图330）

图330 战国早期线刻宴乐渔猎水陆攻战纹壶

刻镂

又称线刻。战国中期出现用钢刀刻镂细如发丝的图画，属线刻中工艺最高超的一种。以上海博物馆藏战国前期刻纹宴乐画像椭杯为典型代表。参见【线刻工艺】。

浮雕

青铜器雕塑工艺之一。在平面上塑造或琢刻浮凸形象的一种雕塑，始于商代前期。其艺术效果主要是从正面观赏，背面多附着于器物上，占据空间小，应用范围广。依表面凸出的厚度不同，可分为高浮雕、中浮雕、浅浮雕三种。大体上有两种表现手法：一种接近于绘画，一种接近于雕塑。中国的传统浮雕多属于前一种，是青铜器的重要的装饰手段之一。

图 331 四羊方尊高浮雕羊首

高浮雕

青铜器浮雕工艺之一。一般指经过层次压缩处理的浮雕中，从起位线到浮雕面的单像厚度与实物厚度之比超过五分之二的浮雕，适于单面观看。始于商代晚期，以湖南宁乡出土的四羊方尊为典型代表。（图 331）

浅浮雕

又称薄浮雕。青铜器浮雕工艺之一。经过层次压缩处理的浮雕中，从起位线到浮雕面的单像厚度与实物厚度之比约在十分之一以内的浮雕为浅浮雕，青铜器的纹饰多属于此类，生命力极强。商代早期出现，商代后期开始盛行，以至西周至春秋战国盛行不衰，直至秦汉时期青铜器趋向素面，浅浮雕随之衰落。

薄浮雕

又称浅浮雕。参见【浅浮雕】。

圆雕

雕塑的一种。指不附着在任何背景上，适于多角度欣赏的，前后左右各面均须雕出，完全立体的雕塑。包括头像、半身像、全身像、群像以及动物等类型的造像。东汉的马踏飞燕属于青铜器中杰出的圆雕作品。（图 332）

图 332 商代圆雕立像

半圆雕

雕塑的一种。指使用圆雕技法，刻成所要表现的主要部分，舍弃次要部分，形成一半是圆雕的一种雕塑。而其另一半，有的仍是原器物，也有用图案、景物、平面等不同手段作衬底的。由于这种形式的制作比圆雕方便，而且可以与浮雕结合组成一个画面，因而在青铜器中常和各种浮雕与线刻装饰纹样相互配合，同时出现，具有很高的艺术水平。湖南宁乡黄才出土的人面纹方鼎可为代表。

透雕

雕塑的一种。一般指把底板镂空的浮雕，可以从正面透过镂空处看到浮雕背面的景物。有单面雕和双面雕两种。商代后期青铜器流行的扉棱、兽纹扁足等，开始采用透雕工艺；西周盛行，以西周早期折觥的透雕盖脊为典型代表；春秋战国透雕工艺极其精湛，以春秋莲鹤方壶、战国曾侯乙冰鉴为典型代表，装饰的纹饰除采用浮雕、平雕外，还大量采用透雕，使得纹饰精美绝伦。（图333）

平雕

又称线雕。雕刻的一种，即平面浅雕。有平面阴刻、平面阳刻等。

线雕

又称平雕。参见【平雕】。

图 333 秦公镈透雕蟠螭纹棱脊

六剂

六剂，中国古代铸造各类青铜器的六种配方比例。根据铜锡不同比例，青铜器的硬度、韧性、光泽也发生变化。《周礼·考工记》里明确记载了制作不同种类器物的不同合金比例：六分其金而锡居一，谓之钟鼎之齐（剂）；五分其金而锡居一，谓之斧斤之齐（剂）；四分其金而锡居一，谓之戈戟之齐（剂）；三分其金而锡居一，谓之大刃之齐（剂）；五分其金而锡居二，谓之削杀矢之齐（剂）。闻名于世的后母戊方鼎铜锡比例为五比一，符合青铜礼器铜锡合金比例的标准。

仿古铜器剥蜡法

苏州仿古铜器工艺。工序如下：（一）刻样板。用原器拓片上板，所刻木范与原器相同。（二）

捏坯形。根据原器外廓形状捏成泥坯，比例较原样略小一圈。泥坯需用熟土，先粗后细，逐层敷上，随敷随捏。经十多天反复修补，达到干而不裂的程度，再敷一层极细腻的泥，以润其表。（三）制蜡型。先取刻好的样板，浸入水中；将熔化的松香和蜡捣成胶状，放置湿板上，碾成二三分厚的薄片，即合印在样板上，冷却后从样板上剥下，贴在泥坯上，紧包坯形。其外形宛若古铜器。（四）敷泥型。在蜡型上敷以细泥浆，干后再敷以稻草泥，紧包蜡型。蜡型上下留出浇口和出气口，放在阴处阴干。（五）浇铸。分两步：一是浇坯型，二是熔铜。把泥型放在木材上烧，外围烂草绳，使其透气而不冒火，约经三四个小时，烧到里外透红。待蜡壳被烧完，开始浇铸。其法是将泥型埋在泥坑中，仅露出浇口和气口，将已熔化的铜水向浇口倾入。这时蜡层受热熔化，从下面小孔漏出，原蜡层位置由铜汁灌满，再用冷水洒在浇口上，促使铸件冷却。经过一夜，所浇铜汁全部凝结后开模。（六）修整。开模后将青铜器打磨平滑。（七）接色。完成铜器色泽如新，没有古旧感。需加作斑驳效果，称为接色。有化学和着色两种方法：一件铜器接色最多十几次，甚至用几年才可完成一器。接色的效果要求既有多年腐蚀的颜色，又要有极其精细的花纹，才可以假乱真。

┃ 漆地磨光 ┃

伪作青铜器作假地子的一种技术。方法是将浓稀适度的漆皮汁，对照原器地子配色，对色后涂刷到伪器上。待干后，用细砂布将其蹭擦整平，再用粗布擦柔发光。

┃ 点土喷锈 ┃

伪作青铜器作假锈的一种技术。方法是先用漆皮调和黄土，将其点按在伪器上，做成积土的样子。待微干后，黄土掉了一部分，再在其上用牙刷弹射锈色。一种锈色弹完，再弹射另一种锈色，使锈色显得自然。

纹 饰

W E N S H I

青铜器纹饰

青铜器上的图案称为纹饰。常装饰在器物的腹、颈、盖和足部。纹饰的内容主要有兽面纹、龙纹、凤鸟纹、动物纹、几何纹、人物画像纹等。表现手法有平雕、浮雕、高浮雕、透雕等。构成形式有单独、适合、连续等几种式样。制作方法大都为陶模翻铸，也有少数刀刻和镶嵌的，极少数采用漆画和上彩。青铜器纹饰始于二里头文化期。夏代青铜器多是素面，纹饰主要有简洁的方格几何纹、云纹、乳钉纹、弦纹。商代早期青铜纹样种类骤增，到商代晚期通体满花，繁缛细密，以兽面纹为主纹，呈现富丽堂皇、神秘诡异的风格。西周早期基本上沿袭商代晚期的风格，只是凤鸟纹增多，到西周中晚期许多神话和幻想中的动物纹饰逐渐为窃曲纹、环带纹等图案化的纹饰所取代，呈现自然舒畅，具有运动感和秩序感的风格。春秋时期青铜器纹饰十分追求装饰效果，错金工艺和刻画表现手法的出现使青铜器纹饰具有了新的光彩。战国青铜器纹饰沿袭春秋中晚期风格，出现了场面恢宏、人物造型十分精细生动的人物画像纹，铜镜的装饰纹饰也十分值得称道。秦汉时期青铜器纹饰除铜镜外，其他已不再多见。唐代是铜镜发展的极盛期，铜镜成为青铜器纹饰的主要载体。在考古学中，青铜器纹饰是青铜断代的重要依据之一；从艺术的角度审视，青铜器纹饰是青铜艺术的主要组成部分，在古代各个不同的历史时期有着不同的艺术特点和风格。青铜器纹饰汇集了工艺、雕刻和绘画的表现方法与技巧，具有高度的艺术价值，是研究中国古代美术不可缺少的珍贵材料。

主纹

主纹，即在器物明显位置及被地纹所衬托的主体纹饰。主纹与地纹相结合，以显现纹饰的立体层次。商代青铜器的主纹以兽面纹为主，采取对称原则，由两个独立的动物侧面合成一个动物的正面。西周时期鸟纹逐渐成为装饰主纹，也以对称为原则。西周中晚期以环带纹、鳞纹、窃曲纹等取代了

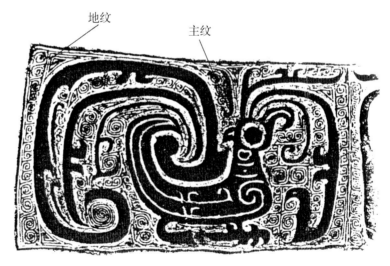

图 334 主纹与地纹图示

以动物为主体的纹饰，构图也打破了对称的布局，改以连续的环状或带状纹饰围绕器身。春秋中期以后则以几何化的上下交错的兽带纹为主。（图 334）

地纹

又称底纹，即主纹以外部位的空间满布的一种有规律的纹饰，用以衬托主纹，以显现纹饰的立体层次。商代以云雷纹为主，西周中期以后花纹转疏，渐不施地纹。春秋中期以后，始以谷纹等为地纹。

底纹

又称地纹。参见【地纹】。

平纹

即一层花纹。早期青铜器多刻画或铸造出单线的纹饰，图案简洁，工艺简单。如二里头遗址出土青铜鼎，属单线纹饰。

二层花纹

主纹与地纹构成二层花纹。

三层花纹

器上已有两层花纹，在主纹上再刻画细线，增强纹饰的主体感和装饰效果。（图335）

图335 饰三层花纹的商晚期兽面牛首纹钟

刻画纹

指采用铁质工具或其他锐利工具在青铜器上刻画出的纹饰。主要刻制在水器或盛酒器上，如铜、匜、鉴、盘、杯等器，盛水后纹饰清晰可见，甚至更为清晰生动。刻纹的主要内容为写实的图案，有人物、鸟兽、台榭楼阁、苑囿、车马以及宴乐、歌舞、战斗、祭祀的场面。画面布局合理，主次分明，层段清楚，较多出现在春秋晚期和战国。

单独纹样

与四周无联系、独立、完整的纹样，是图案组织的基本单位。

适合纹样

指将一种纹样适当地组织在某一特定的形状（如三角形、多角形、圆形、方形、菱形等）范围之内，使之适合于某种装饰的要求。

二方连续

亦称"带状图案"。图案画中的一种组织方法，是一个纹样单位向左右连续或上下连续成一条带子一般的图案。排列连续的方法很多，如均齐的排列、平衡的排列或混合式等。应用面很广，通常器物边缘的纹饰均用这种组织法。

四方连续

纹饰的一种组织方法，是一个纹样单位能向四周重复地连续和延伸扩展的图案。又可分梯形连续、菱形连续、四切（方形）连续等格式。

菱形纹

以菱形为主体的纹饰。可作主体的独立图案，也可作辅助图案。

兽面纹

旧称饕餮纹。起源于新石器时代晚期的玉器或陶器图案，商周成为青铜器的主体纹饰，是以各种动物或幻想中物象的头部正视的图案。特点是以鼻梁为中线，两侧作对称排列：上端第一道是角，角下有目（形象比

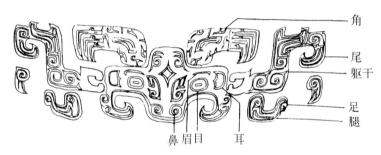

图 336 兽面纹各部名称示意图

203

较具体的兽面纹在目上还有眉），目的两侧有的有耳，多数有曲张的爪；两侧有左右展开的躯体或兽尾，少数简略形式的没有兽的体部或尾部。种类颇多，常见的有羊角型兽面纹、双龙角型兽面纹、牛角型兽面纹、内卷角型兽面纹以及独立兽面纹、歧尾兽面纹、分解兽面纹等。夏代青铜器最早出现的兽面纹，是镶嵌绿松石牌饰的装饰，青铜容器上还没有出现兽面纹。商代早期青铜器上的兽面纹已经相当盛行，最简单的仅有一对双目，而将其他部分都省略。一般的用横条或直条的复线或单线末端呈钩曲形的条纹构成，并歧出简单的回纹。商代中期的兽面纹比早期精细，突出双目。一般用大量回曲形的雷纹和并列的羽状纹构成纹饰的其余部分，组成抽象的图案。兽面的主干和地纹区别不明显。商代晚期兽面纹扩大了角的部位，兽目相对缩小，兽的脸颊和两腮额顶、兽腿、爪、体躯和其余的地纹采用了平雕和浮雕相结合的手法。商代晚期至西周早期兽面纹最为发达。形象结构相似，但突出的角型很不相同，成为区别各类兽面纹的主要标志。西周中期以后兽面纹开始蜕化，出现变形兽面纹，之后逐渐衰弱。兽面纹是青铜器纹饰中数量最多的一种，流行时间也最长。它是以动物为题材的青铜纹饰的最原始形式，因此与其他动物纹饰有密切的联系，甚至与后来的某些由兽体演化而形成的几何纹饰也相关。（图336）

饕餮纹

兽面纹的旧称。饕餮是古代传说中的一种恶兽，贪财者谓之饕，贪食者谓之餮。《吕氏春

秋·先识览》："周鼎著饕餮，有首无身，食人未咽，害及其身，以言报更也。"宋人将青铜器上表现兽的头部，或以兽的头部为主的纹饰称作饕餮纹。现通称"兽面纹"。参见【兽面纹】。

图 337 独立兽面纹

独立兽面纹

兽面纹的一种。主要是指没有躯干只有头部的兽面纹图案。其最原始的形式是一对圆泡状的乳钉，以表示兽面的双目。不断发展后，逐渐增添鼻、角、嘴、牙、耳、眉等器官，趋于完整。（图 337）

图 338 歧尾兽面纹

歧尾兽面纹

兽面纹的一种。主要流行于二里岗时期和殷墟一期。正面为一兽面，有双角和眼、鼻、嘴等器官，兽面两侧连接躯干，尾端分歧作鱼尾状。（图 338）

图 339 连体兽面纹

连体兽面纹

图 341 变形兽面纹

兽面纹的一种。正面为一兽面，兽面两侧各连接一条躯干，尾部卷扬而不分歧。这类兽面纹在商周青铜容器上所见最多，式样变化也较多，特别表现在躯干和脚爪部分。（图 339）

图 340 分解兽面纹

分解兽面纹

兽面纹的一种。将一个独立的兽面纹或连体兽面纹分解为各个不相连属的器官，但保持它们之间的相对位置。这种形式的兽面纹最早见于殷墟早期青铜器上独立兽面纹的分解，以后发展到分解连体兽面纹，成为商代晚期和西周早期青铜器上比较常见的一种纹样。（图 340）

变形兽面纹

即蜕化后的兽面纹。西周穆、共王之后出现。由分解兽面纹发展而来。特点是不辨角型，或只有象征性的无定状的角型，也没有明确的兽体。对称的横和竖的弧线中间有两条蜕化了的鼻准线，兽耳和兽爪都不作具体描绘，只能依稀辨认

出是兽面纹。（图341）

环柱角形兽面纹

兽面纹的一种。初见于商代早期，商代中期青铜器中反而少见，商代晚期和西周早期又较为盛行。角作半环形，中间有一短柱与额顶相连。这是一种动物角的变形，实际生活中还没有见到过这类角的动物。（图342）

图 342 环柱角形兽面纹

牛角形兽面纹

兽面纹的一种。这类兽面纹的角都似实际的水牛角。角根横向，角尖上翘而内卷；有的是向两侧展开的躯体，是很明显的牛，可以认为是牛纹。但更多的具有兽的利爪和长的獠牙，与牛纹有明显不同。（图343）

图 343 牛角形兽面纹

内卷角形兽面纹

兽面纹的一种。内卷角为牛角的变化形式，但又不是真正的牛角。特点是粗大的角根横置于兽头的额顶两侧，角尖上伸后再向内弯曲。最早出现于商代早期，盛行于商末周初，个别的还见于西周中、晚期。商代中期的内卷角直接自两侧延伸而出，角尖上伸，再向内弯曲。这种形状的角，在真实的动物中没有。（图344）

外卷角形兽面纹

兽面纹的一种。角从中间向外由上而下卷曲，角根粗大而角端尖细。类似牛角形兽面纹，但其角回环多转。（图345）

羊角形兽面纹

兽面纹的一种。形似羊角而有多环旋转，可能是以羊角为基础变化而来。实体是羊头，角根上翘向下内卷，犹如四羊方尊羊头的平面图。这种角形的兽面纹，具有羊蹄的很少，大都非蹄足，

图 344 腹饰内卷角形兽面纹的小臣缶方鼎

图 345 外卷角形兽面纹

而以锋利的兽爪代替。

曲折角形兽面纹

兽面纹的一种。角作曲折状。角根在下，向上曲折而下，再向外弯曲而上翘，弯曲之处，皆作方折形，更具装饰性。这种角的形状不见于任何动物，与西北高原上一种大角羊相比，图案有些类似。（图346）

双龙角形兽面纹

一种较为奇异的兽面纹。兽角用完整的龙形来表现。龙体也作曲折或扭曲形。此种兽面纹比较少见，仅见于十分精细的器物上。（图347）

长颈鹿角形兽面纹

兽面纹的一种。角作上小下大的瓶形体，在实际动物中只有长颈鹿才有这种角，旧称龙角，是较晚兴起的角形之一。这种角形有时内侧歧出一刺，当是同一类物象。（图348）

虎头形兽面纹

兽面纹的一种。双耳竖起，相当夸张。虎耳作内卷状，和内卷角形兽面纹的式样有些近似。它们的区别在于内卷角形兽面纹的角根肥大，角端尖锐；虎头形兽面纹的耳部置在额顶角的地位，两端都是圆势的。（图349）

熊头形兽面纹

兽面纹的一种。这种纹饰的额顶有很夸张的宽而长的耳，和虎耳不同，面目也伟壮，应当是熊罴之类的动物。

龙纹

青铜器主要纹饰之一。龙是传说中虚构想象的动物，有人认为龙是多种鸟兽虫鱼的混合体。

图346 腹饰曲折角形兽面纹的德方鼎

图347 双龙角形兽面纹

图348 长颈鹿角形兽面纹

图349 虎头形兽面纹

早在新石器时代仰韶文化遗址墓葬中已出现龙的形象，作为青铜器纹饰最早见于商代早期。按照图案的结构，龙纹可以分为卷体龙纹、纠结龙纹、双体龙纹、两头龙纹等。商代至战国都有不同形式的龙纹出现。商代龙纹多为屈曲状。商代早期龙纹形象不大具体，商代中期的龙虎尊肩上的龙已很形象。西周龙纹多为数条龙盘绕状，或头在中间，分出两尾。

夔纹

青铜器主要纹饰之一。又称"龙纹"。自宋代以来的著录中，引用古籍中"夔一足"的记载，将青铜器上凡是表现一足的类似爬虫的物象都称之为夔，此类纹饰称为夔纹。青铜器上的形象是一角，一足，张口，尾上卷。

夔龙纹

青铜器上常将似龙又似夔的图案，称为夔龙纹。

长冠龙纹

龙纹之一。初见于西周早期，盛行于西周中期。爬行龙纹中出现的新形式。取消龙纹头上的角而代之以凤的长冠，但头部还是兽头，而不是禽鸟的头。体躯较长，

图 350 长冠龙纹

中间有一足或作鳍形，尾部分开向上下卷曲。这种兽类的体躯也有类似部分鸟形的，应是图案变形。（图 350）

卷体龙纹

龙纹之一。龙体躯卷曲的形象。卷体龙在前期有两种形式，一种为蟠龙，龙头居中，体躯盘转成圆形。这种龙纹大多施于盘的中心，是单个卷体龙，也称蟠龙纹，盛行于商末周初。另一种龙的形象上部作直立形，下半部卷曲似盘坐状的卷体龙纹，盛行于商代晚期到西周中期。

蟠龙纹

卷体龙纹的形式之一。参见【卷体龙纹】。

纠结龙纹

龙纹之一。盛行于春秋战国之际。龙体部交缠的形象。其基本结构是交龙的形象，一上一下，下者升上，上者下覆，两体纠结。在青铜器上以 × 和 ∞ 形结构为基础而变化出各种非常复杂的交龙形象。有两龙相交，

图 351 纠结龙纹

也有群龙纠结，发展成为极其繁复的形式。（图351）

蟠螭纹

盛行于春秋战国。《说文》："螭，若龙而黄，北方谓之地蝼。"体躯比较粗壮，图案表现为有角，张口，卷尾，盘曲，常相接连续。一般作主纹使用。

蟠蛇纹

龙纹之一。盛行于春秋战国时期。其状似数蛇屈曲盘绕，有的张口露齿。

一首双体龙纹

龙纹之一。旧称双尾龙纹。盛行于商代晚期到西周中期。以龙首为中心，躯体向两侧展开，实际是龙的正视展开图。这种纹样常常装饰在器颈部的狭长范围内而呈带状，大多饰于方彝或方鼎口沿上。（图352）

图352 一首双体龙纹

双尾龙纹

一首双体龙纹的旧称。参见【一首双体龙纹】。

两头龙纹

龙纹之一。旧称两头兽纹。单个蜿曲兽体的两端各有一个龙形或兽形头，成为一体两头。体躯大多成为一条斜线或曲折形线条。两头有不相同的，或是一个正面一个是侧面。这类纹饰有多

图353 两头龙纹

种变化式样，简单的独体两头龙纹大多见于西周中晚期，缠绕式的两头龙纹则盛行于春秋中晚期。（图353）

两头兽纹

龙纹之一。两头龙纹的旧称。参见【两头龙纹】。

顾首龙纹

龙纹之一。指作回首状的龙纹。顾龙多两两相背，往往有着漂亮而逶迤的花冠，中轴对称呈带状分布于器物颈部和盖沿。出现于商周之际，到了西周中期发展到极致。（图354）

图354 顾首龙纹

虬龙纹

龙纹之一。通行于商代。形状像夔，但角作三叉，有的鼻和嘴亦作叉形，尾向上卷，一足。常施于卣口的下部。

三角夔纹

青铜器纹饰之一。盛行于商代。其状作三角形，中两夔纹相对，空间填以雷纹。常施于鼎的腹部，爵和尊的尾部。

羽翅纹

通常是春秋战国时期各种龙纹体躯上的夸张装饰，此类纹饰发展的结果是作为主体的龙纹不复存在，而变形为单纯的羽翅形纹饰。

羽纹

羽毛状纹饰，西周至春秋战国长江流域的吴越、楚国等青铜器常以羽纹作衬地纹，以细密的组合遍布全器。

凤鸟纹

青铜器主要纹饰之一。包括凤纹和各种鸟类的图案。凤鸟纹盛行于商至西周。商代凤鸟纹多短尾，西周多长尾高冠。常施于鼎、簋、卣、壶等顶上及边口，也有全器满施凤鸟纹的。参见【凤纹】与【鸟纹】。

凤纹

凤，在古代传说中为群鸟之首，百鸟之王，是吉祥之鸟。青铜器上的凤纹，呈现羽毛丰丽的鸟形，具有华丽的冠，体躯和尾部也有很多变化。按照凤的冠的不同大致有多齿冠凤纹、长冠凤纹和花冠凤纹三种形式。有些凤纹和鸟纹难以区别，与各种鸟纹统称凤鸟纹。商末周初及至西周中期，青铜器纹饰中凤纹大量出现。（图355）

夔凤纹

凤纹之一。中为凤形，两旁若夔纹盘曲。盛行于战国时期。铜镜上也常装饰有夔凤纹，但表现为四组凤鸟。此种铜镜主要流行于东汉晚期和魏晋南北朝时期。

图 355 西周早期凤纹爵

多齿冠凤纹

凤纹之一。盛行于商末周初。冠做多齿状，宽尾下垂，装饰华丽。在凤纹中较为少见。（图356）

图 356 多齿冠凤纹

长冠凤纹

凤纹之一。盛行于商代晚期和西周早期，一直延续到西周晚期。在凤的头部有一条逶迤的长冠垂于颈后，长的可达背部，尖端作向上或向下垂。这类凤纹体躯很多是卷曲的，并有长尾或尾部下垂。（图357）

图 357 长冠凤纹

花冠凤纹

凤纹之一。盛行于西周时期。花冠是凤头部长冠的修饰，犹如表示凤冠华丽的绶带。花冠有作长羽飘举状，也有垂于胸前的。有的花冠垂至足部，然后再向上卷，尽量发挥它的装饰作用。（图358）

鸟纹

最早的鸟纹发现于新石器时代，青铜器上的鸟纹最早见于商代中期，常布置在纹饰中次要的背衬地位。鸟纹中绝大部分的鸟喙是闭合的弯钩形，

图 358 饰花冠凤纹的戜簋

但更为强调。个别的鸟喙也有张开的，见于西周早期样式。鸟纹都有角或毛角，角的形式大致有弯曲、长颈鹿角和角尖三种。鸟纹的体躯，大多只是一个禽体的外形，没有刘翅。囚图案结构的需要，有作长条卷尾的，类似鸟首龙体。鸟的尾部变化较多，有长尾、垂尾和分尾的形式。有些鸟纹和凤纹很难区分，与凤纹统称凤鸟纹。

图 359 弯角鸟纹

弯角鸟纹

鸟纹之一。盛行于商末周初。在鸟的后脑有一弯角，角根较宽，向下弯曲，角尖向上。（图359）

长颈鹿角鸟纹

鸟纹之一。盛行于商代晚期和西周早期。鸟头上横置长颈鹿角，与兽面纹所见长颈鹿角相同，但作横向安置。（图360）

图360 长颈鹿角鸟纹

图361 尖角鸟纹

尖角鸟纹

鸟纹之一。盛行于商末周初。鸟的角根粗大，上端尖锐如尖耳状。（图361）

长尾鸟纹

鸟纹之一。鸟的尾部是整个体躯的三倍，长尾的尾端有上卷和下卷的不同。（图362）

图362 长尾鸟纹

垂尾鸟纹

鸟纹之一。因尾部较宽而作下垂状。此类尾型在凤纹中比较常见。

分尾鸟纹

鸟纹之一。因构图变化，使尾部与体躯分离，分尾的尾端亦有上卷和下卷的不同。

长喙鸟纹

鸟纹之一。大多见于西周中期。体躯是鸟，头部有一特长的喙。

鸾鸟纹

鸟纹之一。盛行于西周中晚期。鸾是鸣声优美的神鸟。形象如鸡，举首而立，多饰在乐器钟的鼓右打击处，也饰在唐代铜镜上。鸾鸟鸣声如音乐，这是用途和纹饰相应的实例。

立鸟纹

鸟纹之一。鸟站立，作飞翔状，有的站立如人形。商和西周青铜器上的鸟纹，未见有飞翔状的立鸟纹。飞翔状的立鸟纹仅见于春秋战国时期。

团鸟纹

鸟纹之一。通行于商和西周前期。外框呈圆形，鸟作圆形适合，昂首、尾上卷，以云雷纹为饰。

鸟兽纹

青铜主要纹饰之一。通行于春秋战国时期。以鸟兽相连或相互盘绕构成。一般以两兽、两鸟、兽鸟相对或相背组合，都为侧面形。施于簠、壶等器上。

鸱鸮纹

青铜器特有的纹饰之一，也作尊、卣等的造型。又称鸷鸟纹、鸮纹。鸱鸮，猛禽，头大，嘴短而弯曲。多为鸱鸮的正面图形，特别强调鸱鸮的大圆眼，头上有一对毛角，两翅较大，有的只表现鸱鸮的头部和两翼。常施于觯、簠、卣、尊上。盛行于商代中晚期。河南温县小南张出土的徙簠腹部装饰的就是典型的鸱鸮纹。（图363）

图363 鸱鸮纹

鸷鸟纹

又称鸱鸮纹。鸷鸟，凶猛的鸟，如鹰、鹯、猫头鹰之类。参见【鸱鸮纹】。

鸮纹

又称鸱鸮纹。参见【鸱鸮纹】。

雁纹

鸟纹之一。鸟纹中写实的形象。仅见于山西浑源县李峪村出土的鸟兽龙纹壶上，做曲颈伫立的群雁状，具有北方地区的风格，属春秋晚期。

翔鹭纹

鸟纹之一。鸟纹中写实的形象。在石寨山型青铜鼓面上，多装饰有一圈翔鹭纹。长嘴、长尾、伸颈，头有羽冠，双翅作飞翔状。常见的是四只，其次是六只、八只、十只、十四只，最多达二十只。关于青铜鼓上所饰的翔鹭纹的含义有多种看法，或认为与求雨祭祀有关，或说是古代雒越人的图腾鸟，还有的认为其是渔业民族的化身，或是受楚文化影响的产物。

动物纹

中国青铜器纹饰的主体，是以各种动物的形象作为青铜器装饰纹样。包括虎纹、象纹、鹿纹、兔纹、蜗身兽纹、蛇纹、龟纹、蟾蜍纹、鱼纹、蝉纹等。

虎纹

青铜器主要纹饰之一。初见于商代中期，流行时间较长，一直到战国时代。往往以活跃中的立体造型出现，表现出猛虎的贪婪、凶暴和虎虎生气，是最具有震慑力的、渲染残忍暴力的装饰。如虎食人头纹是常见的画面：安徽阜南出土的龙虎尊，肩部有一虎，虎口中咬一怪人；著名的后母戊鼎的耳部装饰对称的两虎，作卷尾状，张口瞠目，正在争相吞噬一人头；更有虎食人卣，器物的整个形象为猛虎踞蹲状，前爪攫一似人非人的怪物。一说认为此类纹饰有避邪的含义。虎纹中还有一种侧面的形象，如上村岭虢国墓地所出的虎纹镜，是两虎作圆形，首尾相接。（图364）

图 364 战国晚期虎纹戈

虎食人首纹

虎纹之一。虎作侧面形，张大口，作吞噬状。人头处于虎口中间，圆脸尖额，大鼻小嘴，两耳向前，双眼稍洼，直视前方，表现出惊吓状。仅见于商代青铜器，以后少见或不见。参见【虎纹】。（图365）

图 365 虎食人卣

象纹

青铜器主要纹饰之一。盛行于商代晚期到西周早期。图案特征明显，头部有一个向下或向上的长鼻，鼻下有嘴。有一个巨大的体躯和足。在青铜乐器钲铙上，象纹一般作为边缘纹饰，体积很小。西周康王时的邢侯簋，腹部饰对称的象纹；北京琉璃河出土的乙公簋，腹部饰对称的大象纹，足部也饰立体象，形象非常逼真而生动。此外，西周早期的青铜器还以象作为足部的造型，例如妊簋，两耳作象鼻形，四足为大象足。同时期的臣辰尊器身饰象纹，象身上已加有羽翅，趋于神化。象纹除作为纹

图 366 象纹

饰外，还有以整个象的形象作为青铜器造像的，如象尊。（图366）

象首纹

象纹之一。盛行于春秋战国时期。形似象首，长鼻特征明显。一般两个象首纹，作相背构成。

象鼻纹

象纹之一。流行于春秋战国时期。形似象鼻，特征明显。通常以若干象鼻相勾连，组成四方连续纹样。

垂叶形象鼻纹

象纹之一。外框作垂叶形，中填以象鼻纹，从大到小，相连构成。通行于春秋战国时期。

牛纹

青铜器纹饰之一。商代晚期和西周早期的青铜器上，饰牛角的兽面纹较多；在尊的肩部常常装饰牛头，卣的提梁上也往往用牛头作为装饰性环扣，鼎足的上部用牛首作为装饰的亦较多。整体牛纹较为少见，还有一种两首一身的牛纹更为罕见。以立体的牛作为酒器的尊在山西浑源、陕西兴平等地都出土过，形象逼真。（图367）

图367 浮雕大牛首的古父己卣

鹿纹

青铜器纹饰之一。通行于西周前期，春秋战国时期也见有少量鹿纹。一般构成多两鹿相对，回首，作跪伏状。有的有角，也有的无角。殷墟出土的鹿方鼎，腹部饰鹿角兽面纹，分歧角很突出。江西新干人洋洲出土的立鹿耳兽面纹四足甗的耳上站有立体的回首鹿纹，十分精彩。西周早中期之际的貉子卣有鹿纹，鹿头回顾作卧状。铭文中提到赠鹿之事，与鹿纹正相应。施于卣、簋的口部或底部。

兔纹

青铜器纹饰之一。通行于商或西周初期。长尾短耳，形象写实。在青铜器纹饰中很少见。河南洛阳北瑶出土的西周兔纹觯，颈部饰有兔纹一周。

蜗身兽纹

青铜器纹饰之一。突现于且仅存在于西周早期。头作龙形，头顶有一触角，唇上卷似象鼻，口内有上下交错的大獠牙，头下有一利爪，身负大蜗牛壳作为躯干。具有蜗牛的特点，但不是

真正蜗牛的形象，而是蜗牛的变
形。有学者认为蜗身兽纹实际上
是卷曲龙纹的一种。（图 368）

图 368 蜗身兽纹

| 鱼纹 |

　　青铜器纹饰之一。主要流
行于商代。通常饰于盘内。盘用
于盛水，鱼与龟、龙等水生物同饰于盘，说明当时人的设计已经考虑到了器物的用途和纹饰的
统一，以增强其艺术效果。殷墟早期的 232 号墓出土的青铜盘上的鱼纹，鱼作侧视形，脊上用
短斜线表示脊鳍，无腹鳍，以波纹表示鳞，构图简约。除了盘以外，大多数的鱼纹还饰于科柄上，
如殷墟小屯 M331 所出的科；江西新干大洋洲出土的卷
云鱼纹匕，匕内底饰鱼纹，体现出南方青铜器上鱼纹的
特点。

| 龟纹 |

　　青铜器纹饰之一。主要流行于商代。龟在古代被认
为是一种神物，其甲壳早已被用来进行占卜，充作人与
神或上天的沟通工具。青铜器上的龟纹并不完全写实，
只是整体形象作龟形，其背往往装饰其他纹饰而不作龟
背甲形。常饰于水器盘的内底，与鱼等水生动物组合；
也饰于盘的外底，如殷墟晚期的执盘外底有龟纹。（图
369）

图 369 龟纹

215

| 蟾蜍纹 |

　　青铜器纹饰之一。商和西周时代盛行。蟾蜍作兽头，
背部有斑纹或圆形的疙瘩纹。蟾蜍作为纹饰在青铜器中
很少见，仅在盛放水浆的器上可以见到。

| 蝌蚪纹 |

　　青铜器纹饰之一。盛行于战国。形如"C"形，状
如蝌蚪。

| 蛇纹 |

　　青铜器纹饰之一。在古代神话中龙蛇同属，蛇是创
造龙这种幻想灵物的基本模式。青铜器上的蛇纹往往作

图 370 饰纠结蛇纹群的蛇纹尊

三角形的头部，一对突出的大圆眼，体有鳞节，呈方折弯曲的长条形，蛇的特征很明显。往往作为附饰缩得很小，有人认为是蚕纹。个别有作主纹，见于商代青铜器上。商末周初的蛇纹，大多是单个排列；春秋战国时代的蛇纹大多很细小，作盘曲交连状。西周何尊的颈部饰有典型的蛇纹带。（图370）

┃蛇兽纹┃

青铜器纹饰之一。盛行于战国时期。两蛇盘曲，两兽相对，蛇兽相连，中填圆点和三角纹。

┃蟠虺纹┃

青铜器纹饰之一。盛行于春秋战国。虺即小蛇。以盘曲缠绕的小蛇形象，构成几何图形。有的作二方连续排列，有的构成四方连续纹样。一般都作主纹应用。（图371）

图371 春秋中期蟠虺纹鬲

┃蝉纹┃

青铜器纹饰之一。流行于殷代和西周的早中期。蝉以居高食露，清洁淡雅之态，成为古今文人笔下常见的画题。商代即有用玉石或绿松石雕成的蝉作为饰品，周代及汉代皆有蝉形玉，即所谓玉琀。青铜器纹饰中的蝉纹大多有两只大目，体躯作长三角形，上部作圆角，腹部有条纹。常组成带状，饰于鼎或盘上及其他器物上作主纹。蝉纹可分为无足与有足两种，无足蝉纹多以垂叶三角纹为外框，蝉外围填以云雷纹，附于兽面纹之下，构成纹饰带，多饰于鼎的腹部，这种蝉纹也称三角蝉纹；有足蝉纹多为长形，蝉外围也填以云雷纹。（图372）

图372 蝉纹

┃三角蝉纹┃

蝉纹的一种。参见【蝉纹】。

┃蚕纹┃

青铜器纹饰之一。盛行于商代和西周早期。蚕体盘曲，头圆，两眼突出，作蠕动状。多用作器物口沿下或足部的装饰。西周晚期有施于器腹，以群体出现作为主题纹饰的比较少见。

┃ 兽纹 ┃

青铜器纹饰之一。通行于春秋战国时期。其状都为侧面形。一般多画两足，昂首翘尾，也有的回首、尾下垂，兽首饰有花纹。施用范围较广。

┃ 蟠兽纹 ┃

兽纹之一。通行于春秋战国，较为少见。以四兽相互盘曲扭结组成，有的四兽头聚于中央，有的四兽头分散四方，一般都构成对称形。也有的以一兽盘曲如球形，昂首卷尾，兽身装饰有花纹。

┃ 兽带纹 ┃

兽纹之一。盛行于西周晚期和春秋战国时期。兽身盘曲如带状，兽头特征明显。通常组成二方连续纹样。主要装饰于器物口、足部。

┃ 两头兽纹 ┃

兽纹之一。通行于西周晚期到春秋战国时期。一身两头，有的张嘴，有的吐舌，通常作盘曲状构成。施用范围较广，主要装饰在器物口部和腰部。

┃ 垂叶形兽头纹 ┃

兽纹之一。通行于春秋时期。外框作垂叶形；中填以两兽头，相对排列，兽头下部作三角形。施用范围较广。

┃ 长鼻兽纹 ┃

兽纹之一。盛行于春秋早期。兽纹的图案变形，是象鼻头和龙形体躯的结合。这类纹饰旧称象纹，但没有巨大的体躯，也没有明确的口部，因此只能称为长鼻兽纹。（图373）

图 373 长鼻兽纹

┃ 几何纹 ┃

青铜器上最早出现的纹饰，是由几何形的图案组成的有规律的纹饰，表现形式上的变化和结构上的美感。大致有圆圈纹、弦纹、直条纹、横条纹、斜条纹、云雷纹、百乳雷纹、曲折雷纹、钩连雷纹、三角雷纹、菱形雷纹、网纹等。几何纹在原始社会的彩陶上早已出现；夏代的青铜器上就已出现简单的几何形纹饰；到商代早期，特别是二里岗上层时期几何形纹饰非常多见，但一般作为兽面纹、龙纹等的陪衬或地纹使用。在二里岗下层时期，弦纹、乳钉纹和方格纹等在青铜器上多是作为主纹出现，但以后更多的是作为兽面纹的陪衬使用。春秋战国之际几何纹常作为主体纹饰出现。

圆圈纹

商代早期青铜器上主要的几何纹之一。青铜器上作圆圈状的纹饰。圆圈纹的变化很多，常见的有圈带纹、圈点纹、乳钉纹三种。

圈带纹

青铜器中最早出现的纹饰之一。以空心的小圆圈作带状排列。在二里头文化期的爵和斝的腹部，已有实体的圈带纹，有的作单行或双行排列，周围以弦纹作界栏。商代早、中期的圈带纹，为空心的小圆圈，也有

图 374 圈带纹

的在空心小圆圈内还有一个点的，已作主纹，但大多饰在兽面纹、龙纹、云雷纹的上下栏，以作为界栏性质的纹饰。圈带纹是用一个管状器在陶范上印制的，因此圈与圈间距的疏密，横行排列的齐整都不很严格，却很自然。（图 374）

圈点纹

青铜器纹饰之一。在小圆圈中心突出一圆点，多施于主体纹饰的上下作边框性纹饰。也可认为是圈带纹的特殊形式。

乳钉纹

青铜器纹饰之一。盛行于商周时期。圆圈内实心作乳突状，多横向或纵向排列成带状。常见在铜斝腹部施以一两排乳钉纹作为主体纹饰，也有的在方鼎的四壁两侧和下部施以成排的乳钉纹。置于斜方格中的乳钉，以雷纹作地纹的，称为"百乳雷纹""乳钉雷纹""斜方格乳钉纹"。殷商时期乳钉突出较高，周初有呈柱状形的。（图 375）

斜方格点纹

青铜器纹饰之一。盛行于春秋时期。在

图 375 商晚期乳钉纹三耳簋

斜方格中，每格填一圆点纹，组成四方连续图案，通常都作主纹应用。

| 贝纹 |

青铜器纹饰之一。盛行于春秋战国之际。均作横置排列，出现较晚。作为次要纹饰出现在圈足部位，从未作为主纹。山西浑源出土的春秋晚期鸟兽龙纹壶上饰有贝纹。

| 绹纹 |

青铜器纹饰之一。也称绳纹。盛行于春秋战国之际。绹，就是绞，也即是绞结的绳。呈两股绞结的绳索形式，每股由两条、三条、四条甚至九条单线绞结而成。大多作为边缘装饰，三晋器上施此类纹饰的较多。（图376）

图 376 绹纹

| 绳纹 |

也称"绹纹"。参见【绹纹】。

| 绳络纹 |

青铜器纹饰之一。盛行于春秋战国之际。以两根并连的绳索交织而成套结，连成网格状。大多饰于酒器及水器的表面。（图377）

| 浪花纹 |

青铜器纹饰之一。盛行于春秋战国时期。状如水中浪花，以四方连续形式构成。

图 377 战国早期绳络纹罍

| 粟纹 |

青铜器纹饰之一。盛行于战国时期。以小圆点组成，其状如粟。

| 弦纹 |

商代早期青铜器上颇为盛行的几何纹之一，为青铜器上最简单的纹饰。为一道或多道凸起的直或横甚至斜的线条。多饰于青铜器颈部、腰部和圈足，有的以"人"字形或"×"形饰于鬲的袋足上，但在多数情况下仍是作为边框出现。

| 直线纹 |

青铜器纹饰之一。又称直条纹。是由连续的直线条组成的纹饰，除条纹粗细外，没有多大变化。也有的将粗线条凸起或凹陷，旧称沟纹。商代晚期到西周时代的簋、尊、卣、觯的腹部

有直条纹，如直纹卣，方座簋的方座中间也往往饰直条纹；春秋时代已不多见。（图378）

直条纹

又称直线纹。参见【直线纹】。

瓦纹

青铜器纹饰之一。旧称平行线纹、沟纹。是宽阔的横条作突起凹陷的槽。初见于商晚期，有通体饰横条纹的，也有的腹上部间以其他纹饰。盛行于西周中晚期；春秋时代还继续使用；到战国时代，敦上还有通体饰横条纹的。

图378 直纹卣

沟纹

凹陷的直条纹及横条纹的旧称。参见【直线纹】、【瓦纹】。

平行线纹

横条纹的旧称。参见【瓦纹】。

人字形弦纹

青铜器纹饰之一。初见于商代二里岗期，西周时代还有使用。弦纹作∧字形。大多饰于分裆鼎及鬲的下腹部。

云雷纹

青铜器上最基本的几何图案，大量出现在殷墟早期。最早出现于新石器时代晚期的陶器上，构图应源于对水的漩涡形流转的模拟。一般将圆转的回旋线条构成的称云纹或卷云纹，将方折角的回旋线条构成的称雷纹。事实上

图379 云雷纹

两者的区分并不很严格，有的呈半圆半方，有的圆、方兼用。所以，现在多将两者统称为云雷纹。其表现形式有单个同一方向的旋转及 S 形旋转等多种。商代早期青铜器上的云雷纹已开始流行，已有用连续带状云雷纹作为主纹的。商代早、中期兽面纹的主体，有用大量的云雷纹构成的。商代晚期和西周早期的兽面纹、龙纹、鸟纹的空隙处，常填以云雷纹，而且云雷纹低于主纹，起到陪衬作用。春秋战国之际粗犷的兽面纹、龙纹的体躯上，也有各种云雷纹变形图案。战国开始，云雷纹发展成为线条活泼的流云纹。（图 379）

｜云纹｜

圆转的回旋线条构成的图案。与雷纹区分不很严格，现一般与雷纹一起统称为云雷纹。

｜雷纹｜

又称回纹。方折角的回旋线条构成的图案。作方形的连续构图，与云纹区分不很严格，现一般常与云纹一起统称为云雷纹。

｜回纹｜

又称雷纹。参见【雷纹】。

｜流云纹｜

青铜器纹饰之一。盛行于战国中晚期。由流畅的回旋形线条组成的复杂多变的带状纹饰，似流动的云彩，是由云雷纹演变而成的。大多为错金银图案。

｜卷云纹｜

青铜器纹饰之一。盛行于春秋战国时期。以"Ϩ""Ɔ"为基本线形，通过粗细、疏密、黑白和虚实等对比手法，组成各种圆转、回旋的图案。常运用金银错作装饰。

｜云气纹｜

青铜器纹饰之一。盛行于汉魏时代。用流畅的圆涡形线条组成的图案。一般作为神兽、神人等图像的地纹，也有单独出现的。在铜镜镜背纹饰中比较常见，其他类的青铜器上比较少见。更多的作织锦、漆器等的主要装饰。

｜三角云纹｜

青铜器纹饰之一。盛行于战国。以三角形为骨架，中间填以适合形云纹，上下颠倒排列，构成二方连续纹样。一般都以金银错制成。（图 380）

图 380 三角云纹

221

| 斜方格乳钉纹 |

青铜器纹饰之一。盛行于商代中、晚期到西周早期。图案呈斜方格形，每一格边缘是云雷纹，中间有一乳突。常在鼎、簋和罍的腹部作为主要纹饰。商代的乳突比较平坦，西周时代则既长又尖锐。

| 乳钉雷纹 |

也称百乳雷纹。参见【斜方格乳钉纹】。
（图381）

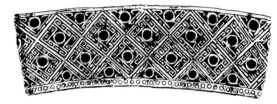

图381 乳钉雷纹

| 曲折雷纹 |

青铜器纹饰之一。雷纹的主体作上下曲折状。粗线条的雷纹与细线条的雷纹一一相间，粗细对比鲜明。在青铜器上，曲折雷纹较为少见，为西周早期的纹饰。

| 钩连雷纹 |

青铜器纹饰之一。最早见于商代中期，盛行于商末周初。作斜的山字形线条，用斜线相钩连，一般山字作粗线条，所填雷纹为细线条；也有山字作虚线，雷纹作阴纹的。春秋战国时期盛行很富丽的钩连雷纹，粗细线条有用金、银和绿松石镶嵌的。（图382）

图382 钩连雷纹

| 三角雷纹 |

青铜器纹饰之一。盛行于商末周初。外围是三角形，内填以雷纹，三角形的一角有的向上或向下连成横列，形成大的锯齿纹带状。也有的作倒、顺三角形交错排列，金银片或金银丝的镶嵌一一相间。大多饰在器物的颈部及腹部。

| 菱形雷纹 |

青铜器纹饰之一。盛行于战国时代。在菱形、方形、长方形内填以雷纹，作连续式排列，并用金银丝和金银片镶嵌，形成方块雷纹和长方形雷纹。

| 目雷纹 |

青铜器纹饰之一。盛行于商至西周前期。中为目形，左右有上下相反的长尾小钩雷纹作为主题纹饰，空间以雷纹为地填充。
（图383）

图383 目雷纹

┃ 菱格花纹 ┃

青铜器纹饰之一。盛行于战国时期。以菱格做骨架，用"⌒"纹相连，中填卷云纹。一般都作四方连续构成，作主纹应用。

┃ 花瓣纹 ┃

青铜器纹饰之一。盛行于战国时期。中作圆圈形，四周作旋形四花瓣，构成二方连续形式。

┃ 网纹 ┃

青铜器纹饰之一。斜线交错如网形。商代早期青铜爵、斝上已有，以后很少发现。

┃ V形相交纹 ┃

青铜器纹饰之一。盛行于战国时期。以两个"V"形相互交叉，作一正一倒排列。尖角和四周饰以变形云纹。

┃ 兽体变形纹 ┃

青铜器纹饰的一类，是动物体躯组成的各种图案，但不具备某一些动物的整体形状，只有象征性的兽体残余的变形，是现实生活中不可能存在的动物。在青铜器上表现的形式有鸟兽合体纹、兽目交连纹、兽体变形纹、环带纹、鳞纹、蕉叶纹、鱼翅纹等。

┃ 鸟兽合体纹 ┃

青铜器纹饰之一。有两种变形形式：一是兽面纹两侧展开的躯干，末端即兽的尾部，表现为鸟头；一是曲折形的兽体，两端各饰一兽头和一鸟头。实际生活中没有这样的兽，此纹样是图案结构的变形。个别出现在商末周初。

┃ 窃曲纹 ┃

青铜器纹饰之一。盛行于西周中晚期到春秋时代。由卷曲的夔龙变形而来。两兽的某一部分相互连接，所接触之处有一目相连接。其表现形式有两兽的头部相接，两兽体躯相接以及两尾上下相接或左右相接，连接处均为目纹。有时兽的首尾难辨。（图384）

图384 窃曲纹

┃ 窃曲目纹 ┃

青铜器纹饰之一。通行于春秋战国时期。中为目形，上下作窃曲纹。一般施于钟的钲上。

三角窃曲纹

青铜器纹饰之一。通行于春秋战国时期。外廓为三角形，中填以窃曲纹。一般施于其他花纹之上。

目纹

青铜器纹饰之一。商代二里岗期青铜器上已有发现，行用至西周。没有动物实体形象附着的独眼图案。有的两侧有简单的线条。可能是最早的动物变形纹饰。

斜角目纹

青铜器纹饰之一。初见于商代二里岗期青铜器上，流行于商代中晚期，西周早期已经很少见。中间是一个圆形或椭圆形突出的兽目，以此为中心，用对角线构成左右两边斜角。有的斜角用类似兽体的形状来表示，但左右两边的斜线是完全对称的，因而又不似兽体。

四瓣花纹

青铜器纹饰之一。流行于商代中晚期及西周早期。以一个兽目作为图案单位，四角附有四翅，如尖瓣的物体。整体像四个花瓣，每瓣尖端各分为二，形状怪异。有的四周填以雷纹。战国时期形式略有变化。多施于尊、鼎的腹部。（图385）

图385 四瓣花纹

环带纹

青铜器纹饰之一。又称波带纹、波线纹。始见于西周中期，盛行于西周晚期至春秋早期，是西周中、晚期到春秋早期青铜饪食器和酒器中的主要纹饰之一，是龙蛇体躯变形后的图案。宽阔的带状体躯上下大幅度弯曲，犹如海浪起伏，气势恢宏。中腰常有一兽目或近似兽头状的突出物，波峰的中间填以两头龙纹、鸟纹、鳞片纹或其他简单线条作眉、口纹样。多施于器物腹部作为主纹。西周中期的大克鼎、几父壶等都饰有环带纹。（图386）

图386 西周中期透雕环带纹铺

波带纹

又称环带纹。参见【环带纹】。

波线纹

又称环带纹。参见【环带纹】。

鳞纹

青铜器纹饰之一。最早见于商代晚期，盛行于西周中晚期至春秋，是取龙或蛇的鳞片为单元组成的纹饰。排列的方式有连续式、重叠式、并列式三种。连续式是完全相同的鳞片，按纵向交错排列，可铺开一个很大的面。重叠式的鳞纹排列方式如鱼鳞相叠，也是纵向式。这两种鳞纹皆为纵向排列，常称为垂鳞纹，都可作为主纹，一般饰在器物的腹部。如西周中期的仲义父罐，腹部饰有很规律的鳞纹。并列式，有大小相同或大小相间的鳞片横置作带状，也有的作二层横列。

垂鳞纹

青铜器纹饰之一。为纵向排列的鳞纹。参见【鳞纹】。（图387）

图387 饰有垂鳞纹的牺首匜

重环纹

青铜器纹饰之一。西周中期至春秋早期较流行。由略呈椭圆的环组成环带。环有一重、两重、三重，环的一侧形成两直角或锐角。在排列形式上有作单列的，双列的，还可见在两个环行间夹以一近于耳形的短环。有时也与其他纹饰相配出现。多作为主纹饰施于器物的口沿、盖缘及腹部。（图388）

图388 重环纹

蕉叶纹

青铜器纹饰之一。盛行于商末周初。两兽的体躯作纵向对称式排列，一端较宽，一端尖锐，作蕉叶的形式。这类纹饰大多施于觚的颈部和鼎的腹部等。

鱼翅纹

青铜器纹饰之一。盛行于春秋晚期到战国时期。作微型的鱼翅状。粗端作雷纹盘旋，细端作尖锐状，常用多叠的形式整齐排列，在一件青铜器上可有数千个之多。

圆涡纹

青铜器纹饰之一。又称涡纹、囧纹。主要流行于商代和西周时期。特征是圆形，中间略有突起，沿边有四到八道旋转的弧线。除单个作为图案外，还与其他纹饰配合使用，与之配合的纹饰有龙纹、鸟纹、四瓣花纹、雷纹等。湖北境内屈家岭文化中出土的新石器时代的陶纺轮上有涡纹。青铜器上最早的涡纹见于二里头文化期的斝腹部，形式比较原始，只有圆形，而没有旋转的弧线。商代早期圆涡纹已经很普遍。商代晚期和西周早期圆涡纹的装饰以鼎、簋的腹部为多，其他酒器、水器上比较少见。西周中期起，单个圆涡纹的外圈常围以各种形式的雷纹。到春秋战国时代，单个纹的装饰有极为华丽的，水涡作双钩。圆涡纹的持续时间很长，从二里头文化直至战国，尽管变化不大，但从未间断过。（图389）

图389 圆涡纹

┃ 同纹 ┃

又称圆涡纹。参见【圆涡纹】。

┃ 涡纹 ┃

又称圆涡纹。参见【圆涡纹】。

┃ 太阳纹 ┃

青铜鼓上的纹饰之一。形似太阳，居于鼓面中心，是铜鼓中最早出现和最基本的纹饰，几乎在每个铜鼓上都有。目前对此有几种看法：（1）是火的象征；（2）是星纹；（3）是象征对太阳的崇拜和信仰；（4）因鼓面是敲击的主要部位，太阳纹突出厚实，易于传声音，而且有利于在重槌之下，防止塌陷，具有实用的意义；（5）认为是发音的象征，鼓面中心是打击点，光芒辐射好似声音向四周传播，周围晕圈则象征由中心向外扩散的层层声波。

┃ 人面形纹 ┃

青铜器纹饰之一。盛行于商代晚期，以后各时代也有少量发现。是一种半人半兽的怪神。有的仅有面部；有的还有兽的身躯，面部虽做人形，但还包含兽类的特点，如头上长角，口中有獠牙。这种人面纹在商代中晚期青铜器上出现较多，如龙虎尊上所饰虎头下的人形；人面纹方鼎腹部四壁的人面纹头上有角，两旁还有爪子。（图390）

图390 人面纹方鼎

| 人物画像纹 |

青铜器纹饰的一类。用写实的手法描绘出当时贵族的社会生活和勇猛作战的场面。这类纹饰在青铜器上出现较晚，已经初步摆脱了规律化的对称图案，而是采用流畅的线条，结合绘画和雕刻手法，描绘出各种动景，如弋射、宴饮、采桑、狩猎等活动，还有徒兵搏斗、攻城、水战等战争场面。这些用绘画形式表现的画像，是以后绘画艺术的先声。（图391）

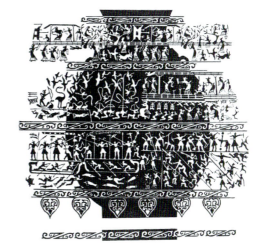

图391 宴乐狩猎攻战纹壶通体纹饰

| 弋射画像纹 |

青铜器纹饰之一。表现数人张弓向天，以矰矢射鸟，有的鸟被射中而坠落。画像中矰矢上皆系有线。射鸟为弋，是田猎的一种，文献中或以田弋并称。常见装饰于壶、鉴、豆上，通行于春秋后期和战国时代，具有浓厚的时代特点。汉代画像砖上也有表现这一内容的。

| 宴射画像纹 |

青铜器纹饰之一。表现与会的贵族们在弯弓拉矢，射向布侯（箭靶）的情景，侯上或有箭中的。有侍者立于一旁。古代射礼是六艺之一，是贵族必须掌握的技艺。宴饮与会射画像常联在一起，与《仪礼·乡射礼》的描述有相似之处。常见装饰于战国器上。

| 攻战画像纹 |

青铜器纹饰之一。有的画面由二三百个人物组成，形象生动，场面恢宏，气氛热烈。有的张弓欲射，有的爬梯跃进，有的急摇战舟，有的相互攻杀，金鼓齐鸣，旗帜飘扬，剑戟林立，矢石横飞，真实生动地表现了惊心动魄的水陆攻战的战斗场面。一般施于壶与鉴上。

| 狩猎画像纹 |

青铜器纹饰之一。盛行于春秋后和战国时期。常见表现猎者手持弓箭或矛等武器，围捕牛、羊、犀、象等禽兽。有的人与兽拼死搏斗，有的走兽已中箭欲倒，也有的狩猎与弋射合为一图。走兽追逐，情节紧张，气氛热烈。古代狩猎用军队，是练兵项目之一，因此装饰狩猎画像有崇尚勇武之意，与古代大蒐礼有一定关系。一般多施于壶、鉴等作装饰。

图392 狩猎画像纹

这种纹饰具有鲜明的时代特征，在汉代的画像砖和唐的铜镜上，也常见到。（图 392）

宴饮歌舞画像纹

青铜器纹饰之一。常见装饰于战国器上。图画中心有台、室等建筑，宾主觥饮酬酢，仆佣奉酒献豆，或有列鼎陈设。堂前或堂左有敲钟、击磬、击鼓、奏琴和歌舞等场面。表现了贵族的宴礼，记录了当时奴隶主贵族钟鸣鼎食的骄奢的生活情景。（图 393）

图 393 宴饮歌舞画像纹

采桑画像纹

青铜器纹饰之一。表现人数不等的妇女在桑树上采桑叶，桑篮挂于桑枝上，树下有一人相接。采桑者细腰长裙，应是贵族妇女。《礼记·月令》载："季春之日……后妃齐戒，亲东乡躬桑。"此种画像纹当是"躬桑"的表现。流行于春秋战国时期。故宫博物院珍藏的宴乐渔猎水陆攻战纹壶第一层刻画有采桑图，最为典型。（图 394）

图 394 宴乐渔猎水陆攻战纹壶第一层所绘采桑图

搏斗画像纹

青铜器纹饰之一。流行于春秋战国时期。表现为两军对峙、相互格杀的情景。军前各有旗帜，士兵列队，有武士于阵前搏杀，或徒兵持戈相格杀。有以两人成对搏斗的形式排列。粗略而生动地表现古代战争场面。

攻城画像纹

青铜器纹饰之一。流行于春秋战国时期。表现为以堆埕或以云梯攻城的情景，上有礌石掷下，地上有被杀戮者的尸体。

水战画像纹

青铜器纹饰之一。流行于春秋战国时期。变形表现水中作战的情景。武士们在舟上持武格斗，也有的在舟上划桨进攻。水中有鱼、龟及泳者。先秦文献中很少有对水战的描述，此种纹饰为研究先秦时期的水战提供了重要资料。

建筑画像纹

青铜器纹饰之一。表现有大屋顶的楼台、帐包、城墙等建筑的构件。一般见于战国器上，之前的青铜器上甚为少见或不见。

竞渡画像纹

青铜鼓纹饰之一。在石寨山型的铜鼓上较习见。船的首尾，装饰成鸟头、鸟尾形象，船身窄长，船头、船尾高翘。船上人物头戴羽冠，腰系吊幅，有的上下身裸露。有的人物执羽杖指挥，有的划桨，有的舞蹈，一般都各有固定的位置和行动的程式。他们前后坐成一行，动作协调一致，并具有强烈的节奏感。船下有鱼，表示船行在水中。写实船纹的铜鼓，多为汉代遗物。（图395）

图395 春秋晚期竞渡纹钺

羽人舞蹈画像纹

青铜鼓纹饰之一。常见人物头戴羽冠，身披羽饰，有的人物身穿吊裙，有的上身裸露。手中或执戈；或执盾（干）；或秉斧（戚）；或徒手，双臂张开，翩翩起舞。一说铜鼓以"羽人"为饰，是一种图腾崇拜的表现。另一说认为这是化装的"舞人"，是对当时现实生活中舞蹈题材的描绘。

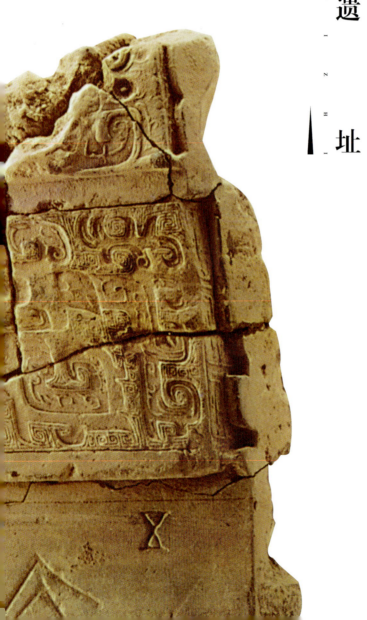

遗

Y I Z

址

I H

大井古铜矿遗址

商周时期采铜和冶铜遗址，距今2900—2700年。位于内蒙古自治区赤峰市林西县大井镇中兴村。1975—1976年发现，2001年国务院公布为全国重点文物保护单位。主要遗存集中分布在山冈和坡地上，有采矿坑、冶炼坩埚、工棚建筑遗迹等。共有露天采矿坑47条，最长的有102米，最短的有7～8米，宽度为0.8～2.5米，深度为7～9米。矿坑之间不连接，有顺坡纵向开采的，也有横向开采的。在工棚建筑遗迹中出土有陶器、木炭、炼渣、石刻采矿工具等与采矿、冶炼有关的遗物。在矿坑附近发现有8座炼炉，炉址旁有鼓风管、炼渣和铸小件器物的陶范。该遗址是中国迄今发现的时代较早的一处集采矿、选矿、冶炼、铸造等全套工序于一体的遗址，体现了商周北方铜矿开采和铸造技术水平。

铜绿山古矿冶遗址

西周至汉代采铜和冶铜遗址。位于湖北大冶西北3公里处。1973年在此发现了一批红陶斧和大量的框架支护木，引起重视。1973—1985年中国科学院考古研究所和湖北省黄石市博物馆等进行了发掘，1982年国务院公布为全国重点文物保护单位。该遗址南北长2公里，东西宽1公里。发掘清理出地下采矿区7处，采矿井巷近500条，炼铜区3处，炼炉多座，炼渣40万吨左右，出土有用于采掘、装载、照明、排水、提升的铜、铁、竹、木石多类生产工具以及陶器、铜锭和

图396 铜绿山铜矿竖井遗址

铜工具、兵器等遗物。证明东周楚国在铜矿开采和冶炼工艺方面都已达到较高的水平，对揭示先秦至汉代冶铜业以及生产方式具有重要意义；证实中国商周时代青铜器铸造业与采矿、冶炼业是分地进行的，由此填补了中国冶金史上的一个空白，在学术上具有重要价值。（图396）

铜岭古铜矿遗址

商代中期至战国早期采铜和冶铜遗址，距今3300年左右。位于江西省瑞昌市夏畈镇铜岭村，距湖北大冶铜绿山古矿冶遗址约40公里。1988年江西省文物考古研究所与瑞昌市博物馆等联合对该遗址进行了连续五年的考古发掘，2001年国务院公布为全国重点文物保护单位。发掘揭露采矿区1800平方米，冶炼区1200平方米。采矿区内发掘古代竖井103口，巷道19条，露采坑7处，工棚5处，选矿场1处等，出土有石、木、竹、铜、陶、瓷质等生产工具和生活用具约500件。冶炼区古炼渣堆积厚度0.7～1.57米，发掘春秋时代炼炉2座，贮水井18口，出土大量陶质生活用具。该遗址是中国目前发现的年代最早、保存最完整、内涵最丰富的一处

大型古铜矿冶遗址。至今保存有坑采区和露采区。地下坑采区井巷密布，木支护保存完好。西周时期选矿场采用流水分节冲洗选矿的木溜槽，为世界仅见之物。出土的提升工具木滑车分别有商、西周、春秋各代之物，表明早在数千年前我国已将木制机械用于矿上开采。这批提升工具也是世界上发现上古机械最多、最早的一批。铜岭铜矿遗址是继湖北大冶铜绿山古矿冶遗址后的又一重大发现，它的发现将我国矿冶史向前推进了 300 多年，证明江西是中国青铜文化的发源地之一，对探询中国高度发达的青铜铸造业原料来源问题，以及研究中国冶金史和文明史都具有极其重要的价值。该发现为 1991 年"全国十大考古新发现"之一。

┃ 麻阳古矿井遗址 ┃

春秋战国时期铜矿遗址。位于湖南省麻阳苗族自治县九曲湾，现今麻阳铜矿区内。1979 年以来已发现古矿井十余处。由于年代久远，有的矿井已倒塌，有的被填埋。现有一处巷道和木支柱保存较完整。从遗存的巷道判断，采掘矿藏从地表开始，沿着矿脉的走向，由上到下进行斜井采掘。矿井不规则，宽窄不一，呈弯曲的鼠穴式。垂直深度约 80 米。在跨度大的采空区间内留有矿柱或隔墙，在跨度比较大的相邻矿柱之间辅以木支柱，以防止矿井顶板下塌。在古矿井内采集有铁锤、铁钻、木楔以及选矿用的木瓢、水斗、盛水的绳纹陶罐、照明的陶灯盘等。这一发现揭示了春秋战国的采矿方式和工具以及安全设施、排水技术等。该遗址是继湖北大冶铜绿山古矿冶遗址后的又一重大发现，对研究中国冶金史具有重大意义。

┃ 铜陵古铜矿遗址 ┃

商代至明清采铜和冶铜遗址。位于安徽省铜陵市。遗址分为铜官山、狮子山、凤凰山、金山四个区域。铜官山区域位于市南郊，包括铜官山、松树山、宝山、笔架山、罗家村、杨家山等。区内古代冶铜遗迹遍布，老窿、废矿堆、炼渣随处可见，以罗家村冶铜遗址（大炼渣）为代表。狮子山区域位于市东南 8 公里处，包括狮子山、冬瓜山、大团山、龟山、木鱼山、曹山、老鸦岭、胡村等。区内采矿遗址尚存有未淤塞的古井口数十个。狮子山东部的曹山、木鱼山和朱村的高习、五房一带发现古代炼渣最为集中，以木鱼山古矿冶遗址为代表。凤凰山区位于铜陵市东南 30 公里，是一个较为集中的古矿区，包括万迎山、虎形山、药园山、金牛洞、铁山头、宝山陶等。区内古代采冶铜遗迹随处可见，以万迎山古矿冶遗址、金牛洞古采矿遗址为代表。金山区位于铜陵市东南 34 公里处，分布在金山、团山、燕子牧、落牛岭、岗巴龙、徐冲林场一带，并与邻县南陵的塌里牧、沙滩脚、破关山、大工山等古铜矿遗址相连。冶炼遗址以大工山古矿冶遗址和燕子牧遗址为代表，其中燕子牧遗址炼铜渣堆积约有 5 万平方米，厚度有 2 ～ 3 米，仅这一处的炼渣估计就有 10 万吨以上。铜陵自商周开始采矿、冶铜，历经唐宋元明清，时间跨度之长，在全国各地古铜遗址中最具代表性。该遗址不仅具有点多、面广、历史悠久的特点，而且其生产力也经历了一个漫长的发展过程，具有沿袭性、广泛性、多样性和配套性等特点。该矿区被称为一部活的地方冶金发展史，在中国冶金史上占有重要的历史地位。

｜ 木鱼山古矿冶遗址 ｜

商周时期冶铜遗址，距今 3000 余年。铜陵古铜矿遗址的一部分。位于安徽省铜陵市天门镇木鱼山北侧。1974 年当地群众兴修水利时发现。1987 年 11 月安徽省考古研究所和铜陵市文物管理所联合对该遗址调查发掘。分布范围约为 10 多万平方米，炼渣遍地。发现早期炼铜竖炉 1 座，以及铜锭、碳屑、红烧土等炼铜遗迹和陶器残片。经过对铜锭的检测，证明是硫化铜冶炼的遗物冰铜锭，是中国目前已发现的最早使用硫化铜技术的实物见证，并将我国硫化铜采冶历史从东汉推前到西周早期。该遗址对于研究中国古代冶金史具有重要的学术价值。

｜ 万迎山古矿冶遗址 ｜

西周晚期至春秋时期采冶结合型古代铜矿场。铜陵古铜矿遗址的一部分。位于安徽省铜陵市顺安镇凤凰村北侧的万迎山南麓，面积约 5 万平方米。1980 年的一次地下大爆破，造成早期采掘遗迹基本毁失，仅在西南山坡上残存有一些古采矿坑口。现地表上遗留着大量的炼渣堆积和陶器残片。该遗址的炼渣多为蘑菇状，表面铁锈色，滴痕明显，经取样分析含铁量较高。在炼渣堆积层中还伴有大量的夹砂软陶、几何印纹陶和原始青瓷等遗物。东南面分别与金牛洞、药园山、虎形山等采冶遗址相邻，形成了一个综合铜矿采冶中心。1984 年，在万迎山脚下曾发现一处春秋铜窖藏，其中有一件菱形铜锭，经检测为硫化铜冶炼遗物。1987 年在万迎山遗址附近，还发现了一件锸形石范，证实此地还有铸造青铜器的作坊。这些说明万迎山遗址集采、冶、铸于一体，在铜陵众多的古铜矿遗址中独具特色。

｜ 罗家村冶铜遗址（大炼渣）｜

汉至唐宋时期冶铜遗址。铜陵古铜矿遗址的一部分。位于安徽省铜陵市郊铜官山北侧的罗家村南水沟边。分布范围约 5 平方公里，估计炼渣遗存达 20 万吨以上。炼渣为褐色，近方形，呈巨石状，直径约在 1.4～1.8 米不等，厚度为 0.8 米以上。该遗址是我国乃至世界仅存的古代最大的铜冶炼遗址，堪称冶金史上的一大奇观。

｜ 金牛洞古采矿遗址 ｜

春秋至西汉时期采铜和冶铜遗址。铜陵古铜矿遗址的一部分。位于安徽省铜陵市顺安镇凤凰村境内，距铜陵市区 34 公里。1987 年以来，安徽省考古研究所和铜陵市文物管理所先后数次对该遗址进行了考古发掘，清理出多处古代采矿井巷和一批采掘生产工具，在遗址附近的药园山、虎形山、万迎山也相继发现了大量采掘遗址和炼渣堆积，并清理出古代采矿井巷结构。证实竖井、平巷、斜井都是木支撑结构，有半框式和方框式两种。矿井中发现采掘生产工具，如铜凿、铁斧、铁锄、竹筐、木桶等，还发现了大量木炭屑，估计当时的工匠们已掌握了"火爆法"采矿技术。

大工山古矿冶遗址

西周至唐宋采铜和冶铜遗址。铜陵古铜矿遗址的一部分。位于安徽省芜湖市南陵县西部工山镇境内。总面积40平方公里，可分成两大区域。一是大工山的西部与北部，主要是南北朝至唐宋时期的遗址，有铜、铁、银、铅矿的采矿点与冶炼场，其中以桂山乡西湖村的分布面积较大，占地3万多平方米，炼渣堆积厚达8米以上，主要以煤为燃料；另一区域是在大工山的南部与东部，其遗存主要是西周至汉代的铜矿采矿、冶炼场所，以戴镇乡的江木冲为中心，占地面积达1.5平方公里以上，炼渣堆积厚约0.5～1.5米，有的炼渣含铁量很高，达20%～30%，大的渣块可达几百公斤，是西周"吴干之剑"、战国"陵阳之金"、汉"丹阳铜"的产地。在该遗址内已发现炼铜炉、焙烧窑、采矿井、古房基等遗迹26处，出土各类铜、陶、石器具等珍贵文物300余件，还发现有冰铜锭、银铅锭。据测定这些冰铜锭的铜、铁含量与用现代技术所冶炼的冰铜产品的含量相近，说明当时的冶炼技术已达到相当高的水平。另外，从冶炼时所用的燃料看，西周到汉代多用木炭，南北朝以后则多用煤炭，显示出古代工匠掌握炉温技术的进步。该遗址历史悠久、规模宏大、保存完好、技艺精湛，非常罕见，具有重要的学术价值。它不仅为寻找我国历史上著名的"丹阳铜"产地提供了重要的线索，而且为探索我国长江中下游地区青铜文明的起源与发展，研究中国古代采矿、冶金技术的历史进步等，提供了相当丰富的资料。

铜井山古采冶铜遗址

六朝至唐宋时期的冶铜遗址。铜陵古铜矿遗址的一部分。位于安徽省铜陵市天门镇天屏山。发现有10多口竖井，井口宽约2米，依山排列，没有木质支护。虽然井中已堵塞了一些淤土和杂石，井深仍有20米左右。估计当时是群井开采，将井直接打在矿体上，垂直向下掘进，然后再沿矿脉开掘平巷开采。竖井周围还残留一些废石堆积。此遗址目前尚未进行正式的考古发掘，竖井及井巷结构有待今后的考古发掘来解答。

奴拉赛古铜矿遗址

相当于春秋战国时期的采铜和冶铜遗址，距今约2600—2400年。位于新疆维吾尔自治区尼勒克县城南约3公里的喀什河南岸、阿吾拉勒山北坡的天山奴拉赛沟中。2001年国务院公布为全国重点文物保护单位。遗址分为采矿和冶炼两大部分。采矿遗址已发掘出10余处古采矿竖井，洞口窄小，1米见方，有的竖井深达20米左右，宽约5米。由于年代久远，矿井均已塌毁，被碎石、沙砾和草丛所覆盖。洞口周围和竖井中发现大量矿石和圆形或扁圆形的石锤。冶炼遗址位于奴拉赛沟谷内较平坦的地方。有低于地面1.5米，长20米，厚达0.5米的炉渣层，还有经过粗炼后呈圆龟形状的白冰铜块，经光谱分析含铜量最高达60%以上。另外从奴拉赛沟内发现多孔的炉渣层，孔内残留有木炭和木质纤维状的印痕，说明当时已用木炭作燃料炼铜。该遗址是新疆地区发现最早的矿冶遗址，为伊犁丰富的青铜文物找到了来源，也为研究当时活动于此地的塞人提供了重要的实物。

偃师二里头铸铜遗址

夏代铸铜遗址。位于河南省偃师市二里头村南。二里头遗址发现铸铜遗址多处，其中范围最大、内容最丰富的一处，面积有一万平方米以上。发现的铸铜作坊形状皆为长方形，大者长宽均在 6 米左右。在作坊遗址周围有半地穴式房基、炉壁残片，出土了大量的陶范、坩埚块、木炭、小件青铜器和铜锭、铜渣以及与铸铜生产有关的其他遗存。其中熔铜的坩埚系用草拌泥制成，陶范与青铜器一致，均为素面。该铸铜遗址是中国目前所知最早的铸铜遗址，说明商早期王室及诸侯所用的青铜器大多是就地生产的。在作坊遗址中尚未发现冶炼矿石后遗留下来的矿渣，说明夏代铸铜工业已进入冶炼和铸造分工的阶段。

郑州商代铸铜遗址

商代铸铜遗址。位于河南省郑州市。属郑州商代遗址的一部分。在城南的南关外和城北的紫荆山北地发现两处铸铜遗址，应属王室管辖的官手工业。出土有小型房基、窖穴、水井、壕沟等，并出土大量与铸造青铜器有关的坩埚碎块、陶范碎块、铜渣、木炭屑以及青铜器、砺石等遗物。坩埚是在粗砂质厚胎陶缸和陶大口尊外涂草拌泥制成。还发现镢、刀、镞、锥、鼎、鬲、斝、爵、觚等青铜器的内范和外范，其中以镢、刀、镞范的数量最多，不少陶范上都刻有花纹。南关外铸铜遗址多出镢范，应是以铸造青铜镢为主；紫荆山北铸铜遗址则以铸造铜刀、镞为主，这表明铸铜手工业中已出现了细致的分工。（图 397）

图 397 青铜镞陶范

安阳殷墟苗圃铸铜遗址

商代铸铜遗址，约自武丁早期延续到商末。位于河南省安阳市西北郊小屯村南约 0.5 公里的苗圃北地。属安阳殷墟遗址的一部分。1950—1970 年发掘，面积约为 1 万平方米，应属王室管辖的规模较大的铸造作坊。发现了与铸铜作坊有关的居址、窖穴、水井、祭坑、烘范窑和道路、工作台面等遗迹，还有体积较大的熔铜炉，直径约在 60～70 厘米。另有一种土坑式的熔炉，直径 1 米，深 0.5～1 米。发现有陶质鼓风管，说明熔铜炉具备较好的熔化能力。还出土有大批陶范以及各类工具和用具。从陶范的品种分析，此作坊以铸造青铜礼器为主。

孝民屯铸铜遗址

商代晚期铸铜遗址。位于河南省安阳市殷墟西部地区，东距小屯村 2.5 公里。作坊面积较小，未发现房基，只有一批灰坑。作坊内出土有陶范、熔炉壁、坩埚片、铜渣、陶管、将军盔及木炭等与铸铜相关的遗物。其中有大量制作铲、锛、戈、矛等工具和兵器的陶范，少量制作簋、瓿、爵等礼器的陶范，形制均较小，范面纹饰也不很精细，此外还有修磨青铜器的砺石等。该处铸铜作坊遗址规模不大，以生产工具和兵器为主，也生产少量礼器，从各种迹象观察，是一处民间私营手工铸铜作坊。

薛家庄铸铜遗址

商代晚期铸铜遗址。位于河南省安阳市薛家庄村南 100 米，西北距殷墟小屯村约 1 公里。出土铸铜遗物有陶外范和内范 1000 多块，器类有鼎、甗、簋、觯、瓿等礼器以及矛、戈等兵器。外范上的纹饰有兽面纹、夔纹、云雷纹、圆涡纹和三角纹等。还出土有将军盔残片、砺石、铜渣等，并发现有制骨的遗迹、陶窑和墓葬等。此处遗址应为直属商王室管辖的官手工业作坊，文化内涵较为复杂和丰富。

小屯东北地铸铜遗址

商代晚期铸铜遗址。位于河南省安阳市小屯村东北约 200 米处。在殷墟小屯宫殿宗庙区的基址上层发现陶范 512 块，基址夯土内发现陶范 334 块，基址夯土下发现陶范 2506 块，各层还发现铜锈等，表明在建筑宫殿宗庙之前和建成之后，这里一直是铸铜场地。所出陶范大多为外范，器类有瓿、爵、簋、罍、卣、鼎、彝、壶等礼器，镞、戈、矛等兵器，以及铜泡和车饰等。还有一些陶模和内范。应为直属商王室管辖的官手工业作坊。

周公庙铸铜作坊遗址

商末周初铸铜遗址。位于陕西省岐山县周公庙遗址，周代大墓群东的土沟边。2004 年在此发现一座铸铜作坊遗址。该遗址保持较好的完整性，发现有熔炉，并出土大量的陶范。此类铸铜遗址在西周考古中很少见，尤其先周的铸铜遗址，在全国属首次发现。

洛阳西周铸铜作坊遗址

建于西周初年，毁于西周中期穆王以后的铸铜遗址，距今约有三千余年。位于河南省洛阳火车东站正北，北窑村西南的第二台地上。面积 10 多万平方米，出土大量熔铜炉残壁、陶范残块、制范工具以及红烧土、木炭等遗物。据对熔炉残壁分析，可知当时熔铜采用的是内加热式炉。熔炉分大、中、小三种：大型熔炉是用草拌泥和沙为材料，以泥条盘筑法作炉圈，然后砌成炉子，内径 1 米左右；小型熔炉是在大

图 398 青铜礼器外范

型陶器如瓮之类的容器上涂一层厚厚的炉衬来使用，内径仅 30 厘米左右。熔铜以木炭为燃料，冶炼时采用鼓风囊助燃，温度一般在 1200℃以上。大型熔炉是竖式鼓风炉，已经具备了现代鼓风炉的雏形，表明西周冶炼技术已相当先进。从出土的大量陶范分析，当时的制范流程是先制母范，即模型，然后按照母范上规划好的分型方案制作外范，即铸型。一般简单的器形用双合范，复杂的器形用多合范。每片范的分型面上都对应地做好三角楔形的榫卯、长方形的子母口，以便合范时扣合，工艺相当精密。出土陶范品种很多，有鼎、簋、尊、爵、车马饰、兵器等。从出土的卜骨、卜龟以及被杀害的奴隶尸骨来分析，当时在开炉浇铸时还要进行占卜和杀牲祭祀的仪式。（图 398）

┃ 周原李家西周铸铜作坊遗址 ┃

西周铸铜遗址。位于陕西省扶风县法门镇庄白村、李家村西。20 世纪 70 年代不断有陶范出土，2003 年 8 月北京大学考古文博学院、陕西省考古研究所和中国社会科学院考古研究所联合进行发掘。发掘面积 875 平方米，共清理西周灰坑 120 座、房址 8 座、水井 2 眼、灰沟 3 条、墓葬 35 座以及车马坑 1 座。出土数以千计的西周陶范，器类包括鼎、簋、鬲、爵、壶、器盖、銮铃、马镳、马衔、车键、车辖、铜泡、铜扣、钟和工具等。部分陶范上有精美的纹饰。陶范不仅数量大、器类多、纹饰多样，而且在年代上跨越了整个西周时期，为全面了解西周时期的青铜器铸造工艺和周原地区的铸铜业提供了重要实物资料。另外，这次发掘的墓葬和铸铜遗址共存一处，推测这些墓主人应是铸铜作坊的工匠，死后就埋在生前工作的场所周围。铸铜工匠墓葬的首次发现，对研究西周时期的墓葬制度具有重大意义。该遗址的发现对研究周原遗址的布局和社会制度、组织结构及生产生活方式都具有重要意义，为 2003 年"全国十大考古新发现"之一。

┃ 侯马铸铜遗址 ┃

东周重要铸铜遗址。位于山西省侯马市牛村古城之南的晋城遗址内。1959 年由山西省文物管理委员会开始发掘。遗址面积约 20 万平方米，已发掘 5000 余平方米。发现有与铸铜有关的居址、窑穴、熔铜炉、水井、祭坑、烘范窑和道路、工作台面等遗迹，分布相当密集。出土遗物中有工匠使用的鼎、鬲、豆、壶等陶器和骨、蚌、石、铜等各种工具，以及与铸铜手工业有关的遗物，如雕刻花纹用的骨质小刀、青铜小刀，熔铜用的坩埚碎块，铸造青铜器的陶范、铜锭、铅锭等。发现有陶质鼓风管，说明熔铜炉具备较好的熔化能力。陶范出土数量最多，总数达 3 万余块，其

图 399　侯马铸铜遗址出土的兽头形陶范

中 1 万多块的表面刻有各种装饰纹样，有 1000 余块可以辨认器形，成组配套又能复原器形的有 100 余套。从陶范的型腔可知，铸有礼器、乐器、工具、兵器、车马器、货币、装饰品等，证实铸铜作坊内部已有细致分工。其中发现的空首布是迄今所知中国最早的金属铸币。该遗址面积大，内涵丰富，揭示了东周时期晋国青铜器的铸造技术及其工艺水平，为研究先秦青铜器的冶炼和铸造提供了宝贵的实物资料，把中国冶金史研究向前推进了一大步。（图 399）

┃ 郑韩故城铸铜遗址 ┃

东周铸铜遗址。位于河南省新郑市郑韩故城祭祀遗址的东南部边缘。1996 年发掘。清理出 4 眼水井。遗物有中、小两型熔铜炉块、礼乐器范模、钱币范、冶铸废品或回收青铜器回炉料、骨针等。礼器范模的主要器类有鼎、方壶、圆壶、豆、簠及附件圆环、兽首、爬兽、浇道和各式范芯座、榫卯等；乐器范仅见编钟范，其组合装配痕迹明显；花纹范有龙纹、蟠螭纹、蟠虺纹、弦纹、云纹、涡纹等。已能进行流水化作业和批量生产，代表了当时冶铸手工业的较高水平。出土的平肩空首布范，是春秋钱范中的珍品。工具范有凿、镬、锛等。回炉料的种类有各式鼎耳和足、簠耳和足、圆壶颈等。这样丰富的冶铸遗物非常罕见。

┃ 江陵陈家台铸铜遗址 ┃

战国时期楚国铸铜作坊遗址，距今约 2400 年。位于湖北省荆州市纪南城西南部，陈家湾西侧。1975 年发掘。发现房屋基址及铸炉两座。铸炉平面呈圆角方形，长 1.45 米，宽 1.34 米。出土木炭、锡攀钉、铜棒、锡渣和残陶范、鼓风管、锡饼、锡块、红烧土块、草木灰及大量的筒板瓦和炭化稻米等。

┃ 东坪汉代冶铸遗址 ┃

汉代郡国铸钱工厂。位于四川省凉山彝族自治州西昌市南 40 公里的黄联关镇东坪村一带。1976 年以来陆续出土有铜锭、铜锤、陶范、耐火材料、"货泉"范盒及炼炉遗迹等。1988 年发掘。该遗址范围约 2 平方公里，地面可见冶铸遗迹 50 多处。发现汉代冶铸炉 11 座、作坊遗迹 3 处、汉代砖室墓 2 座，以及大量的炼渣、矿石、木炭、耐火砖、风管、坩埚、铜锭、陶范、陶器、铜镜、铜镞、铜刀、五铢钱等。遗址面积甚大，炼渣厚积，炉群列布，规模较大，出土的"货泉"范盒及铸钱工具与铜锭，对于研究汉代的郡国铸钱作坊及货币制度等均有意义。

┃ 扬州铸铜遗址 ┃

唐代铸铜遗址。位于江苏省扬州市。1975 年发现。面积 200 平方米。出土 9 座炉灶，5 件较为完整的坩埚。有的炉灶可能与熔铸铜合金有关。坩埚多以较厚的夹砂粗陶和泥质陶制成，呈灰黑色圆筒状和杯状，长 3 ~ 27 厘米，口径 4 ~ 10 厘米。筒状者壁外有釉泪。杯状者底尖，无把手，口有流。坩埚伴出物有铜矿石、煤渣、铜锈块等。这种尖底的杯状坩埚对了解殷墟将军盔的用途有一定帮助。

齐家文化青铜器

新石器时代晚期齐家文化。主要分布在甘肃、青海境内的黄河沿岸及其支流渭河、洮河、大夏河、湟水流域，宁夏南部与内蒙古西部也有零星发现。因 1924 年首先发现于甘肃省广河县（原宁定县）齐家坪遗址而命名。该文化遗址出土丰富的小件红铜和青铜的工具，展现了黄河上游地区原始氏族公社解体和阶级产生阶段的生产水平和社会急剧变化的状况。1975 年甘肃省广河县齐家坪、1977 年青海省贵南县尕马台发现有齐家文化期的青铜镜，是中国出土最早的青铜镜，也是中国出土最早的青铜器之一。参见【金石并用时代】。（图 400）

图 400 齐家文化青铜镜

二里头文化青铜器

二里头文化属于商代前期文化，年代约在公元前 21 世纪至公元前 14 世纪。主要分布在河南中、西部的郑州附近和伊、洛、颍、汝诸水流域以及山西南部的汾水下游一带。现已发现遗址近百处，经过发掘的有洛阳东干沟、矬李、东马沟、陕县七里铺、汝州煤山、郑州洛达庙和山西夏县东下冯、翼城感军等十余个地点。1959 年起在河南偃师二里头遗址进行科学发掘以后，发现该遗址具有典型性，故将这种类型的遗址命名为二里头文化。根据地层与典型器物分析，二里头文化分为四期。青铜器的突出成就是出现一大批青铜容器，有鼎、爵、斝、盉，还有青铜工具凿、刀、锛和青铜兵器戈、镞、钺等。青铜容器形制复杂，铸造时需作内、外范的多次分型，说明二里头青铜铸造业已经解决了陶质块范的合型，这是技术上的一次飞跃，为商周青铜礼器的大发展奠定了基础。目前发现数量较多的爵、斝，其基本造型相似，说明青铜器的造型已有相对固定的格式，并逐渐摆脱陶质爵、斝的影响，成为具有独立特征的青铜器，并具备礼制意义，已经注意设计的形态之美。还发现有多面镶嵌绿松石牌饰，说明二里头青铜器已与镶嵌工艺相结合，具有较高的设计和工艺水平。

二里头遗址青铜器

二里头遗址的年代为公元前 1900 年至前 1500 年。位于河南省偃师二里头村。1959 年发现并开始发掘，1988 年国务院公布为全国重点文物保护单位。面积 6 平方千米。发现的遗迹有宫殿基址、作坊遗址、一般居住遗址、陶窑、窖穴、墓葬等。遗物有青铜器、

图 401 二里头遗址出土的青铜铃

玉器、陶器、石器、骨角器和蚌器等。青铜器包括工具、兵器、礼器、乐器和装饰器。青铜工具有刀、锛、凿、钓钩等，多用单范或合范铸成。青铜兵器有戈、镞、镞，戈的形式为直援曲内，无阑，曲内后端有突起花纹，制作精致。青铜礼器有鼎、爵、斝等，爵的数量较多，都是薄胎、束腰、平底，较早的素面无柱，较晚的有小柱，施简单花纹和镂孔。该遗址出土的青铜容器是目前所知中国最早的青铜容器，都是多范合铸，制作技术已较复杂，器身留有范缝，整治不精。青铜乐器有铃；装饰品有镶嵌绿松石兽面纹铜牌饰，用 200 多粒绿松石镶嵌而成，制作精美，是中国所见年代最早的镶嵌制品，表现出熟练的镶嵌技术，具有较高的工艺水平。参见【夏代青铜器】。（图 401）

东下冯遗址青铜器

　　东下冯遗址是二里头文化典型遗址之一，年代为公元前 1900 年至前 1500 年。位于山西省夏县埝掌镇东下冯村东北。1959 年中国科学院考古研究所和山西省文物工作委员会发现，1974年进行发掘，2001 年国务院公布为全国重点文物保护单位。面积约 25 万平方米。发现的遗迹有房屋 30 余座、灰坑 100 多座、墓葬 24 座，以及水井、陶窑等，遗物有石、陶、骨、铜等生产工具，生活用具和兵器、乐器等。其中青铜镞、凿和石范的出土，表明当时已进入青铜时代。这一遗址的发现，对于揭示晋南地区的二里头文化内涵和探索夏文化都有积极意义。

二里岗文化青铜器

　　二里岗文化属于商代前期文化，年代相当于公元前 16 世纪到公元前 1318 年盘庚迁殷以前。以河南郑州二里岗地区为中心，分布于东到山东淄河、弥河，西到陕西关中地区的泾河、渭河中游，北至河北拒马河，南到长江边的广大地域。北边以藁城台西遗址为代表，南边以湖北盘龙城遗址为代表，西边则以陕西铜川耀州北村遗址和扶风易家堡遗址为代表。根据地层堆积与包含物的差异，包括二里岗下层与二里岗上层早晚两期遗存。二里岗文化青铜器已相当成熟。青铜器组合体制以酒器为主，爵、斝是一组基本酒器，爵、斝、斝的组合也较常见，其他按使用者的地位和需要配置。青铜食器有鼎、鬲、甗、簋等，数量虽少，但器类齐全，水器盘也已出现。青铜农具、工具都有发现，青铜兵器的种类大都俱全。铸造上除了普遍使用陶质块范浇注器物，还使用了分铸法，已能铸造 1 米高的大型容器，为以后青铜器的铸造奠定了基础。装饰艺术丰富，普遍装饰有线条粗犷有力而构图繁密的纹样，主题纹饰采用左右展开的抽象动物纹。最复杂的纹饰除主纹外还有抽象的鸟纹作为附饰，有的附饰在两侧的鸟纹之上还有一倒置的小兽，呈现出诡秘怪谲、庄严威慑的特征。参见【商代早期青铜器】。

台西遗址青铜器

　　二里岗文化青铜器的代表之一，年代约为公元前 1300±100 年。位于河北省石家庄市藁城台西村。1956 年发现，1973—1974 年发掘。发掘面积约 10 万平方米。发现半地穴居址 2 座、地面建筑 12 座、100 多个窖穴和灰坑，清理墓葬 112 座。出土较完整文物 3000 余件，其中以陶器、石器、骨器最多，此外还有青铜器、蚌器、漆木器、玉器、丝麻织品、植物种仁等。青铜器多出自大型墓葬中，主要有礼器、生产工具和武器等。器形有鬲、鼎、斝、觚、爵、瓿、罍、矛、戈、戟、钺、镬、凿、锯、刀、匕、铃等，这些青铜器与郑州商代遗址青铜器、安阳殷墟青铜器大体相同，但也有柳叶形羊首铜匕等少数器具有北方少数民族的文化特色。其中112号墓出土一件铁刃铜钺，铁刃部分是以陨铁加热锻成，证明了中国早在公元前14世纪就已对铁的性质具有初步认识。

┃ 盘龙城遗址青铜器 ┃

二里岗文化青铜器的代表之一。年代约为公元前15世纪前后。位于湖北省武汉市黄陂区盘龙城叶店乡杨家湾境。1954年发现，1974年、1976年湖北省博物馆、北京大学考古系进行大规模发掘，1988年国务院公布为全国重点文物保护单位。发掘面积约1.1平方公里，发现有城址1座、宫殿基址2座、手工作坊4座、灰坑37个、祭祀坑3个，以及墓葬等，随葬青铜器的贵族墓主要分布在李家嘴一带。出土的青铜礼器有觚、爵、斝、盉、罍、尊、卣、鼎、甗、鬲、簋、盘等，其中提梁壶、管流爵、生产工具及兵器等在郑州商城青铜器中尚未见过，有的造型、纹饰、器物厚度等比郑州商城青铜器制作得更为精工。此外还有青铜工具和锸、戈、矛、钺、镞等武器。该遗址的发现对了解长江中游商文化以及中原文化对其影响、青铜器的分布具有重要意义。（图402）

图402 盘龙城遗址出土的提梁卣

┃ 小双桥遗址青铜器 ┃

小双桥遗址为商代早期王室祭祀遗址，位于郑州商城西北近20公里处的石佛乡小双桥村和于庄村之间。1985年、1989年在该地发现青铜器，1996—1998年河南省文物考古研究所进行考古发掘。遗址东西宽800米、南北长1800米，面积达144万平方米。主要文化遗迹有夯土台基、夯土建筑基址、祭祀坑、祭祀场、奠基坑、灰沟、灰坑等，祭祀场内发现有与冶铸青铜器有关的遗迹，如孔雀石、炉壁残件、铜渣、残范块等。出土大量陶器、石器、蚌器、骨器、青铜器、原始瓷器等，青铜器有建筑饰件、鼎、斝、爵、戈、镞、锸、圆形铜泡等。还采集2件青铜建筑构件，整体近方形，正面饰单线饕餮纹，侧面有长方孔，孔四周有一组龙虎斗象图，形象生动，应是商代大型建筑正门两侧枕木前端的装饰性构件，为其他商周遗址所不见。

图403 小双桥出土的建筑构件

小双桥遗址面积大，文化内涵丰富而重要，具有都邑遗址的规模和性质。该发现是夏商考古学

上的一个新突破，为 1995 年"全国十大考古新发现"之一。（图 403）

安阳殷墟青铜器

殷墟为商王朝后期都城遗址，位于河南省安阳市西北郊的小屯村及其周围，面积约 24 平方公里。1899 年王懿荣首先在此发现契刻文字的甲骨文，其后罗振玉等人调查，1928—1937 年中央研究院历史语言研究所组织前后进行了 15 次发掘，发掘了小屯宫殿区、侯家庄西北岗王陵，以及后岗、大司空村、侯家庄南地、四盘磨、王裕口北地、武官村南霸台等遗址，并发掘了范家庄、高井台子、秋口同乐寨等遗址，总面积约 4.6 万平方米。1949 年以后继续对殷墟的发掘，遍布小屯、武官北地、侯家庄北地、四盘磨、万金渠两岸、五道沟、大司空村、后岗、薛家庄、高楼庄、北辛庄、范家庄、梅园庄、孝民屯、苗圃北地、刘家庄、戚家庄、侯家庄南地、三家庄等数十处。1961 年国务院公布为全国重点文物保护单位。殷墟出土遗物以陶器数量最多，其他有青铜器、玉器和石、骨、角、蚌、象牙器等。其中大型墓葬中随葬有丰富的青铜器，包括礼器、兵器、工具和车马器等，不乏精美作品。礼器有鼎、鬲、甗、觚、爵、斝、尊、盘、盂、卣、方彝、偶方彝、三联甗、分体甗、圈足觥、四足觥、方罍、方壶等，纹饰复杂多样；武器有戈、矛、刀、镞、钺、胄等；工具有斧、锛、铲、削等；车马器有衔、镳、軎及各种饰物。青铜器已普遍采用分铸法，出现重 100 千克以上的重器。铭文一般为做器者的族名、受祭者名，还有少数记载重要的历史事实的铭文，反映商代晚期纪事文字的发展。殷墟的发掘有助于人们研究商代后期的社会生活和发展水平。参见【商代晚期青铜器】。（图 404）

图 404 殷墟鸟瞰

大辛庄遗址青铜器

大辛庄遗址为商代中晚期遗址。位于山东省济南市东北约 4 公里处。1955 年起山东省文物管理处等单位多次调查和发掘。面积约为 10 万平方米。遗址的商代文化堆积一般厚 1 米左右，最厚的达 4 米，出土遗物有陶器、石器、骨器和小件青铜器等。1970 年发现一批青铜器，有觚、甗、盉和 2 件铜戈，应是墓葬的随葬品，年代相当于殷墟早期。该遗址的发现对于研究商朝的势力范围、商文化和青铜器的传播具有重要意义。

吴城遗址青铜器

吴城为商代中晚期遗址。位于江西省樟树市吴城乡。1973—1974 年江西省博物馆、北京大学考古学系等联合发掘。面积约 4 平方公里。文化遗存可分为 3 期，一期年代与郑州二里岗上层接近，二期与殷墟早期相当，三期的年代相当于殷墟晚期和西周初期。发掘的遗迹都属于二期和三期，发现有 1 座长方形半地穴式房址、1 座陶窑、13 座墓葬。还发现较多的窖穴和灰坑，有的坑壁经焙烧或黏附铜渣，坑内出土有石范，表明附近可能有铸铜遗址。遗物有陶器、石器、青铜器。青铜器的数量较少，仅有刀、斧、戈各 1 件。石范发现较多，较大的有 30 多块，多为工具范、武器范，少量是容器范，用石范铸造青铜容器等与中原不同。这一遗址的发现对于研究商文化在南方地区的分布及其受中原地区文化影响的关系都有重要的意义。（图 405）

图 405 吴城遗址出土的青铜斝

周原遗址青铜器

周原遗址为周人发祥地和早期都城。位于陕西省岐山、扶风两县的北部，东西长约 3 公里，南北宽约 5 公里。西汉以来这里就不断有西周青铜器出土，相传著名的天亡簋、大盂鼎、毛公鼎等重要的青铜器均于清代末年出于岐山。新中国成立后，陕西省文物管理委员会、中国科学院考古研究所、陕西省考古研究所先后发掘。1976 年起陕西省文物管理处与北京大学考古专业、西北大学考古专业联合发掘，1982 年国务院公布为全国重点文物保护单位。揭露一批大型的夯土建筑基址，并发现西周甲骨文和多处青铜器窖藏。已发掘的建筑基址有岐山凤雏和扶风召陈两处。发现有多处铸铜、制陶、制骨、制玉的手工业作坊遗迹。在岐山县贺家、扶风县齐家、庄白、云塘等地发现有墓葬。在凤雏建筑基址西厢房的一个窖穴内出土卜甲和卜骨共 1.7 万片。最重要的青铜器窖藏有 1975 年发现的岐山董家村窖藏和 1976 年发现的扶风庄白窖藏。

丰镐遗址青铜器

丰镐为西周早期都城。周文王建丰邑，周武王建镐京，合称丰镐。年代约当公元前 11 世纪至前 771 年。位于陕西省西安市西南 12 公里的沣河两岸，范围包括客省庄、马王村、张家坡、新旺村、冯村、洛水村、普渡村、斗门镇及昆明池故址一带，总面积超过 10 万平方公里。1933 年开始调查，1951 年后中国科学院考古研究所进行了多年系统发掘，1961 年国务院公布为全国重点文物保护单位。遗址分为先周和西周早、晚期 3 个阶段。发现有夯土基址等建筑遗迹、小型居址近 20 多座、墓葬及附葬的车马坑约 400 座，其中张家坡发现的井叔家族墓为西周时期的墓葬制度和葬俗的研究提供了重要资料。出土遗物有石器、青铜器、陶器、骨器、角器、蚌制品、原始瓷器以及各种质料的装饰艺术品等。其中青铜容器多出自墓葬和窖藏。在沣西张家村、新旺村屡次发现青铜器窖藏，极大地丰富了丰镐遗址的内涵，并为遗址的性质提供了重要的佐证。

毛家嘴遗址青铜器

毛家嘴遗址为西周前期遗址。位于湖北省蕲春县西北 30 公里处，1957 年在 3 个水塘底部发现有木结构建筑残迹，1958 年中国科学院考古研究所发掘。面积约 2 万～3 万平方米以上。木结构建筑遗迹的范围在 5000 平方米以上，从迹象表明这是一座规模较大的干栏式建筑遗迹。发现的遗物主要为陶器、青铜器、漆木器、卜骨以及成堆的稻谷遗迹。其中青铜器有爵、镶刀、箭镞，具有西周早期典型特征。

天马—曲村晋国遗址青铜器

天马—曲村晋国遗址是西周初年晋国始封地遗址。位于山西省南部翼城和曲沃两县交界地带。1962 年发现，1979 年以后北京大学考古学系同山西省考古研究所对该遗址进行了十余次大规模的考古发掘，1996 年国务院公布为全国重点文物保护单位。揭露面积近 2 万平方米。该遗址以周代晋国遗存为主，规模大，内涵极其丰富。遗迹有窖穴、陶窑、水井、房屋等，遗物有青铜器、陶器、石器、骨器、蚌器等。发现上自晋国君侯，下至普通庶民等不同阶层且保存完整的墓葬近千座。1992 年发掘的晋侯墓地，从 17 座晋侯与夫人的墓葬和附葬的车马坑、祭祀坑中出土大批随葬的青铜器群，数量多，组合完整，且不乏精美之作。其中晋侯簋、晋侯盉、四足方盒等青铜礼器，工艺之精湛，可与京畿王室重器媲美。由青铜器上的铭文及墓葬的排列顺序判定出八代晋侯的世系，由此解决了聚讼两千年的历史悬案，对研究西周及晋国丧葬制度、社会结构等诸多问题提供了弥足珍贵的材料，由此建立的晋文化编年体系，对整个周代年代学的研究颇具深远意义。（图 406）

图 406　天马—曲村晋国遗址出土青铜器现场

琉璃河遗址青铜器

琉璃河遗址是西周燕国早期都邑遗址。位于北京市房山区琉璃河镇北 1.5 公里的台地上。20 世纪 40 年代即已发现，20 世纪 70 年代后期中国社会科学院考古研究所和北京市文物研究所联合发掘，1988 年国务院公布为全国重点文物保护单位。遗址东西长 3.5 公里、南北宽 1.5 公里，面积 5.25 平方公里。遗址内发现有西周时期的城址、房基，城东南的黄土坡村发现的墓地，有近 200 座大、中、小型墓葬以及陪葬的车马坑。大、中型墓葬中随葬品极其丰富，其中青铜器多有铭文，由此判断是燕国贵族的墓地。城址中还出土有石、陶、铜、玉、骨等多种原料制作的生产工具、生活用具、兵器、装饰品以及卜骨等。这一遗址的发现对判断燕国早期都邑及其社会状况具有重要意义。参见【琉璃河燕国墓地】。

郑韩故城遗址青铜器

位于河南郑州市新郑城外。郑韩故城遗址为东周郑国和韩国的都城遗址。西周末郑国自陕西华县迁都至此。公元前 375 年韩哀侯灭郑，韩国自阳翟（在今河南禹州市）迁都于此。公元前 230 年秦灭韩，城废弃。城本名郑，后为与陕西华县郑国区别，改称新郑。因该地曾为郑、韩两国之都，后世称郑韩故城。1961 年国务院公布为全国重点文物保护单位，1964 年河南省博物馆进行勘查。城依双洎河和黄水河而筑。城分东、西两城，中有隔墙。西城是宫城，东西约长 2400 米，南北最长处约 4300 米，城内中部和北部有密集的夯土基址，是主要宫殿区，附设有贮存物品的窖穴，并有多眼水井。东城是郭城。北墙长约 1800 米，东墙长约 5100 米，南墙长约 2900 米，西墙即隔墙。城内有许多手工业作坊遗址，如小吴楼村北的东周铸铜作坊、张龙庄南的东周制骨作坊、仓城村南的战国制铁作坊等。在白庙范村北曾发现一坑韩国铜兵器，有戈、矛、剑等 170 多件，铭文表明这些兵器由"大官"和"郑命（令）"两个系统的官府所督造。1923 年曾在李家楼一带的墓葬中被盗掘出一批春秋中期偏晚的青铜器，习称新郑彝器。近年来发现数十座青铜礼乐器坑和殉马坑，出土青铜器数量多，组合完整，工艺精美。参见【新郑彝器】、【新郑铜兵器坑】。

新郑祭祀遗址青铜器

新郑祭祀遗址为东周郑国社稷祭祀遗址。位于河南省新郑市郑韩故城东城西南面。1993—1997 年多次发掘。总面积 2 万平方米。1996 年清理了春秋时期郑国青铜礼乐器坑 17 座、殉马坑 44 座、战国烘范窑 3 座，以及商周至汉灰坑、水井、墓葬、灶坑等大批遗迹。出土了 348 件郑国公室青铜礼乐器，大多保存完好，组合完整，工艺精湛，其中编钟、编

图 407 新郑祭祀遗址出土的郑国九鼎及各种礼器

镈共 138 件，多经调音，为实用乐器；还发现有数套钟架，虽已腐朽，但对于钟架的基本形制等的研究具有重要的作用。郑国是东周时期才兴起的国家之一，在当时社会大变革的形式下，"郑卫之音"久负盛名，但高度发展又独具特色的"郑声"随着时间流逝而湮灭无闻。这次发现的编钟、编钟架等实物，为研究郑国音乐、音律结构以及编钟的悬挂方式、演奏方法等提供了依据。

它对我国春秋时期的礼乐制度、古乐器学、考古音乐学、乐律史、音乐史和科技技术史的研究都具有重要的价值。该发现为1997年"全国十大考古新发现"之一。（图407）

侯马晋国遗址青铜器

侯马晋国遗址为东周晋国晚期都城遗址。位于山西省侯马市西北部汾河、浍河交汇地带。1955年发现，多年来持续进行勘探、发掘，1961年国务院公布为全国重点文物保护单位。先后发现牛村、平望、台神、白店、呈王、马庄、北坞7座古城，面积约35平方公里。牛村古城南部分布多座铸铜、制石、制骨、制陶等作坊遗址。其中两处铸铜遗址面积各约2万平方米，发掘房址70多座、冶铜作坊1处、井窖1500余个，出土陶范5万余块和大量陶器、熔炉、通风管、铅锭等。陶范上纹饰有25种，蟠螭纹最常见。发现盟誓和祭祀遗址8处，以及4处规模较大的墓地。该遗址是晋国晚期都城新田所在地，为研究晋国晚期经济、政治、文化等提供了珍贵的实物资料。

燕下都遗址青铜器

燕下都遗址是战国中晚期燕国下都武阳城遗址。位于河北省保定市易县县城东南2.5公里处。1930年马衡主持对燕下都老姆台等遗址进行了发掘，1961年河北省文物工作队对遗址进行了全面的勘察发掘，揭示了燕下都遗址的原貌。1961年国务院公布为全国重点文物保护单位。城址平面略呈长方形，东西长约8公里，南北宽约4公里。分为东、西两部分，东城是主体，西城是军事性的附郭。东城偏北部有一道东西向隔墙，隔墙南北及北城墙外为宫殿区，现存主要有武阳台、望景台、张公台、老姆台等夯土建筑基址。东城内有居民区及冶铁、铸钱、兵器、制陶、骨器等手工作坊遗址。出土遗物种类丰富，有青铜器、陶器、瓦当、铁器等。其中青铜器主要是兵器，有剑、戈、矛、镞等，礼器较少。1973年燕下都第23号遗址出土铜戈108件，其中铭

图408 燕下都遗址出土的青铜铺首

文清晰的有郾王职戈30件、郾王戎人戈35件、郾王喜戈9件等，总计93件。宫殿区出土有高达74.5厘米的青铜铺首，可以想见当年宫殿的宏伟。燕下都为燕昭王时所建，是燕国南部的政治、经济中心和军事重镇，延续时间很长，直到秦国将燕国灭亡，才被破坏和废弃。燕下都遗址出土的丰富遗存，是研究燕国政治、经济、军事和文化的实物资料。（图408）

罗家坝遗址青铜器

罗家坝遗址属于巴人文化遗存，距今3000—4700年。位于四川省宣汉县普光镇进化村罗

家坝，渠江支流后河左岸一级台地上。总面积 50 万平方米。20 世纪 70 年代，当地村民挖泥时发现。1999 年 9—11 月，四川省考古队第一次发掘，共出土青铜器、陶器、玉器、石器等 2000 多件，2001 年国务院公布为全国重点文物保护单位。2003 年第二次考古发掘，共清理墓葬 33 座、灰坑 31 个，其中 29 座墓均有随葬品，出土青铜器、铁器、陶器、骨器、玉石器等随葬品约 600 件。青铜器以兵器为主，以剑、矛、钺、箭镞、环首刀最为多见；青铜容器以鍪、釜、釜甑为主，还有敦、壶、盆、印章。其中一座墓随葬品大约有 180 件，青铜器占 100 余件，另有陶器、骨牙器、玉石器等。青铜器有礼器、兵器、生活用具、生产工具四大类。礼器有鼎、缶、簠、簋、敦、罍、带盖豆等；兵器以戈为大宗，有 21 件，另有钺、剑、矛、斤、箭镞等；生活用具有釜、鍪、盒、勺等；生产工具有凿、削刀、锯等类；另有青铜饰件 5 件。经专家鉴定，为从新石器时代至秦汉的文物，年代久远，文化积淀深厚，为巴人发祥地遗址，文化面貌具有典型的地方特色，对于研究古代巴文化及其与中原文化、楚文化、秦文化、蜀文化的融合进程具有极其重要的意义。

云阳李家坝遗址青铜器

云阳李家坝遗址属于巴蜀文化遗存。位于重庆市云阳县高阳镇青树村。1987 年发现，1993 年开始发掘，2003 年三峡工程蓄水前结束发掘。清理大量商周至明灰坑、战国墓、房址、唐宋明清水田，共出土了上万件具有研究价值的文物，主要是青铜器和陶器。青铜器有剑、矛、钺、箭镞、刀、削、斧以及鍪、壶、鼎、敦等，以兵器为主，基本组合是剑、矛、钺（斧），少数为剑、矛、钺、戈，其中龙蛇纹矛、云雷纹矛、浅浮雕虎纹矛、"上下胡式"蜀式戈、柳叶形青铜剑等，均为巴文化精品，显示出高超的青铜冶铸和精加工水平，具有重要学术价值。随葬器物文化面貌丰富多彩，显示出多种文化交流融合的独特文化特征和时代特征，为研究巴文化的发展、繁荣和融合、消失提供了新的极具价值的资料。该遗址内涵丰富，时段长、规模大且保存完好，是巴文化研究领域的又一重要考古发现，对研究和揭示巴文化的历史面目，探索巴蜀文化与楚文化的联系和差异等问题具有重要意义。该发现为 1998 年"全国十大考古新发现"之一。

郑州商代窖藏

商代早期青铜器窖藏。20 世纪 70 年代到 90 年代末，在河南郑州商城西墙北段外侧的张寨南街、西墙南段外侧的南顺城街、东南城角外侧的向阳回族食品厂先后发现三座商代青铜器窖藏坑，属二里岗上层晚期。坑内埋藏大批青铜器，放置井然有序，种类繁多，包括大方鼎、大圆鼎、扁足鼎、尊、罍、斝、鬲、提梁卣、簋、瓿、爵、盂、盘等容器，以及钺、戈等青铜兵器。青铜礼器体型巨大，造型精致，器类齐全，均属商王室专用的礼仪重器。这批青铜器表现了中国青铜时代早期的青铜工艺已发展到一个全新的阶段，青铜礼器占据了主导地位，各种饕餮纹已成为青铜纹饰中的核心主题，无论简单的还是复杂的，都呈现出一种别致变形兽面纹的风采，并以圈带纹、云雷纹、弦纹作为陪衬装饰，有些甚至还出现了较强的立体感。纹饰左右对称，上下协调，显得庄严威武，凶恶而神秘，既写实又抽象，达到很高的艺术境界。从三个窖藏坑位置相近、时代相同、器类相互补缺、各坑基本无重复器形的特点判断，其青铜器的组合，应是商王朝在宗庙进行祭祀活动时使用的祭器，青铜器的主人是商王，这些青铜器应来源于商王朝都城内的宗庙，由此也反映了商王朝的祭祀礼制。方鼎应是祭祀活动中必需的礼器，窖藏坑都有成对出土，南顺城街窖藏坑甚至埋藏了4件大方鼎，大小依次递减，具有列鼎性质。祭祀所用青铜器不仅工艺十分讲究，有食器，还有酒器、水器和兵器，尤其是酒器数量最多，也反映了酒在商代祭祀及社会生活中的重要地位。

郑州张寨南街窖藏

商代早期青铜器窖藏。位于河南郑州商城西城墙外约160米的杜岭土岗的南段。1974年9月挖防空洞时发现。窖深6米，出土方鼎2件，即杜岭方鼎；鬲1件，均属商王朝王室重器。最大方鼎高100厘米，重86.4千克，是商代前期最大的一件青铜重器；另一方鼎高87厘米，重64.25千克。两鼎的腹壁和四足外侧均饰饕餮纹和乳钉纹，造型大方，制作精致，采用多范分铸法，反映当时已熟练掌握了冶炼铜液、精工制范和浇注等铸造技术。（图409）

郑州向阳回族食品厂窖藏

商代早期青铜器窖藏。位于河南郑州商城东南城角外侧50余米的护城河东的台地上。1982年7月向阳回族食品厂在扩建厂房挖地基时发现。窖深约5米。出土青铜器13件，其中有方鼎2件，圆鼎1件，扁足圆鼎、瓿、牛首尊各2件，羊首罍、提梁卣、中柱盂、盘各1件，均属商王朝王室重器。器表多饰有饕餮纹。方鼎的形制、大小、装饰等均与杜岭方鼎相同。圆鼎、提梁卣等在郑州商代遗址中首次发现，且通身满饰精美的纹饰，在商代青铜装饰艺术上是一大突破，为商代晚期繁缛的青铜器纹饰首开先河。

郑州南顺成街窖藏

商代青铜器窖藏。位于郑州市西大街以南，南顺成街以西。1996年2月施工时发现。窖深约5米。出土青铜器12件，有方鼎4件，爵、斝、戈各2件，簋、钺各1件。器形和纹饰与郑州另两处窖藏青铜器相同，属商王朝王室重器。（图410）

图409 郑州张寨南街窖藏出土的杜岭方鼎

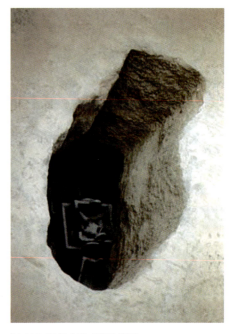

图410 郑州南顺成街窖藏坑

陕西绥德窖藏

商代青铜器窖藏。位于陕西省绥德县城东 30 公里处的墕头村对面山坡。1965 年村民平整土地时发现。窖藏坑长 2 米，宽 1 米；窖底距地表深 1 米多。窖内藏有青铜器 22 件，有鼎、瓿、壶、爵、簋、勺、觚、凿、锛、刀、匕、戈、钺、镞等。其中钺、鼎、爵、觚、簋、戈等器形均与安阳殷墟、中原各地以至安徽阜南、湖南宁乡等地的同类器相同，纹饰和铭文也与中原器有诸多相似。但兽柄刀等是富有地方特色的青铜工具，反映出北方游牧民族的文化特色。此窖藏是陕北地区商代青铜器发现数量最多的，且造型精致、纹饰优美，具有中原地区和我国北方游牧民族文化的风格，同时也反映出这一地区当时青铜文化的发展水平，具有较为重要的研究价值。

三星堆祭祀坑

商代中晚期西南蜀国祭祀坑。位于四川省广汉市南兴镇真武村和三星村。1986 年 7 月 18 日和 8 月 14 日先后在三星堆遗址南面发现两个商代祭祀坑，出土了金器、青铜器、玉器、石璧、陶器、象牙等共 1700 余件文物。一号祭祀坑长 4.5～4.64 米，宽 3～3.48 米，深 1.46～1.64 米，出土青铜器 178 件，有人头像、人面像、人面具、跪坐人像、龙形饰、龙柱形器、虎形器、戈、龙虎尊、羊尊、瓿、器盖、盘等。二号祭祀坑长 5.3 米，宽 2.2 米，深 1.4～1.68 米，出土青铜器 735 件，有大型青铜立人像、跪坐人像、人头像、人面具、兽面具、兽面、神坛、神树、太阳形器、眼形器、眼泡、铜铃、铜挂饰、铜戈、铜戚形方孔璧、鸟、蛇、鸡、怪兽、水牛头、鹿、鲶鱼以及尊等器物种类。据 C14 测定，两祭祀坑的填埋时间不同，一号坑早于二号坑 100 年左右。三星堆青铜器的出土是中国考古史上的重大发现，也是中国考古学、青铜器学最重要的研究领域之一。两坑中的文物是商代蜀国早期两次埋藏下的重器，除青铜容器具有中原殷商文化和长江中游地区的青铜文化风格外，其余的器物种类和造型都具有极为强烈的本地特征。这些青铜器的出土首次向世人展示商代中晚期蜀国青铜文明丰富多彩的文化面貌，对研究商代的蜀国文化有重要意义。（图 411）

图 411　三星堆祭祀坑出土现场

城固窖藏

商代晚期方国青铜器窖藏，年代大约相当于商代武丁前后。位于陕西省城固县湑水河两岸。1955—1976

图 412　城固窖藏出土的透雕龙纹钺

年先后发现 12 处，出土青铜器共 400 多件。1976 年发现的苏村窖藏出土青铜器数量最多。窖藏坑直径约 1.3 米，出土有礼器鼎、簋、方罍、尊、瓿、罐等 20 多件，兵器有戈、矛、钺、斧、镞等，以戈的数量最多，还有人面具、兽面具和各式铜泡。城固窖藏的青铜礼器和殷墟同类器相同，但双龙纹戈、虎纹钺以及人面具、兽面具又表现出强烈的地方特色，对研究商代方国文化有重要意义。（图 412）

陕西周原窖藏

西周末年青铜器窖藏。位于陕西省岐山县东北乡和扶风县北部的周原遗址。近 80 年以来，特别是新中国成立后，在此不断发现有西周末年平王东迁、贵族逃亡时埋藏的青铜器窖藏。据不完全统计，历年发现的青铜器窖藏已近 30 处，往往分布在大型建筑遗址的附近，坑内所藏青铜器多是大小套合，层层叠压，放置混乱，表明埋藏于仓促之时。具有代表性的有任家村窖藏、岐山董家村窖藏、扶风庄白窖藏等。出土青铜器达千件，其中近百件有三五十字至一二百字的铭文，制作年代多为西周中晚期。这些窖藏的发现为研究西周历史等多方面提供了极为丰富的珍贵资料。

任家村窖藏

西周青铜器窖藏。位于陕西省扶风县任家村。1890 年出土厉王时期的克组青铜器和仲义父组青铜器等 120 余件。其中克组青铜器的铭文均较长，除著名的克鼎外，见于著录的还有克钟 5 件，其中 2 件合为全铭，共 81 字；另有克镈和克盨各 1 件，铭文分别为 79 字和 107 字。仲义父组现存鼎 5 件，盨和罐各 2 件，铭文都较简单。1940 年再次发现厉王时期青铜器 100 余件，其中著名的梁其组青铜器有钟 6 件、鼎 3 件、簋 5 件、盨和壶各 2 件。另有吉父所作鬲、簋、簠等。传 1942 年任家村所出的禹鼎，有铭文 205 字，记述周王命禹率兵平定南淮夷和东夷反叛事，对研究西周后期的政治形态尤为重要。据实地调查考证，此器应出自 1940 年发现的青铜器窖藏之中。（图 413）

图 413 任家村窖藏出土的禹鼎

上康村窖藏

西周青铜器窖藏。位于陕西省扶风法门寺附近的上康村。1933 年发现厉王前后的函皇父组青铜器和白鲜组青铜器等共 100 余件。其中函皇父组的 1 件鼎、3 件簋和 1 件盘，铭文均为 30 余字，内容为记载该组青铜器的组合情况。目前所知这组青铜器还有鼎 1 件和匜 1 件。白鲜组包括鼎、甗和盨，铭文有十余字。

齐家村窖藏

西周青铜器窖藏。位于陕西省扶风县齐家村。1960年发现西周晚期青铜器39件，其中柞钟7件和几父壶2件，均有铭文40余字，内容都涉及赏赐之事。另有中友父所作簋和盘、匜等器，各有铭文十余字。

强家村窖藏

西周青铜器窖藏。位于陕西省扶风县强家村。1974年出土西周中期青铜器7件，其中一件可能作于共王八年的鼎高80多厘米，有铭文197字，是周原出土青铜器中最大的一件，反映了西周中期青铜器发展的新趋势，其铭文多处谈到"德"。同出的还有年代与之相近的师丞钟、即簋和恒簋盖等有铭文的青铜器。

董家村窖藏

西周青铜器窖藏。位于陕西省岐山县董家村西150米处。1975年2月发现，共出土37件青铜器，计鼎13件、簋14件、壶2件、鬲2件、盘1件、盉1件、匜1件、豆2件等，其中30件青铜器有铭文，16件青铜器铭文长达一二百字，制作时代由穆王至宣王时。其中裘卫器组有鼎2件、盉1件、簋1件，4器均有长篇铭文。除簋铭仅记裘卫受到周王的册命赏赐外，其他3器铭文所记均涉及西周时期的

图414 董家村窖藏出土的三年卫盉

土地交换：五祀卫鼎记载共王五年邦君厉因执共王之命，于昭大室东北营治二川，以五田换取营二川需用之裘卫田，经过诸执政官的审定，乃以四田交换，遂命三有司勘察，划定地界；三年卫盉记载以玉礼器、裘皮等分别换取十田和三田；九年卫鼎记载裘卫以车同矩伯交换远郊土地的事，在金文中实属首见。其他器上的铭文内容也都具有重要的研究价值。（图414）

庄白村窖藏

西周青铜器窖藏。位于陕西省扶风县庄白村。1976年12月发现，共出土103件青铜器，有铭文器共74件，少者1字，多者284字，其中可以确知属微氏家族的青铜器有55件，是微氏家族四代所铸的青铜器。其中最著名的共王时的史墙盘，有铭文284字，记述了文、武、成、康、昭、穆各代王的功业和史墙家史，不仅印证了史籍的记载，还补充了一些文献失载的西周史料，具有重要的史料价值，且遣词典雅，书体工整，多用韵句，堪称佳作。该窖藏青铜器，器形种类多，纹饰丰富，且多有新意，如所出一个小鼎，鼎腹镂空花纹，还开有一个长方形孔洞，中可置炭火，是一种温食物之器，为以往所出青铜器中所少见。该窖藏是新中国成立以来发现西周青铜器最

多、学术价值最高的一批，不仅为西周青铜器断代提供时代连续的标准器，还为研究西周政治、经济等学科提供了珍贵的史料。

眉县杨家村窖藏

西周青铜器窖藏。位于陕西省眉县常兴镇杨家村。2003年1月9日当地农民取土时发现，陕西省考古部门立即进行发掘。发掘面积300平方米，除青铜器窖藏外，还发掘墓葬16座、车马坑1座、马坑1座。青铜器窖藏为一长方形竖穴连接一个圆形的龛，竖穴长4.7米，东西宽2.5米，穴深2.5米，距地表7米，南部的圆龛底径为1.6×1.8米，高1.1米。竖穴与龛的连接处用夯土密封，27件青铜器放置于龛内，保存尚好。该窖藏标准器多，气势宏伟，

图415 眉县杨家村窖藏坑

纹饰精致。且每器均有铭文，共计4048字，其中盘铭文多达350多字，字数超过著名的史墙盘，是盘铭中最长的一件，也是新中国成立以来出土青铜器铭文最长的一件。根据铭文可知这批窖藏青铜器为西周著名的单氏家族所有。一个家族所有的27件青铜器同时出土于同一窖藏，且每件均有铭文，在中国为首次发现。更具意义的是青铜器铭文记载了周王十一代十二位王以及单氏家族8代与每位周王的对应关系，更是绝无仅有的，对确定西周积年总数及西周青铜器断代研究和夏商周断代工程都具有极其重大的意义。同时，铭文为认识单氏家族史以及研究周王朝与西北少数民族的关系等重大课题均提供了重要史料。该发现为2003年"全国十大考古新发现"之一。（图415）

长安窖藏

西周末年青铜器窖藏。位于陕西省西安市长安区丰镐遗址内。1961年以来发现多处，共出土青铜器近百件。1961年在马家坡村东窖藏内出土青铜器53件，其中有铭青铜器32件；1967年在马王村窖藏内出土青铜器6件，属西周晚期器，有鼎、壶、罍等，其中一件鼎是许国国君嫁女的媵器；1973年马王村窖藏内出土青铜器25件，多为西周中期器，有鼎、甗、簋、壶、盘、匜和直甬编钟，其中10件有铭文。新旺村附近曾3次发现青铜器窖藏：1967年出土盂、匜各1件，盂有铭文49字；1973年出土鼎、盂各一件，均无铭文；1982年出大小鼎各一件，有简单铭文。这些青铜器对丰镐历史的研究，具有重要意义。

新郑铜兵器坑

战国青铜兵器窖藏。位于河南省郑州市新郑市郑韩故城东城东南部的白庙范村北。1971年11月发现。计出土有戈、矛、剑等兵器180件，有的至今仍亮光闪闪，非常锋利，说明韩国冶铸技术的先进。其中170余件兵器上带有铭文，铭文字数少则1字，多者33字，涉及地名、官职和纪年等。据铭文可知韩国的冶铸管理机构及官职，有府、令、司寇、库、工师、冶、冶尹等，说明韩国强化和健全了手工业管理机构。兵器的时代为公元前310年至公元前231年的韩襄王至韩王安时期。《战国策·韩策》说："天下之强弓劲弩，皆自韩出。"《史记·索隐》说："天下之宝剑韩为众。"这批兵器的发现，证实了韩国兵器质量跃居列国之首的史实。铭文对于研究韩国的历史、地理、冶铸官署设置、兵器管理制度及铸造工艺都具有重要的意义。

辽宁喀左窖藏

西周初年燕国青铜器窖藏。位于辽宁省喀喇沁左翼蒙古族自治县西南大凌河两岸丘陵地带的山岗上，1941—1979年先后考古发掘6次，发现一批商末周初的窖藏青铜器，均属燕国礼器，有鼎、甗、簋、盂、罍、卣、壶、盘和鸭形尊等。其中1974年山弯子窖藏出土周初青铜器22件，铭文器占15件，从铭文断定是燕侯所作礼器；1979年小波汰沟村窖藏出土商末周初青铜器，是西周初年燕国祭祀山川时埋藏的青铜礼器。这些窖藏青铜器与

图416 辽宁喀左窖藏出土现场

253

北京琉璃河燕国墓地出土青铜器关系密切，两地的青铜器不仅器形相同，均有"匽侯""伯矩"作者铭文，且字体相同。尤其圉簋铭文对于研究燕国历史至关重要，作器者圉曾参加周王在成周举行的典礼，并受到周王的赏赐，表明周初燕国的势力范围已到达辽西地区。（图416）

湖北蕲春窖藏

西周青铜器窖藏。位于湖北省蕲春县城西北28公里处的达城乡柏条铺村新屋塆。1996年农民疏理稻田排水沟时发现。窖藏坑为不规则圆形，直径1~1.4米，残深1.1米。出土器物共7件，均为青铜器，有方鼎5件，圆鼎、铜勺各1件。除圆鼎外均有铭文或徽记，其中方鼎上有"酉"字，与湖北蕲春毛家嘴遗址中采集的铜爵徽记相同。这是首次在鄂东地区发现窖藏青铜器，为研究西周文化面貌提供了珍贵的资料。

湖北阳新窖藏

两周时期青铜器窖藏。位于湖北省阳新县星潭乡郭家垅村。1987年农民发掘田坎时发现。

共出土青铜器 54 件，其中鼎 1 件、斧 53 件，此外还有少量青铜斧残片。这批青铜器均有轻重不同的使用痕迹，有的青铜斧已磨损露出空腔，证实鼎、斧均为实用器。成批的窖藏青铜斧在湖北尚属首次出土，特别是与西周青铜鼎共出，对研究鄂东地区历史以及我国青铜工具的演变，提供了实物资料。

┃江苏丹阳窖藏┃

西周青铜器窖藏。位于江苏省丹阳县城东 4 公里处。1976 年 12 月农民建砖瓦厂取土时发现。窖藏内出土 26 件青铜器，计有鼎 11 件、簋 7 件、盘 3 件、尊 4 件、瓿 1 件。这批青铜器出土于距西周统治中心较远的东南沿海地区，属于地方铸造，器形和纹饰都具有地方特色，且数量较多，对于研究长江下游近海地区的青铜文化面貌具有重要价值。

┃宁乡青铜器群┃

商代晚期方国青铜器群。20 世纪 30 年代以来湖南省各地不断发现商代青铜器，多出于窖藏之中，应是祭祀山川的礼器。以宁乡县出土数量最多、最重要，故得名。著名的四羊方尊据传于 1938 年在宁乡发现。1959 年宁乡一处窖藏中发现 5 件大铜铙，高约 70 厘米，饰象纹、虎纹和兽面纹。宁乡青铜器的器形、纹饰大多与殷墟出土的相同，只有大型青铜铙在殷墟未曾见过，属于南方青铜时代文化的典型器。（图 417）

图 417 宁乡出土的青铜铙

┃浑源彝器┃

春秋末期青铜器群。位于山西省浑源县西南的李峪村。1923 年 2 月被盗掘出土。实际出土器类和数量不详，大部分已流失国外。国内多藏于上海博物馆。法国巴黎吉美博物馆也有收藏。出土青铜器以容器为主，有鼎、敦、甗、盘、簋、匜、豆、牺尊、盉、壶等。此外有戈、匕、剑、车马具、带钩等。青铜器均无铭文，但工艺精巧别致，造型和花纹具有独特的风格。其中牺尊最为著名，是目前所见春秋时代唯一的温酒牺尊。浑源彝器与 1952 年河北唐山贾各庄东周墓

图 418 浑源出土的牺尊

出土的春秋晚期燕国青铜器颇多相似，反映了春秋晚期北方燕代地区青铜手工业的高超水平和地方特征。（图418）

图419 小南张出土的青铜斝

小南张商代青铜器群

出土于河南省西北部武陟县小南张。1968年8月村民发现。这批青铜器共23件，有工具、食器、酒器、兵器和乐器等。食器有方鼎1件、甗1件、簋1件，酒器有斝1件、爵3件、觚2件，乐器有铙3件，兵器有戈3件、镞7件、削1件。其中鼎、斝、爵有"徙"字铭文。这批青铜器中的酒器造型和1957年河南安阳高楼庄殷代墓葬中出土的同类器相同。其中青铜斝腹壁三组直立展翅的鸮纹，构图奇特，为商代青铜器花纹中所罕见。（图419）

黄州下窑嘴商墓青铜器

黄州下窑嘴是商代早期墓葬。位于湖北省团风县王家坊乡蓼叶村下窑嘴。1992年5月发现。墓葬为长方形竖穴土坑，出土器物共22件，有青铜器、陶器、原始瓷器、石器。其中青铜器16件，有斝、爵、鬲、觚、瓿、戈、镢、斧、凿、刀各1件，镞6件。青铜器纹饰以饕餮纹、目雷纹、夔龙纹为主，与中原地区和湖北黄陂等地出土的商代青铜器有许多共性。该墓随葬有成套的青铜礼器，还有兵器和生产工具等，说明墓主人身份尊贵。该墓的发现为长江中游商文化研究提供了重要资料。

255

殷墟西北岗王陵大墓青铜器

殷墟西北岗王陵大墓是商代晚期王陵区。位于河南省洹河以北，陵区包括侯家庄、前小营和武官村一带的大片区域。从1934年秋至1935年底进行3次考古发掘，发掘面积共约1.7万余平方米，发现11座大墓和附近的1200多座祭祀坑。1949年以后又进行3次发掘，在武官村一带发掘1座大墓和210多座祭祀坑；另外还钻探出1座大墓，据传著名的后母戊鼎即出于此。王陵区可分为东西两区：西区是大墓区；东区以祭祀坑为主，还有几座大墓，以武官村大墓为代表。所有大墓都被多次盗掘，但仍保留一些制作精良、工艺水平极高的器物。在残余的随葬品中有青铜、玉、石、骨、角、牙、蚌、白陶、黄金的残器和碎片。其中青铜车马器、兵器、工具等发现较多，青铜礼器发现不多，著名的有牛方鼎和鹿方鼎，堪称王室重器。王陵区的发现对商代考古和商史研究具有极其重要的意义。

武官村大墓青铜器

武官村大墓是商代晚期的王陵。位于河南省安阳殷墟武官村北。1950年发掘。该墓是一座"中"字形墓葬，南北长14米，东西宽12米。南墓道长15.6米，宽5.7～6.3米；北墓道长15米，宽 5.2 米左右。有殉人坑、殉马坑。几经盗掘，仍残留有青铜器、玉器、石器等器物。青铜器有鼎、簋、斝、爵、方彝、觚、卣、罍、锛、刀、削、戈、镞、弓形器和车马饰，其中很多是前所未见或是少见的重器。最具有代表性的如 1939 年出土的后母戊鼎，是迄今世界上出土的最大、最重的青铜器，在中国文明史和世界青铜史上占有重要地位。该墓是西北岗王陵东区大墓及祭祀坑的典型代表，反映出商代贵族的显赫地位，对研究商代王室贵族的丧葬制度有重要意义。

妇好墓青铜器

妇好墓是商代第二十三任君主武丁配偶妇好的墓葬。位于河南省安阳市小屯村西北约 100 米处。1976 年春由中国社会科学院考古研究所发掘。墓呈长方形竖穴坑，南北长 5.6 米，东西宽 4 米，深 8 米。墓内共出土青铜器、玉石器、骨器、象牙器、陶器、蚌器等各类随葬品 1928 件，还有贝 6800 余枚和海螺 2 件。椁内放置大量的青铜器，棺内侧主要放置玉器和贝类饰物。青铜器共有 468 件，其中礼器 210 件，其次为武器、杂器、工具、乐器，其中有 190 件礼器上铸有"妇好""妇""司母辛"等 9 种铭文。礼器的器类齐全，有炊具、食器、酒器、水器等，有些两两成对，有些数件成套。其中很多是前所未见或是少见的重器，如妇好三联甗由长方形六足甗架和三件大甑组成，在甗架和甑内壁及耳下分别铸有"妇好"铭文；妇好偶方彝上部形似宫殿屋顶，器底铸有妇好铭文；一对妇好鸮尊和一对司母辛兽觥也是罕见的稀世珍品。此外墓中还出土铜镜 4 面，镜面平薄背部有桥形钮，饰叶脉纹或弦纹兼密布的竖直短道。墓是已发掘的商王室墓葬中保存最完整的一座，随葬器物的品种、数量和带铭青铜器之多，也是殷墟考古的空前发现。且是唯一能用文献记载推定墓主人身份的商代王室墓葬，对于研究商代历史，尤其是武丁至祖庚、祖甲时期的社会经济、手工业、方国关系、文化艺术、礼制以及青铜器断代和殷墟布局等课题都具有非常重大的价值。（图 420）

图 420　妇好墓出土的三联甗

殷墟郭家庄 160 号墓青铜器

殷墟郭家庄 160 号墓是商晚期高级武将墓，属殷墟文化第三期。位于河南省安阳市西郊洹河畔郭家庄墓地北部。1990 年 10 月 14—23 日，中国社会科学院考古研究所安阳工作队发掘。该墓未经盗掘。出土青铜、陶、玉、石、骨、牙、竹、漆等各种器物共 353 件。其中，

图 421　殷墟郭家庄 160 号墓出土青铜器现场

青铜器 291 件，38 件铸有铭文。青铜器有礼器、乐器、工具、兵器、杂器等，种类齐全。以兵器为主，有钺、刀、戈、矛等，计 200 多件；镞 9 堆，计 906 枚；礼器 41 件，器类有鼎、甗、簋、尊、罍、卣、盉、斝、觯、瓿、角、盘、斗、方卣形器等。青铜礼器中方形器较多，方形器和盖提梁四足鼎都是罕见器形。大多数青铜器上的纹饰繁缛华丽，制作非常精致。殷墟 160 号墓的发现，填补了殷墟研究中第三期较大青铜器资料的空白，对研究殷墟礼器的形制、分期、组合等均有重要的意义。160 号墓青铜器的形制复杂，组合、相配别具特色，为了解商代贵族生活与葬俗提供了重要的资料；其青铜器成分的分析，对研究青铜器铸造技术的发展具有重要史料价值。该发现为 1990 年"全国十大考古新发现"之一。（图 421）

殷墟花园庄东地 54 号墓青铜器

该墓是继妇好墓及郭家庄 160 号墓之后发现的第三座保存完好、规模较大的贵族墓葬。位于河南省安阳市殷墟花园村东约 100 米，西北约 500 米是妇好墓。2000 年 12 月 17 日至 2001 年 2 月 16 日，中国社会科学院考古研究所安阳工作队发掘。该墓口小底大，墓口长 5.04 米，南部宽 3.30 米，北部宽 3.23 米；墓底长 6.03 米，南部宽 4.4 米，北部宽 4.15 米；深约 7.30 米。出土随葬品极为丰富，共出土各类遗物 570 余件。有青铜器、玉器、石器、陶器等，其中以青铜器和玉器为大宗。青铜器有容器、乐器、兵器、工具、车马及杂器等 200 余件。在清理过程中发现，兵器如戈、矛、镞大都成束堆放，戈、矛每束约 8 ~ 16 把不等，也有零星散放的。其中用丝织物包裹的卷手刀极富北方特色，为殷墟考古所罕见。还清理出戈、矛的木柄，发现有的木柄上髹有红漆，有的戈、矛的内部绑有丝线，这对于了解戈、矛的装柄方法起到关键性作用。另外，还清理出成束的青铜镞箭杆。该墓还出有一些以前不曾出土的青铜器。比如青铜手形器，呈半握状，造型逼真，手内放置两个骨质锥形器；青铜四棱锥状器，尖细而锋利；还有青铜盾牌等。这些新发现的青铜器，丰富了殷墟青铜器的种类，也为研究殷墟青铜器提供了较为可靠的资料。

河南伊川商墓青铜器

河南伊川商墓是商代晚期墓葬。位于河南省伊川县高山镇坡头寨村。1986 年当地农民取土时发现。墓葬为长方形竖穴土坑。出土文物共 16 件，有青铜器、陶器、玉器等。其中青铜器 12 件，器类有鬲、瓿、爵、凿、戈、镞、鸟头尺形器等。伊川县境内商代遗址有多处，但墓葬发现很少。此墓出土器物较多，具有一定的学术价值。

琉璃阁商墓青铜器

琉璃阁商墓是商代中、晚期墓群。位于河南省辉县琉璃阁附近。1950 年中国科学院考古研究所发掘。共发掘 53 座墓葬，随葬品包括陶、青铜、玉石、骨角、蚌器及海贝金叶等。青铜器有鼎、鬲、斝、瓿、爵、刀、戈、钺、镞等。出土的鸭形小青铜器，造型别致，纹饰精细，极少见。另有一件青铜鼎，器形也不多见。从墓葬规模、葬具、殉人和随葬品等方面考察，这些墓主人在社会地位上有明显的等级区别。该墓是继安阳殷墟之后在中原地区最早发掘的商代墓群，为研究盘庚迁殷前商文化的面貌提供了资料。

刘家河商墓青铜器

刘家河商墓是商代晚期墓葬，年代约在公元前 14 世纪至前 13 世纪。位于北京市平谷区刘家河村。1977 年当地农民在取土时发现，北京文物工作队考古发掘。墓内出土随葬品 40 余件，包括金饰、玉饰、青铜器和铁器。青铜器有小方鼎、饕餮纹鼎、盘、盉各 2 件，弦纹鼎、鬲、甗、爵、斝、卣、罍、瓿、铁刃铜钺各 1 件，还有人面形饰、各式铜泡等。小方鼎、饕餮纹鼎成对随葬，这在商代中晚期墓中很少见。铁刃铜钺是继河北藁城台西遗址出土铁刃铜钺之后又一件发掘品，表明商人对铁的性质已有一定程度的认识，并具备了锻铁技术。墓中出土青铜器的形制、风格近似中原商文化，但金器工艺讲究，迄今未见于中原地区的商代遗址，有较强的地方特色。该墓的发现和出土文物，对于研究商文化的分布以及探索商文化与夏家店下层文化的关系都具有重要意义。

苏埠屯商墓青铜器

苏埠屯商墓是商代晚期墓葬群。位于山东省青州市苏埠屯村。1956—1966 年山东省博物馆发掘 2 座大型墓、2 座中型墓和 1 座车马坑。该墓早年曾被盗掘，室内残留的青铜器有鼎、斝、爵、矛的残片及钺、矛、镞、铃、斧、锛等，还有一些陶器、石器和玉器。多数青铜器的风格与殷墟出土的同类器雷同。出土的两件大型铜钺，钺身饰镂空人面纹，其中一件两面均有"酳亚"铭文。苏埠屯曾出土多件有"酳亚"铭文的青铜器，因此此地可能是"酳亚"族的墓地。该墓地的发掘对研究商代贵族墓葬制度及家族体制具有重要意义。（图 422）

图 422 苏埠屯商墓出土的酳亚钺

定州商墓青铜器

定州商墓是商代方国贵族墓地。位于河北省定州市西北郊的北庄子村北新，20 世纪 90 年代初河北省文物研究所等单位组成的考古队在配合定州新建铁路货场工程中发现，1991 年发掘。共发掘商、汉及以后墓葬 80 座，其中商代墓葬 42 座。商墓大致呈东西两区集中分布，两区相距约 70 米。墓葬皆土坑竖穴式。随葬品以具有明显地方特点的青铜器为最多，共出土 270 余件，器形有鼎、簋、觚、爵、鬲、觥、卣、方壶、方彝、铃、戈、矛、钺、弓形器、斧、锛、凿、刀、管形器等。定州商墓和青铜器的集中出土，是河北商代考古的首次，在全国也是为数不多的重要发现之一。其大致有序的墓葬布局，没有叠压打破的现象。殉人、殉狗的习俗，出土器物的种类、纹饰、造型等方面都与商王朝中心地区有着较大的一致性，应是商文化不可分割的一部分，因此对研究商代后期墓葬、葬俗以及北部边界、势力范围及与方国的关系等都是一批不可多得的资料，为1991年"全国十大考古新发现"之一。

新干商代大墓青铜器

新干商代大墓是商代晚期的方国大墓。位于江西省新干县大洋洲镇程家涝背沙洲。1989年江西省文物考古研究所发掘。墓底距今地表2.15米。出土有青铜器486件、玉器75件、陶器和原始瓷器356件。尤以青铜器令人瞩目，有礼器、兵器、农具、工具和生活杂器等，其中以兵器和生产工具数量较多。礼器主要有圆鼎、方鼎、扁足鼎、鬲、甗、盘、豆、瓿、壶、卣等，以鼎、鬲、甗等食器为主，酒

图423 新干商代大墓出土的成堆青铜镞

器较少，这与中原地区商代青铜器的组合不相同。青铜兵器有钺、刀、矛、戈、勾戟、镞、匕首、宽刃剑等。青铜工具和农具的品类众多，有凿、铲、锛、刻刀、斧、锸、镰、耜、犁等，其中有不少器形前所未见，表明商代的赣江流域已具有相当发达的农业和手工业。器体大者气势恢宏，小者纹饰瑰丽，如卧虎立耳扁足鼎、双面人面形神器、立鸟双尾卧虎等在商代青铜器中仅见。纹饰及附饰上除了有中原地区常见的兽面纹、夔龙纹、雷纹等外，还普遍使用虎的形象以及带状燕尾纹，为该地区商代青铜器上所特有，表现出强烈的地方特色。该墓的发现，证实在商代的鄱阳湖流域活跃着势力强盛的方国。（图423）

石楼青铜器群

商代晚期方国青铜器群。分布范围包括山西省石楼、永和、柳林、保德和陕西省绥德、清涧等地，以石楼发现的青铜器数量最多、最重要而得名。自20世纪50年代中期至今陆续发现。因这些青铜器均为偶然发现，未经正式考古发掘，又因与青铜器共存的常伴有人骨、车马器、玉器等，显示出一定的组合，所以确定是墓葬的随葬品。这批青铜器以桃花庄、二郎坡、后蓝家沟、义牒出土最为重要。桃花庄发现礼器有鼎、甗、簋、觚、爵、卣、觥、壶、瓿、盘、斝等，共15件，其中带角的兽形觥，通体饰精细夔纹，是商代青铜器中极为罕见的精品；义牒出土的青铜器有商代常见的族徽记号，也带有奴隶的图像。此外蛇首铜匕、铃首剑、三銎刀、弓形器等兵器，富于北方草原青铜文化的特征，在殷墟青铜器中尚未见过，由此显示出方国文化的特色。因此这一青铜器群的发现，对于研究商文化的分布、商朝与方国之间的文化融合等问题具有重要意义。

罗山天湖墓地青铜器

罗山天湖墓地是商周时期的墓葬群。位于河南省信阳市罗山县莽张镇天湖行政村后李村东，西北距罗山县城约30公里。1979年4月兴修水利时发现。经过数次发掘，至1991年共发掘商周墓葬72座，其中商代晚期墓葬44座，战国墓葬28座。出土青铜器、玉器、石器、陶器和罕见的木漆器等500余件。从器物的特征看与安阳殷墟相同或相似，延续时间200多年。青铜器是随葬品中最为珍贵、精美的，包括鼎、甗、罍、簋、卣、斝、尊、觯、觚、爵、枓、勺等容器，钺、戈、矛、镞等兵器，斧、刀、铲、削、锛、凿、锥等生产工具，还有一些车马器。大多保存完好，有的甚至很少腐蚀。其中有铭文和族徽的商代青铜器约有80件，大部分的铭文均为"息"。据考证，此墓地是商代息族的家族墓地，对研究息族的历史以及息族与商王室的关系等具有重要意义。

长子口大墓青铜器

长子口大墓是商末周初贵族墓葬。位于河南省鹿邑县太清宫镇。1998年1月完成发掘工作。该墓是一座"中"字形大墓，全长47.75米，最宽处7米，墓底距地表8米，是淮河流域目前已发现的商周墓葬中规模最大的一座。随葬品丰富，有青铜器、玉器、骨器、蚌器、瓷器、陶器，共601件，还有骨镞、贝币、蚌泡等。其中有85件青铜礼乐器，在数量上远远高于现知的商末周初墓葬。有众多显示统治者地位的方形青铜器，种类和数量在商周墓葬中最多。该墓的墓葬形制、埋葬习俗和随葬器等都充分表现出墓主的高贵身份，且地方特征明显。该墓所处的豫东地区，在商周时期是中原华夏文化与东夷、淮夷文化的交汇处，尤其在商末周初，更是中原与东方战争的要冲，这一发现对研究商末帝辛征人方以及周初武王、成王东征等都具有一定意义。（图424）

图424 长子口墓青铜器铭文

滕州前掌大墓地青铜器

滕州前掌大墓地是商周时期东方方国贵族墓地。位于山东省滕州市官桥镇前掌大村。1964年中国科学院考古研究所山东工作队首次对该遗址进行调查，20世纪90年代中期以后又多次调查。1981—1998年先后进行七次发掘。前四次主要集中在北区墓地，发掘面积约3000平方米，清理出龙山文化、商代中期居住遗址、商代晚期灰沟及商代晚期墓葬，清理各类墓葬30座。后三次主要集中在南区墓地，发掘面积亦约3000平方米，清理出商末周初的居住遗址、壕沟、夯土台、灰坑水井、祭祀设施、车马坑、殉牛坑及墓葬70余座。出土的各类随葬品十分丰富。主要包括青铜器、玉器、漆器、木器、陶器、石器、金器、原始瓷器、绿松石、玛瑙、水晶、骨器、蚌器等各类文物近万件。其中青铜器包括礼器、兵器和车马器，青铜礼器近200件，大都工艺精湛，保存完好。近半数以上的青铜礼器上都铸有铭文，一般为1～4字，其中以"史"字最常见。在一件提梁壶内发现铭文多达17字，是目前前掌大发现铭文最多的一件青铜器。有铭文的青铜器主要包括鼎、尊、提梁卣、提梁壶、爵、觚、角等。此外在6件密封非常好的青铜器中发现有酒类液体，较为难得。前掌大墓地的发现和发掘填补了山东地区商周之际方国研究的空白，同时为研究商周时期东方方国的政治、经济、文化、族属等提供了翔实的资料，为1994年"全国十大考古新发现"之一。

▏白草坡西周墓青铜器▕

白草坡西周墓是西周早期贵族墓葬，年代约在康王和昭王时期。位于甘肃省灵台县西屯乡白草坡村。1967年、1972年甘肃省文物工作队两次发掘。清理西周墓9座、车马坑1座。其中最重要的是1号墓和2号墓，1号墓的墓主人是潶伯，2号墓的墓主人是㵚伯。两墓均为长方形土坑竖穴，属于一般的中型墓。2号墓保存完好，随葬器物分层放置在棺椁周围及墓主人身旁，主要有青铜礼器、兵器、车马器和玉器、原始瓷器等。青铜礼器有方鼎、甗、簋、尊、卣、爵、觯、盉等11件，其中10件有铭文，大部分器铭为"㵚伯作宝尊彝"。1号墓随葬有青铜礼器23件，有圆鼎、方鼎、甗、簋、尊、卣、爵、觯、角、斝、盉、枓等。其中12件有铭文，但器铭多不相同。两墓都随葬有大量青铜兵器，有戟、戈、钺、短剑、弓形器以及成束的青铜镞。其中1号墓所出的钺作半环状，铸有猛虎扑食形纹饰。2号墓所出一戟，刺部顶端作人头形，项下有鋬。这两种兵器在中原以及南方都不多见，具有强烈的地域特征。

▏屯溪西周墓青铜器▕

屯溪西周墓是西周中期贵族墓葬。位于安徽省黄山市屯溪区奕棋村附近。1959年、1965年安徽省文物工作队先后发掘3座墓葬，均无墓穴，在平地上用卵石铺砌墓室范围，其上放置随葬品，然后堆筑封土。形制和随葬品的特点，均与中原西周墓葬不同，表现出鲜明的地方特点。随葬品主要为青铜礼器、原始瓷器等。1号墓的随葬品较丰富，青铜礼器有鼎、簋、尊、卣、盘、盂等，除盂和一件三足器外，其他器物都两两成对。器形有的与中原同类器相同，如尊和卣；有的则带有明显的地方特色，如鼎腹较浅，三足为尖锥状而向外撇。簋的器形也很特殊，器矮而有颈，双耳上有镂孔装饰。青铜器的

图425 屯溪出土的青铜卣

纹饰，既有中原式的饕餮纹、夔纹、鸟纹、雷纹、乳钉纹等，也有地方色彩较浓的蟠螭纹、蛙纹等。此外出土的两件青铜五柱形器也是目前所未见的，用途不明。（图425）

北窑墓地青铜器

北窑墓地是西周墓葬群。位于河南省洛阳市东北郊北窑村一带。1954—1973 年进行了多次考古发掘。共发掘古墓葬 348 座、马坑 7 座。墓葬的年代跨越整个西周时期，墓主人多是高级贵族。大多数墓葬曾被盗掘，但仍残留有随葬品，其中青铜器占较大比例，包括礼器、兵器、工具和车马器等。礼器有鼎、簋、鬲、盘、壶、尊、爵等，主要是贵族阶层在祭祀先祖、神灵与宴飨宾客等重大礼仪活动时的用器，制作精美，多铸有铭文，是贵族身份地位的象征；兵器有钺、戈、戟、剑、矛、镞等；工具有斧、锛、铲、锯、刀等，是战车和出行车必备的修理工具；车马器有銮铃、车轴饰、车軎、车辖、马衔、马镳等。墓内随葬车马器的多少代表墓主生前拥有车辆的数量和身份地位。

庞家沟墓地青铜器

庞家沟墓地是西周贵族墓地。位于河南省洛阳市庞家沟墓地。1964 年开始清理。发掘有300 余座西周墓葬和马坑。虽然大多被多次盗掘，但仍出土各类遗物共约 1 万余件。残存的青铜礼器有鼎、鬲、甗、簋、尊、罍、卣、盉、壶、爵、觯、盘、匜等，兵器有戈、矛、剑、戟、镞等，工具有铲、锛、刀、锯、凿，车马器有軎、辖、銮铃、衡饰、轴饰、当卢、衔镳、泡饰、节约等。从青铜器铭文看，涉及的重要人物有太保、毛伯、平伯等，推测这一墓地是西周贵族墓地。

张家坡墓地青铜器

张家坡墓地是丰镐遗址中的西周墓地。位于陕西省西安市长安区蚌河西岸的张家坡村附近。1956年中国科学院考古研究所开始发掘。已发掘的墓葬总数达三四百座，均为中小型的长方形土坑竖穴墓，年代跨越整个西周时期。随葬品主要为陶器，中型墓多随葬有青铜礼器、兵器、工具、车马器和玉装饰品、漆器等。青铜礼器有鼎、甗、簋、尊、卣、觚、爵、觯、壶、盨、

图 426 张家坡墓地出土青铜器现场

盂等，其组合因年代的早晚而有所不同。其中牺尊作神兽形，造型奇特，铸作精工，纹饰缛丽，堪称鸟兽尊中的杰作，也是西周青铜礼器中难得的艺术珍品。该墓地的发掘对于研究西周葬制

以及西周墓葬的分期均有重要意义。（图 426）

白浮西周墓青铜器

白浮西周墓是西周早期燕国贵族墓葬。位于北京市昌平区马池口镇白浮村附近。1975 年北京市文物工作队发掘 3 座，出土随葬品 600 多件。有青铜礼器、兵器、车马器和陶器、玉器、象牙器、甲骨卜辞等。青铜礼器有鼎、簋、壶，其中第 2 号墓出土鼎、簋、壶各 1 件，第 3 号墓出土 2 鼎 2 簋。青铜兵器数量较多，有戈、戟、刀、短剑、匕首、矛、弓形器和盔等。出土戈的数量最多，形式多样，其中尖喙状銎戈和三角形斜刃四穿戈都很少见。青铜短剑也颇具特色，有的剑格与剑身之间有凹缺，有的柄首作马头状或鹰头状，有的匕首柄端带铃，均显示出北方草原文化的影响。该墓地为研究西周燕国的历史、文化及燕国与北方草原民族之间的交流提供了重要的史料。

斗鸡台墓地青铜器

斗鸡台墓地是先周及两周墓地。位于陕西省宝鸡市东 7.5 公里处戴家沟东侧。1933—1935 年北平研究院史学研究会考古组发掘，共清理墓葬 56 座。墓葬均为长方形土坑竖穴。随葬品以陶器最常见，少数墓中有青铜鼎、戈、戟、镞、铜镜、带钩、当卢、甲泡以及玉石蚌骨质的饰品。这是在周人发祥地进行的最早的考古发掘，揭示了周人、秦人物质文化上的特点，对进一步研究周秦文化的渊源关系具有重要意义。

琉璃河燕国墓地青铜器

琉璃河燕国墓地是西周燕国贵族墓地。位于北京市房山区琉璃河镇黄土坡村。1973 年起中国科学院考古研究所和北京市文物工作队等联合发掘。面积约 5 万平方米，墓葬的排列很有规律。已发掘墓葬近 200 座，均为长方形土坑竖穴。随葬品较丰富，包括青铜器、陶器、玉石器、漆器、货贝和宝石器、原始瓷器等。青铜器有方鼎、圆鼎、簋、爵、甗、尊、罍、卣、觯、盉等礼器，戈、戟、矛、镞、匕首等兵器及车马器等。大多铸有铭文，其中铸有"匽侯"铭文的有数十件，记述了匽（燕）侯赏赐货贝、臣妾等。一件铜鼎上记匽侯派作器者前往宗周向太保奉献食物之事，证实了召公奭将其长子封于燕，自己则仍在宗周辅弼王室的史实。克盉、克罍铭文记载了周初周王分封燕国的史实，证明琉璃河遗址就是西周早期燕国的都城。

图 427 琉璃河燕国墓地出土的青铜尊

这一发现为研究燕国的早期历史提供了重要的实物资料，而且为推定燕国都城所在地提供了重要的依据。（图 427）

茹家庄西周墓青铜器

茹家庄西周墓是西周中期弜国国君墓及其夫人井姬墓。位于陕西省宝鸡市茹家庄。1974—1975 年宝鸡市博物馆发掘。1 号墓墓主是弜伯，2 号墓墓主是井姬，年代约在昭、穆之际。均为土坑竖穴墓，有随葬的车马坑。出土青铜礼器、乐器、兵器、工具、车马器和玉石装饰品、陶器、原始瓷器等共 1500 余件。弜伯随葬的青铜礼器有鼎、簋、鬲、甗、尊、卣、爵、觯、罍、盘及鸟形尊等 30 多件，其中 8 件有"弜伯自作用器"之类的铭文，此外还有编钟 3 枚。井姬随葬的青铜礼器有鼎、鬲、甗、簋及羊尊等十余件，多数有"弜伯作井姬用器"的铭文。由此可以确认两墓的主人的身份。兵器有戈和短剑，均出于弜伯墓中。戈的型式有直内无胡、短胡一穿的，也有援锋呈三角形的。该墓地的发现对研究西周时代弜国位置及历史提供了重要证据，并证实当地各民族之间的交流与融合。

曲沃晋侯墓地青铜器

曲沃晋侯墓地是西周晋侯及其夫人墓地。位于山西省曲沃县。1986 年起不断被盗掘，1992 年 4 月 18 日起首次发掘，至 2000 年共进行 5 次发掘，共清理晋侯及其夫人的墓葬 8 组 17 座、附葬墓 4 座、祭祀坑数十座，并探明车马坑 5 座。出土的青铜器、玉器不仅数量多、组合完整，而且制作精美，具有极高的学术价值。特别是青铜礼器的组合，不仅反映了西周宗室制度的共性，也表现出晋国青铜文化的鲜明个性。青铜器铭文对于确认有关晋侯的年代与世系具有积极意义。尤其是晋侯编钟两堵 16 件，钟铭以锐器镌刻，共 355 字，标有纪年、

图 428 曲沃晋侯墓地出土的兔尊

月相和历日，对于揭示西周历法中的"月相"极有价值，也为西周晚期历谱提供了可靠依据。晋侯墓地是目前为止同时期、同规格墓地中保存最完整、排列最清楚而且也是随葬品最丰富的一处。而且这次发掘获知晋侯墓地布局情况，确认墓地所在的天马曲村遗址为西周至东周初期一处晋国都邑，并首次科学发掘出土带铭文的晋侯自作青铜器，将对晋国史、周代历史、中国青铜器等方面的研究产生不可估量的影响。该发现为 1992 年"全国十大考古新发现"之一。（图 428）

辛村卫国墓地青铜器

辛村卫国墓是西周卫国贵族墓地。位于河南省浚县以西 35 公里的辛村。1932—1933 年河

南古迹研究会进行 4 次发掘。墓地东西宽约 500 米，南北长约 300 米，共发掘墓葬 82 座，年代约从康叔受封到卫国灭亡，约公元前 11 世纪到公元前 8 世纪。墓葬均为长方形土坑竖穴，其中大型墓 8 座，中型墓 6 座，小型墓 54 座，另有车马坑 14 座。墓葬大都被盗，遗物较少。共出土青铜器 100 多件，其中青铜礼器 16 件，有甗、鼎、簋、尊、爵、卣等。青铜兵器有戈、戟、矛、镞等，其中有戈 81 件、矛 11 件，特别是 10 余件戟的出土，为研究兵器史增添了新的资料。车马器数量最多，主要有毂饰、衡饰、轴饰、轭、銮、当卢、节约以及马头上的兽面形铜饰等。此外还有大量的陶器、玉石、贝类、骨角、竹木器等。该墓地是卫国贵族墓地，排列有序，且无打破及叠压关系，说明是宗族墓地。有关卫国的历史文献记载很少，这批墓葬的发掘对研究西周时期卫国的历史、葬制、车制以及西周时期戈、戟的演变提供了重要的依据。

平顶山应国墓地青铜器

平顶山应国墓地位于河南省平顶山市西郊的白龟山水库。1986—1997 年发掘。共发掘古墓 300 余座，其中两周应国和楚国贵族墓计有 50 多座，其余大多数是两汉墓葬。两周墓葬大都是长方形竖穴土坑墓，只有少数大型的应国国君墓带有单墓道，呈甲字形。随葬器物主要有青铜器和玉器，还有少量的陶瓷器、金器、锡器、铅器及牙器、骨器、蚌器等。青铜器包括礼器、乐器、兵器、工具、车马器、棺饰等。应国贵族墓年代略早，跨越西周早期至春秋早期 300 多年的时间。墓中随葬的青铜礼乐器有鼎、鬲、簋、壶、盘、尊、爵、方彝、编钟等，很多器物制作精细，造型优美，纹饰华丽，更重要的是大量器物上还铸有铭文。铭文或记载器主名与官职，或叙述事件，或涉及礼仪制度，不仅具有很高的史料价值，而且字体优美，可谓书法珍品。楚国贵族墓略晚于应国墓，年代为春秋中期至战国时期。青铜礼乐器有鼎、敦、尊缶、浴缶、盘、链壶、编钟、编镈等，个别青铜器上有铸铭，铭文内容涉及大射礼、帝王庙号、丧服制度以及邓、申、封等诸侯国，对研究古代礼仪制度与诸侯方国史有重大意义。应国墓地的发掘丰富了应国史的研究资料，证实了《水经·滍水注》所记应国都城的位置，同时排列有序的国君墓葬为这一时期墓葬的断代研究提供了珍贵资料。该发现为 1996 年"全国十大考古新发现"之一。（图 429）

图 429 平顶山应国墓地出土的应侯再簋

仙人台墓地青铜器

仙人台墓地是周代邿国贵族墓地。位于山东济南长清区五峰山镇北黄崖村仙人台。1995 年发掘。共发现墓葬6座，分布有序。墓葬都受到不同程度的破坏，但未遭盗掘扰乱。墓葬皆为长方形土坑竖穴墓椁墓，规模有明显差异。出土文物共计340多件（套），有青铜器、玉石器、陶器、骨角器、海贝等。其中青铜器220多件，包括礼器79件，乐器29件，兵器60多件，车马器36件（套）等。有带铭青铜器7件，铭文最长者为42字，最短者为20字。此外，1件镶嵌宝石的双龙镂孔圆柄短剑极为重要。邿国是周代东方一个附庸小国，文献记载极少见。这一墓地的发现不仅补充了文献记载的不足，更为邿国历史研究提供了珍贵的史料，同时也为商周考古的研究提供了一批珍贵的资料。该发现为1995年"全国十大考古新发现"之一。

┃ 李家楼大墓青铜器 ┃

李家楼大墓是春秋晚期郑国贵族墓地。位于河南省新郑市南街李家楼。1923年当地县绅李锐雇工打井时发现一座春秋大墓，出土一批青铜礼乐器和玉器、贝货等，并开始盗掘。后由当时陆军第十四师师长靳荐青继续挖掘，并赎回被卖的3件鼎。靳荐青得到各种器物91件，碎铜片635件，其中以一对莲鹤方壶最为著名，是东周青铜器推陈出新的代表作。后将这批文物运到当时河南省政府所在地开封第一学生图书馆保存。李家楼青铜礼乐器的发现，自20世纪20年代以来成为考古学断代的标尺，也为确定郑韩故城的所在地提供了力证，又被称为"新郑彝器"。这批文物备受史学界关注，由此奠定了河南省文物事业的基础，有力地推动了河南乃至全国金石学和考古学研究。参见【新郑彝器】。（图430）

图430 李家楼大墓出土的莲鹤方壶

┃ 新郑彝器 ┃

春秋晚期郑国青铜器群。1923年秋在河南省新郑市南街李家楼发现。推测为郑国贵族大墓的随葬品。已知出土青铜器有钟18件、镈4件、鼎22件、鬲9件、簋11件、匜6件以及尊、罍、壶、舟、洗、盘、炉和兵器、车器、马饰等，共百余件。在这批青铜器中有大牢九鼎、七鼎各一套，青铜簋中有8件自成一组，与礼节所记九鼎配八簋的制度相符。由此可见，该墓墓主当是郑国有地位的贵族。出土的王子婴次炉铭文为"王子婴次之炊炉"，该炉的器形、花纹、字体具有明显的楚器特征，与同墓的其他器物有较大不同。研究成果证实，该炉当为楚国令尹子重所作，是公元前575年鄢陵之战楚师兵败后遗于郑地的，从而证明新郑彝器的年代当在公元前575年鄢陵之役以后。新郑彝器造型新颖，花纹精巧别致，已突破自商周以来的凝重奇诡的传统，完全采用新的技法。尤其是莲鹤方壶的圈足下雕两只伏虎，盖上骈列层层莲瓣，正中立一展翅欲飞之鹤，在艺术上可以称为东周青铜器推陈出新的代表作。大部分青铜器现藏河南博物院。参见【李家楼大墓】。

光山黄君孟夫妇墓青铜器

光山黄君孟夫妇墓是春秋时期黄国国君夫妇合葬墓。位于河南省光山县上官岗。1983年取土时发现。该墓是一座墓制颇有特点的夫妇合葬墓，出土物丰富精美，计有青铜器、玉器、石器、竹器、漆木器及麻、丝织品，共242件（组）。其中青铜器有"黄君孟"青铜器14件，包括鼎、豆、壶、罐各2件，盘、匜各1件，戈1件，镞2件，削刀1件。礼器和戈上均铸有铭文，内容基本相同。黄君孟夫人"孟姬"青铜器22件，有礼器14件，包括鼎、豆、壶、盉、鬲、罐各2件，盘、匜各1件；生活器具7件，包括小罐、大盒、小盒各1件，刀2件，刮削器、锥各1件。另有方形器座1件。其中13件礼器及小罐、方座上均有铭文，内容略同。黄，周初封国，春秋时期诸侯国之一，

图431 光山黄君孟夫妇墓出土的黄夫人盉

嬴姓。该墓出土的这批青铜器制作精美，保存完好，通体光亮，基本无锈。一些器物形制特别，较为罕见，带有明显的春秋中期特征，弥补了该地区春秋青铜器发现的缺环，为黄国及江淮地区春秋青铜器的断代提供了可靠的依据。此墓年代明确，为研究春秋早期江淮地区小国君主的丧葬制度、服饰和工艺水平提供了珍贵资料。（图431）

固始侯古堆大墓青铜器

固始侯古堆大墓是东周墓葬。位于河南省固始县城东南2公里处。1978年发掘宋景公妹勾吴夫人墓葬和陪葬坑，出土大批文物，有青铜器、玉器、木漆器、陶瓷器等。其中青铜器有礼器、乐器、车马器、生活用具等。礼器有鼎9件、簠4件，方豆、铺、勺各2件，盉、罍、三足带盖壶、匜、炉、盒各1件；乐器有编镈8件、编钟9件、钟槌3件，编钟均有铭文。车马器有车軎、车辖、管形饰、管形插饰、工字形管状饰、单环形及双环形插饰、铜泡、马衔、节约等。青铜器品种多样，制作精致，纹饰精美，堪称东周青铜器的精品，其中陪葬坑出土簠的铭文为确认该墓的年代及墓主人的身份提供了重要线索，其他青铜器上的铭文为研究诸侯国的文化面貌及其关系提供了重要资料；成组的青铜礼乐器完善了东周青铜器分国、断代的标尺，成套的乐器为研究古代乐器和音乐史提供了重要资料。

三门峡虢国墓地青铜器

三门峡虢国墓地是西周晚期至春秋早期虢国贵族墓地。位于河南省三门峡市上村岭。虢国墓地先后进行过两次大规模的发掘

图432 三门峡虢国墓地出土青铜器现场

工作。1956—1957 年，中国科学院、文化部组成的黄河水库考古工作队联合进行第一次发掘，共发掘 234 座墓葬、3 座车马坑、1 座马坑。出土有陶、青铜等质地的工具、武器、车马器、生活用具、礼器、乐器、装饰品等一万四千余件，其中有 38 座墓葬出土青铜器皿，共计 181 件，其中 14 件为有铭青铜器。这次发掘确认了虢国墓地的所处位置，并为两周之际的考古研究工作提供了一批考古资料，树立了一个断代标尺。1990—1999 年，河南省文物考古研究所与三门峡市文物工作队联合进行了第二次大规模的考古发掘，共清理发掘了 18 座墓葬、4 座车马坑、2 座马坑，其中有 6 座墓葬被盗，1 座马坑被破坏殆尽。M2001 墓主为虢季氏，1990 年 5 月底田野清理工作结束，该墓共出土各类遗物 5293 件（颗），其中青铜器计 2487 件，品类齐全；M2012 墓主为虢季夫人，出土青铜器 394 件；M2011 墓主为虢国太子，随葬青铜器 1626 件；M2009 墓主为虢仲氏，1991 年发掘结束，该墓出土各类遗物 3000 余件。这次发掘明确了虢国墓地的准确范围，使我们对西周时期的丧葬制度有了新的认识，为了解西周春秋之际虢国的历史、文化以及周代考古增添了许多珍贵的实物资料。（图 432）

三门峡虢季墓青铜器

三门峡虢季墓是虢国国君虢季的墓葬。位于河南省三门峡市上村岭虢国墓地北区的西部，编号 M2001。1990 年河南省文物考古研究所与三门峡市文物工作队联合进行发掘。该墓共出土各类遗物 5293 件（颗），其中青铜器计 2487 件，依用途可分为礼器、乐器、兵器、工具、车器、马器等。其中，青铜礼器 58 件，可分为实用器和明器两大类。实用器制作精良，纹样讲究，且绝大多数铸有铭文；明器则制作粗糙。其中以虢季列鼎 7 件最为著名。青铜乐器 17 件，其中虢季编钟 8 件，音律十分准确，是目前已知西周编钟中的上品，在历史、考古及音乐史上均具有十分重要的意义。青铜兵器 296 件，另有 1 件玉柄铁剑和 1 件铁援铜戈。青铜器铭文中均有"虢季"字样。虢季墓是目前发现的级别最高的封国国君墓之一，墓中出土的大量文物对研究虢国的历史、文化及西周时期的丧葬制度等均有重要意义。该发现为 1990 年"全国十大考古新发现"之一。

三门峡虢仲墓青铜器

三门峡虢仲墓是虢国国君虢仲的墓葬。位于河南省三门峡市上村岭虢国墓地北区的东部，编号 M2009。1990 年下半年河南省文物研究所和三门峡市文物工作队正式开始发掘。该墓共出土青铜器、玉器、铁器、毛织物等类文物 3000 余件。青铜器中有青铜鼎 29 件，可分实用器和明器两类；7 件簋有铭文，有 6 件是形制、纹饰、大小均相同的列簋；鬲 6 件；青铜编钟 2 套，甬钟和钮钟各 1 套，均为 8 件。大型青铜礼器上大部分铸有虢仲作器字样的铭文。虢仲墓是继编号为 M2001 的虢季墓之后的又一重要发现，其出土器物之丰富，截至目前在全国范围内所发掘的同时期墓葬中是首屈一指的，尤其是多组成套的青铜礼器和大量的玉石器更是无与伦比，对虢国史研究有重大意义。该发现为 1991 年"全国十大考古新发现"之一。

三门峡太子墓青铜器

三门峡太子墓是虢国太子的墓葬。位于河南省三门峡市上村岭虢国墓地北区的西北部，编号 M2011。1991 年 9 月起河南省文物考古研究所与三门峡市文物工作队联合进行清理。该墓共出土青铜器、玉器、玛瑙、石器、骨器、牙器、蚌器、植物种子等类文物 3095件（颗）。其中青铜器 1626 件，有礼器、乐器、兵器、工具、车器、马器、棺饰和其他八类。

图 433　虢国太子龙纹盆

青铜礼器 34 件，有七鼎八簋的礼器组合；乐器只有素面钲 1 件；兵器 83 件，有矛、戈、剑等；工具 2 件，有斧、削两种；车器 32 件，有辖、銮铃、轭首、轭足四种；马器 1103 件，有衔、镳、大铃、节约、络饰、带扣、环等十种。青铜器铭文中有"太子"字样。太子墓随葬器物的组合规格低于虢季墓，但高于梁姬墓，对研究西周的丧葬制度有重要意义。（图 433）

三门峡梁姬墓青铜器

三门峡梁姬墓是虢国国君虢季夫人的墓葬。位于河南省三门峡市上村岭虢国墓地北区的西北部，编号 M2012。1991 年 9 月起河南省文物考古研究所与三门峡市文物工作队联合进行清理。该墓共出土青铜器、玉器、石器、陶器、骨器、蚌器等类文物 1506 件（颗）。其中青铜器共 394 件，依用途可分为礼器、用具、车器、马器四类。青铜礼器 68 件，其中实用器 28 件，明器 40 件，有五鼎四簋的礼器组合；青铜用具仅有方盒 1 件；车器 4 件，均为銮铃；马器 321件，有衔、镳、带扣、节约和络饰五种。梁姬墓的墓葬规格及陪葬器物等均比虢季墓礼降一等，而且没有出土兵器，对研究西周的丧葬制度有重要意义。

寿县蔡侯墓青铜器

寿县蔡侯墓是春秋晚期蔡昭侯的墓葬。位于安徽省寿县西门内。1955 年安徽省文物管理委员会、安徽省博物馆筹备处联合发掘。该墓为近方形的土坑竖穴墓，南北长 8.45 米，东西宽 7.1 米，深 3.35 米。墓中出土随葬品584 件，其中青铜器 486 件，此外还有金叶、玉器、骨器及漆器等。青铜器绝大部分是蔡国器，也有少数吴国器。两件吴王光鉴是吴王嫁

图 434　寿县蔡侯墓出土的吴王光鉴

女于蔡的媵器。蔡器中有成套的乐器和礼器。乐器有甬钟、编钟、编镈各一套。礼器多有自铭，可以由此确定某种器形的名称，如豆类器有豆与笾，缶类器有尊缶与盥缶。多采用嵌红铜工艺，花纹华贵而活泼。另外还出土有戈、矛、剑、斧、镞等兵器，軎、辖、銮、衔、镳、铃、节约

等车马器等。有铭文的青铜器多达几十种，铭多有"蔡侯"字样，可以确定此墓系蔡侯之墓。该墓中出土的大量青铜器是春秋晚期的标准器，可以作为青铜器断代的标尺。青铜器铭文记述了蔡国与吴、楚的关系，是研究蔡国历史的重要资料。（图 434）

程桥东周墓青铜器

程桥东周墓是春秋晚期吴国贵族墓葬。位于江苏省南京市六合区的程桥东。1964 年和 1972 年南京博物院先后清理 2 座墓葬。两墓均遭严重破坏。1 号墓随葬有 9 件一套的直钮编钟；越式鼎 1 件，三足外侈，圜底，浅腹钵状；还有铜缶、戈、戟、剑、车马器、工具以及陶器。2 号墓随葬的乐器为 7 件一套的编钟和 5 件一套的编镈，礼器除 1 件越式鼎外，还有 2 件中原式圆鼎、兵器、车马器和一些陶器。两墓被首次确定为吴国贵族墓葬，对于东周吴国历史、文化的研究具有重要的意义。

淅川楚墓群青铜器

淅川楚墓群是春秋战国时期楚国贵族墓地。分布在河南省淅川县丹江口水库淅川淹没区和尚岭、下寺、徐家岭、毛坪、吉冈、七女冢、太子山一带。1975—1991 年共发掘楚国贵族墓葬和中小墓葬近千座。其中和尚岭、下寺、徐家岭均发现高规格的楚国王族墓地，均属同一家族墓地。出土的青铜器众多，其中不乏重器，不仅工艺精湛，且铭文的内容极其丰富，大量铭文证实此地为楚国早期的都城丹阳。墓地的发现对研究楚国历史、文化及其与诸侯国之间的关系具有极其重要的价值。该发现为 1992 年"全国十大考古新发现"之一。

下寺楚墓青铜器

下寺楚墓属春秋中晚期的楚国墓葬。分布在河南省淅川县丹江水库西岸下寺一带。1977 年发现，1978—1979 年发掘墓葬 25 座、车马坑 5 座。该墓地坐东朝西，均为土坑竖穴墓葬，布局尊卑有序。其中贵族墓 9 座，均随葬成套的青铜礼器和玉石饰物。2 号墓随葬品最多，有 6098 件，青铜器有 551 件，且多铸有铭文。其中礼器有 52 件，多铸铭文，其中 19 件铜鼎，可分为 5 种，如王子午鼎 7 件一套，大小相次，均有 86 字鸟篆文。还有鬲、簋、俎、

图 435 下寺 2 号墓遗物出土现场

禁、尊缶、盥缶、鉴、盘、匜等。出土礼乐器 103 件，有编钟、编磬，其中王孙诰钟一套共 26 件，高大宏伟，铸造精美，且有长篇铭文。另有兵器 47 件，车马器 334 件。考古发掘者认为墓主人是此墓青铜器铭文中多见的王子午，即楚国令尹子庚，年代为公元前 552 年前后。位于 2

号墓两侧的1号墓和3号墓，随葬礼器的种类与2号墓相近而数量稍少。其他6座墓的随葬品规格明显较低，大都仅有鼎、簠、盘、匜等器，玉石装饰品则有璧、璜、琮、玦、簪、珠等。下寺楚墓青铜器及其大批铭文证实，此是一处贵族薳氏家族5代的墓地，对于研究春秋楚国政治、经济、文化具有无可替代的重要价值。（图435）

和尚岭墓地青铜器

位于河南省淅川县仓房镇陈庄东和尚岭的上部，距下寺楚墓北400米处。1989年发现，1990年共发掘2座楚墓，2座汉墓。均为长方形土坑竖穴墓。1号墓被盗掘，残存遗物45件，分青铜器、玉石器两类，其中青铜礼器中有青铜鼎6件，有3件有铭文，两件鼎的底部有"克黄之升"铭文。2号墓保存比较完整，出土随葬品较多，有青铜礼器、乐器、兵器、车马器和玉石器等。两座墓中皆出土有带铭文的青铜器。其中不少是精品，如1号墓出土的克黄升鼎、卷云纹填漆鼎，2号墓出土的鸟嘴兽纹鼎、画像铜壶、镇墓兽方座和有纪年铭文的青铜编钟等。尤其是克黄升鼎的出土尤为重要，是目前发现的楚国带铭文的最早的升鼎，是断代的标准器。此外卷云纹填漆鼎，在阴刻的细线卷云纹等纹饰内填满黑漆，并打磨光亮，这种工艺十分少见。画像青铜壶器表饰满铸造时镶嵌上去的红铜画像，画像分7层，布局严谨，左右对称，栩栩如生，实属难得的珍品。

徐家岭楚墓青铜器

位于河南省淅川县仓房镇沿江村徐家岭，南距和尚岭3公里。1990—1991年发掘楚墓10座、车马坑1座，其中以9号、10号墓形制最大。在盗掘较轻的墓中随葬品比较丰富，多为青铜器，还有玉石器等。包括鼎、簠、鬲、鉴、缶、盘、匜等青铜礼器及青铜编钟、车马器和兵器。其中以9号墓出土的青铜神兽、10号墓出土的敦和许多带铭的青铜器最为重要。神兽造型别致，制作精美，是罕见的精品；敦通体镶嵌红铜，其纹饰有涡纹、对顶三角纹、菱形纹和独角兽，整幅图像生动活泼。这些精美的青铜器及其铭文对研究楚国历史文化的发展、楚都丹阳的状况、楚国与周围各诸侯国的

图436 徐家岭楚墓出土的青铜神兽

关系、当时的礼乐制度以及古文字书法等方面都有极为重要的价值。（图436）

江陵楚墓青铜器

江陵楚墓属春秋战国时期楚国墓葬。楚国墓群位于湖北省江陵县城北5公里处的纪南城。

年代从春秋早期到公元前 278 年秦将白起攻占江陵。1949 年以来，湖北省博物馆、荆州市博物馆联合考古发掘，发现各类楚墓 2800 座以上，已发掘的有 800 多座。可分为春秋、战国两大阶段，每一阶段又可分早、中、晚 3 期。春秋墓比战国墓少，春秋早、中期的更少。已发掘的墓中出土文物 7000 余件。主要有青铜礼器和兵器、陶器、漆木器、丝绸、竹器、玉器和竹简等。青铜礼器多出自中等以上的贵族墓，主要有鼎、簠、敦、尊、盏、壶、缶、盥缶、盘、匜、勺等。青铜兵器数量多，品种全，制作相当精致，常见的有剑、矛、戈、戟、镞等。以剑为最多，凡成年男性几乎都用剑随葬，贵族墓中随葬青铜剑尤多，如天星观 1 号墓随葬青铜剑达 32 件。著名的越王勾践剑出自望山 1 号墓，吴王夫差矛出自马山 5 号墓。该墓群出土的大量楚文物，为研究东周时期楚国的历史和青铜武器冶铸技术等均提供了珍贵的资料。

｜长沙楚墓青铜器｜

长沙楚墓属春秋中期至战国晚期楚国墓葬。楚国墓群分布在湖南省长沙市东郊、南郊和北郊。新中国成立以来湖南省博物馆等单位共发掘东周时期楚墓近 2000 座。均为中小型土坑竖穴墓。出土的随葬品数以万计，有陶器、青铜器、铁器、玉石器、漆木器、琉璃器等。青铜器以镜和剑为多，青铜镜总数不下 500 面，制作精美，装饰花纹多样，但以羽状地纹的四山纹为主，表明长沙应是当时铸镜工艺相当发达的一个地区。青铜礼器有鼎、壶、盘、匜。该楚墓群的发现，极大丰富了人们对春秋战国楚国政治、经济、文化状况的认识。

｜长台关楚墓群青铜器｜

长台关楚墓群属春秋晚期或战国中晚期楚国墓葬。楚墓群位于河南省信阳市北 20 公里的长台关西北小刘庄后土岗一带，分布范围较广，墓葬多达 100 余座。1957 年 3 月发掘的两座楚墓，即 1、2 号墓，是我国发现较早且保存完整的大型楚墓。2002 年 10 月又抢救性发掘 7 号墓。1 号墓出土随葬品 903 件，青铜器有成套编钟、5 件列鼎和壶、盘、匜、敦、炉、镜、奁。2 号墓经过两次盗掘，残存各类器物 414 件。7 号墓出土文物 367 件，青铜器多表面无纹饰，但少数器外镶嵌有绿松石，或错以银质云纹，或涂以彩绘图案，造型精巧，极为精美，充分显示出楚国工匠高超的技艺。所出青铜编钟，钟架和击钟的木槌齐全，提供了古代编钟悬挂方法的系

图 437 长台关楚墓出土的编钟

统资料。关于1、2号墓的年代，学术界有争议，郭沫若认为是春秋晚期墓，发掘者认为是战国早期墓，另有学者认为是战国中晚期墓。（图437）

曾侯乙墓青铜器

曾侯乙墓是战国前期曾国国君乙的墓葬。位于湖北省随州市西郊擂鼓墩附近。1978年湖北省博物馆发掘。该墓为岩坑竖穴木椁墓，开凿在红色沙砾岩的小山丘上。曾侯乙下葬年代为公元前433年或稍后。出土精美的随葬品1万余件，主要有青铜器，还有金器、竹简、漆器等。出土青铜器总重量达10.5吨，是历年来发现青铜器数量最多的。其中青铜礼器、用具共36种、143件，主要有鼎、鬲、甗、簋、簠、豆、壶、鉴、盘、匜等。许多器物采用浮雕、镂空、错嵌等装饰技艺制成。除采用浑铸、分铸及浑分结合、焊接等多种方法铸造外，个别器物还采用了失蜡法熔模铸造工艺。乐器之中以保存完整的整套编钟最为珍贵，包括钮钟19件、甬钟45件、镈钟1件，共计65件。按形制的不同，全套编钟以大小和音高为序组成8组，悬挂在铜木结构的3层钟架上，气势庞大。钟体均有铭文，大多数为错金文字，共计2800余字，所记大都是与音乐相关的内容，可分为标音铭文与乐律铭文两类。整套编钟音色优美，音域很宽，变化音比较完备，至今仍能演奏各种曲调，说明当时的铸造工艺已能满足音响设计的要求。乐律铭文中还有春秋战国之际楚、晋、齐、申、周等国和曾国各种律名、阶名、变化音名之间对应关系的记载，反映了当时诸侯国之间在文化艺术领域里相互交流的情况，是研究先秦音乐史的珍贵文字资料。兵器有戈、戟、矛、殳、弓、剑等，其中长达3.4米的三戈一矛同柲的多戈戟是新发现的兵器；自铭为"殳"、柄长3米多的长兵器的出土，显示了古代殳的具体形制。该墓的年代和墓主身份明确，为东周考古的分期断代提供了可靠的标尺。

平山中山王墓青铜器

平山中山王墓是战国晚期中山国王的陵墓。位于河北省平山县城北的灵山下。1974—1978年河北省文物管理处在此发现中山国晚期都城灵寿故址，并发掘两座王陵，年代属公元前4世纪末，对于了解中山国的历史和文化有重要意义。中山王陵墓一处位于灵寿故城以西2公里处，东西并列两座大墓，西侧的1号墓已经发掘，确认是中山王𰯼的墓。另一处在城内西北部，南北错列3座大墓，已发掘的6号墓在最南端，

图438 平山中山王墓出土的错金银四龙四凤方案

墓主人未能确定。两墓附近还有陪葬墓和车马坑。根据两处墓地的布局，结合1号墓椁室出土的中山王𰯼兆域图版及辉县固围村魏国墓地的资料，可以对战国时期王陵的形制和规模有较多

的了解。两座墓的随葬品达一万九千余件，主要发现于椁室两侧的藏器坑中。1号墓的西藏器坑出土的青铜礼器有9鼎、4簋及鬲、豆、壶等，乐器有14件编钟和13件编磬。东藏器坑也出土5鼎及壶、盘、匜等青铜礼器。6号墓的西藏器坑中全部放置青铜礼器。其中1号墓出土的中山王䚗鼎、壶等共有铭文1101字，不仅确切地表明墓主为中山王䚗，而且记明中山王的世系及有关史实，是研究中山国历史的重要史料。两墓发现的巨大山字形青铜器，是前所未见的仪仗性器物，大约置于悬挂旗类的杆柱顶端，以作为王权的象征。出土的错金银四龙四凤方案、十五连枝灯、银首人俑铜灯、虎噬鹿器座、镶嵌鸟纹双翼兽等异常精巧，是不可多得的艺术珍品。该墓青铜器及其铭文的发现，证实中山国属春秋鲜虞族的延续。因其与华夏长期杂居，青铜器带有浓郁的民族风格和各民族融合的文化面貌。（图438）

┃ 枣阳九连墩楚墓青铜器 ┃

枣阳九连墩楚墓是战国楚国高级贵族墓地。位于湖北省枣阳市县城以南约20公里处的九连墩。2002年9月至2003年1月为配合孝襄高速公路工程，湖北省文物考古研究所组成九连墩考古队对九连墩墓地1号墓、2号墓以及分属两座大墓的1号、2号车马坑进行抢救性发掘。1号墓封土残高约4.2米，随葬器物有礼器、乐器、车马器、生活用器等共计617件（套）。东室随葬青铜礼器数量较多，组合较完整，有鼎、簋、簠、敦、甗、鬲、鉴、盘、方壶等器类。随葬乐器主要放置在北室和西室，有编钟、鼓等。北室编钟出土时筍虡已倾倒，有上下两层，下层甬钟一组12件，上层钮钟二组各11件。南室主要放置车马器及兵器，出土了镳、衔、铃、车軎、甲胄及戈、戟、矛、剑等兵器。1号车马坑南北长52.7米，东西宽9.5米，西壁开斜坡坑道3个。全坑共葬车33乘，马72匹，未见马具。2号墓封土早年被夷平，随葬器物有礼器、乐器、生活用器、车马器、丧葬用器等共计587件（套）。除随葬成组青铜礼器外，还随葬有成组的木制礼器。2号车马坑南北长22米，西壁开斜坡坑道1个，随葬车辆7乘、马16匹，出土有错银铜轭首、错银铜衡末、错银铜柱帽及青铜云纹车軎、壁插等车马器。两座大墓及两座车马坑规模大，保存较好，出土的青铜及木制礼器组合齐全，对于深入研究楚国贵族礼制具有重要意义。

┃ 金村古墓青铜器 ┃

金村古墓是战国王室墓葬。位于河南省洛阳市市区以东10公里的汉魏洛阳城东北隅。1928年因雨后地陷暴露，墓内许多精美文物被盗掘，其中大部分流散海外。据记述此地共发现8座有较长墓道的大型墓葬，由北向南排成两列。随葬品中有青铜器、漆器、玉器、银器等。许多青铜器铸、

图439 传1928年金村古墓出土的令狐君嗣子壶

刻有铭文，其中一些可与古本《竹书纪年》相印证。青铜器制作极为精美，如错金银鼎、敦、壶、铜镜以及青铜人像等，都是十分难得的艺术珍品。所出错金青铜尺和记载重量、容量的青铜钫，是研究战国度量衡的重要资料。（图439）

洛阳中州路东周墓青铜器

洛阳中州路东周墓位于横贯河南省洛阳市区的中州路一带。1954年中国科学院考古研究所发掘。已发掘有260座墓葬，年代约当公元前8世纪至前3世纪。随葬品有陶器、青铜器、玉石器等。一般出土于较大型墓中，有鼎、簋、甗、簠、豆、罍、盘、舟、匜等。中小型墓仅出土有刀、剑、镞、带钩等小件青铜器。根据这批墓葬的随葬品，考古学者提出划分7期的科学分期方法，成为中原地区东周墓葬分期断代的标尺。这批青铜器对研究青铜器铸造和装饰特点极富价值。

山彪镇魏国墓地青铜器

山彪镇魏国墓地是战国时期的魏国墓葬。位于河南省卫辉市城西10公里的唐庄乡山彪村西。1935年发掘大墓1座，小墓7座，车马坑1座。新中国成立前发掘文物被运至台湾。1959年郭宝钧据所存残稿，补缀成《山彪镇与琉璃阁》一书。随葬品青铜器占90％以上，共1447件，可分为礼器、乐器、兵工器、车马器、杂器等。礼器有鼎14件，其中有列鼎一套5件；鬲2件，甗1件，豆4件，簋、簠各残存1件，壶7件，瓿、牺尊各1件，鉴1对2件，小鉴1件，盘2件，匜3件，勺4柄，箕1件，匕3柄。其中以用红铜丝镶嵌的水陆攻战图铜鉴最精致，为战国青铜器中的佼佼者。乐器共出编钟2组，一组5枚，一组9枚。兵器工具类计有矛、戈、剑、戟、镞、柲冒、镈等，工具有斧、凿、锥、削、锯、镂刀等，共计196件。车马饰有軎、辖、

图440 山彪镇魏国墓地出土的镶嵌云纹方豆

衔、镳、环、革带饰等，计451件。杂器类有棺钉、键钉、环钩、卡环、活链、带钩、青铜镜、铲币等735件。这批出土文物对研究中国古代音乐、战争史和战国青铜器镶嵌技术提供了重要资料。（图440）

大黑汀战国墓青铜器

大黑汀战国墓位于河北省迁西县白庙子乡大黑汀村。1989年9月当地农民耕种时发现一批青铜器。随葬器物中陶器均已破碎，20余件青铜器均有不同程度的损坏。青铜器有鼎、敦、豆、匜各1件，匕、戈、削各2件，剑、镞各3件，还有2套軎辖，2件马衔。

四川茂县石棺墓青铜器

四川茂县石棺墓是战国中晚期石棺墓。位于四川省茂县南新镇牟托村村后山脊。1992 年 3 月当地农民开荒时发现两个器物坑，后由茂县羌族博物馆和阿坝州文管所清理，发掘出一个器物坑及一座石棺墓。墓中随葬器物 170 余件，皆放置有序。按质地可分为陶、铜、铜铁合制、玉石、琉璃、漆质、竹、玛瑙、绿松石、丝毛织物等。其中青铜器 69 件，按功能可分为礼器、乐器、兵器、装饰品四类，有罍、鼎、敦、甬钟、钮钟、戈、矛、剑、戟、盾、连珠钮、泡饰、护臂、杯、圆饰牌、动物纹牌饰、鸟等，其中礼乐器多制作粗糙，应为明器。三座器物坑皆出土有青铜器和石器，1 号坑出土随葬品 33 件，其中青铜器 14 件；2 号坑出土随葬品 32 件，其中青铜器 18 件；3 号坑仅征集到随葬品 6 件，其中青铜器 2 件。茂县石棺墓及陪葬坑出土的大量青铜器和玉石器等在岷江上游石棺葬文化考古中尚属首次，堪称岷江上游石棺葬文化的一次重大发现。其中青铜器绝大多数为蜀式器，对于研究蜀人的宗教崇拜、蜀国青铜文化及与中原文化的关系等都具有重要价值。

桃红巴拉墓地青铜器

桃红巴拉墓地是中国北方地区少数民族墓地，年代为距今约 2600 年，相当于战国早期。位于内蒙古自治区鄂尔多斯市杭锦旗桃红巴拉东南 3 公里处。1973 年内蒙古自治区文物工作队发掘 6 座墓葬，另在相邻的伊金霍洛旗发掘 1 座同类墓葬。墓葬都是长方形土坑竖穴，随葬品以青铜器为主，有短剑、鹤嘴镐、刀、锥、镞等兵器和工具，还有带扣、环饰、兽头形饰、鸟形饰、联珠形饰、管状饰和马具等。其中青铜短剑、鹤嘴镐、兽头形饰等具有浓厚的草原民族特点，为研究中国北方古代游牧民族的历史文化提供了重要资料。

大波那墓葬青铜器

大波那墓葬是中国西南地区青铜时代墓葬，年代约当公元前 4 世纪前后。位于云南省祥云县大波那村。1961 年发现，云南省文物工作队清理。墓为土坑竖穴，有木椁。椁内放置铜棺及随葬品。铜棺长 2 米，宽 0.62 米，侧壁高 0.45 米，顶高 0.64 米，脚高 0.11 米。顶做人字形屋脊状，棺身为长方体，由 7 块铜板组成，用插销扣合，可以拆卸。顶部及四壁铸出人字形带纹、云雷纹及虎、豹、猪、鹿、马、鹰、水禽等图像，颇为精细。随葬品有青铜器、锡器、陶器等。其中青铜工具有长方形和桃形锄、锛、靴形斧及纺织工具，兵器有矛、剑、钺等，生活用具有尊、杯、勺、豆、釜、匕、杖等，乐器有铜鼓、葫芦笙、钟等，此外还有屋宇、牛、马、羊、猪、犬等各种模型。除铜棺和钟、杯较为精细外，其他器物的造型和纹饰都显得粗糙，而且合金比例不稳定，表明冶炼技术还不成熟。但屋宇、家畜模型及农具的出现，说明当时已属定居的农业社会。

万家坝墓葬青铜器

万家坝墓葬是中国西南地区青铜时代墓葬，年代约当公元前 5 世纪前后。位于云南省楚雄市万家坝清龙河西岸的台地上。1975 年 5 月云南省博物馆发掘。已发现的 80 座墓葬均为长方形土坑竖穴。共出土随葬品1078件，其中青铜器898件，以兵器为多。兵器中60％是中部起脊的矛、戈、钺、剑较少。其他青铜器有铜锄、盾饰、臂甲、斧、凿等。出土有4面青铜鼓，形制较原始，是目前所知年代较早的青铜鼓。所出青铜器形制、

图441 万家坝墓葬出土的羊角状钮编钟

纹饰都比较简单、朴素，对研究该地区青铜时代的物质文化有重要价值。（图441）

泌阳秦墓青铜器

泌阳秦墓是秦代贵族官吏墓葬。位于河南省南阳市1.5公里的官庄村北岗和西南1.5公里的大曹庄。1978—1988年发现秦墓5座。官庄村1、2、4号墓均遭到破坏。3号墓保存完整，随葬品丰富，共有42件，以青铜器为多，其次是漆木器、玉器等。南北椁室各出土青铜器10件，有鼎、壶、盘、匜、勺、鍪等。大曹庄墓出土随葬品23件，以青铜器为主，兼有少量陶器、漆器和玉器。青铜器有鼎、蒜头壶、钫、盘、勺、熏炉、铜镜、带钩等。

宁夏固原战国青铜器

出土于宁夏回族自治区固原县彭堡乡余家村。1989年当地村民挖土时发现。墓葬已遭严重破坏，出土文物27件，除1枚绿松石珠及1件铜柄铁剑外，都是青铜器，计有短剑、车轴饰、饰牌、带扣、联钮饰各1件，竿头饰3件，泡饰10件，鹿饰5件。经对比研究，这批文物应属战国时期，对研究战国时期固原地区的经济文化有一定意义。

江陵扬家山墓地青铜器

江陵扬家山墓地位于湖北省荆州市荆州区。1990年起发掘。共发掘不同时代古墓葬178座，绝大多数是秦汉墓，共127座，其中135号秦墓规模最大、保存完好。该墓为长方形竖穴土坑。随葬器物90余件，种类有青铜器、陶器、漆木器、竹器、竹简等。其中青铜器保存完好，器类有鼎2件、钫2件、盂3件、釜甑、蒜头壶、洗、镜、戈各1件等。青铜礼器鼎、钫、蒜头壶、洗、盂等，是各地秦墓中常见的器物组合，而钫、釜甑、镜等表现出楚文化因素，体现出该墓同时具有秦墓和楚墓的特点。随葬青铜器质料好，器壁薄，保存完好，其中三足铜釜甑，由釜、箅、甑套合而成，造型奇特、完美；直径70余厘米的大铜洗，器壁薄，重量轻，当是少见的秦代青铜器，对于研究秦文化具有很高的史料价值。

秦始皇陵铜车马

秦始皇陵位于陕西省西安市临潼区东约5公里，骊山北约1公里的下河村附近。1962年陕西文物部门对陵园作初步调查。1974年以来对陵园进行较全面的勘查，并发掘秦俑从葬坑、铜车马坑。坟丘为夯土筑成，下部为原有山丘。现存遗迹为截顶方锥形，高76米，底面长515

米，宽 485 米。发现有建筑群遗址、殉葬、从葬坑群、兵马俑坑等，出土大量的种类繁多的兵器，大多刚韧锋利，至今寒光闪烁。这些兵器经过表层度铬，有很强的抗腐蚀性。最重要的是在西墓道过洞中发现有两乘彩绘铜车，每乘驾铜马四匹，车上各有一青铜御官俑。青铜车马俑约为真车、真马、真人的二分之一。车马的系驾鞴挽具齐全，装饰华丽，为研究秦代宫廷舆服制度和单辕车系驾方法提供了较为确切的实物例证。（图 442）

图 442 秦始皇陵 1 号铜车马

徐州后楼山汉墓青铜器

徐州后楼山汉墓属西汉早期墓葬。位于江苏省徐州市铜山区茅村镇洞山村后楼山。1991 年 1 月村民采石时发现。墓葬为竖穴式，随葬器物丰富，有陶、铜、铁、玉骨器等，共 139 件，其中青铜器 47 件，有铃、镜、剑、环饰以及车軎等车马器。随葬的成套鎏金铜车马器等说明该墓主人的身份较高贵。该墓为徐州地区发现的规模较大的西汉早期竖穴墓，对于研究汉代手工业、丧葬制度有重要的价值。

满城汉墓青铜器

满城汉墓是西汉中山靖王刘胜墓及其妻窦绾墓。位于河北省保定市满城区陵山上。1968 年中国科学院考古研究所和河北省考古工作队联合发掘。两墓共出土随葬品 4200 余件，可分为陶器、铜器、金银器、漆器、铁器、玉石器、纺织品以及车马、俑、钱币等类。铜器的数量和种类仅次于陶器，不少器物铸工精美，造型优美，纹饰华丽，如长信宫灯、错金博山炉、错金银鸟篆文壶、鎏金嵌琉璃乳钉纹壶、朱雀衔环杯等都是汉代铜器中难得的艺术瑰宝。满城汉墓规模之大在已发掘的汉墓中是少见的。特别是由于没有经过盗掘，完整地保存了极其丰富的随葬品，更属难得。这两座墓对研究汉代考古和历史有重要价值。（图 443）

图 443 满城汉墓出土的朱雀衔环杯

烧沟汉墓群青铜器

烧沟汉墓群是西汉中期至东汉晚期的汉墓群。位于河南省洛阳市烧沟村，墓地面积达27万多平方米。1952—1953年发掘清理200余座墓。除东汉晚期几座大型墓属于豪门贵族墓葬外，多数应为一般官吏及其眷属墓。根据墓葬形制及主要随葬品的组合和类型的演变情况，可划分为6期：第一期属西汉武帝时期，第二期属昭帝时期，第三期属宣帝至新莽及其稍后，第四期为东汉早期，第五期为东汉中期，第六期为东汉晚期。随葬品有陶器、青铜器、铁器、铅器、金银器、漆器、玉石器、琉璃器和骨蚌器等，共计6700余件，钱币11200余枚。其中铜镜是分期的重要依据之一。第一期铜镜有星云纹镜、草叶纹镜等，以星云纹镜最为流行；第二期铜镜除星云纹镜外，开始有日光镜和昭明镜；第三期除日光镜和昭明镜外，出现变形四螭纹镜和四乳镜，还有连弧纹镜和规矩镜；第四期铜镜有规矩镜和四乳镜；第五期铜镜主要是云雷纹镜；第六期铜镜以长宜子孙镜最为流行，新出现神兽镜、四凤镜、变形四叶镜、三兽镜等。烧沟汉墓的发掘奠定了汉代考古学的标尺，具有重大意义。

长沙汉墓青铜器

长沙汉墓属西汉至东汉时期的墓葬。位于湖南省长沙市郊。1951—1978年中国科学院考古研究所、湖南省文物管理委员会和湖南省博物馆联合发掘，发掘墓葬约1000座，其中西汉墓约800座。高级贵族墓葬主要分布在东郊五里牌、徐家湾、汤家岭，南郊砂子塘等地。中小型汉墓可分为5期，即西汉早期、中期、晚期，东汉前期、后期。其中西汉早期墓保存着许多楚国的葬制，具有鲜明的地方特色。随葬品有陶器、铜器、漆木器及滑石、玉、玛瑙、水晶、琥珀、金银、铁器等，其中陶器最多，铜器次之。铜器在西汉早期墓中很少见，仅有少量铜镜。西汉中期开始大量用铜器随葬，有鼎、盒、壶、釜、鍪、钫、灯、镵壶、炉、熏炉、盘、洗等。西汉晚期的汤家岭张端君墓中出土的铜器达101件，不少铜器上刻有容量和器名。铜镜在汉墓中普遍用于随葬。西汉早期多出土具有楚镜风格的龙凤镜和蟠螭纹镜；西汉中期以草叶纹镜、铭文带镜以及连弧百乳镜等为主；王莽时流行规矩四神镜；东汉前期多长宜子孙镜、雀鸟镜，少数铜镜上鎏金、贴金，镜背花纹非常精细。还有一些鎏金铜器和刻满细线花纹的铜器也很精美。长沙不仅发现汉墓数量多，且出土文物丰富，对研究长沙国（郡）的历史具有重要价值。

雷台汉墓青铜器

雷台汉墓是东汉末年的砖室墓。位于甘肃省武威市雷台公园，因坟丘叠压在明代建筑"雷台"台基

图444 雷台汉墓出土的铜车马仪仗俑群

下而得名。1969年甘肃省博物馆等单位发掘。墓中出土随葬品230多件，其中铜器171件，最为重要的是在前室及其右耳室内发现铜车马仪仗俑群，共计99件，有武士俑、奴婢俑、车模型和马俑、牛俑等，部分奴婢和马身上有铭刻题记。其中一件马踏飞燕，塑造出奔驰着的骏马，昂首扬尾，三足腾空，右后足踏一展翅回首的飞燕，以象征奔马的速度赛过飞鸟，无论从艺术构思的巧妙，还是从结构力学的角度来看，都是一件罕见的艺术珍品。此外还出土有铜钱2万余枚，是迄今所知汉墓中瘗埋钱最多的墓葬。（图444）

▎贵县汉墓群青铜器▎

该汉墓群位于广西贵港市境内。随葬品有陶器、铜器、铁器、金银器、玉石器、竹木器和漆器等。1976年广西壮族自治区文物工作队发掘的罗泊湾1号墓，是一座有代表性的西汉前期木椁墓。椁室早年被盗，器物坑保存完好。坑内埋藏铜器、铁器等物。在墓道东侧有一长方形车马坑，内有铜车马器30多件。共出随葬品1000余件。其中一部分器物，如铜钫、铜壶、铜匜、铜鼎等，形制与中原地区出土的相同，可能是从中原传入的。另一部分如铜鼓、铜钟、铜桶等造型富有地方特色。（图445）

图445 贵县罗泊湾出土的翔鹭纹铜鼓

▎合浦汉墓青铜器▎

合浦汉墓是西汉后期地方官吏的墓葬。位于广西壮族自治区合浦县城。1971年冬季发掘望牛岭汉墓1座，1975年秋季发掘堂排至埇口间汉墓4座。望牛岭汉墓具有代表性，出土随葬品有铜器、铁器、陶器、漆器、金饼、金珠和水晶、玛瑙、琉璃、琥珀饰品等，共240余件。铜器的品种多，数量大，在随葬品中占有主要地位。其中如凤鸟灯、提梁壶、长颈壶、二足盘等，都饰以细线刻纹，在造型、纹饰方面表现了较高的工艺水平和地方特色。该墓葬的发掘，对了解当时该地区的经济、文化及海外贸易等具有重要的意义。

▎晋宁石寨山滇墓青铜器▎

晋宁石寨山滇墓是战国至东汉初滇族墓葬。分布于云南省晋宁县晋城镇西南的石寨山上。1955—1960年，云南省博物馆先后4次发掘，共发掘50座墓葬。各墓的随葬品多寡不等，最多的达600余件。随葬品以青铜器最多，包括生产工具、兵器、生活用具、乐器、装饰品、钱币等，此外还有铁器、金器、珠玉制品和陶器。青铜器类型繁多，制作精美，具有浓郁的地方特色，在合金技术、失蜡法铸造、鎏金、镀锡、线刻及镶嵌工艺方面都达到了很高水平。铜鼓、铜贮贝器、铜葫芦笙、铜锄、铜枕、铜俑及各种人物、动物形镂孔扣饰等，是最具滇文化特征的器物，表现了滇人在农业生产、纺织、畜牧、狩猎、战争、歌舞、祭祀等方面的活动场景。这批墓葬和随葬器物的发现，对研究滇文化的演变以及滇人的原始文化与外来文化的融合等均有重要意义。（图446）

图446 晋宁石寨山第71号墓考古现场

羊甫头墓地青铜器

羊甫头墓地是汉代滇族墓葬。位于云南省昆明市官渡区小板桥街道大羊甫村，总面积4万余平方米。1998年9月至1999年6月发掘。发掘面积10700平方米，清理滇人墓葬484座，东汉墓葬36座，明清墓葬6座。随葬品有青铜工具、兵器、农具和大量漆木器、玉石器、金银器等，共计4000余件。其中青铜兵器有剑、戈、钺、矛、斧、镦、叉、棒、镖、盔甲、弩机等，是滇文化青铜器中数量最多的器类。青铜兵器有各种复杂的纹饰组合、各种动物的造型作为装饰，实用且美观，部分可能作为仪仗器，是权力的象征。青铜工具有锛、锥、锤、锯、削、叉、铲、钓钩以及少量造型奇特、用途不明的器具等。青铜农具的大量出现是滇文化特有的。青铜生活用具主要有炊食器、存储器、乐器、马具等。青铜装饰品有扣饰、头饰、手镯等，数量大，种类多，是滇文化中较奇特的一类。该墓地时代跨度较大，清楚地显示了滇文化逐渐被汉文化融合的过程，为研究滇池区域民族文化及中原文化对边疆地区的影响提供了重要依据。该发现为1999年"全国十大考古新发现"之一。

江川李家山墓地青铜器

西汉中晚期至东汉初期滇文化墓葬。位于云南省江川县李家山，距晋宁石寨山滇墓约40公里。1972年初，云南省文物工作者曾发掘战国至东汉初期古墓葬27座，出土大批随葬器物，其中青铜器1300余件，是云南省继石寨山滇墓后的重大考古发现。1991年底至1992年上半年云南省文物考古研究所对李家山墓地进行第二次考古发掘。揭露面积约1100平方米，清理58座，其中6座奴隶主贵族墓葬葬俗奇特。随葬品丰富，其中青铜器约2800件，铁器和铜铁合制器近300件。青铜器有铜鼓、贮贝器、俑、编钟等，种类浩繁，铸造工艺高超，滇

图447 江川李家山墓地出土的立牛葫芦笙

文化特色明显。该墓的发掘对研究西汉中晚期汉王朝与滇族的关系，汉王朝派遣的郡县官吏与滇族奴隶主贵族的关系，汉王朝在滇的统治方式、滇族的社会形态及变化，以及滇文化的演化、衰亡等方面都具有重要意义。该发现为1992年"全国十大考古新发现"之一。（图447）

贵州西部汉墓群青铜器

贵州西部汉墓群是汉代郡县官吏、土著大姓或汉族地主墓葬群。位于贵州省西部的清镇、安顺、兴义、兴仁、毕节、威宁等地。贵州省博物馆等单位进行发掘。多数墓葬有封冢，较大的墓有墓道。墓中随葬品有陶器、铜器、铁器、漆器等生活用品、生产工具和兵器。其中铜器中成套的铜车马是重要的发现。规模较大的墓，往往仿效中原地区的埋葬制度，随葬品中汉族风格占主流，但也有带地方色彩的器物，如靴形铜钺、青铜短剑以及具有少数民族人物形象的摇钱树等。这批墓葬的发现说明当地与中原地区经济文化的交流不断加强。

南越王墓青铜器

南越王墓是西汉南越国第二代南越王赵眜墓葬。位于广东省广州市解放北路象岗山。1983年发掘。墓主着丝缕玉衣，随葬有铜器、铁器、陶器、玉器、金银器等数千件文物。其中青铜乐器有3套，计钮钟一套14件、甬钟一套5件、句鑃一套8件，铜铎2件。其中句鑃在岭南地区是首次发现，其上的"乐府"铭刻显示，南越国设置乐府，推行汉朝的乐府制度。青铜兵器有戈、矛、剑，其中有刻铭铜戈1件，错金铜虎节1件，铭文内容均属罕见，是难得的出土物。从器形分析，当时除了大量制造具有地方特色的青铜短剑、青铜矛外，还大量输入或仿造中原样式的铜

图448 南越王墓钮钟山土现场

兵器。青铜饮食器有铜鼎36件、铜勺24件、铜鍪11件、烤炉3件、煎炉1件、提筒9件，以及壶、钫、鉴、瓿、盘、锅、盆、匜、洗等。其中铜鼎有不同类型，反映出南越文化是中原汉文化、南方楚文化和当地南越文化的荟萃，所刻的重量、容量计、手工业作坊铭对研究南越国的度量衡制度，以及手工业发展情况等具有积极意义。此外还出土有铜镜38面，大小不等，镜背纹样繁多，大多属楚式镜或吸收楚式镜因素的汉镜；铜熏炉11件等。此墓的发掘为了解秦汉之际岭南的开发和内地文化特别是楚文化对越文化的影响，提供了丰富的资料。（图448）

西丰西岔沟墓地青铜器

西丰西岔沟墓地是西汉北方游牧民族公共墓地。位于辽宁省西丰县的西岔沟小山岗。墓地

面积约为 8000 平方米，推测共有墓葬 500 座左右。1956 年东北博物馆文物工作队发掘了 63 座墓葬。所出随葬品共 13800 余件，有兵器、马具、工具、器皿、服饰以及许多具有汉族风格的文物。在出土的大量铜铁兵器中有刀、剑、矛、矢镞和鸣镝等。随葬的透雕铜饰板，是皮腰带上的铰具，有的表面鎏金，饰有双牛、双马、双羊、双驼、犬马、

图 449 西丰西岔沟墓地出土的鎏金双驼饰板

犬鹿、鹰虎等动物和几何纹图案；有几件铸有骑士出猎和骑马战士执剑捉俘虏的场面，反映了游牧民族的生活面貌和文化面貌。鎏金马具、铜镜、货币等遗物则反映了该部族与汉族的密切关系，对研究古代汉族文化与北方游牧民族文化的交流有重要意义。（图 449）

▎扎赉诺尔墓地青铜器 ▎

扎赉诺尔墓地是东汉时期北方少数民族墓地。位于内蒙古自治区满洲里市木图那雅河东岸的坡地。1959 年发现 300 余座墓，内蒙古自治区文物工作队发掘了其中的 33 座。随葬品有陶器、铜器、铁器、骨器、木器以及丝织品等。其中铜质装饰品，器类有动物纹牌饰、连珠形饰、螺旋形耳饰等，富有北方民族的风格，而中原地区的铜镜则说明该地区与中原文化的密切关系。这批墓葬及随葬品为研究东汉时期北方少数民族的社会和习俗提供了实物资料。

▎赫章可乐夜郎墓地青铜器 ▎

赫章可乐夜郎墓地是古夜郎时期土著民族墓葬。位于贵州省赫章县可乐彝族苗族乡。2000 年 9—10 月发掘，共发掘 108 座墓葬。均为竖穴土坑墓，地表不见封土堆。随葬器物共出土 540 多件，包括铜、铁、陶、玉、漆、骨等不同质地。其中最具有地方民族特色的主要包括"套头葬"铜釜、兵器、装饰品和陶器等几类。"套头葬"使用了两类铜釜：一类是辫索纹耳大铜釜，宽沿外侈，鼓腹，圜底，腹上部纵向安置一对硕大的辫索纹环状耳，这类铜釜共出土 3 件，外壁都附有较厚的烟炱；另一类是鼓形铜釜，也出土 3 件。兵器中以卷云纹茎首铜柄铁剑、卷云纹茎首铜剑和无胡铜戈最有特色。铜柄铁剑之柄饰镂空卷云纹和精细的雷纹、辫索纹，造型优美，工艺精良，表现出高超的设计和技术水平。装饰品种类甚多，其中发钗、手镯皆铜质。发钗包括 4 种形制。手镯往往多只成组佩戴，双手数量不一定对称。该墓地是贵州近年实施夜郎考古计划以来最重要的一次考

图 450 赫章可乐夜郎墓地出土的鎏金錾

古发现，其中一些奇特的埋葬习俗以及具有浓郁民族特色的随葬器物，对揭示古代夜郎文化面貌，探索夜郎历史具有重要意义。该发现为 2001 年"全国十大考古新发现"之一。（图 450）

北票喇嘛洞鲜卑贵族墓地青铜器

墓地属魏晋十六国时期鲜卑贵族遗存，时代约为公元 3 世纪末至 4 世纪中叶。位于辽宁省北票市南八家子乡四家板村喇嘛洞西。20 世纪 70 年代当地农民取土时发现，1993 年辽宁省文物考古研究所正式发掘。至 1998 年底，6 年间共进行了 5 次发掘，发掘 419 座墓。出土遗物包括陶器、铜器、铁器、金器、银器、骨器和石器等几大类近 3000 件。铜器包括釜、甑、提梁缸、洗、鎏金小铜脸、鹿形器、鎏金车马器等，其中的鹿形器形制特殊，属首次发现：一般鹿头作回首状，多出在腹部，个别出于剑柄部。这种对动物的崇拜，反映出鲜卑民族独特的文化面貌。从出土物来看，喇嘛洞三燕文化既受到汉文化的强烈影响，同时又具有鲜明的地方和民族特点，独特的葬俗展示了鲜卑文化的丰富内涵和特色，为了解鲜卑民族的文化增添了新的材料。该发现为 1996 年"全国十大考古新发现"之一。

著录

《集古录》

又称《集古录跋尾》。宋代金石学著作，是中国现存最早的研究金石铭刻的著作。宋欧阳修撰。据作者自序，成书于嘉祐八年（1063）。共十卷。书中收录周秦至五代的铜器铭文和碑版拓本跋尾凡四百余篇（各种版本篇数不尽相同），有铜器铭文20篇。欧阳修平生收集金石铭刻真迹拓本，并装裱成轴。此书所收，皆嘉祐、治平年间，在卷轴上自作的跋尾。其内容偏重于评论，目的在于补苴史传之缺谬。欧阳修是宋代有名的历史学家、文学家，所以他所做的跋尾很为后世所重视。虽只收录了20件青铜器铭文，但仍对研究青铜器铭文有重要意义。

《考古图》

宋代金石学著作。吕大临撰。成书于宋元祐七年（1092）。目前流传的是清代翻刻本，明代的刻本现藏中国国家图书馆。全书共十卷（外加释文一卷）。著录了当时宫廷及私人收藏的器物，总共目列224件器物，实收234器。包括商周至秦汉铜器211件，实收225器，另有玉器13件，实收9器。每器皆摹绘图形，记录尺寸、容量和重量，并作一定的考证，其收藏处和出土地可考的也加以说明。此书是中国现存年代最早而又较有系统的古器物图录。虽在器物定名方面有一些错误，如将鼎定为鬲，盉定为鬲；又将青铜器的功名定为器名，如将方鼎、觚、簠、盉、甗五种器物称为"彝五器"等，但大多数是正确的。有一些未见自铭的青铜器，如方彝、卣、斝、觚等，皆为此书所初名，一直沿用至今。而且此书在青铜器著述的体例上，有着开创之功，后世的许多青铜器著录，大体上沿袭该书的体例编纂。另有《续考古图》五卷，南宋人所作。

《续考古图》

宋代金石学著作。南宋人所作，佚名。收录有百器，但编次无顺序，以藏家划分，摹刻传抄失真，且有伪器，参考价值不大。

《宣和博古图》

亦称《博古图》《博古图录》。宋代金石学著作。宋徽宗敕撰，王黼编纂。编于大观初年（约1107），成于宣和五年（1122）。元至大年间重修，明清两代曾经翻刻。目前流传的都是明清时代翻刻本。全书共三十卷。著录当时皇室在宣和殿所藏的自商至唐的铜器839件，集中了宋代所藏青铜器的精华。细分为鼎、尊、罍、彝、舟、卣、瓶、壶、爵、斝、觯、敦、簠、甗、鬲及盘、匜、钟磬錞于、杂器、镜鉴等，凡二十类。每类有总说，每器皆摹绘图像，勾勒铭文，并记录器的尺寸、容量、重量等，以及出土地点和收藏者姓名，或附有考证，集当时出土和传世青铜器的大成。所绘图形精细，其所定器名，如鼎、尊、罍、爵等，多沿用至今。虽对铭文考释、考证多有疏漏之处，但与《考古图》一样，奠定了青铜器著述的体例基础。

《金石录》

宋代金石学著作，是中国现存最早的碑刻目录和研究专著之一。赵明诚撰。成书于宋徽宗宣和末年（约1125）。南宋时有龙舒郡斋和赵不谫两种刊本，但到明代时已罕见。清代多以明抄本为底本。1950年发现于南京的宋刊三十卷（现藏中国国家图书馆），为龙舒郡斋本，是目前最好的版本。体例仿《集古录》。全书共三十卷。前十卷为铜器铭文和石刻之目录20条：1~17条为铜器铭文；18~20条，是先秦至北宋的1900余种石刻的目录。后二十卷是就部分古器物、碑刻所撰写的题跋502条，汇集了作者多年研究的看法和心得，对金石学研究有重要意义。

《历代钟鼎彝器款识法帖》

宋代金石学著作。薛尚功著。成书于绍兴十四年（1144）。明万历十六年（1588）有朱印本，以后又将铭文摹刻于石后拓印，故称法帖。崇祯、嘉庆、光绪年间曾多次印刷，以后的翻刻本木刻印刷与原本不同，目前所见的多是20世纪30年代的翻刻本。二十卷。今本统计，全书共计收录铭文511款，其中除石鼓、秦玺、石磬和玉琥共15件外，绝大部分都是商周青铜器的铭文，宋代出土的大部分有铭青铜器均收录于该书。此书未录图像，只摹铭文，每款文均有释文并加以考证，但书中有许多不恰当的地方，如将春秋战国时期的鸟虫书误认作夏代的文字等。在宋代著录铜器铭文诸书中，此书收录资料最为丰富，编次也较有条理，是研究与了解宋代金文著录的重要参考书之一，也是学习金文书法的一部工具书。

《啸堂集古录》

宋代金石学著作。王俅编辑。最早的是淳熙三年（1176）跋本，明、清、近代都有翻刻。1922年商务印书馆石印淳熙本，二卷。收录商周时代青铜器275器、秦汉17器、汉印37方和杂件共345器。编辑体例与《历代钟鼎彝器款识法帖》一书基本相同，但仅摹录每件器物铭文和写出释文，不加考证，而且由于几次续补，次序重复，所录铭文多有删除，尤以镜铭为甚。

《西清古鉴》

清代金石学著作。梁诗正等廷臣奉敕编著。编于乾隆十四年（1749），两年编成，四年后内务府刻本，楷书精印极佳。今所传大都为光绪十四年（1888）迈宋书馆铜版影印本。仿效宋《宣和博古图》体例，共四十卷，另附钱录十六卷。卷首有参与编书诸臣名单，分监理、编纂、摹篆、绘图、武英殿缮书、校刊、监造几项。共录青铜器1436器，镜93面，但所收伪器甚多，估计有十分之三四。此书摹绘甚精，不过铭文缩小，亦多失真，铭文见解浅陋，多无足取。但此书是著录清代宫廷所藏古代青铜器的大型谱录，所收铜器数量很大，并且一直深藏清宫之中，外间很难看到，因此是一部研究青铜器的很有价值的资料书，对清代青铜器研究的推动有相当影响。

《宁寿鉴古》

清代金石学著作。乾隆敕编。成书于乾隆四十四年（1779）。1913年涵芬楼依宁寿宫写本影印。十六卷。共收青铜器600件，镜101面。编辑体例与《西清古鉴》相同。

《西清续鉴甲编》

简称《续鉴》。清代金石学著作。王杰等奉敕编纂。编于乾隆五十六年（1791），成于乾隆五十八年（1793）。宣统二年（1910）涵芬楼依宁寿宫写本影印。全书分二十卷，收录商周青铜器844件，镜100面，杂件31件。所选器物不精，真伪混杂。编辑方法与《西清古鉴》相同，绘制图形，附有文字拓本释文和关于器物的简要说明与考证。

《续鉴》

《西清续鉴甲编》的简称。参见【《西清续鉴甲编》】。

《西清续鉴乙编》

简称《续乙》。清代金石学著作。王杰等奉敕编纂。编于乾隆五十六年（1791），成于乾隆五十八年（1793）。1931年北京古物陈列所石印小本，二十卷，收录商周青铜器798件，镜100面。器物真伪混杂，应予注意。编辑体例与《西清古鉴》及《西清续鉴甲编》相同，铭文缩小，皆有释文，记尺寸、重量，或有简单说明。

《续乙》

《西清续鉴乙编》的简称。参见【《西清续鉴乙编》】。

西清四鉴

《西清古鉴》《西清续鉴甲编》《西清续鉴乙编》《宁寿鉴古》四书收录的皆是清廷所藏铜器，其编写体例及水平大体相同，后人称其为"西清四鉴"。

《十六长乐堂古器款识考》

清代金石学著作。钱坫著。嘉庆元年（1796）自刻本，1933年开明书局翻刻。四卷。收录商周青铜器29件，秦汉器16件，其他4件，共计49件。铭文均勾摹原文，较之以往图录临写铭文每每失真的情况，此书质量大有提高。在定名方面有新的创见，如铭文中的殷是指簋而非敦。其他考证也有精到之处，如对汉代铜虎符，还考出其源流。这是一本较早的考证金文的专著，亦为后来作者所遵循。

《积古斋钟鼎彝器款识》

清代金石学著作。阮元著。嘉庆九年（1804）自刻本，光绪年间又几经翻印。十卷。收录商周青铜器446件，秦器5件，汉晋器100件，共收551件。摹录铭文，并有详细的考释。卷首有《商周铜器说》和《商周兵器说》短文两篇，概括介绍了古代文献中有关青铜器的一些记载，有参考价值。此书结合经史研究铜器铭文，但由于受当时金文研究水平的限制，对铭文的摹写并不十分正确；在解释铭文方面也有不少错误，如将春秋战国时代的鸟篆铭文说成是商代的特点；铜器的断代和分类没有标准；辨识真伪不够审慎，但在清代著录、考释传世青铜器铭文的诸书中，它是成书较早、内容较好的一部，而且是清代有影响的青铜器著作之一。

《金石萃编》

清代金石学著作。王昶撰。此书历时五十年，于嘉庆十年（1805）完成。一百六十卷。收周、秦至宋、辽、金金石铭刻 1052 件，以石刻为主，有铜器铭文十余则，又兼及少量瓦当、泉范。全书依时代排列。每一金石目下，列金石形制、尺寸、行字数、额字、所在地等，刊铭刻全文，系以历代论著、题跋语摘，复加按语于后。此书网罗宏富，且将金石目录、录文、题跋结合为一编，体例精严，被视为清代金石学集大成者，是查考金石铭刻文字资料及相关考证成果的重要参考书。

《金石索》

清代金石学著作。冯云鹏、冯云鹓兄弟二人同辑。书成于嘉庆末。有道光元年（1821）自写本，光绪时石印本，民国时商务印书馆铅印本。十二卷，金索、石索各六卷。其中金索，收录商周到汉和宋元时的钟鼎、兵器、权量杂器，以及历代钱币、玺印和铜镜等。每种器物大多有器形图和铭文拓本，后面有释文或考订。书中所用材料，一部分为作者的藏品，一部分则来自黄易、叶志诜、桂馥诸家，还有的采自宋代和清代各家钟鼎款识或专著。材料取舍还算严格，但也有鉴别不当的。此书是一部综合性的古器物图谱，内容丰富，是一部古器物大全，对一般读者有一定的参考价值。

《怀米山房吉金图》

简称《怀米》。清代金石学著作。曹载奎辑。道光十九年（1839）自刻石本，以后曾经翻刻，咸丰十年（1860）因太平天国之役，刻石损毁，故拓本流传较少，1922 年有陈介祺石印本。一卷。收录商周青铜器 54 件，秦汉器 6 件，共收 60 件。每器记尺寸、重量，摹录铭文，并作释文。此书是晚清有影响的青铜器著作之一。

《怀米》

《怀米山房吉金图》的简称。参见【《怀米山房吉金图》】。

《筠清馆金文》

清代金石学著作。吴荣光著。道光二十二年（1842）刻本，后又重刻。五卷。收录商周青铜器 239 件，秦汉 25 件，唐 3 件，共收 267 件，欲以补正《积古斋钟鼎彝器款识》。吴荣光自藏之器，详细记载器物的大小、花纹；他人所藏的器物记载藏主名，皆附考释，但释文多有错误。此书是研究青铜器款识较重要的一部书。

《长安获古编》

清代金石学著作。先为刘喜海于道光年间刻印，但未成而卒，之后稿本归于陈介祺，但没有诠释，鲍康欲为补成而未果，最后由刘鹗于光绪三十一年（1905）补刻而印成。二卷。收录商周青铜器43件，秦汉及唐36件，杂器42件，共收121件。每器绘有器形，摹录铭文并作释文，但器的尺寸、重量均无记载。

《两罍轩彝器图释》

简称《两罍轩》。清代金石学著作。吴云著。同治十一年（1872）自刻本，文瑞楼石刻本。十二卷。收录商周青铜器59件，秦汉以后器51件，共收110件，每器皆记大小、重量及铭文，并有较详细的考释，刻印极精。在此书之前著录图绘花纹都用双钩，此改用实笔，形象较为逼真。但部分重摹入录的仍采用双钩，致未能划一。而且书中有明显的错误，如仍沿袭旧说将毁称为敦等。

《两罍轩》

《两罍轩彝器图释》的简称。参见【《两罍轩彝器图释》】。

《攀古楼彝器款识》

清代金石学著作。潘祖荫著。同治十一年（1872）自刻本。1913年西泠印社翻刻本。二册。收录商周青铜器50件，由吴大澂绘图，王懿荣楷书，周悦让、张之洞、王懿荣、吴大澂、胡义赞及潘祖荫考释。图、字、考释三者都很精善，但未见尺寸大小。

《恒轩所见所藏吉金录》

清代金石学著作。吴大澂撰集。编于同治十一年（1872），成书于光绪十一年（1885）。两卷。集吴大澂、潘祖荫等十家收藏。书中著录商周青铜器95件，兵器2件，秦汉以后器36件，共收133件。注明藏家，图像、铭文的绘制和摹录相当精细，但未注尺寸大小，有释文的只有盂鼎一器。

《缀遗斋彝器款识考释》

清代金石学著作。方浚益撰。于同治八年（1869）开始收集拓本，作释文、考证，光绪二十五年（1899）未成而卒。后由其从孙整理，1935年涵芬楼影印本。三十卷。著录商周金文、陶文拓本共1382器，皆据原拓本勾摹石印，摹写精善。后附释文、考证。卷首附《彝器说》三篇，分别考订古人解释器形的错误和确当，文字书势的衍变，以及汉晋以来发现、收藏古铜器的一些传闻、掌故。该书考释翔实，地理、官制、人物和文字通假等都详征博引，并校正《积古斋钟鼎彝器款识》等书的错误，在研究青铜器铭文的诸书中是较有价值的一本。

《说文古籀补》

清代金石学著作。吴大澂撰。正文共十四卷。主要是用金文补《说文解字》一书的缺漏，选择可以辨识的 3500 余字，部首分别按许慎原书排列，许慎原书没有的字放在各部之末。疑字与不可识者放在附录内。字为作者自己摹写，基本不失原形。附录除彝器外，还兼收玺、陶、钱币等文。该书力求订正《说文》的阙误，考溯制字的渊源，对后来的古文字研究有较大的影响，为以后金文字典的产生奠定了基础，是古文字学的重要著作。

《从古堂款识学》

清代金石学著作。徐同柏释文。光绪十二年（1886）石印本，光绪三十二年（1906）重印。十六卷。考释 365 器。编辑方法以藏器人为序，在内容上显得比较杂乱。

《攈古录金文》

清代金石学著作。吴式芬撰。光绪二十一年（1895）吴氏家刻本，1913 年西泠印社翻刻本。三卷九册。收录商周青铜器 1334 件，器铭下各附释文，间有吴氏考证或采录各家之说。该书的编排按器分类，每类中又以铭文字数多少为序，这是创例，便于检索。摹刻精善，木刻中以此为最，有重要的参考价值。

《奇觚室吉金文述》

清代金石学著作。刘心源著。光绪二十八年（1902）石印本，1926 年翻印本。二十卷。收录商周青铜器 575 件，兵器 77 件，秦汉青铜器 58 件，泉布泉范 1451 枚，镜 42 面，共计 2203 件。考释虽多，但颇有穿凿附会者。

《陶斋吉金录》

简称《陶斋》。清代金石学著作。端方著。光绪三十四年（1908）石印本，续录为宣统元年（1909）石印本。八卷，续二卷。正录收录 159 器，其中商周青铜器 140 件；续录收录 80 器，其中商周青铜器 55 件。每器皆绘图，并记尺寸大小，有文字者附有铭文拓本。原有释文四卷，今不传。所绘清光绪年间陕西宝鸡出土的柉禁尤为重要，是研究礼器制度的重要资料。此书汇集资料极为丰富，在当时集青铜器之大成，是一部重要的参考书。

《陶斋》

《陶斋吉金录》的简称。参见【《陶斋吉金录》】。

《周金文存》

金石学著作之一。邹安著。此书以拓本影印，1916 年石印本。共六卷。内容是邹氏收录的周代青铜器铭文拓本。收录之器按类别排列，乐器 86 件、烹饪器 284 件、食器 449 件、水器 134 件、酒器 264 件、兵器 232 件、用器 96 件，共收 1545 器。目录下记字数及藏家，每卷后有附说，个别青铜礼乐器附器物全形拓本。无考释。个别器铭有伪，使用时需要加以斟酌。在器物定名上有的依旧说，如将毁称为敦等。

《殷文存》

金石学著作之一。罗振玉编。1917 年石印本。两卷。收录商代铭文拓本 755 器。书前有罗序和器名目录，拓本不加说明。此书是学习、研究商代金文的一部重要参考资料。

《续殷文存》

金石学著作之一。王辰编纂。考古学社专集第五，1935 年出版。二卷。收录商代青铜器 1587 件，但此书器物断限不严，收录有许多西周早期器和战国器。此书是集殷商青铜器铭文拓本的专集，以补《殷文存》之缺，是研究商代金文的重要资料。

《梦郭草堂吉金图》

金石学著作之一。罗振玉编。正编 1917 年影印本，分上、中、下三卷，上卷为商周彝器，共 54 器；中卷为古兵和秦器，共 43 器；下卷为汉、魏、蜀器，共 33 器，并六朝至明代器 21 器。续编 1918 年影印本，一卷，收录商周青铜器及秦汉诸器。每器不记尺寸大小，亦无考释。但该书有器形和铭文拓本，其中收录旅鼎、格伯簋等，是研究金文和古史的重要资料。

《国朝金文著录表》

金文著录索引。王国维编。共六卷。前五卷为三代器，末卷为秦汉以后器。以表格形式编排，主要有器名、诸家著录、字数等栏目。另附鲍鼎的校勘记和《国朝金文著录表补遗》。此书采用表格形式，内容清楚、简练，便于翻检。

《三代秦汉金文著录表》

金文著录索引。王国维著，罗福颐校补。该书是在《国朝金文著录表》一书的基础上增订而成。共八卷。著录 5780 器，其中卷八为魏晋至宋元器，共 120 件。表内新增藏器家和出土地两栏目。书后附有本著录表的补遗。

《古籀拾遗》

金石学著作之一。清末学者孙诒让著。1918 年石印本。三卷。本书是一部金文考释的专著，选《历代钟鼎彝器款识法帖》中 14 器，《积古斋钟鼎彝器款识》中 30 器，《筠清馆金文》中 22 器，进行考释。通过分析文字结构和偏旁，结合古代典章制度等考释文字，有不少创见，并附《宋政和礼器文字考》一卷，是学习和研究金文的一部较好的书。

《簠斋吉金录》

清代金石学著作。邓实、褚德彝辑印。1918 年风雨楼石印本。八卷。收录的皆是陈介祺所藏的商周秦汉铜器，以及钱范、造像等，共计 380 余器。

《古籀余论》

青铜器铭文考释书。清末学者孙诒让著。三卷。共收 104 器，从吴式芬《攈古录金文》内选取，体例与《古籀拾遗》雷同。

《愙斋集古录》

金石学著作之一。吴大澂著。因病全书未能完稿，后由其门人王同愈整理成书，于 1917 年影印出版，1918 年有涵芬楼影印本，拓本的数量之多，墨拓之精良为同类所少见。共计二十六卷，著录金文拓本 1144 器，其中商周器 1048 件、秦器 19 件、汉器 76 件、晋器 1 件，但有的器、盖分裂为二，又有重出和漏目录者，实收数约为 1026 器。内容丰富，传世的许多重要青铜器都包含在内。考释精确，论证较严谨，是研究金文值得借鉴的著作。

《泉屋清赏》

日本滨田耕作著。成书于 1919 年。彝器部四册，镜鉴部二册。彝器部收录商周青铜器 131 器、汉唐以后 40 器，共收录 171 器，每器有图像及铭文拓本，记录尺寸、重量。书前有滨田青陵《泉屋清赏彝器部解说》总说一文。镜鉴部收录汉唐铜镜 100 面，有器物图像、尺寸、说明。1927 年作续编，收录商周青铜器 200 器，汉以后 30 器，共收 230 器。1934 年订删本收录商周青铜器 165 件，汉器 2 件及兵器、带钩、铜镜等。

《金文篇》

金石学著作之一。容庚编。初版 1925 年印定，1935 年再版时有所增修，1959 年又重印。全书共收金文一万八千余字，根据历代出土的三千多件青铜器的拓片或影印本临摹，大体可识之字有两千，不可识之字有一千二百，其余为重文。铭文按说文分部次序排列，书末附器目和检字。

《梦坡室获古丛编》

金石学著作之一。周庆云藏器，邹寿祺编次。1927 年影印本。十二卷。分礼器、乐器、室用器、制定器、明器、兵器、佛像、杂器 8 类。所列室用器，即青铜用器，以两汉时代的居多。有考释，除藏器者与作者观点外，亦采他人之说。所收器物多为伪器。

《宝蕴楼彝器图录》

简称《宝蕴楼》。金石学著作之一。容庚编。1929 年影印本，二册。所录内容是 1914 年原沈阳故宫所藏古器物，共 798 件，后移至北京古物陈列所，其中伪器甚多，经整理后挑选其中形制、花纹特殊的商周青铜器 90 件，汉代器 2 件。每器有图形和铭文拓本，并记大小、重量、色泽及有关说明，影印成此书。收录的这 92 件青铜器曾著录于《西清续鉴乙编》。此书对《西清续鉴乙编》中记载的器物的尺寸、名称考证不确处有所纠正，但仍收有几件伪器，有的考释也过于简单。

《宝蕴楼》

《宝蕴楼彝器图录》的简称。参见【《宝蕴楼彝器图录》】。

《新郑古器图录》

金石学著作之一。关百益编。1929 年影印本。分上、下两册记录 1923 年河南新郑县出土的大批文物。上册为图录，共录 57 图、93 器，每件器物都记载尺寸。下册为文字部分，七章，为史略、正名、分类、修补、度量、释文、疑年。释文一章还收录了王国维的《王子婴次卢考》。

《贞松堂集古遗文》

金石学著作之一。罗振玉撰集，罗福颐摹。正文 1930 年石印本，补遗 1931 年石印本，续编 1934 年石印本。正文十六卷，收集《攟古录金文》、《窸斋集古录》和以前诸书所未著录的铭文而成。收录商周青铜器 1151 件、兵器 122 件、秦汉以后器 252 件，共收 1525 器。补遗三卷，收录商周青铜器 198 件、兵器 6 件、秦汉以后器 133 件，共收 337 件。续编三卷，收录商周青铜器 326 件、兵器 7 件、秦汉以后 35 件，共收 368 器。三书共收 2230 器，后有考释，铭文略有缩小。卷前备有按器类编排的总目和每类器物的分目，查阅方便。全书内容庞杂，除青铜器铭文外，摹录了少部分铅、银等器物上的文字。

《濬县彝器》

青铜器图录。孙海波著。河南通志文物志单行影印本。一册。所录铜器为 1932 年河南濬县辛村发掘的西周卫国墓葬中的出土物。卷首有《濬县彝器概述》，叙述辛村的地理位置、发掘情况，列出八十八座墓葬简表。图录部分按烹饪器、食器、酒器、兵器、车马器及杂器编排。有图形拓本、重要花纹和铭文拓本。每件器物注明尺寸，并有简单的说明与考证。所录铭文内容与卫武公平戎事相符，是考证出土该器的墓葬主人的一件重要器物。

《欧米蒐储支那古铜精华》

青铜器图录。日本梅原末治编。成于 1933 年。收录早年流散在欧美的中国青铜器，内容分彝器、镜鉴、利器及其他杂器共三部分，其中商周青铜器 163 件，秦汉以后器 87 件，共收

250 器。每器有图像及线图、铭文和花纹拓本、尺寸、器物藏处。

《白鹤吉金录》

青铜器图录。日本梅原末治编。成于 1934 年。此书选日本嘉纳鹤堂所藏 50 器编成。收录商周青铜器 24 件、汉唐器 10 件、镜 16 面。每器有图像、尺寸、释文及出土地。

《武英殿彝器图录》

青铜器图录。容庚编。1930 年编辑，1934 年哈佛燕京学社影印本。二册。原为热河行宫所藏文物，从 851 器中挑选商周青铜器百件以成此书。最大特点是器物全形均予录出，还摹拓铭文及花纹，其中如颂壶等考释颇详，花纹拓本也比其他著作精美。

《澂秋馆吉金图》

青铜器图录。陈承裘藏器，孙壮编次。1931 年石印本。共录商周至元明器 79 种 85 件，器形与铭文拓本均较清晰。选器精良，考证部分兼收当时著名金石学家罗振玉、王国维等诸家之言。

《秦汉金文录》

金石学著作之一。容庚撰集。1931 年刊印。共八卷。录 749 器，以秦汉器为主，附收新莽及魏晋。凡例内列出借用拓本各藏家的书目，每卷后有铭文释文。另附秦、汉金文未收器目。本书是研究秦汉金文的重要资料书。

《殷周青铜器铭文研究》

金石学著作之一。郭沫若著。1931 年石印手稿本，1954 年人民出版社重定本。2 册，共16 篇。该书是作者考释金文的专辑。资料来源以《殷文存》《周金文存》为主。其中令彝、令簋等篇考记颇详。考释中立意新颖，创见颇多，是研究金文的一部重要参考书。

《金文丛考》

金石学著作之一。郭沫若著。原为 1932 年日本影印手稿本，1954 年人民出版社改编本。四卷，共收文章十一篇：《周彝中之传统思想考》《金文所无考》《周官质疑》《汤盘孔鼎之扬权》《谥法之起源》《讳不始于周人辨》《彝器名字解诂》《毛公鼎之年代》《金文馀释》《新出四器铭考释》《金文韵读补遗》。此书是郭沫若先生研究金文的重要著作，不拘泥于前人的考释方法，结合历史、哲学等进行研究，颇有创见。

《金文馀释之馀》

金石学著作之一。郭沫若著。一卷。补《金文丛考》第三卷《馀释》的不足。颇具新意。

《两周金文辞大系图录考释》

简称《大系》。金石学著作之一。郭沫若著。1932 年影印本，1957 年科学出版社增订本。共 8 册。书前有一篇《彝器形象学试探》，将中国青铜器分为滥觞期、勃古期、开放期、新式期四期。总目分诸家著录目、著录目补、目录表、列国标准器年代表、图编序说、彝器形象学试探、图编、录编、补遗。以年代及国别为条贯，西周部分收 250 器，按王世排列；东周部分收 261 器，按国别排列，有吴、越、徐、楚、江、黄、邓、蔡、许、郑、陈、宋、薛、鲁、齐、卫、燕、晋、苏、虢、虞、秦、杞、邾等 32 国。所录器物大都有图像与铭文拓片，铭文有释文，并有简要考释。本书不仅是一部据青铜器及其铭文研究两周历史的较有系统的编年史料，也为研究两周青铜器的断代与国别奠定了基础，是一部非常有价值的书。新中国成立后，陆续出土了许多重要青铜器，对《大系》的内容起了续补和部分纠正的作用。

《大系》

《两周金文辞大系图录考释》的简称。参见【《两周金文辞大系图录考释》】。

《颂斋吉金图录》

青铜器图录。容庚著。正录 1933 年影印本，续录 1938 年影印本。正录一册，收录商周青铜器 39 件，其中大多未经前人著录；续录二册，收 134 器。每器皆有图像，图像之后附考释，摹拓铭文及花纹。卷首有自序和金石学家唐兰的序，对考古学有所阐明。过去著书皆以铭文为主，忽视花纹，此书重视青铜器花纹。续录部分，大多为刘体智藏器，经去锈清洗，将花纹拓本附上，此种编法在图录中甚为新颖。书后有作者对每件青铜器的简单考证，取材精当，立论妥帖。

《吉金文录》

金石学著作之一。吴闿生著。目前所见皆为 1933 年中华书局木版印刷本。四卷，所收录青铜器按器形排列，计鼎 102 件、钟 25 件、彝器 29 件、敦 120 件、簠 13 件、簋 9 件、尊 21 件、卣 26 件、壶 15 件、匜 4 件、豆 2 件、甗 3 件、鬲 4 件、盘 10 件、盉 4 件、角 3 件、爵 2 件、觥觚 3 件、盂 3 件、觯、罍、瓿、盆、虎符等各 1 件，共计 414 器。每器皆有释文及简单说明，是一部较重要的参考书。

《双剑誃吉金图录》

青铜器图录。于省吾著。1934 年影印本。二卷。收录商周青铜器 53 件、兵器 52 件、秦汉器 10 件，共 115 器。主要为作者所收藏，并收录《筠清馆金文》《攗古录金文》等十六种图录所载。每器有全形图像、考释，记尺寸大小，并摹拓铭文及重要花纹。

《善斋吉金录》

青铜器图录。刘体智著。1934 年石印本。二十八册。此书收录刘体智个人所藏器物 5728 件，分为十录：（一）乐器 41 件；（二）礼器 591 件；（三）古兵 120 件；（四）度量衡 55 件；（五）符牌 65 件；（六）玺印 1587 件；（七）泉布 2722 件，泉范 73 件；（八）镜 318 件；（九）梵像 70 件；（十）饪器 86 件。各器皆绘图像、铭文拓本，记录尺寸，而间有考证。

《小校经阁金文拓本》

简称《小校》。金石学著作之一。刘体智著。此书以拓本影印，1935 年石印本。十八卷。按器类排列，其中乐器 135 件、烹饪器 739 件、酒器 1412 件、食器 797 件、水器 151 件、兵器 314 件，其他杂器 2908 件，共计 6456 器。每器有释文，但鉴定不严，有部分伪器，印刷也未尽善。但该书集作者访求金文拓本 30 年成绩之大成，收罗可谓丰富，而且旧拓本有前人题记者也悉数附于后，以备参考，是查阅金文拓本的重要参考书之一。

《小校》

《小校经阁金文拓本》的简称。参见【《小校经阁金文拓本》】。

《海外吉金图录》

青铜器图录。容庚著。1935 年影印本。三册，收录流于日本的部分中国青铜器。主要有《支那古铜器集》1 器、《泉屋清赏彝器》101 器、《陈氏旧藏十钟》10 器、《泉屋清赏续编彝器》13 器、《白鹤帖第一集》5 器、《周汉遗宝》16 器、《支那工艺图鉴金工编》12 器，共 158 器，分为烹饪器及食器 35 件、酒器 68 件、用器 24 件、乐器 18 件、汉以后器 10 件，附录俑及石椁 3 件。大部分为精品，如虎食人卣、兽面纹铜鼓等。每器皆附有图像、铭文拓片、释文、尺寸及简单说明。

《十二家吉金图录》

青铜器图录。商承祚著。1935 年哈佛燕京学社影印本。集十二家之收藏共 169 器，其中于省吾 4 器、方焕经 10 器、方若 8 器、王辰 31 器、周进 19 器、孙壮 17 器、孙政 13 器、张玮 5 器、张允中 3 器、黄濬 23 器、商承祚 28 器、叶恭绰 8 器。每器有图像，标注色泽、尺寸，并摹拓铭文和部分花纹，铭文有考释。

《邺中片羽初集》

金石学著作之一。黄濬著。1935 年影印本。二卷，共收 405 器，其中商代青铜器 32 器，皆为河南安阳出土。除铜器外，也有甲骨、陶器、玉器。各器不记尺寸大小，无考释。所录的铜器中有些极其精致，瑰丽奇伟，是研究青铜艺术的重要资料。

《邺中片羽二集》

金石学著作之一。黄濬著。1937 年影印本。二卷，上卷主要为青铜彝器，下卷为青铜兵器和甲骨，共收 290 器，其中商代青铜器 40 器。各器不记尺寸大小，无考释。该书是根据河南安阳出土的古器物编纂而成，为研究安阳地区出土器物和商代历史提供了重要资料。

《邺中片羽三集》

金石学著作之一。黄濬著。1944 年影印本。二卷，收录商代青铜器 61 器。各器不记尺寸大小，无考释。此书所收绝大部分为殷墟遗物，虽非科学发掘报告，也没有记载出土情况，但不失为研究商代青铜器的重要资料。

《贞松堂吉金图》

简称《贞松堂》。青铜器图录。罗振玉编。1935 年影印本。三卷。收商周至晋宋以后器 1980 件。无器物尺寸，不作铭文释文。

《贞松堂》

《贞松堂吉金图》的简称。参见【《贞松堂吉金图》】。

《楚器图释》

金石学著作之一。刘节著。1935 年国立北平图书馆出版。该书著录了安徽寿县朱家集李三孤堆楚墓出土的 9 件铜器。有器形和铭文拓本。文字部分有铭文考释、年代、地理、形制、纹样等诸节。考释详细。卷末附有金石学家唐兰的《寿县所出铜器考略》一文。

《善斋彝器图录》

金石学著作之一。容庚著。1936 年哈佛燕京学社影印本。三册。本书是从《善斋吉金录》中所录礼器、乐器部分挑选商周青铜器 168 器、秦汉以后 7 器，共 175 器。每器除图像外尚有铭文拓本，后附以释文、尺寸和著录，略加诠释而成。书前有"图录征引书目"，书后有器物的说明，包括尺寸、铭文释文、著录情况，以及简单的考证等。考证中有新的见解，如师兑簋一文中，提出铭文中的"康宫"乃康王之庙，这是一种独特见解，为青铜器的断代提供了新的依据。

《尊古斋所见吉金图》

金石学著作之一。黄濬著。1936 年珂罗版印制，尊古斋发行。四卷。按器类排列，收录商周青铜器 116 器、秦汉以后 74 器，共收 190 器。每器有图像和铭文，不记尺寸大小，无考释。卷首有金石学家于省吾序，对研究青铜器与古史尤为重要。

《新郑彝器》

金石学著作之一。孙海波著。1937 年影印本。著录 1923 年河南新郑大墓出土的铜器 95 件，共分 6 类：乐器、烹饪器和食器、酒器、用器、杂器、兵器。每件器物附有尺寸大小说明，并附重要花纹拓本。书前有《新郑彝器概述》。所录编钟、列鼎，是研究当时礼制的重要资料，比如，莲鹤方壶可供研究造型艺术，还有其他一些器物对研究青铜艺术有重要的意义。

《三代吉金文存》

金石学著作之一。罗振玉著。1937年原拓影印本。罗振玉以40年来所收集的金文拓本，总集起来编成此书。二十卷。分器形按铭文由少到多排列，收录钟、鼎、甗、鬲、簋、豆等共4831器。至此书为止，凡传世铭文大致完备，可说是集商周青铜器铭文之大成。按照器类和字数编排，资料丰富，印刷亦精，易于翻检，是研究金文的一部必备书，但书中没有图像，铭文均无释文，仅有一目录，于初学者有所不便。

《西清彝器拾遗》

金石学著作之一。容庚著。1940年考古学社影印本。著录抗日战争时期，颐和园所藏铜器南迁后余下的商周铜器精品20件。书后记有器物尺寸，有简单的考释。

《商周彝器通考》

中国现代考古学著作。容庚著。1941年哈佛燕京学社铅印本。全书分装两册。文字部分又分上、下两编。上编通论十五章，内容包括：原起、发见、类别、时代、铭文、花纹、铸法、价值、去锈、拓墨、仿造、辨伪、销毁、收藏、著录。下编四章为各论，内容包括：食器、酒器、水器及杂器、乐器。对4类57种青铜礼器，逐一论述用途、制作、形状、名称等项（有的兼及铭文部位），并在每种之下列举典型器物作具体例证，总计1031件。此书在青铜器研究历史上第一次详尽地把有关青铜器的各个方面，组成具有科学系统的著作。在此前，青铜器的研究者大多偏重于一个特定的方面，而且大多数为铭文，本书则为较全面的综合研究，共30万字，附图千余幅，插图三百余幅，旁征博引，材料丰富，叙述论证并蓄，使青铜器的研究脱离了旧日的金石学，而成为一项专门的学科，因而此书在青铜器研究史上具有里程碑的意义。该书至今仍是关于商周铜器研究，特别是形制和花纹方面内容比较丰富的一部著作，也是学习、研究中国古代青铜器的一部有价值的参考书。

《岩窟吉金图录》

中国现代考古学著作。梁上椿编。1944年影印本。共两卷。上卷为彝器篇，计66器；下卷为兵器、车马器、杂器篇，计77器。每器记有尺寸及简单的考证，有的并加注出土地点和铭文释文。

《海外中国铜器图录·第一集》

中国现代考古学著作。陈梦家编纂。1946年国立北平图书馆出版。该书是古物保管委员会将收藏在欧美的部分中国古代青铜器整理、照相、记录、影印而成的。全书分上、下两册。上册有《中国铜器概述》，内容分时期、地域、国族、分类、形制、纹饰、铭辞、文字、铸造、鉴定 10 项。其中地域一节将东周铜器分为东土、西土、南土、北土、中土 5 系，可作为研究东周铜器的参考。还有收藏品的目录和说明，并记载海外收藏家的姓名及器物尺寸、器形、花纹、铭文等情况，附有英文提要。下册为铜器的影印图。

《积微居金文说》

中国现代考古学著作。杨树达著。1952 年初版本七卷，1959 年科学出版社出版增订本七卷，又附《积微居金文余说》二卷。本书是作者考释青铜器铭文的专集，为集合其金文题跋编成。全书文 381 篇，考释了 314 器的铭文，器物编排以考释的时间先后为序，卷首有《新识字之由来》，阐发了作者研究青铜器铭文的理论与方法，归纳整理出据说文释字、据甲文释字、据铭文释字、据形体释字、据文义释字、据古礼俗释字、义近形旁任作、音近声旁任作、二字形近混用等十几个条目。书末备有彝器分类索引，是研究、考证金文的一部参考书。

《西周铜器断代》

陈梦家著。连续刊登于《考古学报》1955 年 9 期到 1956 年 3 期。自西周武王起至穆王，共考释 66 器。其体系断代多与郭沫若相同，而具体考释研究有突破。

《寿县蔡侯墓出土遗物》

安徽省文物管理委员会、安徽省博物馆编，科学出版社出版。收录 1955 年 5 月在安徽省寿县西门内偏北出土的青铜器。分四章：（一）蔡墓的发现与发掘；（二）墓葬形制；（三）出土器物；（四）结语。每器均有花纹、铭文拓片，并有器物图像。此次出土的青铜器数量大，而且大部分有铭文，铭文多蔡侯字样，可以确定此处为蔡侯之墓，其中铭文有长达 90 余字的。这些铭文反映了蔡国的历史情况，也提供了春秋晚期蔡、楚、吴三国间关系的资料。

《古器物研究专刊》

《中国考古报告集》的新编。台湾"中央研究院"历史语言研究所出版。第一本《殷墟出土青铜觚形器之研究》，李济、石璋如、高去寻编，1964 年出版；第二本《殷墟出土青铜爵形器之研究》，李济、石璋如、高去寻编，1956 年出版；第三本《殷墟出土青铜斝形器之研究》，李济、石璋如、高去寻编，1958 年出版；第四本《殷墟出土青铜鼎形器之研究》，李济、万家保编，1960 年出版。

《商周金文录遗》

于省吾编著。中国科学院考古研究所编辑，1957 年科学出版社出版。共著录铭文拓本 616 种，大部分是金文集大成之作《三代吉金文存》未曾著录过的，少部分是因《三代吉金文存》拓本模糊，而以清楚者补录的。这些拓本为长期收集所得，有些是著名学者提供的，原器不少已流到国外。

拓本按器种分类编排，每类再以器名字数多寡为序，先少后多。前有序文一篇，指出所收铭文的文字学和史学的某些价值。所录铭文多为拓本，个别为摹本，为研究古史和古文字提供了宝贵的史料。

《故宫铜器图录》

台北"故宫博物院"、"中央博物院"编，"中华丛书委员会"出版。二册，分上、下两编。收录原北京故宫博物院、沈阳故宫、热河避暑山庄及国子监旧藏的，在新中国成立前运往台湾的青铜器。上编为台北"故宫博物院"藏器，收录商周青铜器 253 器，汉以后 70 器，共收 323 器。下编为台湾"中央博物院"藏器，收录商周青铜器 497 器，汉以后 48 器，共收 545 器。每器有图像和铭文拓影、尺寸、重量和说明。书前有《概说》叙述青铜器的制作、种类、形制、铭文与字体、花纹、时代等各个方面。

《金文编》

金文字典。容庚编著。中国科学院考古研究所编辑，1959 年科学出版社出版。该书是在 1925 年、1939 年两版的基础上增、校而成的。全书共收金文单字 1894 个、重文 13950 字，不可识者放在附录内，计 1199 字，重文 985 字。所辑金文是从历代出土的商周青铜器中的 3000 多器的铭文拓本或影印本临摹的。编排次序，以《说文解字》分部法排比，《说文解字》没有的字，有形声可以辨识的附于各部之末。每字上面都注篆文和编排字码。随着近年来青铜器铭文的不断发现和研究的深入开展，已由张振林、马国权先生摹补，1985 年中华书局出版。

《殷周青铜器通论》

考古学专刊。容庚、张维持著，中国科学院考古研究所编，1958 年科学出版社出版。本书以《商周彝器通考》为基础，又吸收、参考近十几年来在青铜器发现和研究方面的新成果，内容较《通考》简明，分为制作、发现、分期、类别、铭文、花纹、铸造、仿造和伪造等 10 章，书后有 158 张器物图版，是学习和研究青铜器的重要参考书。

《上村岭虢国墓地》

中国科学院考古研究所编，1959 年科学出版社出版。根据 1956—1957 年黄河水库考古工作队在河南省三门峡市上村岭发掘的一处虢国贵族墓地情况和成果编写而成。共 234 座墓，3 座车马坑和 1 座马坑，时代属西周晚期到东周早期。出土青铜礼器的墓葬达 38 座，是研究西周和东周之际，特别是当时虢国文化面貌的一批典型材料。此书分四章介绍上村岭虢国墓地：（一）序言；（二）墓葬；（三）车马坑；（四）结论，比较全面系统地介绍了此次发现的成果及意义。

《山彪镇与琉璃阁》

中国现代考古学著作。郭宝钧著。1959 年科学出版社出版。此书根据 1935 年前后河南省卫辉市山彪镇和辉县琉璃阁战国墓地的发掘情况和成果编写而成。两地皆有丰富出土物，由于卢沟桥事变而停止发掘，资料大多运往台湾。郭宝钧收集残余图片、副稿于1957年整理发表。分上、下两篇。上篇为山彪镇的发掘，下篇为琉璃阁的发掘。

《盂鼎克鼎》

青铜器图录。1959年上海博物馆编辑出版。收录西周时代有名重器大盂鼎、大克鼎与小克鼎等。将各器全形的各个部分图像、铭文图像和拓本、花纹拓本，及详尽尺寸和铭文释文等一一录印。书前引言简述了盂鼎、克鼎发现和流传经过，以及铭文的重要价值等。

《青铜器图释》

青铜器图录。陕西省博物馆、陕西省文物管理委员会编。1960年文物出版社出版。此书是根据陕西省博物馆、陕西省文物管理委员会收藏的商代至战国时期的部分青铜礼乐器编辑而成的。收录129件青铜器，大部分是新中国成立后至1957年以前出土或征集的，附有图版说明和释文。书前还有金石学家唐兰写的序言，论及本书著录的重要青铜器的时代、价值等问题。所收集的青铜器有很多重器，对研究西周历史有重要价值。

《扶风齐家村青铜器群》

青铜器图录。陕西省博物馆、陕西省文物管理委员会编。1963年文物出版社出版。著录了1960年10月扶风齐家村西周青铜器窖藏内出土的青铜器群，计39件，其中有铭文的28件。该书前半部是文字叙述部分，有郭沫若先生写的《扶风齐家村铜器群铭文汇释》，段绍嘉先生写的《扶风齐家村出土青铜器简解》等。后半部有图版39幅，包括器物照片和铭文拓本。此书是研究西周历史和古文字的重要材料。

《美帝国主义劫掠的我国殷周铜器集录》

青铜器图录。中国科学院考古研究所编，1963年科学山版社出版。共收殷周青铜礼器845件，是陈梦家在美国期间陆续收集的我国青铜器的照片与铭文拓本。全书内容丰富，包括铜器图像与铭文拓片，每件器物的简单说明、尺寸、时代、铭文著录情况和简略考释。还附有"器物所在简目""器物旧藏简目""重要族组"等。该书在说明族组时沿袭旧说，所录器物和铭文可能也有伪者，但该书对同类的礼器作分型编排，是第一次对青铜礼器作了全面的分型研究。

《上海博物馆藏青铜器》

青铜器图录。马承源主编，上海博物馆编，1964年上海人民美术出版社出版。全书分主册、附册两部分。主册包括前言、叙述部分和青铜器器形的彩色照片100幅。提出了青铜器分期的标准，简述了青铜器的发展史，认为应划分为育成期、鼎盛期、转变期、更新期、衰退期五个时期。

附册对所录的 100 件铜器，亦按主册所分历史时代分类排列。每器皆作一扼要的说明，主要包括器的尺寸、重量、形制、纹饰，有铭文的铜器都附以原大的铭文拓片，并对铭文内容作简述和必要的说明。除每器有器物图像外，重要者还附纹饰拓本。该书所录青铜器绝大部分为精品，具有丰富多彩的艺术风格，是学习、研究青铜器和古代历史的一部重要参考书。

《长安张家坡西周铜器群》

中国现代考古学著作。中国科学院考古研究所编。1965 年文物出版社出版。此书根据 1961 年 10 月考古研究所沣西工作队在陕西长安县张家坡发掘的西周青铜器窖藏的情况及成果编写而成。此窖藏计有 53 器，其中有铭文的 32 器，作器时间有先后，但皆为西周器。每器皆有图像、线图和铭文、纹饰的拓片。书前有郭沫若《长安县张家坡铜器群铭文汇释》和考古研究所沣西工作队《长安县张家坡西周铜器群的说明》详述发掘经过。

《金文诂林》

中国现代考古学著作。周法高主编，张日昇、徐芷仪、林洁明参与编纂。1974 年香港中文大学出版。该书以容庚《金文编》为据，每字条下列举原铭文句，约一万八千条；《金文编》未收者，复列举于每字下，约得二万条。罗列各家之说于每字条下，间加按语。全书收 3165 器，末有引用书目。

《中国古青铜器选》

青铜器图录。文物出版社编著，1976 年文物出版社出版。刊录的 90 多件青铜器，是选自北京、上海、天津、陕西、河南等 20 个省、市博物馆和文物考古单位收藏的青铜器珍品，时代从商代至东汉，其中很多是近年出土的。这些铜器珍品是研究青铜文化艺术和中国古代历史极其珍贵的实物资料。

《中日欧美澳纽所见所拓所摹金文汇编》

巴纳、张光裕编，1978 年台湾艺文印书馆出版。收录商周青铜器铭文 1813 篇，按铭文字数由多至少排列，每篇有尺寸及著录书目，间收一部分伪器。

《陕西出土商周青铜器》

中国当代青铜器研究著作。陕西省考古研究所、陕西省文物管理委员会、陕西省博物馆编。1979 年文物出版社出版。全书分为 6 个分册，陆续出版，1979 年、1980 年已出第一、二、三分册。选录新中国成立后陕西省出土的商至战国时期的青铜器，所选器物在造型、花纹、铭文等方面具有代表性。部分为新中国成立前出土，但为新中国成立后重新征集的具有代表性的器物放在附录部分。图按时代、地区编次。每册图版包括彩色和单色两种，图版后并附图版说明和主要参考文献。第一册卷首有吴镇烽写的《陕西出土商周青铜器概述》，对青铜器的分期断代和该省出土的重要青铜器进行了叙述和分析。该书是一部大型图录，为研究中国奴隶社会和封建社会初期的政治、经济、文化和青铜器艺术发展的过程提供了重要资料。

｜《殷墟妇好墓》｜

中国现代考古学著作。中国科学院考古研究所安阳工作队编。1980 年文物出版社出版。此书根据 1976 年河南安阳殷墟妇好墓的发掘情况和成果编写而成。此座墓葬埋在殷代房基下面，规模不大，但墓室未遭破坏，随葬器物极其丰富，组合完整。其中青铜器出土 468 件，占随葬品总数的 24.3％，尚有精美的玉器。这批青铜器中礼器品类较全，有二百余件，形式多样，在殷墟发掘史上尚属首次。青铜器上有有铭妇好、司母辛、亚启等九组青铜器铭文，是了解研究青铜器的重要参考书。

｜《中国古代青铜器小辞典》｜

杜廼松编著。1980 年文物出版社出版。该书前言概括叙述了青铜器的起源和发展，继以青铜器本身的内在特点、性质与用途为原则，分 9 个题目叙述，每个题目又分成若干条目。除第一个题目综合阐明"青铜时代"等名词外，其余八个题目均是以考古学、器形学和古文献相结合的方法，对常见器物种类名称进行解释及对重要青铜器加以介绍。书中附有插图及一些重要器物的铭文。

｜《随县曾侯乙墓》｜

青铜器图录。河北省博物馆编。1980 年文物出版社出版。收录 1978 年湖北随县擂鼓墩发掘出土的战国时代曾侯乙墓的重要文物，大部分是青铜器，有乐器、礼器、用具、兵器、车器，另有漆木器、金器、玉器、竹简等。卷首前言概述墓葬时代和出土文物的价值与意义。器物记载尺寸，附有简要说明。其中曾侯乙编钟和用失蜡铸造法铸造的盘与尊上的附饰，对古代音乐和冶炼铸造的研究有重要价值。

｜《论周昭王时代的青铜器铭刻》｜

唐兰著。1981 年中华书局出版。分上、下两篇。上篇为昭王时代青铜器铭文 53 篇的考释，各篇有铭文、释文及铭辞解释。下编为昭王时代青铜器铭五十三篇的综合研究。内容为在五十三篇铭文中所见到的重要事件，重要人物，青铜器的造型装饰和图案，铭辞中的专名、惯语、文字、文字结构和书法等方面的综合研究。该书对昭王时代的青铜器作了全面的系统的阐述，是有关青铜器研究的重要著作之一。

｜《河南出土商周青铜器》｜

中国当代青铜器研究著作。《河南出土商周青铜器》编辑组编。1981 年文物出版社出版。该书所选为新中国成立后河南省出土的青铜器，是一部图录性的书。全书按商、西周、春秋战国三个历史阶段分编成三册。第一册商代部分，书前有贾峨、杨育彬写的《河南出土商代青铜器概述》一文，论述了所收器物的发现、分期等问题。有彩图8幅，单色图377幅，选器标准为：铭文、造型、花纹较好的，在分期上有代表性的，同时也考虑到器物的组合情况。书后有图版解说，以及参考资料等。该书为研究商周青铜器提供了重要的资料。

《商周青铜器群综合研究》

郭宝钧遗著，邹衡和徐自强整理。1981年文物出版社出版。本书以成组的重要而典型的青铜器墓葬的发掘材料为骨干单位，将资料作系统的梳理。全书分中商、晚商、西周、东周初年及春秋时期铜器群、战国铜器群以及商周铜器群总结六章论述。书后有邹衡等论文，评述内容。该书内容对青铜器群研究的理论与方法很有参考意义。

《中国古代青铜器》

中国当代青铜器研究著作。马承源著。1982年上海人民出版社出版。内容丰富，除文字部分外，书后附黑白图88幅。文字部分包括商周青铜器概说和灿烂的古代青铜工艺。附录部分是商周青铜器形制简述，按食器、酒器、水器、乐器分类叙述。《青铜礼器、乐器及其他用器》一节，作者列举传世和出土的重要青铜器69件，每件均有解说，有器物时代、尺寸，或出土地、价值、意义等。重要器物多附铭文拓本。此书为青铜器入门的普及型著作。

《商周金文集成》

邱德修著。1983年台湾五南图书出版公司发行。十册。收集历代传世、当代庋藏、流传海外以及至1982年前的出土资料，收录商周金文拓本、影本及摹本共8974张，按青铜器器形分为56类。第一至九册为金文资料，第十册为全书索引。铭文是以器类为主，每类器又以铭文多寡为序排列。本书以铭文为主，但有部分器物附以器形或纹饰。索引部分为每器编号、名称、著录，可供查阅。

《商周青铜器纹饰》

研究中国青铜器纹饰的图录。上海博物馆青铜器研究组编。1984年文物出版社出版。本书所收纹饰自夏、商、西周、春秋至战国共1006幅，根据纹饰的特征分为兽面纹、龙纹、凤鸟纹、动物纹、火纹、目纹等十大类，每类纹饰均有简要说明。这些纹饰以上海博物馆收藏的青铜器为主，又补充了某些有断代价值的纹饰。这些纹饰均用中国传统的方法墨拓并加以托裱而成。在编辑方法上采取了按纹饰特征分类的原则进行归纳，而以器物所属的时代作为排比同类纹饰的前后经络，使各种纹饰条理化。书前有马承源《商周青铜器纹饰综述》一文，论述了研究商周青铜器纹饰的重要性，指出它是作为鉴定器物相对年代的一种手段；又对纹饰的艺术作用，纹饰的演变根源、发展，在图案学变化方面作了分析研究。

《殷周金文集录》

徐中舒主编。1984年四川人民出版社出版。收集新中国成立以来至1980年底国内出版的书刊中，已著录的商周有铭青铜器及部分未著录的有铭青铜器973件。绝大部分为新资料，按省、市、县地域排列。虽然皆是摹本，大部分非原大，但是具有检索的价值。

《中国美术全集·青铜器》

图录。中国美术全集编辑委员会所编的《中国美术全集》中的一卷。《青铜器》卷分上、下两册，主编李学勤，分别于1985年和1986年由文物出版社出版。书前写有《中国青铜器的起源与发展》一文，全书论述系统，语言流畅，可读性强。图片全部为彩色，上册240幅，选录范围上自原始社会后期，下迄西周晚期；下册253幅，选录范围自春秋、战国，中经秦汉，下到唐代。所选铜器以近年考古发掘品为主，也含有一些传世品，多为各个时期有代表性的精品，同时也照顾到种类和地区风格。该图录附有简明扼要、重点突出的图版说明；对学术界有争论的器物，介绍了各种不同观点。

《中国青铜器》

文化部文物局为开展文物博物馆干部培训工作而编写的文物教材之一。马承源主编，陈佩芬、吴镇烽、熊传新编撰。1988年上海古籍出版社出版。全书分《青铜器研究的对象和任务》《青铜器类别》《青铜器纹饰》《青铜器铭文》《青铜器的断代和分期》《华夏族以外地区的青铜器》《青铜器冶炼和铸造》《传世伪作青铜器的鉴定》8章，内容丰富，是学习和研究青铜器的重要参考书之一。

《中国古代青铜器简说》

中国当代青铜器研究著作。杜廼松著。1984年文献出版社出版。该书对中国古代青铜器作了较全面系统的介绍，并努力反映新中国成立以来青铜器的新发现和研究的新成果。除序言外，分8章叙述，如青铜冶炼，青铜器铸造，青铜器分类，青铜器纹饰，青铜器分期、断代，等等。每章又分若干节。书末附主要参考文献和图版，供学者参考。

《步入青铜艺术宫殿》

中国当代青铜器研究著作。杜廼松、杜洁珣著。1989年人民教育出版社出版。该书分54节和一个总论。总论综合论述了中国古代青铜器的主要内容和历史艺术价值。54节内容分别论述了青铜器的源流与发展，青铜器的分类，青铜器纹饰的含义，青铜器铭文的历史价值等等。内容翔实，文字流畅，可读性强，是学习青铜艺术的重要参考书。

《青铜器鉴定》

杜廼松著。1993年广西师范大学出版社出版。本书运用理论联系实际之法，全方位阐释青铜器与铭文的鉴定内容。全书分 11 章 36 节。图片 278 幅，是青铜器与花纹、铭文鉴定的一部较重要参考书。

《中国文物精华大全·青铜卷》

图录。国家文物局主编的《中国文物精华大全》中的一卷。青铜卷主编为马承源。1994 年商务印书馆、上海辞书出版社联合出版。本卷共收 1342 器，每器皆附插图，皆有释文，释文一般包括尺寸、重量、制作特点、历史价值、艺术价值、出土地点、传世经过和收藏单位等内容。以文物名称作辞目，按年代或朝代前后顺序排列。书前有马承源作的序言。书后附录有专门的名词解释。

《中国青铜器发展史》

中国当代青铜器研究著作。杜迺松著。1995 年紫禁城出版社出版。该书建立了青铜器发展演变的理论体系，分原始社会后期萌芽、夏代初步发展、商周鼎盛、春秋战国繁荣、秦汉变革中兴、魏晋南北朝至隋唐走向衰弱、宋元明清仿古作伪与鉴别七大部分论述中国青铜器的发展史，结合青铜器出土资料和研究成果，并附有彩色、黑白图 115 幅，拓片 17 幅。本书是中国第一部较为系统的中国古代青铜器发展史，是了解和研究中国古代青铜器的一部重要参考书。

《古代青铜器》

该书是《20 世纪中国文物考古发现与研究丛书》之一种。杜迺松著。文物出版社 2005 年出版。全书概要介绍了青铜器铭文、铜镜等的发现与研究的历程、成果，不但体系完整，而且对青铜器与铭文等的学术前沿予以指向、引导，提出了许多有开拓性的见解。本书行文流畅，可读性强。

《吉金文字与青铜文化论集》

该书是金文和青铜文化研究的论文集。杜迺松著。紫禁城出版社 2003 年出版。全书分上、中、下三部分，即吉金文字考释、青铜研究、青铜工艺与青铜器鉴定。全书内容丰富，提出了许多新理念、新思维。《全国铜器鉴定所见金文考察》《邲其三卣铭文考及其相关问题研究》《青铜器分期与断代》等许多篇章都有着重要学术前沿价值，对弘扬传统文化有着重要意义。该书曾获"2003 年全国文博考古最佳文集"奖。

人物

R E N W U

| 吕大临 |

（？—1092）字与叔。宋代汲郡（今河南省卫辉市）人。宋代金石学家。王安石变法时期保守派人物吕大防之弟，通六经，尤精于礼。主要著作有《考古图》十卷，《易章句》《大学说》《中庸说》各一卷，《礼记传》十六卷，《论语解》十卷，《孟子讲义》十四卷，《玉溪先生集》二十八卷。又与其兄大防合著《家祭仪》一卷。其中《考古图》一书是中国现存年代最早而又较有系统的古器物图录，所初名的一些青铜器器名沿用至今，该书的著录体例也为后世所沿袭，是一部非常重要的金石学著作。

| 赵明诚 |

（1081—1129）字德父。宋代密州诸城（今山东省诸城市）人。历官至知湖州军州事。宋代金石学家。妻为李清照。其著作《金石录》一书，汇集了作者多年研究的看法和心得，是中国现存最早的碑刻目录和研究专著之一，对金石学研究有重要意义。

| 薛尚功 |

生平不详。有记载为"字用敏，钱塘人，金书定江军节度判官厅事"。所著《历代钟鼎彝器款识法帖》一书，是宋代著录铜器铭文诸书中，收录资料最为丰富，编次也较有条理的，是研究与了解宋代金文著录的重要参考书之一，也是学习金文书法的一部工具书。

| 郭宗昌 |

（？—1652）字允伯，一字胤伯，号委宛先生。陕西华州（今陕西渭南市华州区）人。明末清初学者。清初隐居不仕，自构沚园于白崖湖上，柱础栏砌书刻款识铭赞。善鉴金石、书画，撰有《金石史》《松谈阁印史》等，后者未见传本。

| 王昶 |

（1725—1806）字德甫，号述庵，又号兰泉。江苏青浦（今属上海市）人。清学者。官至刑部右侍郎。好金石之学，收罗商周铜器及历代石刻拓本一千五百余种，编成《金石萃编》一百六十卷，被视为清代金石学集大成者。

| 钱坫 |

（1741—1806）字献之，又字篆秋，号十兰。江苏嘉定（今上海市嘉定区）人。清代学者、收藏家。著有《十六长乐堂古器款识考》4 卷，收古器总共 49 件，其中收录商周青铜器 25 件，勾摹铭文，图像考释并举，被认为是考证金文较有成就的一部书。

| 武亿 |

（1745—1799）字虚谷，又字授堂。河南洛阳偃师人。清代乾嘉时期有名的学者。博通经史，精于考据，尤好金石之学，亦工于书法。著有《金石二跋》《金石三跋》《偃师金石记》《金石文字续跋》《偃师金石遗文补录》《郏县金石志》《宝丰金石志》等。

阮元

（1764—1849）字伯元，号芸台，晚号怡性老人。江苏仪征（今镇江）人。清代学者、收藏家。他的收藏编入《积古斋藏器目》和《积古斋钟鼎彝器款识》两书，前者收录钟、鼎、卣、敦、彝等青铜器共74件；后者收录商周青铜器达446件，其他古物105件，共551件，其收藏之富，民间罕有可比。隐退扬州后，专事整理和研究古书古物，其《商周铜器论》和《商周兵器说》两文，为后世研究彝器者视同工具书。

吴荣光

（1773—1843）字伯荣，号荷屋，晚年又别号石云山人、拜经老人。广东佛山南海人。清代书法家、鉴藏家、金石学家。酷嗜金石，精于鉴赏。所藏如辛举卣、祖乙鼎、姬彝等皆是绝品，极为珍贵。所著《筠清馆金文》是研究青铜器款识较重要的一部书。

刘喜海

（1793—1852）字燕庭。清代诸城（今山东诸城市）人。清末著名金石收藏家和藏书家。曾在陕西、四川等地做官。尤喜收藏，在陕西做官时曾收集秦中出土的秦诏版、新莽布钱等，并利用个人的收藏编辑成书。著有《金石苑》《古泉苑》《长安获古编》等。

吴云

（1811—1883）字少甫，号平斋、榆庭、愉庭、抱罍子，晚自号退楼。浙江归安（今浙江湖州）人，一作安徽歙县人。收藏鼎彝、碑帖、名画、古印、宋元书籍甚富。精鉴别和考据。著有《两罍轩彝器图释》《两罍轩印考漫存》《二百兰亭斋古铜印存》《二百兰亭斋古铜印考藏》《古官印考》《考印漫存》《虢季子盘考》等。

张鲁盦

（1901—1962）名咀英，字鲁盦、鲁庵、鲁厂，斋堂为望云草堂。浙江慈溪人。出生于金石好古世家，家境优裕，以收藏、临仿明清两代名家印谱闻名于世。存世有《鲁盦仿完白山人印谱》。

邹安

（生卒年不详）字寿祺、景叔，号适庐、双玉主人。浙江杭县人。著名金文学家。博览古器，考订精详。善书法，写金文极为古拙。著有《周金文存》一书。

吴式芬

（？—1856）字子苾，号诵孙。清代山东海丰（今山东无棣县）人。清代金石学家。官至内阁学士兼礼部侍郎。长于音韵训诂学，对经史的考订有精湛的见解，又精于金石学。著述有《攈古录金文》《金石汇目分编》等。其中《攈古录金文》一书的编排按器分类，每类中又以铭文字数多少为序，这是创例，便于检索。摹刻精善，木刻中以此为最，有重要的参考价值。

陈介祺

（1813—1884）字寿卿，又字酉生，号伯潜、簠斋。山东潍县（今山东省潍坊市）人。清代金石学家、收藏家。官至翰林院编修。不久弃官归里，终生未再出仕。研究金石学深受阮元影响。收集广泛，精于鉴别，注重铭刻文字，是清代金石学家中收藏最富的一位；擅长墨拓技术，有较多的精拓本传世；注意收集齐鲁陶文和封泥，有开创之功。所藏铜器以毛公鼎最为著名，藏品中数量最多的是玺印。邓实、褚德彝辑印的《簠斋吉金录》，收录的皆是陈介祺所藏的商周秦汉铜器，以及钱范、造像等。著作有《簠斋金石文考释》《簠斋尺牍》《簠斋藏古目》等。

潘祖荫

（1830—1890）字在钟，号伯寅，又号郑盦。清代江苏吴县（今苏州）人。清代著名的金石、书画、古籍版本收藏家。官至工部尚书、礼部尚书，入值军机处。好诗词书法，尤留心金石文字。有专藏珍本书籍的"滂喜斋"和专藏青铜器的"攀古楼"，所藏青铜器以大盂鼎和大克鼎最为著名。著述有《海东金石录》《攀古楼彝器款识》等。

方濬益

（？—1899）字子听，一作子聪，号伯裕。安徽定远人，一作桐城人。著名铜器收藏家和金文学家。善画花卉，书法六朝，藏弆金石甚富，又工刻印。著《吉金录》《缀遗斋彝器款识考释》，对青铜铭文资料的搜集保存颇著劳绩，其考释也有精到之处。

吴大澂

（1835—1902）原名大淳，后避同治帝讳改名大澂。字止敬，又字清卿，号恒轩，别号愙斋、白云山樵，晚年又署白樵病叟。清代江苏吴县（今苏州）人。清末金石学家、古文字学家。历官广东巡抚、河东河道总督和湖南巡抚等。喜收藏彝器玉石文物，精于金石文字学，将出土实物与历史文献相参证，取得了可贵的成绩。著录有《愙斋集古录》《恒轩所见所藏吉金录》《说文古籀补》等，皆是金石学的重要著作。

孙诒让

（1848—1908）字仲容。浙江瑞安人。清末经学家和古文字学家。官至刑部主事，晚年曾被推为浙江省教育会会长。精研经、史，旁及诸子百家，是认识甲骨文字的第一人。在研究金文上不局限于形体，对训诂假借也很通达，使金文研究方法有显著的改进。关于金文方面的著作有《商周金文拾遗》《古籀拾遗》《古籀余论》等。

端方

（1861—1911）字午桥，号陶斋。满洲正白旗人，托活络氏。清末金石学家。一生嗜好金石书画，大力搜集收藏青铜器、石刻、玺印等文物。曾收得陕西宝鸡斗鸡台出土属历代青铜器中上乘佳品的西周青铜柉禁，以及柉禁上附列的卣、觚、爵、角、尊等12件青铜酒器（该套青铜器现藏美国纽约大都会艺术博物馆），还收得百余方刑徒墓砖。著名青铜重器毛公鼎，原由著名文物收藏家陈介祺收藏，后也归端方所有。著作有《陶斋吉金录》8卷，后又作《陶斋吉金续录》2卷附补遗。两书均附有器物图形与铭文搨本，并注明尺寸，参考价值较高。

罗振玉

（1866—1940）字叔蕴，又字叔言，号雪堂，又号贞松老人。浙江绍兴上虞人。中国近代著名学者。学术研究遍及甲骨文、金石学、古器物学、古文字学、经学、校勘学、汉晋简牍及敦煌学。好收集古代文物资料，掌握资料之多堪称历代金石学家中的集大成者。除收集外还分门别类地进行整理研究，为许多方面的研究提供了可贵的资料，做出有益的贡献。在金石铭刻和古器物资料的汇编方面作了大量的整理出版工作。以金文为主的铭刻资料有《殷文存》《贞松堂集古遗文》《三代吉金文存》等，所编关于青铜器的图录有《贞松堂吉金图》《梦郭草堂吉金图》等。

王国维

（1877—1927）字静安，又字伯隅，号礼堂，又号观堂。浙江海宁人。中国近代历史学家、金石学家。1902年留日回国后，曾在上海、南通、苏州任教，讲授心理学、伦理学等课程。辛亥革命后，王国维随罗振玉旅居日本京都，转治经史金石之学。有关考古学的贡献主要是在甲骨文、金文、简牍和度量衡等方面。王国维进行金文研究，从编辑《三代秦汉金文著录表》和《国朝金文著录表》入手，对宋代以来著录的金文资料进行全面整理，这两部著作可作为查阅金文著录情况的工具书；又作《两周金石文韵读》和《两汉金文韵读》，以期"考之古音以通其义之假借"。不仅先后撰写数十篇重要器铭的跋语，而且将金文资料用于西周历史和有关问题的研究，著有《生霸死霸考》《明堂庙寝通考》《古诸侯称王说》《鬼方昆夷猃狁考》等。还进行古器物的研究，曾撰写《古礼器略说》，订正了一些器物的名称，辩明了它们的用途。重要著作多结集在《观堂集林》内。

汤姆森，C.J.

（Thomsen, Christian Jürgensen 1788—1865）丹麦考古学家。自幼爱好收集古钱和

其他文物，并有志于史前考古学的研究。曾出任丹麦皇家北方（北欧）古物博物馆馆长。在担任馆长期间，他首先在史前考古学中以石器、青铜时代、铁器时代分期法作为欧洲技术发展的三个阶段，并将这种分期法应用于古物陈列，并在所著《北方文物陈列指南》中介绍了这种陈列法。汤姆森首创的三段分期法，第一次提出了青铜时代的概念，而且通过生产工具和生活用具的质料的演变，说明了原始社会的发展过程，具有较强的科学性，普遍为世界考古学界接受。

｜柴尔德，V.G.｜

（Childe，Vere Gordon 1892—1957）英籍考古学家。受马克思唯物主义史学观的影响，注重实地考察，注重参观各地的博物馆和考古发掘现场，掌握第一手材料，具有很强的综合研究能力，以欧洲和近东史前考古学的综合研究而著称。著有《史前时代的多瑙河》《青铜时代》《欧洲的史前移民》《欧洲文明的黎明》等。

｜蒙特柳斯，O.｜

（Montelius，Oskar 1843—1921）瑞典考古学家。终身致力于史前文化的研究。研究重点在于史前文化的分期与年代，尤专注西欧、北欧地区的青铜文化，提倡类型学方法。在各地博物馆和大学的演讲对考古工作的普及也有很大贡献。主要著作有《青铜时代年代问题》《使用金属器以来的意大利原始文化》《英国青铜时代年代学》等。

313

｜斯皮勤，A.A.｜

（Спицыын，Александндр Андреевич，1858—1931）苏联考古学家。主要研究东欧青铜时代和早期铁器时代。主要贡献是系统整理、研究并发表了俄国的古代文物，特别是青铜时代、斯基泰文化和萨尔马泰文化、伏尔加—卡马河地区和斯拉夫人的历史文物，利用类型学方法和比较研究法，对许多考古遗存作了断代。对俄国中世纪铭文也有研究。他是俄国第一批科学地指导考古调查和发掘，并将考古资料与历史文献结合起来进行研究和采用地图学方法的学者之一。主要著作有《从考古资料看古代俄罗斯诸部落的分布》《农耕斯基泰人地墓冢》等。

｜戈罗佐夫，B.A.｜

（Городцов，Василийй Алексеевич，1860—1945）苏联考古学家。对东欧青铜时代的考古研究有奠基性的贡献。长期从事田野发掘，他是第一个发现并发掘苏联境内旧石器时代和新石器时代居住遗址的学者，特别是对东欧草原和森林地带青铜时代、早期铁器时代遗存以及古代罗斯城市的发掘和研究，在苏联考古学史上占有重要地位。此外对民族学和历史地理也有研究。主要著作有《原始时代考古学》《中俄罗斯青铜时代文化》《普通考古学》等。

｜吴邦佐｜

生卒年不详。明代宣德时期铸铜名匠。最早仿制宣德炉。其所铸宣德炉仿制品非常精良，后来历代的所有仿制者都不能与其相比。在他之后，著名的仿制者还有施念峰、甘文堂、徐守素、周文甫、汤子祥和清代的巴格等。

张鸣岐

明末嘉兴（今属浙江）人。工艺家、铜器名匠。善制铜器，尤以铜手炉著称。张氏手炉选用精铸红铜，铜质纯净，可塑性强，光泽柔和。炉体娇小，大不盈掌，炉壁却厚约在三毫米左右，锻打而成不加雕凿，光洁圆浑、平整、素净，造型朴实而富有变化，手感分量重。炉盖的工艺制作繁复，皆系手工制成再磨光。纹饰多为几何状的冰裂纹，及缠枝菊、梅、牡丹等，华丽精美。张氏手炉的特色是炉体不锈蚀；炉盖、炉身吻合紧密，经千万次开合而不松动；炉的内壁光滑；炉底部都有刻款，以小篆出之，书法自然有度，运刀信手拈来，游刃有余。与同代濮仲谦竹刻、姜千里螺钿、时大彬砂壶齐名。故宫博物院与南京博物院均藏有其作品。

王凤江

明代嘉兴（今属浙江）人。工艺家、铜器名匠。善制铜炉，名亚于张鸣岐，而技殊不逊。所制铜炉喜遍身镂花卉，可称精绝。曾制一长方式炉，仅二寸余，底刻"凤江"二篆字，逼真汉印。另制一小者，款识刻镂似出鸣岐之上，其形上舒下削，底有四足，颇异常制。

石叟

生卒年不详。明代晚期铸铜名匠。擅制嵌银丝铜器，以铸造铜观音著名。作品大都是文房用具，款刻"石叟"二字置于器底部，字体兼有篆隶，朴质不俗。故宫博物院藏有其金银花八方铜盖碗、银丝凤耳铜尊、观音铜像，中国国家博物馆藏有其所制铜炉。

甘文堂

生卒年不详。明代金陵（今江苏南京）人，一作苏州人。回族。万历、天启年间铸铜名匠。擅长冶制铜炉，所用铜料，所烧铜色、分量等均极佳，尤以乳炉最佳，敷色喜用枣红，而稍淡。

周文甫

生卒年不详。明代苏州人。铸铜名匠，与甘文堂齐名。擅长仿制宣德炉，所仿制者与真宣德炉只差一等，所铸鱼耳炉、蚰耳炉最佳。

胡文明

生卒年不详。明代晚期松江（今上海）人。铸铜名匠，最擅长铸造铜炉，并能按古式制造彝、鼎、尊、卣之类铜器。所作器物式样高古，精美撩人，在当时就有很高的价值与口碑，时称"胡炉"或"胡铜"。中国国家博物馆藏有其甘蔗红色宣德炉一件，故宫博物院藏有其鎏金异兽纹铜炉一件。

徐守素

生卒年不详。明代吴中（今苏州）人。铸铜名匠。擅长铸造铜炉，并以仿古铜器著称，为"南铸"派代表。所铸铜炉质料纯精，工艺精细，无可挑剔。明代周晖的《金陵琐事》卷三介绍说"徐守素、蒋彻、李信修补古铜器如神"。

李云生

生卒年不详。明代浙江湖州人。铸造铜镜匠师。江西省博物馆收藏有他制作的铜镜，铭文是"湖州李云生自造"。

歪嘴于

辛亥革命前后逝世。清末铜器修复名匠。北京最早的古铜局"万龙合"的匠师。曾与清宫太监们一起为皇室成员和太监修复铜器。后技艺日臻精熟，名声逐渐传播。共收有七个弟子，逝世后技术、字号都由排行第七的张泰恩继承。

张泰恩

生卒年不详。河北衡水人。近代北京仿古伪作青铜器名匠。清末铜器修复名匠"歪嘴于"第七徒。"歪嘴于"逝世后继承其技术和古铜局"万龙合"，并改字号为"万隆合"，人称"古铜张"。他既能刻伪字，又能作伪锈和翻砂，技艺颇精，生意兴隆，为北京的古董商人作了不少伪器。门下有十多位徒弟，功成业就者有张文普、贡茂林、张字英、张书林、王德山、赵同仁、刘俊卿7位。

张文普

又名张济卿。河北衡水人。近代北京仿古伪作青铜器名匠。张泰恩弟子之一，人称"小古铜张"。研究出使用酒精浸泡漆皮，再调和颜色的方法作假锈。

张书林

河北衡水人。近代北京仿古伪作青铜器名匠。张泰恩弟子之一。刻字、刻花不如王德山，但自他开始采用了以石膏修复、制作铜器的方法。

古铜张

张泰恩仿古伪作古铜技术十分高超，人称"古铜张"。参见【张泰恩】。

小古铜张

张文普既是"古铜张"张泰恩的徒弟，也是其侄子，人称"小古铜张"。参见【张文普】。

┃王德山┃

河北衡水人。近代北京仿古伪作青铜器名匠。张泰恩弟子之一，擅长刻伪字伪花，发明了作假地子、假锈的新技术，即"漆地磨光"和"点土喷锈"。